21世纪高等院校会计学系列教材

财务会计学

主　编　鲁盛潭
副主编　黄球安　朱允华　彭　卉

·广州·

图书在版编目（CIP）数据

财务会计学/鲁盛潭主编. —广州：华南理工大学出版社，2019.2（2020.8 重印）
ISBN 978 - 7 - 5623 - 5918 - 0

Ⅰ. ①财… Ⅱ. ①鲁… Ⅲ. ①财务会计 Ⅳ. ①F234.4

中国版本图书馆 CIP 数据核字（2019）第 025449 号

Caiwu Kuaijixue

财务会计学

鲁盛潭　主编
黄球安　朱允华　彭　卉　副主编

出 版 人：	卢家明
出版发行：	华南理工大学出版社
	（广州五山华南理工大学 17 号楼，邮编 510640）
	http：//www.scutpress.com.cn　　E-mail：scutc13@scut.edu.cn
	营销部电话：020 - 87113487　87111048（传真）
责任编辑：	吴兆强　兰新文
印 刷 者：	广东虎彩云印刷有限公司
开　　本：	787mm×1092mm　1/16　印张：25.25　字数：568 千
版　　次：	2019 年 2 月第 1 版　2020 年 8 月第 2 次印刷
定　　价：	54.00 元

版权所有　盗版必究　　印装差错　负责调换

21世纪高等院校会计学系列教材

编委会

主　任：张德鹏
副主任：黄　蓉　张军波
编　委：鲁盛潭　饶　静　贺　晋　李英贵
　　　　彭　卉　朱允华　黄球安　张　卓
　　　　陈　沉　许　慧　钟淑萍　刘志渊

PREFACE

"财务会计"(亦称"中级财务会计")作为"基础会计"的后续课程,是在学完基础会计,掌握了会计的基本理论、基本方法之后,进入会计专业学习会计理论和方法的一门专业课程,在会计学科中起着承前启后的作用,是学习者由会计基础课程学习迈向会计专业课程学习的一个重要阶梯。

本书是作者根据自己多年的教学实践和参与企业财务会计实务工作的体会,在吸收国内外近几年优秀财务会计教材精华的基础上,结合我国企业的具体情况编写而成的。全面、系统地阐述了企业的资产、负债、所有者权益、收入、费用、利润等会计要素的确认、计量、记录、报告的基本原则和会计处理。全书共分为十五章。第一章阐述财务会计基本理论和基本知识,第二章至第十三章分别阐述资产、负债、所有者权益、收入、费用、利润六大会计要素的确认、计量、记录的方法,第十四章阐述财务报告编制的要求和方法,第十五章阐述会计调整内容与会计处理。

本书突出了以下特点:(1)内容新颖。全书内容以财政部颁布的《会计法》和2017年财政部最新颁布的《企业会计准则》《会计准则解释》等法律、法规为依据,吸收国内外最新的会计研究成果编写。(2)重视实务。以会计的基本理论为基础,结合我国企业的财务会计业务实践,运用大量的实例说明企业财务会计要素各项目的确认、计量、记录、报告的要求与方法。(3)通俗易懂。编写中注意内容的规范性、可理解性与易读性。每章附有学习内容与目的、思考与练习,以帮助读者深入理解本书的内容,也便于自学。

本书由广东工业大学管理学院鲁盛潭担任主编,黄球安、朱允华、彭卉担任副主编,鲁盛潭负责全书写作大纲的拟定和编写的组织工作,并对全书进行了总纂。各章具体分工如下:第一、五、八、九、十三、十五章由鲁盛潭撰写;第二、三、四章由朱允华撰写;第六、七、十四章由黄球安撰写;第十、十一、十二章由彭卉撰写。

感谢广东工业大学管理学院有关领导对本书出版给予的大力支持,感谢华南理工大学出版社吴兆强老师为本书出版付出的辛勤劳动。此外,教材编写过程中参考了大量国内外同类教材和有关资料,在此一并致谢。

由于编者水平有限,书中难免存在不足甚至疏漏,恳请读者和同行批评指正。

编者

2018年12月

目录 CONTENTS

第一章 总 论 / 1
第一节 财务会计目标 / 1
第二节 财务会计基本假设 / 5
第三节 财务会计确认计量与记录报告的基础和原则 / 8
第四节 财务会计的基本要素和会计科目 / 15
思考与练习 / 21

第二章 货币资金 / 23
第一节 库存现金 / 23
第二节 银行存款 / 26
第三节 其他货币资金 / 36
第四节 外币业务 / 39
思考与练习 / 46

第三章 应收及预付款项 / 50
第一节 应收票据 / 50
第二节 应收账款 / 57
第三节 预付账款和其他应收款 / 60
第四节 坏账 / 62
思考与练习 / 67

第四章 存货 / 70
第一节 存货的确认 / 70
第二节 存货取得和发出的计量 / 72
第三节 原材料 / 79
第四节 库存商品 / 92
第五节 周转材料 / 103
第六节 存货的清查与期末计量 / 111
思考与练习 / 121

第五章　金融资产和长期股权投资 / 125

第一节　金融资产投资概述 / 125
第二节　交易性金融资产 / 127
第三节　债权投资 / 130
第四节　其他债权投资 / 134
第五节　长期股权投资 / 136
思考与练习 / 148

第六章　固定资产 / 151

第一节　固定资产的确认与初始计量 / 151
第二节　固定资产的取得 / 157
第三节　固定资产的折旧 / 165
第四节　固定资产的后续支出 / 172
第五节　固定资产的处置 / 175
第六节　固定资产的清查及期末计量 / 177
思考与练习 / 180

第七章　无形资产和投资性房地产 / 183

第一节　无形资产 / 183
第二节　投资性房地产 / 194
第三节　长期其他资产 / 198
思考与练习 / 200

第八章　流动负债 / 203

第一节　流动负债概述 / 203
第二节　短期借款与交易性金融负债 / 204
第三节　应付及预收款项 / 207
第四节　应付职工薪酬 / 213
第五节　应交税费 / 219
第六节　或有事项与预计负债 / 226
思考与练习 / 232

第九章　非流动负债 / 234

第一节　非流动负债概述 / 234
第二节　借款费用 / 235
第三节　长期借款 / 243
第四节　应付债券 / 245
第五节　长期应付款与专项应付款 / 252
思考与练习 / 254

第十章　所有者权益 / 256

第一节　所有者权益概述 / 256
第二节　投入资本 / 257
第三节　资本公积 / 263
第四节　留存收益 / 265
思考与练习 / 267

第十一章　收入和费用 / 269

第一节　收入 / 269
第二节　费用 / 286
思考与练习 / 291

第十二章　利润和利润分配 / 294

第一节　利润 / 294
第二节　所得税费用 / 299
第三节　利润分配 / 308
思考与练习 / 312

第十三章　债务重组和非货币性资产交换 / 314

第一节　债务重组 / 314
第二节　非货币性资产交换 / 322
思考与练习 / 330

第十四章 财务报告 / 332

第一节 财务报告概述 / 332
第二节 资产负债表 / 335
第三节 利润表 / 343
第四节 现金流量表 / 348
第五节 所有者权益变动表 / 360
第六节 财务报表附注 / 363
思考与练习 / 367

第十五章 会计调整 / 375

第一节 会计政策变更 / 375
第二节 会计估计变更 / 381
第三节 会计差错更正 / 383
第四节 资产负债表日后事项 / 386
思考与练习 / 391

参考文献 / 393

第一章 总论

学习内容与目的

本章主要学习财务会计的概念、特点、目标、基本假设,以及财务会计确认、计量、记录和报告的基础、原则、会计要素等会计基本概念和基本理论。通过本章学习,旨在了解财务会计的含义、特点和目标,理解财务会计的基本假设、会计要素的概念以及财务会计确认、计量、记录和报告的含义;掌握财务会计确认、计量、记录和报告的基本原则,财务会计基本要素的内容以及会计要素之间的关系。

第一节 财务会计目标

财务会计作为现代会计体系的一个重要分支,是在传统会计的基础上分化形成的。财务会计的基本目标是按照公认会计准则(我国主要是按照《会计法》《企业会计准则》)的要求,通过对企业再生产过程的经营活动进行正确确认、计量、记录和报告,向企业的会计信息使用者提供所需的财务信息。在我国改革开放以及市场经济的发展过程中,财务会计已逐渐成为企业加强经营管理,协调企业同有关方面的经济关系,以及国家进行宏观调控管理的重要手段。

一、财务会计及其特点

(一)会计的产生与财务会计的形成

人类社会的发展历史告诉我们,人类要生存,社会要发展,首先必须进行物质资料的生产。生产活动作为人类社会赖以存在和发展的基础，一方面要创造物质财富，取得一定的劳动成果；另一方面又要发生劳动耗费，包括人力（活劳动），和物力（物化劳动）的耗费。在任何社会形态下，人们在进行生产活动时，总是力求以尽可能少的劳动耗费，取得尽可能多的劳动成果，做到所得大于所耗。为了达到这一目标，就必须在不断改革和提高生产技术的同时，对劳动耗费和劳动成果进行记录、计算和分析比较，借以了解和掌握生产活动的过程和结果，以便加强和改善对生产活动的管理，提高经济效益，于是会计就应运而生了。

会计作为一项记录、计算和考核生产经营过程的工作，最初只是"生产职能的附带部分"，即人们在生产经营活动中附带地进行记录和计算。当社会生产力发展到一定水平，剩余产品逐渐增多后，会计才逐渐"从生产职能中分离出来"，成为不同于其他生产职能的一种"独立职能"，即由专职人员承担生产活动的记录、计算等工作。

随着社会生产力的进一步提高，以及商品货币经济的出现和发展，在不同程度上推进了会计的发展，但会计发展的进程长期处于缓慢的状态。直到18世纪至20世纪初，由于西方资产阶级的工业革命和生产技术的改进，使工商业活动得到迅速扩展，极大地促进了会计理论和方法的进步。尤其是20世纪初，资本主义经济得到长足发展，英国、美国等新兴资本主义国家不断兴起，这时，不仅生产经营过程更加复杂，而且每个经济单位、社会成员之间的经济关系也愈益广泛。经济的迅速发展极大地推动了会计的发展和进步，一系列新的会计理论和会计技术方法相继出现，会计也因此进入成熟发展时期。

从会计发展的历史看，会计的发展过程主要经历了古代会计、近代会计和现代会计三个阶段。一般认为，现代会计阶段始于20世纪之初，至今仍在发展之中，这一时期最重要的发展标志是财务会计逐渐从传统会计中分离出来。

自20世纪20年代起，在西方一些发达的资本主义国家中，由于商品经济的高度发展，企业规模日益扩大，资本结构也发生了变化，股份有限公司已成为现代企业的主要经营组织形式。这种经营组织形式的出现，不仅企业所有权和经营权分离，企业的所有者（股东）也愈益分散化，致使企业的经营活动逐渐由投资者直接参与转向基本上由股东集团聘任的专职"经理"来管理和控制。在企业筹资结构方面，既有所有者投入的资本金和留存收益，也有向银行等金融机构或通过发行企业债券向购买者借入的资金等。因此，企业的经营活动，已经不仅仅关系到企业本身经营成败与否，而且直接关系到诸多企业关系人（包括国家、银行、其他企业和个人）的经济利益。他们都从不同的方面直接或间接地关注着企业的财务活动或经营成果情况：企业所有者（股东集团）主要关心企业管理当局对受托资产的使用与保管情况，以及企业的盈利水平和投资报酬；而企业的债权人则主要关心企业的偿债能力和获利能力，以及有关债权的安全性。由于投资人和债权人都需要企业会计定期提供关于企业财务状况、经营成果和资金变动等方面的信息，以便进行有效的投资决策和信贷决策。因此，会计不应限于为企业所有者服务，还应考虑满足企业的所有外部利害关系者的信息需求。正是由于这种变化，传统的会计便逐渐演变成主要向企业外部关系人定期提供通用的财务报告和其他经济信息的会计信息系统，即财务会计或对外会计。

围绕企业的经营活动，在企业的经营管理者与企业外部利害关系者之间，由于各自对企业经济利益的立足点、关心程度不同，难免会产生许多不一致之处，形成一定的利益冲突。为了协调企业经营者和企业外部利害关系者之间的矛盾，促使企业管理者提供真实、公正的会计信息，以确保企业投资者、债权人和社会公众的利益，对财务会计的账务处理，财务报表的形式与编制方法以及信息的种类，都要求有一定的、较严格的处理准则，遵循一整套会计确认、计量、记录、报告的公认程序，使财务会计所提供的财务报告能满足各类信息使用者的需求。

（二）财务会计的定义

财务会计是指按照统一或公认的会计规范（如公认的会计原则和会计准则等）要求，运用会计专门方法，对企业的经营活动进行客观、公正地确认、计量和记录，并通过定期编制的财务报告、主要向企业的外部利害关系者（包括投资者、银行及其他债权人、政府机构、证券交易所等）提供关于企业财务活动情况的经济信息系统。财务会计是社会经济发展到一定阶段的产物。

财务会计作为一个经济信息系统，起着连接企业和信息使用者之间的一种纽带作用。首先，它把反映企业经济业务发生的经济数据进行确认、计量；其次，它将数据记录并储存起来，然后加工处理成符合一定目的和规范的财务信息；最后，通过财务报告的形式将财务信息传递给信息使用者。信息使用者依据财务会计所提供的信息，便可以作出适当而合理的经营决策或财务决策。

（三）财务会计的特点

财务会计是现代会计的一个主要组成部分，主要具有以下几方面的特点：

（1）以对外编报财务会计报告，提供关于企业财务状况与经营成果和资金变动情况等财务信息为主要目的。

企业财务会计通过对企业经营业务活动的确认、计量和记录，其目的是把记录的经营业务进行整理、加工，最后以财务报告的形式，将记录企业经营业务活动的原始数据转化为能反映企业财务状况、经营成果和资金变动情况的信息，这些信息是与企业经营相关的各种外部利害关系人（如投资者、债权人和企业所有者）所关注、渴望了解和掌握的资料。他们之所以关注这些信息，是因为他们既已向企业投资，就盼望能够定期地得到一笔丰厚的、至少是高于市场平均利率的投资收益，同时还期望他们投入企业的资财，不仅在实物形态上，而且还应在价值形态上保持完整。企业投资人或债权人把资金提供给企业，委托企业的管理人员进行经营，他们自己不参与企业内部的各种经营活动，日常又不能亲临企业生产经营现场，他们只能依据企业提供的各种财务报告来判断投资或贷款是否有利可图，是否安全和完整，并作出投资、信贷或其他的经营决策。企业财务会计的主要目的，就是按照公认的会计准则和会计制度等规范，以标准的格式和规定项目、时间间隔及编制程序，编报企业财务报告，客观、恰当地向企业外部投资者、债权人提供能反映企业经营活动真实状况，且对于决策有用的各种财务会计信息。

应当说明的是：企业财务会计以对外提供会计信息为主要目的，并不排除其所提

供的信息为企业管理者使用。在企业经营管理上，这些信息也是企业管理决策者据以衡量企业生产经营活动成败，判断受托进行经营管理的人员是否尽责，评价企业财务状况是否良好，资财的配置是否得当，资金的调度是否灵活合理，以及进行经营活动预测，加强管理的重要依据。

（2）企业财务会计所提供的信息，主要揭示和反映已经发生的经济业务所产生的财务信息。

财务会计是通过特定的确认、计量和报告形式与程序，记录和报告企业至报告期为止的过去时期内的经营活动，以揭示企业已经发生的经济业务所引起的财务状况变化和取得的经营成果的情况。财务报告即使按规定迅速及时编制，其内容也是事后信息，即报告企业在已经过去的会计报告期间内的财务信息。财务会计不直接对企业未来的经营方针、计划进行报告，即不直接预测企业将来的经营前景。

应当看到，企业经营管理不会只满足于取得事后信息，还要进行事前计划和预测，借以规划将来的前景。然而，要预测未来，要证实或否认原先的某项预测，就必须借助于已经发生的事实。财务会计虽然不能直接提供未来经营前景的信息，但并不否定其所提供的财务信息在经营管理中具有预测价值。企业的信息使用者，可以根据这些反映过去报告期的财务信息和其他经济信息，并在参考其他种种因素影响的基础上，依靠自己的分析和判断，形成对企业将来经营情况的估计和预测信息，以规划未来的企业经营活动。因此，利用财务会计提供的信息对企业将来的经营情况进行分析和预测，并不是财务会计的主要任务，而仅仅是信息使用者使用财务信息问题。

（3）以公认会计准则作为会计业务处理和报告的主要标准和依据。

随着经济的不断发展，影响和制约现代企业经营活动的因素也日益增多和复杂化，其结果必然使反映企业经营活动的财务信息在质量上受到一定程度的影响。为了使各个信息使用者能充分、有效地利用财务会计信息进行正确的比较、分析和判断，需要有一个能保证财务会计公正、客观地反映企业财务状况、经营成果和资金变动情况，并且报告的财务会计信息能为有关各方信息使用者所接受的统一会计工作规范，如公认会计准则等。尽管各个企业的经营环境和规模不同，但各个企业财务会计的核算程序，如会计确认方法、计量方法和报告方法等都必须按照统一或公认的会计规范进行，促使企业管理者提供真实、客观的财务会计信息，以保证企业的财务报告不致使财务报告的使用者产生误解。此外，企业财务会计依据统一或公认的会计工作规范进行经济业务的会计处理和财务报告编制，也为审计人员、注册会计师执行审计业务，以及其他外部信息使用者核查企业经营活动提供了审查的标准和依据。

二、财务会计目标

财务会计目标指在一定的社会经济条件下从事财务会计活动所期望达到的结果和标准。财务会计作为一个收集加工会计信息系统，通过对企业生产经营活动进行正确确认、计量、记录和报告，旨在向企业的会计信息使用者提供所需的会计信息，并评价企业管理当局受托责任的履行情况，以帮助企业会计信息使用者做出正确的决策。

企业财务会计的总目标主要包括以下两个方面：

（一）向企业的会计信息使用者提供对决策有用的信息

财务会计的主要目标是为了满足会计信息使用者的会计信息需要，以帮助会计信息使用者做出正确的决策，如果企业财务会计提供的会计信息与信息使用者的决策无关，没有使用价值，那么企业财务会计提供的会计信息就失去了其作用。

为了向会计信息使用者提供对决策有用的信息，要求企业财务会计所提供的会计信息应当如实反映企业的财务状况、经营绩效和财务状况的变动，以及企业各项经营活动、投资活动和筹资活动等所形成的现金流入和现金流出情况等，以便企业现在的或者潜在的投资者、债权人以及其他会计信息使用者正确、合理地评价企业的资产质量、偿债能力、盈利能力和营运效率；科学预测与决策有关的未来现金流量的金额、时间和风险，帮助会计信息使用者根据相关会计信息做出理性的投资和信贷决策。

（二）考核企业管理当局经营责任的履行情况

在现代企业所有权和经营权相分离的情况下，企业的经济资源均为投资人及债权人所提供，企业管理当局有责任妥善保管并合理、有效地运用这些经济资源，投资者和经营者之间存在着一种委托和代理关系。企业投资者和债权人需要及时或者经常性地了解企业管理当局保管、使用资源的情况，以便评价企业管理当局经营业绩，适时调整投资、信贷政策或者更换经营管理者。因此，要求企业财务会计向投资人及债权人提供企业管理当局经营管理和资源使用的情况，以便考核企业管理当局经营责任的履行情况。

第二节 财务会计基本假设

财务会计基本假设（也称财务会计基本前提），是指保证企业财务会计工作得以存在和顺利进行的前提条件和约束因素。作为提供会计信息的企业财务会计工作，是在一定的社会经济环境下开展的，它要受到客观经济环境和企业内部生产活动等因素的制约，由于会计活动对象的复杂性和多变性，企业财务会计为了揭示和报告多变的企业经营活动信息，就需要对会计客观环境和企业生产经营活动做出一些限定或假设，只有规定这些前提条件，企业财务会计工作才能得以正常进行。

财务会计基本假设通常有四项：会计主体、持续经营、会计分期和货币计量。

一、会计主体

会计主体是指会计应当以企业、单位等主体内发生的各项经济业务为对象，记录和报告主体本身的各项生产经营活动。会计主体假设主要规定会计工作的特定空间范围，解决会计为谁记账的问题，是财务会计四个基本假设中最重要的一个。

企业的生产经营活动是由每项具体的经济活动所构成的,而每项经济活动都是与其他有关的经济活动相联系,企业本身的经济活动也总是与其他企业单位的经济活动相联系的,从某一项经济活动来看,总是包括两个方面,如购买材料的业务,一方面是买方企业支付价款,取得材料,另一方面是卖方企业发出材料,取得收入。对于企业核算生产经营活动的会计来说,只能站在企业自身的角度,对企业主体(即会计主体)本身的生产经营活动进行会计确认、计量、记录和报告。既不核算企业投资者或所有者的经济活动,也不核算其他企业或其他经济主体的经济活动。即要求会计核算应当区分企业自身的经济活动和其他企业单位的经济活动;区分企业的经济活动与企业投资者的经济活动。

会计主体所规定的财务会计核算特定空间范围,通常是指能控制和拥有经济资源,并能运用这些资源进行有效的经营活动,对资源负有法律责任的经济主体或法律主体。会计主体可以是法人,如企业、事业单位;也可以是非法人,如合伙企业。可以是一个企业,也可以是企业中的内部单位或企业中的一个特定部分(如企业的分公司,企业设立的事业部)。可以是单一企业,也可以是几个企业组成的联营公司或企业集团(如由若干个子公司或母公司组成的企业集团)。

二、持续经营

持续经营是假定企业或会计主体的经营活动,在可以预见的未来,将会长期按其现有的形式和既定的目标方向,无限期地持续不断经营下去。

会计主体的经营活动是否持续进行,在财务会计处理上应当有不同的方法。在正常的持续经营状况下,会计主体可以按照预定的用途,使用它所拥有的各种资源,并依照原来的偿还条件来清偿它所负担的各种债务,且在资产负债表中所列的资产与负债的价值也可以按历史成本反映,而不作变现处理;而在破产清算等非正常经营状况下,资产的价值则必须按实际变现的价值计算,负债必须按资产变现后的实际负担能力清偿。

由于市场竞争等因素的作用,会计主体的生产经营活动的持续时间,往往具有很大的不确定性,而持续经营前提,不仅为财务会计的正常活动做出了时间上的规定,而且为许多财务会计核算原则、程序和方法的制定和运用提供了依据。现代企业财务会计所使用的一系列的会计处理方法和程序,都是建立在持续经营前提基础上的,如果没有规定持续经营的前提条件,一些公认的会计原则和方法将缺乏存在的基础。只有在持续经营前提下,会计主体在会计信息的收集和处理过程中所使用的会计方法和程序才能保持稳定,才能做出比较正确、可靠的会计计量、记录和报告。

三、会计分期

会计分期是指将企业持续不断的生产经营活动分割成连续的、长短相同的期间,据以结算账目和编制财务会计报告，以便及时地向信息使用者提供有关企业财务状况、经营成果和现金流量的会计信息。

一般情况下，企业单位等会计主体的经济活动是连续不断进行的，企业在其存续期内的财务状况也不断变化，直至停业之日（即所有生产经营活动最终结束时）才会停止变动。企业的经营成果，是盈是亏，到停业之日，也才能准确地进行计算。但是，如果企业此时才提供这一切已成定局的会计信息，这些信息对管理人员及其外部信息使用者来说，已经时过境迁，变得毫无用处了。

为了使企业的会计信息使用者能及时了解企业的经营情况，会计人员就必须在持续经营的期间，在合适的时候，采用一定会计方法整理和概括会计资料，并编成报表及时输送给有关信息使用者。因此，企业会计人员需要人为地将企业持续不断、川流不息的经济活动划分为若干个相同的时间间隔，以便分期和及时地反映和计算企业的财务状况、经营成果和资金变动情况。

会计期间的划分，一方面对于确定会计核算程序和方法具有极为重要的作用：由于有了会计期间，才产生了本期与非本期的区别；由于有了本期和非本期的区别，才产生了权责发生制和收付实现制两种记账基础，进而有了收入和费用的正确配比问题；另一方面有利于企业及时结算账目、编制报表并提供反映企业经营情况的财务信息，满足信息使用者对会计信息的需求。

会计期间通常以一年作为划分的标准，也可以其他的期间来划分会计期间（如以六个月为一个会计期间）。按一年划分的会计期间称为会计年度，会计年度可采用日历年制（即与日历年度保持一致）；也可采用非日历年制（即以某一日开始经历365天止为一个会计年度）。确定的会计年度还可根据需要划分为更短的会计期间（如按月、按季划分）。我国会计准则规定：企业的会计期间按年度划分，以日历年度为一个会计年度，即以每年的1月1日至12月31日为一会计年度，每一会计年度还可具体划分为季度、月份。

四、货币计量

货币计量是指企业在会计核算过程中应以货币作为统一的计量单位，以便计量、记录和综合反映企业的生产经营情况及其经营成果。

会计如何计量它的对象，关系到会计提供什么样信息的根本问题。会计对象的具体内容就是会计要素，即资产、负债、所有者权益、收入、费用、利润等，由于不同的会计要素的具体表现形态不同，其计量方法和计量单位亦各不相同。

在会计实践中，人们发现企业的财产物资都代表一定的价值，用具有一般等价物特性的货币来统一计量（即将衡量财产、物资和劳务等的实物和劳动时间计量单位都换算成统一的货币计量单位），可使不同性质的财物进行相加、相减，也可以使收入和费用、成本相互配比。可见，会计只有以统一货币作为计量手段，才能将企业的财务状况、经营成果和资金变动情况进行计算、汇总、比较、分析，最后综合成各种会计报表。如果没有货币计量这一手段，企业会计工作就无法进行，或至少不能按现在的方式进行。

按我国《会计法》《企业会计准则》规定，企事业单位的财务会计核算应以人民币作为统一的货币（记账本位币）计量单位；但是业务收支以外币为主的企业，也可选定某种外币作为统一的货币计量单位，但在期末编制会计报表时，应当折合成人民币反映。

应当指出的是，在商品经济条件下，货币作为一种特殊商品，其本身的价值是可能经常变动的。如果用一个本身处于时常变化的事物去衡量另一个变化的事物，其结果不言而喻。因此，以货币作为统一的计量手段，还有一个附带的要求，即要求货币本身的价值应当稳定不变，或者虽有所变动，其变动幅度微不足道，且前后波动可以相互抵销。在这种前提下，会计核算可以不考虑货币本身价值变动的影响，认为币值是稳定的。只有在假设货币本身价值不变的前提下进行会计处理，才有利于企业对不同时期发生的经济业务及其形成的各种资产、负债、收入和费用等会计要素的变化及其结果进行综合汇总，也才有利于对企业的经营活动进行连续记录和分析。

以货币作为财务会计核算的计量尺度，其结果表明：财务会计揭示和报告的信息主要是那些可以用货币计量的经济活动，而对那些于分析、判断、决策虽十分重要但又无法用货币计量的经济活动，则一概排除在会计系统之外，可见，财务会计只能提供以货币计量的经营活动信息。

第三节 财务会计确认计量与记录报告的基础和原则

一、会计确认、计量、记录、报告

会计确认、计量、记录、报告，是财务会计对企业发生的经济业务进行会计数据处理与信息加工，形成会计信息的基本程序。对企业发生的交易或事项进行会计确认、计量、记录、报告的过程，亦称为会计核算。

（一）会计确认

会计确认是指按照一定的要求和标准，将企业所发生的各项交易或者事项，确定为资产、负债、所有者权益、收入、费用和利润等会计要素，并正式在会计凭证、账簿上加以记录，列入财务报表的过程。会计确认贯穿于会计循环的始终。

会计要反映经济活动，需要从企业接收由大量日常活动所产生的经济数据，而这些经济数据并非全部属于会计信息系统处理对象的范围，会计处理的对象是能引起会计要素变化的各项交易或者事项。因此，企业各项交易或者事项所产生的数据，是否应当在会计凭证、账簿中加以记录，当作什么会计要素来确认，应在何时记录，以及怎样把账簿中的信息和其他数据转化为财务报告，都必须经过辨别和认定。能否作为输入会计信息系统的数据加以确认，受到会计活动规律性和由特定社会经济环境所决定的会计假设、准则、目标以及会计信息质量要求的限制，还要遵循国家的有关经济政策和财政财务法规。只有符合这些规范要求的数据，才能作为会计数据输入会计信息系统，并对其进行反映。

1. 会计确认的分类

会计确认按照会计处理程序先后，可以分为会计记录确认和会计报表确认。

（1）会计记录确认，也称会计初始确认，是指会计人员依据一定的标准，对应予进行会计记录的经济业务，确定其属于哪类会计要素，以及如何在会计账簿中加以分类记录的过程。

（2）会计报表确认，也称会计再确认，是指会计人员对已记录和储存在会计账簿中的会计数据，确定应列示会计报表的类别及具体项目的过程。

2. 会计确认标准

（1）会计确认的基本标准，主要包括：

①能否用货币计价。即应予以确认的交易或者事项数据，必须在形式上能用货币进行定量或计价，如果交易或者事项所产生的数据不具备可用货币计价和定量的特征，就无法在会计中确认。

②是否符合会计要素的特征。即一项被确认的交易或者事项数据是当作资产、负债或所有者权益来记录，还是当作收入、费用或利润来记录，对正确反映企业财务状况和经营成果等都有着极其重要的影响。因此，在记录时，还需要确认应计入的会计要素具体类别（即应辨别该数据归属或从属于哪一个账户或报表中的哪一个项目），以便在有关账簿中加以记录，并借助于财务报表的具体项目表现出来。

③会计确认的时间。对发生交易或者事项是以权责发生制、还是以收付实现制作为确认记录的时间，即对会计要素项目何时进行记录做出的规定。

（2）会计确认的补充标准，主要包括：交易或者事项数据的真实性、合法性、合理性等。

（二）会计计量

对于经过鉴别、确认能够作为会计信息系统处理的各项交易或者事项，则应进行会计计量。会计计量，是指在企业会计核算中，运用一定的计量单位和合理的计量属性，对会计要素的内在数量关系加以衡量、计算和确定，使其转化为能用货币表现的财务信息和其他经济信息，以便集中和综合地反映企业的财务状况、经营成果等情况。

在会计计量时，首先应将已确定作为会计信息系统中的各项交易或者事项所引起的会计要素变化加以量化，并以货币表现，才能编制会计凭证；然后对已记录的交易或者事项数据，还要经过复杂的计量（包括计算、汇总、比较等）才能正式记录在账簿系统中，逐步使之条理化和系统化；最后将量化的数据加工整理列入财务报表。

会计提供的信息，基本上是能够用货币表现的财务信息。这些信息，如何用货币表现？这就必须依靠会计计量或计价。对会计要素的计量，需要解决的：一是选定计量单位（即计量尺度），会计主要是以货币为计量单位的。二是选择计量标准（即计量属性），如历史成本，现行成本等计量标准，会计主要是以历史成本（即依据交易或者事项发生时实际取得（或交易）成本作为计量标准的。

会计计量实际上是运用一定的计量单位，选择被计量会计要素的合理计量标准，确定应予确认的会计要素项目金额或价值的会计处理过程。其重要性主要表现在企业资产、负债、所有者权益等的变动计算以及收入、费用和利润的计算等，也表现为利润分配、税金交纳的计算以及以会计计量为基础的会计报告编制等。

（三）会计记录

会计记录是指根据一定的账务处理程序，将已经确认、计量的会计要素项目正式记入会计账簿系统中，以便满足信息储存需要和进一步加工需要的会计处理过程。

为了公正、客观地向信息使用者提供各种财务信息，就必须对企业所发生的经会计确认与计量，能引起资产、负债、所有者权益以及收入、费用和利润增减变动的每项交易或者事项，运用账户进行归类，并运用复式记账法做成"会计分录"记录（即编制记账凭证），并根据记账凭证中的记录直接或汇总记录到有关的账簿中（包括序时账簿、分类账簿记录等），使大量、分散的单个交易或者事项数据转化为系统信息。

会计的记录必须符合真实、正确、系统、清晰和完整的原则，这是加工和运用信息的前提条件。假的、错的、混乱的、模糊的记录不能作为编制会计报告的依据。

会计记录不仅是企业会计加工储存信息的需要，而且是在所有权和经营权分离的情况下，国家有关监督机关进行审计监督、行政监督和查账工作的需要。同时，通过会计记录而储存的信息，也是考核企业生产经营业绩以及经营活动是否遵纪守法的重要依据。

（四）会计报告

会计报告是指在会计记录的基础上，经过会计再确认、加工和整理后形成的会计信息的最终产品。具体地说，是以账簿记录为依据，采用表格和文字形式，将会计数据提供给信息使用者的书面报告文件。

会计报告包括会计报表和其他应当在会计报告中披露的相关信息和资料。其中会计报表主要包括资产负债表、利润表、现金流量表和所有者权益（或股东权益）变动表及其附注。

会计报告是对会计确认、会计计量、会计记录等结果的披露。一方面企业通过会计报告可以及时将反映企业经济活动的会计信息传递给会计信息使用者；另一方面会计信息使用者通过企业充分披露的会计报告，可以及时了解企业的财务状况、经营成果和现金流量，判断企业的内在价值，预测企业未来的发展趋势，从而做出相应的决策。（会计报告的具体内容、形式、方法将在第十四章介绍）

二、财务会计确认、计量、记录、报告的基础

在企业的经营活动中，交易或事项的完成与其货币的实际收付在时间上经常不一致。例如：销售商品的交易已经完成，但款项尚未在本期收到；或者费用已经发生但本期并未支付款项。导致收入或费用在会计确认、计量与报告时产生不同的基础或标准。

财务会计确认、计量、记录、报告的基础有两种：一是权责发生制，二是收付实现制。以盈利为目的的企业、公司或事业单位的经营性业务，应当以权责发生制为基础进行会计确认、计量、记录与报告；而以非盈利为目的的行政单位和事业单位的非经营性业务，应当以收付实现制为基础进行会计确认、计量、记录、报告。

权责发生制也称"应计制"，是指企业会计在确认本期收入和费用时，应当以权利和责任的发生与转移为记账基础。凡是当期已经实现的收入和已经发生或应当负担的费用，不论款项是否在当期收到或付出，都应作为当期的收入和费用处理；凡是不属于当期的收入和费用，即使款项已经在当期收到或付出，都不应作为当期的收入和费用。

权责发生制原则主要从时间选择上确定会计确认、计量的基础，其核心在于根据权责关系的实际发生和影响期间来确认企业的收入和费用。根据权责发生制进行企业收入和费用的核算，能够更准确地反映特定会计期间的真实财务状况和经营成果。

三、财务会计确认、计量、记录、报告的原则

财务会计确认、计量、记录、报告的原则（即会计核算原则），是会计人员进行会计核算工作应共同遵循的规范，是指导会计人员正确运用会计程序和会计方法处理经济业务、编制财务报告的准绳，也是对企业财务会计核算提出的基本标准和要求。财务会计原则大体可分为两类：一是对财务会计要素确认、计量的原则；二是对财务会计记录与报告的原则（即会计信息质量要求）。

（一）财务会计确认与计量的原则

财务会计确认与计量的原则，是指财务会计对企业会计要素各项目的确认、计量应达到的基本标准和要求，主要包括历史成本原则、配比原则、划分收益性支出和资本性支出原则。

1. 历史成本原则

历史成本原则又称实际成本（或原始成本）原则，是指企业的各项资产都应按其取得或购进时发生的实际成本进行计价核算，不论市场价格是否变动，其账面价值均不做调整（国家另有规定者除外）。所谓实际成本，就是指取得或制造某项财产物资时实际支付的现金或其他等价物。

历史成本原则要求企业会计对企业资产、负债和所有者权益等项目的计量、报告应当基于交易或者事项的实际交易价格或成本，而不考虑市场价格变动的影响。如果价格变动较大，也只能在会计报告中加以说明，而不调整账面价值。按历史成本计量的主要原因在于：历史成本是交易发生时确定的市场价格，能客观反映交易当时的交易或者事项，具有客观性；历史成本有原始凭证为依据，资料容易取得和确定，具有可验证性和可操作性。坚持历史成本原则，有助于对各项资产、负债、所有者权益等项目的确认与计量、报告及其结果的检查，也使收入与费用的配合建立在实际交易的基础上，提高会计信息的可靠性。

2. 配比原则

配比原则又称配合原则，是指企业的收入与其相对应的成本、费用应当相互配合，即要求在企业会计核算中，一个会计期间内的各项收入与其相关联的成本、费用，应当在同一会计期间内进行确认、计量，不能提前也不能延后，以便衡量企业在生产经营过程中的所费和所得，并确定最终的经营成果。

在企业的生产经营活动中，相互配比的收入和成本、费用应当具有下列关系：一是在经济内容上存在着因果关系，即收入的取得应以成本、费用的发生为前提，具体地说就是企业从某一特定对象（如产品或劳务）上取得的收入，应与在同一对象上发生的成本、费用相关；二是在时间上存在一致的关系，即收入和成本、费用归属于同一会计期间。为此，对于一切本期预支的成本、费用应递延到有关的收入取得时，才能予以确认与计量，而对于一切为取得本期收入但在未来支付的成本、费用，则应在本期内预先确认与计量，以达到配比的目的。

3. 划分收益性支出和资本性支出的原则

划分收益性支出和资本性支出的原则，是指企业财务会计核算中应当严格区分收益性支出和资本性支出的界线，以便正确计算企业的成本费用以及各期的经营成果和资产的价值。

收益性支出是指为了取得本期收益而发生的支出，资本性支出是指为取得本期及以后若干期收益而发生的支出。凡支出的效益仅与本期的收益取得有关，如管理费用、销售费用和财务费用等支出，应作为收益性支出计入当期损益，列入当期损益表中；凡支出的效益与若干个会计期间有关，如固定资产、无形资产和开办费用等支出，应作为资本性支出计入有关资产的价值，列入资产负债表中，然后根据其与各期收入的相关关系，通过分期折旧或摊销的方法将其逐渐费用化，转为每期的费用。如果把收益性支出列作资本性支出，其结果会导致当期费用的低估和期末资产价值的高估；反之，如果把资本性支出列作收益性支出，其结果则会导致当期费用的高估和期末资产价值的低估。

严格划分收益性支出和资本性支出的界线，有利于各项成本、费用、资产价值以及各期经营成果的正确确认、计量和报告。

（二）财务会计记录与报告的原则

财务会计记录与报告的原则，也称会计信息质量要求，是指财务会计记录与报告所提供会计信息应达到的基本质量标准和规范，主要包括客观性原则、相关性原则、明晰性原则、可比性原则、实质重于形式原则、重要性原则、谨慎性原则、及时性原则。

1. 客观性原则

客观性原则又称真实性原则，是指企业应当以实际发生的交易或事项为依据进行会计确认、计量和报告，如实反映符合确认和计量要求的各项会计要素及其他相关信息，保证会计信息真实可靠、内容完整。即要求企业会计核算必须以实际交易或事项发生时所取得的合法书面凭证为依据，如实反映交易或事项的实际情况，不得弄虚作假、伪造、篡改凭证，以保证会计的计量、记录和报告的内容与客观事实相一致。

客观性原则是对企业会计核算工作和会计信息质量提出的基本要求。会计作为一个信息系统，其提供的会计信息是国家宏观经济管理部门、企业内部管理部门以及其他有关方面进行决策的依据。如果会计信息不能真实客观地反映企业经济活动的实际情况，就无法满足各有关方面对信息的要求；如果企业提供虚假和歪曲事实的会计信息，不仅不能发挥会计应有的作用，而且还将导致错误的经济决策。

2. 相关性原则

相关性原则又称有用性原则，是指企业提供的会计信息应当与财务报告使用者的经济决策需要相关，有助于财务报告使用者对企业过去、现在或者未来的情况作出评价或者预测，即为信息使用者提供于决策有用的信息。

会计信息的价值和作用是否充分发挥，关键在于其与信息使用者进行决策有关，并具有影响决策的能力。如果提供的会计信息不能满足信息使用者的需要，对其经济决策没有作用，就不具有相关性。因此，相关性原则要求企业的会计核算在收集、加工、处理、传递会计信息时，要充分考虑信息使用者的决策需要，确保企业内外有关方面对会计信息的相关需要。如果企业所提供的会计信息，不利于信息使用者作出各种正确的经济决策，或者与经济决策无关，会计信息也就失去了其存在的意义。

3. 明晰性原则

明晰性原则又称清晰性（或可理解性）原则，是指企业提供的会计信息应当清晰明了，便于财务报告使用者理解和利用。

企业提供会计信息的目的在于使用，要正确使用会计信息就必须了解会计信息的内涵，弄懂会计信息的内容，否则，就谈不上信息的使用。明晰性原则要求企业所提供的会计信息应当清晰、简明、易懂，能简单明了地反映企业的财务状况和经营成果，容易为人们所理解。在企业财务会计核算中，坚持明晰性原则，有利于会计信息使用者准确、完整地把握会计信息所要说明的内容，更好地加以利用。

随着我国市场经济的深入发展，会计信息的使用者也将越来越广泛，不仅包括企业内部和国家有关主管部门、财税部门，而且还包括与企业存在利益关系的众多信息使用者，在客观上对会计信息的明晰性提出了更高的要求。

4. 可比性原则

可比性原则又称统一性原则，是指企业提供的会计信息应当具有可比性。具体包括下列要求：

（1）不同企业发生相同或者相似的交易或者事项，应当采用规定的会计政策，确保会计信息口径一致、相互可比。要求所有企业的财务会计核算都必须建立在相互可比的基础上，即不同企业，尤其是同一行业的不同企业对发生相同或类似的交易或事项，应当使用一致的会计政策（会计处理程序与会计方法），以使不同企业按照一致的确认、计量和报告基础提供有关会计信息，便于信息使用者进行不同企业的横向比较、分析，从而有效地判断各个企业的财务状况和经营业绩、满足国家宏观经济调控的需要。

（2）同一企业在不同时期发生相同或者相似的交易或者事项，应当采用一致的会计政策，不得随意变更，确实需要变更会计政策的，应当在财务会计报告附注中说明。

即要求同一企业在不同的会计期间发生相同或者相似的交易或者事项，应当采用一致的会计处理程序和方法，各项会计核算指标的概念和计算方法应当相同，且一经选定不得任意变动。以便信息使用者进行同一企业不同时期的纵向比较、分析，从而有效地判断同一企业各个不同时期的财务状况和经营业绩、满足企业微观管理的需要。

5. 实质重于形式原则

实质重于形式原则是指企业应当按照交易或事项的经济实质进行会计确认、计量和报告，而不应当仅按交易或事项的法律形式作为会计确认、计量和报告的依据。

企业经营过程中发生交易或事项的经济实质与法律形式，在绝大多数情况下是一致的，但可能会碰到一些经济实质与法律形式不相吻合的交易或事项，例如，以融资租赁方式租入的固定资产，在租期未满以前，从法律形式上讲，所有权并没有转移给承租人，但是从经济实质上讲，融资租入固定资产的租赁期较长（超过资产使用寿命75%），且租赁期满承租人可以极低的价格购买该资产。在租赁期间与该项固定资产相关的收益和风险已经转移给承租人，承租人能够行使对该项固定资产的控制。因此，承租人应该将融资租入的资产视同企业的资产进行会计确认、计量和报告。

6. 重要性原则

重要性原则是指企业提供的会计信息应当反映企业财务状况、经营成果和现金流量等有关的所有重要交易或者事项。

会计信息能否全面、准确地反映企业经济活动过程和结果，固然是企业财务会计核算的基本要求。但从会计信息使用者的使用需求看，重要的是了解企业的主要生产经营活动，特别是有些对经营决策有重要影响的会计交易或者事项，而并不要求面面俱到。如果会计信息不分主次，有时反而会有损其使用价值，甚至影响决策。因此，重要性原则要求会计信息在全面反映企业财务状况、经营成果的同时，对发生的交易或者事项应该区别其重要程度，采用不同的会计处理方法。具体来说就是要求财务会计核算在对于那些与企业经营或会计信息的使用者相对重要的交易或者事项，应当分别核算、单独反映，力求准确，并在会计报告中重点说明，而对于一些次要的交易或者事项，在不影响会计信息真实性的情况下，则可适当地简化进行会计处理。坚持重要性原则，对次要的交易或事项作适当的简化核算，可使会计信息资料和会计报表能突出重点地反映企业经营状况。

应当说明的是，重要性概念只是相对的，某项交易或者事项是否重要，企业应根据所处的经营环境和实际情况，从交易或者事项的性质、金额大小及管理要求来衡量和判断。一个企业认为重要的交易或者事项，对另一个企业可能并不重要。例如：4000元的损失，对于一个年收入数万元的小企业是一个重要项目，而对于年收入在数千万元的大企业，由于其占总收入的比例微不足道，可不必作重要交易或事项记录。

7. 谨慎性原则

谨慎性原则又称稳健性原则，是指企业对交易或者事项进行会计确认、计量和报告时应当保持应有的谨慎，不应高估资产或者收益，低估负债或者费用。

在市场经济条件下，企业经营活动不可避免地会遇到风险。例如：企业应收账款由于债务人破产、死亡等原因不能收回；固定资产由于技术进步原因而提前报废等情况。为了避免企业遇到风险等不确定因素导致损失发生时，对企业正常经营产生严重影响，企业财务会计核算应当采用谨慎性原则进行处理，即要求企业在面临风险等不确定性因素的情况下作出职业判断时，保持应有的谨慎，对可能发生的资产减值或负债增加导致的损失和费用作出充分、合理的预计，并在会计上预先予以入账核算，而对可能发生的资产增值或可能实现的收益不预估计，做到既不高估企业资产或者收益，也不低估企业的负债或者费用。遵循这一原则，可使企业会计信息资料所反映的财务状况和经营成果情况，建立在一种稳妥可靠的基础上。

在我国《企业会计准则》中，有选择地采用了谨慎性原则。如对应收账款可以计提坏账准备，存货、固定资产、无形资产计提减值准备，某些行业经批准对固定资产可采用加速折旧法计提折旧等。

8. 及时性原则

及时性原则是指企业对于已经发生的交易或者事项，应当及时进行会计确认、计量和报告，不得提前或者拖延。

任何信息的使用价值，不仅要求其真实可靠，而且还在于必须保证时效，在信息的使用者需要使用时，及时提供给使用者使用。特别是随着社会主义商品市场经济的发展，市场变化越来越快，企业间竞争日益激烈，有关方面对信息的及时性要求也越来越高，会计信息的及时性则越显得重要。企业的会计信息资料如不及时记录和传送，必然会导致其效用的下降，甚至会变得毫无作用。因此，企业财务会计核算只有遵循及时性原则，才能保证会计信息质量和效用，使其更具有相关性。

及时性原则的具体要求：一是要及时收集会计信息，并及时对会计信息进行加工处理，即当期发生的交易或者事项应当在当期内进行会计处理、不得提前或者拖延；二是要及时传递会计信息，即当期的财务会计报告应当在会计期间规定的日期内报送有关方面信息使用者。

第四节　财务会计的基本要素和会计科目

一、财务会计基本要素

财务会计报表是企业财务会计核算工作的最终产物，是表达企业财务状况和经营成果、传递和输送企业财务会计信息的重要工具。会计报表为了有效地展示有用的财务会计信息、使所提供的信息更具有相关性和可靠性，就应按一定的标志分成若干概括性的信息项目类别，以便分类记录、处理和报告企业的会计信息，从各个方面揭示企业的财务状况和经营情况。

会计要素是指财务报表的基本构成要素（或基本构成项目）。会计要素实际上是对企业会计对象的具体内容所作的基本分类，是会计对象的具体化。它既是会计确认和计量的依据，也是确定财务报表结构和内容的基础。

在不同的国家，不同行业由于会计对象的特点和会计核算的要求不完全相同，会计要素的内容也略有区别。根据我国《企业会计准则》的规范；企业财务会计的基本要素主要分为资产、负债、所有者权益、收入、费用、利润六大类项目。其中资产、负债、所有者权益三要素构成资产负债表的基本项目，而收入、费用、利润三大类要素构成利润表的基本项目。

现将企业财务会计的基本要素作一简要说明。

(一) 资产

资产是指企业过去的交易或者事项形成的、由企业拥有或者控制的、预期会给企业带来经济利益的资源，包括各种财产、债权和其他权利。

构成资产会计要素的各个具体项目，主要具有以下特征：

（1）资产是由企业过去的交易或者事项形成的。过去的交易或者事项包括购买、生产、建造行为或者其他交易或事项。也就是说只有过去的交易或者事项才能产生资产，企业在未来发生的交易或者事项不能形成资产。

（2）资产应当为企业所拥有或者控制的资源。拥有或者控制指企业享有财产物资的所有权，或者虽然不享有资源的所有权，但该资源能够被企业所控制，企业有权在生产经营活动中自主地使用和支配的这些资源。不为企业所拥有或控制的资源不能作为企业的资产。

（3）资产能够给企业带来未来经济利益。未来经济利益指直接或间接导致现金和现金等价物流入企业的潜力。即资产是通过交换而取得的，并通过对它的使用，能够为企业未来带来经济效益的一种资源。不能为企业未来获得经济利益的资源则不应确认为企业资产。

资产可以是货币的，也可以是非货币的；可以是有形的，也可以是无形的。资产是企业生产经营活动不可缺少的物质基础。

企业的资产主要包括：流动资产和非流动资产。流动资产是指预计正常营业周期中变现、出售或耗用，或者主要为交易目的而持有，或者自资产负债表日起一年内变现，或者自资产负债表日起一年内变换其他资产或清偿负债的能力不受限制的现金和现金等价物等资产。主要包括库存现金、银行存款、交易性金融资产、应收及预付款项、存货等。非流动资产是指不符合流动资产条件的资产。主要包括债权投资、其他债权投资、其他权益工具投资、长期应收款、长期股权投资、投资性房地产、固定资产、无形资产、商誉等。

(二) 负债

负债是指企业过去的交易或者事项形成的，预期会导致经济利益流出企业的现时义务。现时义务指企业在现行条件下已承担的义务。

作为负债会计要素的各个项目，主要有以下几个特征：

（1）负债是由于过去的交易或者事项形成的，企业目前所承担的经济义务和责任。任何未发生（或将来可能发生）的交易或者事项所形成的义务，不属于现时义务，不应作为企业的负债确认；

(2) 义务的履行会导致经济利益流出企业，如交付资产、提供劳务等，如果义务的履行不会导致企业经济利益的流出，不应作为企业的负债确认。

负债按其偿还期的长短分为流动负债和非流动负债。流动负债是指预计在正常营业周期中清偿的，或者自资产负债表日起一年内到期应予以清偿的；或者企业无权自主地将清偿推延至资产负债表日后一年以上的负债。主要包括短期借款、交易性金融负债、应付及预收款项、应付票据、应付职工薪酬、应交税费、应付利润、其他应付款等。非流动负债是指偿还期在一年或者超过一年的一个营业周期以上的负债，主要包括长期借款、应付债券、长期应付款等。

（三）所有者权益

所有者权益是指企业资产扣除负债后由所有者享有的剩余权益。所有者权益是企业的主要资金来源，它等于全部资产减全部负债后的净额，反映投资人对企业净资产的所有权。

作为所有者权益会计要素的各个项目，主要具有下列特征：

(1) 所有者权益是投资人对企业净资产的要求权，这种要求权受企业总资产与总负债变动的影响而发生增减变动的；

(2) 所有者权益因企业组织类型的不同而有不同的表现形式；

(3) 所有者权益表示投资人在企业中享有的资产所有权、财产的处置分配权的大小，如所有者以其出资额分享企业利润的权利或承担企业经营风险的义务。

所有者权益按其形成的来源不同，包括所有者投入企业的资本（实收资本）、其他权益工具、资本公积、其他综合收益、留存收益（盈余公积和未分配利润）等。

（四）收入

收入是企业日常活动形成的、会导致所有者权益增加的、与所有者投入资本无关的经济利益总流入。日常活动是指企业为完成其经营目标所从事的经常性活动以及与之相关的活动。

收入会计要素主要具有以下特征：

(1) 收入是指企业日常活动中形成的。如企业销售商品、产品、提供服务等活动取得的收入，企业非日常活动所形成的经济利益的流入应计入利得，而不能作为收入确认；

(2) 收入导致的经济利益流入不包括所有者投入的资本。所有者投入资本的增加而导致的企业经济利益流入不应当确认为收入，而应当直接确认为所有者权益；

(3) 收入最终会导致所有者权益增加。不会导致所有者权益增加的经济利益流入不应确认为收入。

企业的收入主要包括基本业务收入和其他业务收入。基本业务收入是指企业因销售商品、产品或提供工业性劳务等而取得的营业收入，如工业企业的产品销售收入、自制半成品销售收入、商业企业的商品销售收入等；其他业务收入是指企业在基本业务收入以外所从事的其他经济业务活动而取得的各项业务收入，包括技术转让收入、包装物出租收入、材料销售收入等。

（五）费用

费用是指在企业日常活动中所发生的、会导致所有者权益减少的、与向所有者分配利润无关的经济利益总流出。

费用会计要素主要具有以下特征：

（1）费用是企业在日常活动中发生的。企业因日常活动产生的经济利益流出才能作为费用确认和计量，对非日常活动产生的经济利益流出应计入损失，而不能作为费用确认和计量。

（2）费用的发生会导致经济利益的流出，但不包括企业向所有者分配利润。企业向所有者分配利润而导致的企业经济利益流出不应当确认为费用，而应当直接确认为所有者权益的抵减项目。

（3）费用最终会导致所有者权益减少。费用的发生通常表现为资产的减少或者负债的增加，最终会导致所有者权益减少。不会导致所有者权益减少的经济利益流出不应确认为费用。

费用按其与收入的关系，主要包括营业成本和期间费用。营业成本是指为生产销售商品、产品或提供劳务而发生的商品成本或劳务成本。营业成本按照所销售商品、提供劳务在日常活动中所处的地位，主要有主营业务成本和其他业务成本。期间费用是指企业日常活动为取得收入而发生的不能直接归属于某个特定商品或产品的营业成本，直接从当期收入补偿的费用。包括企业行政管理部门为组织和管理生产经营而发生的管理费用、因筹集资金而发生的财务费用，以及为销售商品或提供劳务而发生的销售费用等。

（六）利润

利润是企业在一定期间内的经营成果。利润是企业各种收入扣除各种耗费后的差额，是衡量企业经营业绩的重要指标。

利润会计要素主要具有下列特征：

（1）利润是企业在一定会计期间的经营成果，而不是企业持续经营下的最终经营成果。

（2）利润的确认与计量，是建立在收入和费用的确认与计量基础上，其金额的大小取决于企业总收入与总耗费之间的合理配比。

（3）利润是直接影响企业所有者权益变动的因素。当利润增加时，所有者收益增加；反之，则所有者权益减少。

利润主要包括营业利润、直接计入当期利润的利得和损失等。营业利润是企业营业收入减去营业成本、税金及附加、销售费用、管理费用和财务费用以及资产减值损失，再加减公允价值变动损益和投资损益；直接计入当期利润的利得和损失是指应当计入当期损益的、导致所有者权益发生增减变动的、与所有者投入资本或者向所有者分配利润无关的利得和损失。

二、财务会计基本要素的分类和关系

上述六大会计基本要素科学地概括了会计对象的具体内容,它们密切联系,相互影响,全面、系统地反映企业的经济活动。这些会计基本要素可以分为两种类型:静态型要素和动态型要素。

静态型会计要素主要是表达和揭示在特定时点(年末或月末)、企业拥有或掌握的各种经济资源,以及企业的资金提供者对其经济资源的各种要求权等财务状况,这类会计要素有资产、负债、所有者权益三项。静态型会计要素构成企业资产负债表的基本项目,用以反映企业资产、负债和所有者权益的构成等财务状况,故又称"资产负债表要素"或"财务状况要素"。它们之间存在着下列数量关系:

$$资产 = 负债 + 所有者权益$$

动态型会计要素主要是表达和揭示在特定时期内(某年或某月)、企业由于业务交易或其他事项影响财务状况变化的结果(即经营成果)的情况,这类会计要素有收入、费用和利润三项。动态型会计要素构成企业损益表的基本项目,用以反映企业收入、费用和利润等经营活动及其成果情况,故又称"损益表要素"或"经营成果要素"。它们之间存在着下列数量关系:

$$收入 - 费用 = 利润$$

在静态型要素和动态型要素之间也存在着相互关系,主要表现为:静态型会计要素(即资产、负债、所有者权益)是随动态型会计要素(即收入、费用、利润)的变动而变化的,在任何时点上静态型会计要素都是动态型会计要素变化后的累计结果;从数量上看,六大会计要素之间的关系可用下列各式表示:

$$资产 = 负债 + 所有者权益 + 利润$$

或:

$$资产 = 负债 + 所有者权益 + (收入 - 费用)$$

或:

$$资产 + 费用 = 负债 + 所有者权益 + 收入$$

以上各个方程式,表达和揭示了资产负债表各会计基本要素和损益表各会计基本要素之间的内在规律性联系。这些方程式是企业财务会计设置账户、进行复式记账和编制财务会计报表的理论依据。

正确理解财务会计各个基本要素的涵义,明确财务会计基本要素的内容及其之间的平衡关系,以及两类会计基本要素之间的勾稽依存关系,不仅有助于企业全面、完整地提供会计信息,而且也有助于各个信息使用者充分利用企业财务会计信息。

三、企业财务会计科目

会计科目是指企业为了记录经济业务而对会计要素的具体内容作进一步分类核算的类别项目名称,是设置账户和确认、计量、记录、报告各项经济业务的依据。因此,科学地设置会计科目,正确地使用会计科目,是做好会计核算工作的重要基础。

企业财务会计核算设置的会计科目，按其反映的经济内容或用途分为资产、负债、所有者权益、成本、损益五大类。按其提供核算指标的详简程度分为总分类科目和明细分类科目两类：总分类科目是对会计要素内容的概括分类，是设置总分类账的依据；明细分类科目是对某总分类科目内容的详细分类科目，是设置明细分类账的依据。

现将企业财务会计核算设置的会计科目列示如表1-1所示。

表1-1 企业会计科目表

序号	编号	科目名称	序号	编号	科目名称
		一、资产类	26	1503	其他债权投资
1	1001	库存现金	27	1504	其他权益工具投资
2	1002	银行存款	28	1511	长期股权投资
3	1012	其他货币资金	29	1512	长期股权投资减值准备
4	1101	交易性金融资产	30	1521	投资性房地产
5	1121	应收票据	31	1522	投资性房地产累计折旧
6	1122	应收账款	32	1523	投资性房地产减值准备
7	1123	预付账款	33	1531	长期应收款
8	1131	应收股利	34	1535	未实现融资费用
9	1132	应收利息	35	1601	固定资产
10	1221	其他应收款	36	1602	累计折旧
11	1231	坏账准备	37	1603	固定资产减值准备
12	1401	材料采购	38	1604	在建工程
13	1402	在途物资	39	1605	在建工程减值准备
14	1403	原材料	40	1406	工程物资
15	1404	材料成本差异	41	1607	固定资产清理
16	1405	库存商品	42	1701	无形资产
17	1406	发出商品	43	1702	累计摊销
18	1407	商品进销差价	44	1703	无形资产减值准备
19	1408	委托代销商品	45	1711	商誉
20	1409	受托代销商品	46	1801	长期待摊费用
21	1410	委托加工物资	47	1811	递延所得税资产
22	1411	周转材料（或包装物、低值易耗品）	48	1901	待处理财产损溢
23	1471	存货跌价准备			二、负债类
24	1501	债权投资	49	2001	短期借款
25	1502	债权投资减值准备	50	2101	交易性金融负债

续上表

序号	编号	科目名称	序号	编号	科目名称
51	2201	应付票据	74	4201	库存股
52	2202	应付账款	75	4301	其他综合收益
53	2203	预收账款			四、成本类
54	2204	递延收益	76	5001	生产成本
55	2211	应付职工薪酬	77	5101	制造费用
56	2221	应交税费	78	5201	劳务成本
57	2231	应付利息	79	5301	研发支出
58	2232	应付股利			五、损益类
59	2241	其他应付款	80	6001	主营业务收入
60	2314	代销商品款	81	6051	其他业务收入
61	2501	长期借款	82	6061	汇兑损益
62	2502	应付债券	83	6101	公允价值变动损益
63	2701	长期应付款	84	6111	投资收益
64	2702	未确认融资收益	85	6301	营业外收入
65	2711	专项应付款	86	6401	主营业务成本
66	2801	预计负债	87	6402	其他业务成本
67	2901	递延所得税负债	88	6403	税金及附加
		三、所有者权益类	89	6601	销售费用
68	4001	实收资本	90	6602	管理费用
69	4002	资本公积	91	6603	财务费用
70	4003	其他权益工具	92	6701	资产减值损失
71	4101	盈余公积	93	6711	营业外支出
72	4103	本年利润	94	6801	所得税费用
73	4104	利润分配	95	6901	以前年度损益调整

思考与练习

思考题

1. 什么是财务会计？财务会计有哪些特点？
2. 什么是财务会计目标？财务会计目标有哪些？
3. 什么是财务会计核算的基本假设？简述基本假设的内容、含义和作用。
4. 说明会计确认、计量、记录、报告的含义和作用？
5. 财务会计的确认、计量、记录、报告应遵循哪些原则？

6. 什么是会计要素？财务会计的基本要素之间存在哪些关系？
7. 简述资产的含义和特点？企业资产主要包括哪些内容？
8. 简述负债的含义和特点？企业负债主要包括哪些内容？
9. 简述所有者权益的含义和特点？企业所有者权益主要包括哪些内容？
10. 什么是收入和费用？企业收入、费用各包括哪些内容？
11. 什么是利润？企业利润主要包括哪些内容？
12. 什么是会计科目？企业财务会计核算应运用哪些会计科目？

第二章 货币资金

> 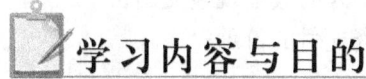 学习内容与目的
>
> 本章主要学习货币资金的概念、内容、管理规定，以及各种货币资金（含外币业务）的会计核算。通过学习，旨在了解各种货币资金和外币业务的含义、内容；理解货币资金的管理规定、确认与计量方法，以及银行各种转账结算方式的程序和特点；掌握库存现金、银行存款、其他货币资金和外币业务的会计处理。

第一节 库存现金

货币资金是指企业在生产经营中处于货币形态的资金，充当流通手段和支付手段的媒介。货币资金按其存放地点和用途不同，分为库存现金（狭义的现金）、银行存款和其他货币资金。

一、库存现金及其管理

（一）库存现金的概念

现金有广义和狭义之分。广义的现金是指企业所有的货币资金，狭义的现金仅指企业中由出纳人员保管的现金。在我国会计实务中使用的现金指的是狭义的现金概念，即库存现金，包括库存的人民币现金和外币现金。

（二）库存现金的管理

库存现金是企业流动性最强的资产，每一个企业必须严格遵守国家有关现金管理

的规定，正确进行现金收支的核算，确保现金使用的合理与合法。

企业库存现金的管理规定主要包括以下三方面：

1. 现金使用范围的规定

企业必须按照中国人民银行颁布的现金管理暂行条例及其实施细则，在下列范围内使用现金进行交易或事项的款项结算：

①职工工资和各种工资性津贴；

②个人劳动报酬，包括稿费和讲课费及其他专门工作报酬；

③根据国家规定颁发给个人的科学技术、文化艺术、体育等各种奖金；

④各种劳保、福利费用以及国家规定的对个人的其他现金支出；

⑤收购单位向个人收购农副产品和其他物资支付的价款；

⑥出差人员必须随身携带的差旅费；

⑦结算起点（现行规定为1000元）以下的零星支出；

⑧中国人民银行确定需要用现金支付的其他支出。

2. 库存现金限额的规定

库存现金限额，是指为了保证企业内部各单位支付日常零星开支的需要，企业经开户银行批准可保留一定限额的现金。

库存现金的限额，一般由开户银行根据企业规模大小、距离开户银行远近及交通方便与否确定库存现金的限额。其限额一般按企业3～5天日常零星开支所需现金确定。距离开户银行远的或交通不便的企业可根据实际情况适当放宽，但最高不超过15天。对没有在银行单独开立账户的附属单位也要实行现金管理，必须保留的现金，也要核定限额，其限额应包括在开户银行的库存现金限额之内。库存现金限额经银行核定批准后，开户单位应当严格遵守，每日现金的结余数不得超过核定的限额，超过限额的现金应及时存入银行，库存现金低于限额时，可向银行提取现金，以补足限额。库存现金限额一般每年核定一次，由于生产经营发展需要增加或减少库存现金限额时，可向银行申请，经批准后，可以进行调整。

3. 现金收支日常管理的规定

为了保证库存现金使用的合理、合法和安全，企业应当按照下列现金管理规定，做好现金收支的日常管理。

①企业现金收入必须于当日送存开户银行，当日送存有困难的，由开户银行确定送存时间。

②企业日常零星支出需要支付现金，可以从本企业库存现金限额中支付或者从开户银行提取，不得将企业现金收入直接用于支付日常零星支出（即坐支现金），如因特殊情况需要坐支现金的，应当事先经开户银行审批，由开户银行核定坐支范围和限额，未经开户银行批准，企业不得坐支现金。

③因采购地点不固定、交通不便、生产或者市场急需、抢险救灾以及其他特殊情况必须使用现金的，应向开户银行提出申请，经开户银行审核后，方可支付现金。

④企业从开户银行提取现金时，应如实写明提取现金的用途，由本单位财会部门负责人签字盖章，并经开户银行审核后方可支付。

⑤不准用不符合财务制度的凭证顶替库存现金,即不得"白条抵库"。

⑥单位之间不得相互借用现金,不准利用银行账户代其他单位和个人存入或支取现金。

⑦不得用单位收入的现金以个人名义存入储蓄,不得保留账外公款(小金库),即不得"公款私存"。

⑧不得谎报用途套取现金。

企业如果违反上述规定的,银行根据违规金额的一定比例予以处罚。

二、库存现金的会计处理

为了反映库存现金的收入、支出及结余情况,企业应设置"库存现金"账户进行总分类核算。该账户是资产类账户,借方登记库存现金收入数,贷方登记库存现金支出数,期末余额在借方,反映企业库存现金的实存数。以下举例说明库存现金的会计处理。

【例2-1】粤龙公司1月份发生下列经济业务:

(1) 1月5日,签发现金支票一张,从银行提取现金6 000元以备用。

　　借:库存现金　　　　　　　　　　　　6 000
　　　　贷:银行存款　　　　　　　　　　　　6 000

(2) 1月18日支付职工培训费1 000元。

　　借:应付职工薪酬——职工教育经费　　1 000
　　　　贷:库存现金　　　　　　　　　　　　1 000

(3) 1月25日,将当日零星销售收到的现金5 000元存入银行。

　　借:银行存款　　　　　　　　　　　　5 000
　　　　贷:库存现金　　　　　　　　　　　　5 000

企业除了对库存现金进行总分类核算外,还需设置"库存现金"日记账进行明细分类核算。"库存现金"日记账必须采用订本账,其格式可以是三栏式或是多栏式,由出纳员根据审核无误的现金收付款凭证逐日逐笔登记,每日终了,要结出当日收入数、支出数及结余数,并与库存现金实有数进行核对。月末还应将"库存现金"日记账余额与"库存现金"总分类账余额进行核对,做到"日清月结",账款相符。有外币库存现金的企业,还应在"库存现金"账户下分别设置人民币现金、外币现金等二级账户进行明细核算。"库存现金"日记账的格式及填制方法已在《基础会计》中介绍,这里不再重复。

三、库存现金清查及会计处理

企业应定期对库存现金进行清查,以保证库存现金的安全和完整。库存现金清查的方法采用实地盘点法。清查时出纳人员必须在场。清查时将库存现金的账面结存数与实有数进行核对,根据清查结果编制"库存现金盘点报告单",填写库存现金实存数、账存数与盈亏数,并由出纳人员和盘点人员签字盖章,如果发现账实不符,应及时查明原因,并进行相应的会计处理。

对库存现金的盘盈、盘亏的会计处理,应通过"待处理财产损溢——待处理流动资产损溢"账户核算。属于现金短缺的,按实际短缺数,借记"待处理财产损溢——待处理流动资产损溢"账户,贷记"库存现金"账户;属于现金溢余,按实际溢余的金额,借记"库存现金"账户,贷记"待处理财产损溢——待处理流动资产损溢"账户。待查明原因后分别不同情况处理。以下举例说明库存现金清查的会计处理。

【例2-2】粤龙公司1月份发生下列经济业务:

(1) 1月17日,公司清查小组清查现金时,发现短款1000元。无法查明原因,1月20日经批准应由出纳王琪赔偿50%,其余部分计入"管理费用"科目。

①1月17日,发现现金短款时:

借:待处理财产损溢——待处理流动资产损溢　　1 000
　　贷:库存现金　　　　　　　　　　　　　　　　　　1 000

②1月20日,经批准转销现金短款时:

借:其他应收款——王琪　　　　　　　　　　　500
　　管理费用　　　　　　　　　　　　　　　　500
　　贷:待处理财产损溢——待处理流动资产损溢　　　1 000

(2) 1月22日,公司清查小组清查现金时,发现溢余800元。1月31日,经细查,发现该企业出纳王琪在支付工资时少付给李小明600元,其余200元无法查明原因。

①1月22日,发现现金溢余时:

借:库存现金　　　　　　　　　　　　　　　　800
　　贷:待处理财产损溢——待处理流动资产损溢　　　　800

②1月31日,转销现金溢余时:

借:待处理财产损溢——待处理流动资产损溢　　800
　　贷:其他应付款——李小明　　　　　　　　　　　　600
　　　　营业外收入——现金溢余　　　　　　　　　　　200

第二节　银行存款

一、银行存款及其管理

银行存款是企业存放在银行或其他金融机构的货币资金,不包括已限定用途的存款,如银行本票存款、外埠存款等。

银行存款是货币资金的主要组成部分,根据国家有关规定,凡是独立核算的企业都必须在当地银行开设银行存款账户,各企业单位之间的经济往来,除了按规定的限额保留库存现金以及结算金额起点以下的零星开支外,都必须通过银行办理转账结算。因此,加强银行存款的管理就显得十分必要。

(一) 银行存款开户规定

根据国家规定,每一个企业都应在当地银行开设账户,办理存款、取款和转账等结算业务。企业结算账户按用途可以分为基本存款账户、一般存款账户、临时存款账户、专用存款账户。

(1) 基本存款账户,是企业单位办理日常转账结算和现金收支的账户。如企业单位日常经营活动的资金收付,工资、奖金的发放,现金支取等业务都可以通过该账户办理。

根据规定,企业只能在一家银行开设一个基本存款账户,基本存款账户是企业单位的主办账户。企业在银行开立基本存款账户时,必须填制开户申请,并提供当地工商行政管理机关核发的《企业法人执照》或《营业执照》正本等有关文件,送交盖有企业印章的印鉴卡片,经银行审核同意,并凭中国人民银行当地分支机构核发的开户许可证开立账户。

(2) 一般存款账户,是企业在基本存款账户以外的银行借款转存、与基本存款账户的存款人不在同一地点的附属非独立核算单位开立的账户。该账户用于企业单位办理转账结算、借款转存、借款归还和其他结算的资金收付以及现金缴存,但不得办理现金支取。企业单位不得在同一家银行的几个分支机构开立一般存款账户。

(3) 临时存款账户,是企业因临时经营活动需要开立的账户。本账户可以办理转账和国家现金管理规定的现金收付。

(4) 专用存款账户,是企业因特定用途需要开立的账户。该账户用于办理各项专用资金的收付,企业的销货款不得转入专用存款账户。

(二) 银行结算原则与纪律

1. 结算原则

银行和企业单位及个人之间的结算都必须遵守下列结算原则:①恪守信用,履约付款;②谁的钱进谁的账,由谁支配;③银行不垫款。

2. 银行结算纪律

企业单位和个人办理结算业务,必须严格遵守银行结算办法的规定。中国人民银行支付结算办法规定:单位和个人之间办理支付结算,不准签发没有资金保证的票据或远期支票,套取银行信用;不准出租、出借账户;不准签发、取得和转让没有真实交易和债权债务的票据,套取银行和他人资金;不准无理拒绝付款,任意占用他人资金;不准违反规定开立和使用账户。

二、银行结算方式

结算是企业与外部单位、个人或企业内部发生商品交换、劳务供应等经济往来而引起的货币收付行为。结算方式是指企业与外部单位、个人或企业内部之间完成货币收付的程序和方法，分为现金结算和支付（转账）结算两种。

现金结算是指采用现金收付完成款项结算的行为；支付（转账）结算是指单位和个人在社会经济活动中使用票据、信用卡等支付方式和汇兑、托收承付、委托收款等结算方式进行的货币给付及资金清算（即收付款双方通过银行以划拨款项进行清算）的行为。

企业除按规定的范围可以使用现金结算外，大部分货币收付业务都通过银行办理支付（转账）结算。中国人民银行发布的《支付结算办法》规定的人民币的支付结算方式包括：银行本票、银行汇票、支票、商业汇票、委托收款、信用卡、汇兑、托收承付及国际信用证等结算方式。以下分别加以说明。

（一）银行本票

银行本票是由出票银行签发的，承诺自己在见票时无条件支付给收款人或者持票人的票据。它适用于单位、个体经济户及个人在同一票据交换区域的商品交易、劳务供应以及其他款项的结算。银行本票具有信誉高、支付能力强等特点。

银行本票分为定额银行本票和不定额银行本票两种，其中定额银行本票面值分为1 000元、5 000元、10 000元与50 000元四种。银行本票可以用于转账，也可用于支取现金。银行本票的提示付款期自出票日起最长不超过两个月。逾期后，兑付银行不予受理。银行本票一律记名，允许背书转让，即收款人可以在银行本票背面背书转让给被背书人（即最终收款人）。

企业申请使用银行本票时，应向银行提交"银行本票申请书"，填明收款人名称、申请人名称、支付金额、申请日期等事项并签章。出票银行受理银行本票申请书并收妥款项后签发银行本票给申请人。申请人取得银行本票后，即可向填明的收款单位或收款人办理结算或提取现金。

收款单位收到银行本票时，应该在提示付款时在银行本票背面"持有人向银行提示付款签章"处加盖预留银行印鉴，同时填写进账单，连同银行本票一并交开户银行转账。

（二）银行汇票

银行汇票是汇款人将款项交存当地银行，由出票银行签发给其持往异地办理转账结算或支取现金的票据。银行汇票的出票银行为银行汇票的付款人。一般适用于企业、单位、个体经济户和个人之间异地的各种款项结算。银行汇票具有使用灵活、票随人到、兑现性强等特点。

银行汇票的汇款金额起点一般为500元，银行汇票可以用于转账、注明"现金"的银行汇票才可以支取现金。银行汇票的提示付款期从出票日起为一个月；持票人超过付款期限提示付款的，代理付款人（银行）不予受理。银行汇票一律记名，允许背书转让；银行汇票的背书转让以不超过出票金额的实际结算金额为准，未填写实际结算金额或实际结算金额超过出票金额的银行汇票，不得背书转让。

企业申请使用银行汇票时，应向出票银行填写"银行汇票申请书"，填明收款单位名称、支付金额、申请人、申请日期等事项并签章，签章与预留银行的印鉴要一致。出票银行经审查受理银行汇票时，收妥款项后给企业签发银行汇票，并用压数机压印出金额，然后将银行汇票和解讫通知一并交给企业。

收款单位在收到付款单位送来的银行汇票和解讫通知，经审查无误后，在出票金额以内，根据实际需要的款项办理结算，并将实际结算金额和多余金额准确、清晰地填入银行汇票和解讫通知有关栏内，实际金额不得超过出票金额。如果银行汇票的实际结算金额低于出票金额的，其多余金额由出票银行退交申请人。收款单位还应当将银行汇票、解讫通知和进账单送交银行办理结算，银行审查无误后办理转账。

（三）支票

支票是由出票人签发的，委托办理支票存款业务的银行在见票时无条件支付确定金额给收款人或持票人的票据。它适用于同一票据交换区域的商品交换、劳务供应、清偿债务等各种款项结算。

使用支票结算应注意：

（1）支票有现金支票、转账支票和普通支票。《中华人民共和国票据法》按照票款支付的方式，将支票分为现金支票、转账支票和普通支票。支票上印有"现金"字样的为现金支票，现金支票可以支取现金也可用于转账。支票上印有"转账"字样的为转账支票，转账支票只能用于转账。转账支票可以根据需要在票据交换区域内背书转让。支票上未印有"现金"或"转账"字样的为普通支票，普通支票可以支取现金，也可以办理转账。在普通支票左上角划两条平行线的为划线支票，划线支票只能用于转账，不能用于支取现金。

签发现金支票和用于支取现金的转账支票，必须符合国家现金管理的规定。出票人不得签发与其预留银行印鉴不符的支票。使用支付密码的，出票人不得签发支付密码错误的支票。

（2）支票要求一律记名，在批准的地区支票可以背书转让。

（3）支票金额起点为100元，提示付款期限10天（节假日顺延），但中国人民银行另有规定的除外。

（4）签发支票必须使用蓝黑墨水或碳素墨水填写，未按规定填写的，被涂改冒领的，由签发人负责。支票大小写金额和收款人不得更改，其他内容如有更改，必须由签发人加盖银行预留印鉴的证明。

（5）已签发的现金支票遗失，可以向银行申请挂失；已签发的转账支票遗失，银行不予挂失，可请求收款人协助。

（6）禁止签发空头支票。出票人签发空头支票、签章与预留银行印鉴不符的支票或使用支付密码错误的支票时，银行应予退票，并按票面金额处以5%但不低于1 000元的罚款；持票人有权要求出票人赔偿支票金额2%的赔偿金。

（四）商业汇票

银行汇票是由出票银行签发的，由其在见票时按实际结算金额无条件支付给收款人或持票人的票据。

商业汇票按其承兑人不同，可以分为商业承兑汇票和银行承兑汇票。商业承兑汇票的承兑人是银行以外的付款人，而银行承兑汇票是由承兑申请人向开户银行申请，经银行审查同意后承兑的票据，其承兑人为出票银行。承兑即承诺兑付，是指付款人在汇票上签章表示承诺将来在汇票到期时承担付款义务的一种行为；承兑人是指在承兑汇票上承诺并记载汇票到期日支付汇票金额的付款人，是汇票的主债务人。

1. 商业承兑汇票

商业承兑汇票是由银行以外的付款人承兑。商业承兑汇票按照交易双方约定，可由收款人签发，也可由付款人签发。由收款人签发的商业承兑汇票，交由付款人承兑；由付款人签发的商业承兑汇票，由付款人本人承兑。

2. 银行承兑汇票

银行承兑汇票是由在承兑银行开立账户的存款人（承兑申请人）签发，并由承兑申请人持银行承兑汇票和购销合同向其开户银行申请承兑，经银行审查同意承兑的票据。承兑银行按票面金额的0.1%向承兑申请人收取承兑手续费。手续费计入"财务费用"。

采用商业汇票结算方式，应注意以下几个问题：

（1）必须以合法的商品交易为基础。采用商业汇票结算方式，交易双方必须是在银行开立账户的法人以及其他经济组织，还必须具有真实的交易关系和债权债务关系才能采用商业汇票。

（2）必须经过付款人承兑才能生效。商业汇票由付款人承兑后，付款人也即承兑人负有到期无条件支付票款的责任。如果承兑人或承兑申请人账户余额不足支付票款的，凡属商业承兑汇票的，银行应将汇票退给收款人，由收款人自行处理；凡属银行承兑汇票的，承兑银行应在汇票到期时无条件支付票款，同时向承兑申请人（付款人）尚未支付的汇票金额按照每天万分之五计收利息。

（3）商业汇票的付款期限最长不超过6个月。商业汇票的提示付款期为自汇票到期日起10日内。若分期付款，应一次签发若干张不同期限的汇票。

（4）商业汇票可以背书转让。即收款人或持票人通过在票据背面背书行为，把商业汇票转让给被背书人（收款人）。

（5）商业汇票可以向银行贴现。收款人或被背书人在汇票没有到期急需资金，可以向银行申请贴现。贴现时应按规定填写贴现凭证，连同汇票一并交给银行，贴现银行需扣除自贴现日至票据到期前一日（贴现日和到期日只能算头不算尾，或者是算尾不算头）的利息（即贴现息）。

（6）商业汇票可以挂失。

（五）委托收款

委托收款是收款单位委托银行向付款单位收取款项的结算方式。在银行或其他金融机构开立账户的企业、单位和个体经济户的商品交易、劳务供应以及其他应收款项的结算都可以采用委托收款结算方式。委托收款在同城、异地都可办理，不受金额起点限制。它还适用于收取电费、水费、电话费等付款人众多、分散的公用事业费等有关款项的结算。根据委托收款结算划款的划回方式不同，分为邮寄划回和电报划回两种，由收款人任选。

委托收款便于收款人主动收款。无论是企业、单位和个人都可以凭已承兑的商业汇票、债券、存单等付款人债务证明收取同城或异地款项。

采用委托收款结算方式主要有以下步骤：

(1) 委托收款。收款人向银行办理委托收款，应向开户银行填写委托收款凭证，并提供收款依据。开户银行审查无误，将有关委托收款凭证传递给付款单位开户银行，并要求付款单位承付款项。

(2) 付款。付款单位开户银行在收到收款单位开户银行寄来的委托收款凭证，经审查无误，应及时通知付款人。付款人接到通知和有关凭证，在规定的时间内承付款项。付款期为三天，从付款单位开户银行发出付款通知之日算起（付款期内遇节假日顺延）。付款期满前，付款人没有提出异议，收款单位开户银行视为同意付款，在付款期满的次日（节假日顺延）将款项主动划转给收款单位。

(3) 拒绝付款。如果付款人审查付款通知和有关凭证单据发现有错误的，付款单位可以部分拒付或全部拒付，并填写拒付理由书，送交开户银行办理拒付手续。银行不负责审查拒付理由，将拒付理由书和有关凭证及单证寄给收款单位开户银行，转交收款单位。需要部分拒付的，应填写部分拒付理由书，送交开户银行，银行办理部分划款，并将部分拒付理由书寄给收款单位开户银行转交收款人。

(4) 无款支付。付款单位在付款期满时，如果没有足够资金支付全部款项，银行应于期满次日上午开始营业时，通知付款单位将有关单证（单证已作会计处理的，付款人可以填写"应付款项证明单"）在两天内退回开户银行。银行将有关结算凭证连同单证或应付款项证明单退回收款单位开户银行转交收款人。付款人逾期不退回单证的，开户银行应按照委托收款的金额，自发出通知的第三天起，每天按万分之五但不低于5元的罚金，并暂停付款单位委托银行办理结算业务，直到退回单证为止。

(六) 信用卡

信用卡是商业银行向个人和单位发行的，凭以向特约单位购物、消费和向银行存取现金，且具有消费信用的特制载体卡片。信用卡按使用对象分为单位卡和个人卡，按信用登记分为金卡和普通卡。

采用信用卡结算方式应注意以下几个问题：

(1) 凡在中国境内的银行或金融机构开设基本存款账户的单位可申领单位卡。单位卡可申领若干张，单位卡账户的资金一律从其基本存款账户转账存入。需要续存资金的，也必须从其基本存款账户转账存入，不得交存现金，不得将销货款存入其账户。

(2) 单位卡不得支取现金，不得用于10万元以上的商品交易、劳务供应款项的结算。

(3) 信用卡可以在规定的限额和期限内允许善意透支，金卡透支额度为10 000元，普通卡透支额度为5 000元，透支期限最长为60天。透支利息，自签单日或银行记账日起15日内按日息万分之五计算。超过15日按日息万分之十计算，超过30日或透支金额超过规定限额的，按日息万分之十五计算。透支计算不分段，按最后期限或者超过最高透支额的利率档次计息。

(4) 单位或个人申领信用卡，应按规定填制申请表，连同有关资料一并送交发卡银行，符合条件并按银行要求存入一定金额的备用金后，银行为申领人开立信用卡存款账户并发给信用卡。

采用信用卡结算方式的收款单位，对于当日受理的信用卡签购单，填写汇计单和进账单，连同签购单一并送交银行办理进账，在收到银行进账通知时，据以编制收款凭证；付款单位对于付出的信用卡资金，应根据银行转来的付款通知和有关原始凭证编制付款凭证。

（七）汇兑

汇兑是汇款人委托银行将款项汇给外地收款人的结算方式。它适用于单位、个体经济户和个人的各种款项的结算。汇兑结算方式便于汇款人向异地付款人主动付款，其手续简便，划款迅速，应用范围广。

汇兑按款项划转方式不同，可分为信汇和电汇两种。信汇是指汇款人委托银行将款项通过邮寄方式汇给收款人，电汇是指汇款人委托银行将款项通过电报方式汇给收款人。由汇款人选择划款方式。

采用汇兑结算方式，付款单位汇出款项时，应填写汇款凭证，列明收款单位名称、汇款金额及汇款用途等项目，送交开户银行，委托银行将款项汇往外地收汇银行。付款单位对于汇出的款项，应在向银行办理汇款后，根据银行汇款回单编制付款凭证。

收汇银行收到汇款存入收款单位账户后，通知收款单位收账。收款单位根据银行的收账通知，编制收款凭证。

（八）托收承付

托收承付是指根据购销合同由收款单位发货后，委托银行向付款单位收取货款，购货单位根据合同核对单证或验货后，向银行承付货款的一种结算方式。托收承付结算方式的使用范围有一定的限制，只适用于异地订有经济合同的商品交易及相关劳务款项的结算。对于代销、寄销、赊销商品的款项，不得办理异地托收承付结算。

采用托收承付结算方式，应注意以下几个问题：

(1) 托收承付结算每笔金额起点为 10 000 元。新华书店系统每笔托收金额起点为 1 000 元。

(2) 采用托收承付结算方式时，购销双方必须签有符合经济合同法的购销合同，同时要求购销双方必须是国有企业、供销合作社，以及经营管理较好并经开户银行审查同意的城乡集体所有制工业企业。

(3) 异地托收承付结算款项的划回方式，分邮寄和电汇两种，由收款单位根据需要选用。

托收承付结算方式的主要步骤：

(1) 托收。是指销货单位（收款单位）委托其开户银行收取货款的行为。销货单位按合同规定发货后，应向银行申请办理托收手续，委托开户银行收取货款。银行审查同意后，将托收结算凭证回单联退给企业，作为企业进行会计处理的依据，并将其他结算凭证寄往购货单位开户银行，由购货单位开户银行通知购货单位承付货款。

(2) 承付。购货单位（付款单位）在承付期内，向银行承认付款的行为。购货单位收到托收结算凭证和有关单据后，应审查是否符合订货合同的规定，并且按照《支付结算办法》的规定安排资金以备承付。购货企业的承付期在双方签订合同时就约定是验单承付还是验货承付。验单承付的付款期为 3 天，即从付款单位开户银行发出承付通知书的次日算起，遇节假日顺延。验货承付的付款期为 10 天，即从承运单位发出提货通知的次日算起，遇节假日顺延。

付款单位在承付期内如果没有提出异议，收款单位就视同付款单位承付货款，在承付期满的次日其开户银行自动将款项划转到收款单位开户银行，由收款单位开户银行通知收款单位收账。付款单位在承付期满后，如果其银行存款账户没有足够的资金支付货款，其不足部分作延期付款处理，延期付款部分应按一定比例支付给收款人赔偿金。等付款人账内有款支付，由付款单位开户银行将欠款及赔偿金一并划转给收款单位。

(3) 拒绝付款。如果购货单位在承付期内，对于销货单位提供的商品或劳务有异议，如购销合同未定明托收承付结算方式的款项；销货单位提前交货或因逾期交货，购货单位不再需要该项货物的款项；未按合同规定的品种、规格、数量、价格发货；货款已经支付或计算有错误的款项等情况，购货单位可以向其开户银行提出拒付申请，购货单位根据实际情况可以全部拒付或部分拒付。

购货单位提出拒付申请时，必须填写"拒绝付款理由书"并签章，购货单位开户银行认真审查拒付的理由。经审查无误，银行同意后，应在"拒绝付款理由书"上签注意见，并将"拒绝付款理由书"、拒绝证明、拒付商品清单和有关单证邮寄给销货单位开户银行，由其转交销货单位。

（九）国际信用证

国际信用证是指开证银行依据申请人的申请开出的、凭符合信用证条款的单据支付款项的付款承诺证明。它是国际贸易中经常采用的方式。

采用国际信用证结算方式，收款单位收到国际信用证后，即备货转运，签发有关发票账单，连同有关运输单据和信用证一同送交银行，经银行审查同意后，根据银行退回的信用证等有关凭证编制收款凭证；付款单位在接到开证银行的通知时，根据付款的有关单据编制付款凭证。

三、银行存款的会计处理

为了总括反映银行存款的收入、支出和结存情况，企业必须设置"银行存款"账户进行总分类核算。该账户是资产账户，企业收到款项存入银行或其他金融机构时计入该账户的借方，从银行或其他金融机构支付款项时计入该账户的贷方，余额在借方，反映期末企业在银行或其他金融机构实际结存的款项。该账户不允许透支。

在不同结算方式下，企业应根据有关的原始凭证编制银行存款的收付款凭证，计入企业"银行存款"账户。

为了加强对银行存款的管理，及时了解和掌握银行存款增减变动和结余情况，企业应按照开户银行和其他金融机构存款种类分别设置"银行存款"日记账进行明细分类核算，"银行存款"日记账也必须采用订本账，其格式可以是三栏式或是多栏式，由出纳人员根据收付款凭证，按照经济业务发生的时间顺序逐日逐笔登记。每日终了，应结出余额。有外币存款业务的企业，还应在"银行存款"账户下分别设置人民币存款和外币存款等二级账户进行明细分类核算。以下举例说明银行存款业务的会计处理。

【例2-3】粤龙公司3月份发生下列经济业务：
(1) 2日申请开出一张转账支票，支付购买材料货款20 000元及增值税税款3 200元。

借：在途物资　　　　　　　　　　　　　　20 000
　　应交税费——应交增值税（进项税额）　3 200
　　贷：银行存款　　　　　　　　　　　　　　　23 200

以上支票业务是用于采购材料物资，如果是用于其他方面，其借方可能是"现金""其他应收款""管理费用""应付账款"等科目，贷方为"银行存款"科目。

(2) 5日销售一批产品给B公司，价款50 000元，增值税税款8 000元，企业发货后，持发货票和铁路运输发票到银行办理委托收款手续。

借：应收账款——B公司　　　　　　　　　58 000
　　贷：主营业务收入　　　　　　　　　　　　　50 000
　　　　应交税费——应交增值税（销项税额）　8 000

上述款项如果在10日收到，根据银行转来的收款通知，企业作如下会计处理：

借：银行存款　　　　　　　　　　　　　　58 000
　　贷：应收账款——B公司　　　　　　　　　　58 000

(3) 12日采用汇兑结算方式委托银行汇款10 000元用于偿还前欠C公司货款。

借：应付账款——C公司　　　　　　　　　10 000
　　贷：银行存款　　　　　　　　　　　　　　　10 000

(4) 公司采用托收承付结算方式，发生下列经济业务：

①14日按合同规定销售货物给B公司，该货物成本为30 000元，根据合同、商品出库单以及托收承付结算凭证等有关原始凭证编制会计分录：

借：应收账款　　　　　　　　　　　　　　46 400
　　贷：主营业务收入　　　　　　　　　　　　　40 000
　　　　应交税费——应交增值税（销项税额）　6 400

②20日收到开户银行的收账通知，收到B公司购买货物的价款及税款46 400元。根据开户银行转来的收款通知和有关的原始凭证编制会计分录：

借：银行存款　　　　　　　　　　　　　　46 400
　　贷：应收账款　　　　　　　　　　　　　　　46 400

同时结转发出商品的成本：

借：主营业务成本　　　　　　　　　　　　30 000
　　贷：库存商品　　　　　　　　　　　　　　　30 000

四、银行存款的清查

企业应定期对银行存款进行清查,以保证银行存款的安全和完整。银行存款的清查采用企业和银行定期核对账目的方法。即企业定期将"银行存款"日记账与"银行对账单"(即银行在记账时复写的账页)进行核对,至少每月核对一次。企业和银行核对账目时,应首先将本单位银行存款收支数登记入账,并将银行存款日记账当日收支数进行合计,在保证各项业务登记入账的基础上再与银行发来的对账单进行逐笔核对。

双方在核对时,由于凭证传递程序和传递时间不一致而造成一方已经入账而另一方尚未入账的账项称为未达账项。对于未达账项经双方调节,编制"银行存款余额调节表"即可调节平衡。关于"银行存款余额调节表"的编制在《基础会计学》中已经详细介绍,这里不再叙及。

五、备用金的会计处理

备用金是为了满足企业内部各部门需要而拨付给各报账单位用于日常零星开支需要的备用款项。如企业管理部门日常办公需要的办公用纸、笔等办公文具的开支。

备用金的核算可以在"其他应收款——备用金"中核算,也可以单独设置"备用金"账户核算。备用金可采用非定额备用金制(一次报销制)和定额备用金制两种方式。以下分别举例说明备用金的会计处理。

【例2-4】粤龙公司采用备用金制度,于3月份发生下列经济业务:

1. 非定额备用金制(一次报销制)

(1) 3月1日,办公室领用备用金5 000元,财会部分以现金支付。

　　借:其他应收款——备用金——办公室　　　5 000
　　　　贷:库存现金　　　　　　　　　　　　　　　　5 000

(2) 3月8日,办公室人员持经审批的餐费发票,报销餐费1 500元。

　　借:管理费用　　　　　　　　　　　　　　1 500
　　　　贷:其他应收款——备用金——办公室　　　　1 500

2. 定额备用金制

(1) 3月5日,公司财务部核定销售部门的定额备用金为10 000元。财会部门以现金拨付。

　　借:其他应收款——备用金——销售部门　　10 000
　　　　贷:库存现金　　　　　　　　　　　　　　　　10 000

(2) 3月10日,销售部门报销日常业务开支6 000元,以现金补足备用金。

　　借:销售费用　　　　　　　　　　　　　　6 000
　　　　贷:库存现金　　　　　　　　　　　　　　　　6 000

第三节 其他货币资金

一、其他货币资金及其内容

其他货币资金是指除了库存现金、银行存款以外的其他各种货币资金。其他货币资金就其性质而言，同库存现金、银行存款一样属于货币资金，但是存放地点和用途不同于库存现金和银行存款，因此在会计上分别核算。

其他货币资金主要包括：外埠存款、银行汇票存款、银行本票存款、信用卡存款、信用证存款、存出投资款等。

二、其他货币资金的会计处理

为了核算和监督其他货币资金开立、支出和结余情况，企业应设置"其他货币资金"账户进行总分类核算。该账户是资产账户，借方登记其他货币资金增加数，贷方登记其他货币资金减少数，余额在借方，反映企业其他货币资金期末的结存数。该账户还应按外埠存款、银行汇票存款、银行本票存款、信用卡存款、信用证保证金存款、存出投资款等设置明细账户进行明细分类核算。

1. 外埠存款

外埠存款是指企业到外地进行临时或零星采购时，汇往采购地银行开立采购专户的款项。由于零星采购的单位比较分散，采购时间比较长，必须委托当地银行将款项汇往异地开立采购专户。企业应通过"其他货币资金——外埠存款"账户进行明细分类核算。

企业委托银行开立采购专户时，根据银行退回的汇款凭证回单联编制付款凭证，借记"其他货币资金——外埠存款"账户，贷记"银行存款"账户；企业收到采购员交来的供应单位发票、账单等有关报销凭证时，根据凭证列明的材料物资的价款编制转账凭证，借记"在途物资"或"原材料""库存商品"账户，同时根据凭证列明的税款借记"应交税费——应交增值税（进项税额）"账户，贷记"其他货币资金——外埠存款"账户；如果采购结束时，企业还有多余资金，这时采购地银行应将多余资金退回企业开户银行，根据企业开户银行的收款通知编制收款凭证，借记"银行存款"账户，贷记"其他货币资金——外埠存款"账户。

【例2-5】粤龙公司委托当地开户银行将15万元汇往外地开立采购专户。根据采购员交来的供应单位的发票、账单等有关凭证，价款及税款合计13.92万元。其中价款12万元，增值税税款1.92万元，材料尚未验收入库。采购业务结束，将多余的外埠存款划回当地开户银行。

(1) 公司委托当地银行开立采购专户时：
　　借：其他货币资金——外埠存款　　　　150 000
　　　　贷：银行存款　　　　　　　　　　　　　150 000
(2) 公司收到采购员交来的供应单位发票等凭证时
　　借：在途物资　　　　　　　　　　　　120 000
　　　　应交税费——应交增值税（进项税额）19 200
　　　　贷：其他货币资金——外埠存款　　　　　139 200
(3) 多余的外埠存款划回公司开户银行
　　借：银行存款　　　　　　　　　　　　 10 800
　　　　贷：其他货币资金——外埠存款　　　　　 10 800

2. 银行汇票存款

银行汇票存款是指企业为了取得银行汇票按照规定存入银行的款项。企业应通过"其他货币资金——银行汇票存款"账户进行明细分类核算。

企业采用银行汇票结算方式时，首先应向开户银行提出申请，填写"银行汇票申请书"，并将款项交开户银行。开户银行审查同意后在"银行汇票申请书"签章，企业根据银行签章退回的"银行汇票申请书"存根联编制付款凭证，借记"其他货币资金——银行汇票存款"账户，贷记"银行存款"账户；企业使用银行汇票采购材料物资时，根据发票账单列明的材料物资的价款，借记"在途物资""原材料"或"库存商品"账户，同时根据凭证列明的税款，借记"应交税费——应交增值税（进项税额）"账户，贷记"其他货币资金——银行汇票存款"账户；如有多余资金或因汇票超过付款期限等原因退回货款时，企业根据银行转来的银行汇票第四联（多余款收账通知），借记"银行存款"账户，贷记"其他货币资金——银行汇票存款"账户。

【例2-6】粤龙公司委托银行办理银行汇票10万元。填写并送交银行汇票申请书后，将10万元交存银行，取得银行汇票一张。公司用银行汇票采购材料一批，价款8万元，增值税税款1.28万元，材料尚未验收入库，多余款项已转回。

(1) 公司将款项缴存银行，取得银行汇票时：
　　借：其他货币资金——银行汇票存款　　100 000
　　　　贷：银行存款　　　　　　　　　　　　　100 000
(2) 公司持银行汇票采购材料时：
　　借：在途物资　　　　　　　　　　　　 80 000
　　　　应交税费——应交增值税（进项税额）12 800
　　　　贷：其他货币资金——银行汇票存款　　　 92 800
(3) 公司收到退回的多余资金时：
　　借：银行存款　　　　　　　　　　　　　7 200
　　　　贷：其他货币资金——银行汇票存款　　　　7 200

3. 银行本票存款

银行本票存款是指企业为取得银行本票按照规定存入银行的款项。企业应通过"其他货币资金——银行本票存款"账户进行明细分类核算。

企业采用银行本票结算方式时，首先应向银行提出申请，填写"银行本票申请书"并将款项交存银行，银行审查后同意办理，即签发银行本票给企业。企业根据银行签章的"银行本票申请书"存根联编制付款凭证，借记"其他货币资金——银行本票"账户，贷记"银行存款"账户；企业使用银行本票采购材料物资时，根据发票账单列明的材料物资的价款，借记"在途物资"或"原材料""库存商品"账户，同时根据凭证列明的税款，借记"应交税费——应交增值税（进项税额）"账户，贷记"其他货币资金——银行本票"账户；如有多余资金或因本票超过付款期限等原因退回货款时，企业应填写进账单连同银行本票一并送交银行，根据银行退回的进账单编制收款凭证，借记"银行存款"账户，贷记"其他货币资金——银行本票"账户。

4. 信用卡存款

信用卡存款是指企业为取得信用卡按照规定存入银行的款项。企业应通过"其他货币资金——信用卡存款"账户进行明细分类核算。

企业在办理信用卡时，必须按照规定填写申请书，连同支票和有关资料一同交发卡银行，银行受理后将申请书回单联退给企业，企业根据退回的回单联编制付款凭证，借记"其他货币资金——信用卡存款"账户，贷记"银行存款"账户；企业用信用卡购物或支付有关费用时，借记有关账户，贷记"其他货币资金——信用卡存款"账户。企业信用卡在使用过程中需要向其账户续存资金的，应借记"其他货币资金——信用卡存款"账户，贷记"银行存款"账户。

5. 信用证保证金存款

信用证保证金存款是指企业为取得信用证按规定存入银行的保证金。企业应通过"其他货币资金——信用证保证金存款"账户进行明细分类核算。

企业向银行办理信用证时，必须向银行提交开证申请书、信用证申请人承诺书和购销合同。银行同意办理信用证，企业向开证银行交纳保证金。根据开证银行退回的进账单及有关凭证编制付款凭证，借记"其他货币资金——信用证存款"账户，贷记"银行存款"账户；企业使用信用证采购材料物资时，根据开证银行交来的信用证通知书及有关单据列明的材料物资的价款，借记"在途物资""原材料"或"库存商品"账户，同时根据凭证列明的税款，借记"应交税费——应交增值税（进项税额）"账户，贷记"其他货币资金——信用证存款"账户；企业如有未用完的信用证保证金余额，应转回开证银行，待企业接到银行收款通知时编制收款凭证，借记"银行存款"账户，贷记"其他货币资金——信用证存款"账户。

6. 存出投资款

存出投资款是指企业按规定已存入证券公司但尚未进行交易性投资的其他货币资金。企业应通过"其他货币资金——存出投资款"账户进行明细分类核算。

企业按规定向证券公司存入款项时，按实际存入的金额，借记"其他货币资金——存出投资款"账户，贷记"银行存款"账户；购买股票、债券时，按实际支付的金额，借记"交易性金融资产"等账户，贷记"其他货币资金——存出投资款"账户。

【例2-7】粤龙公司3月15日向证券公司存入50万元开立专户，准备用于短期股票投资。3月20日从证券公司专户划出30万元购买了某种股票若干股，用于交易性投资。

(1) 将银行存款转存证券公司专户时：

借：其他货币资金——存出投资款　　500 000

　　贷：银行存款　　　　　　　　　　　　500 000

(2) 购买交易性股票时：

借：交易性金融资产　　　　　　　　300 000

　　贷：其他货币资金——存出投资款　　　300 000

其他货币资金是企业存放在特定地点或具有专门用途的货币资金，企业应加强对其他货币资金的管理，定期对其他货币资金进行检查。如果发现不能收回的其他货币资金，应当尽快查明原因。有确凿证据表明确实无法收回的，应当报经有关管理部门批准后，借记"营业外支出"账户，贷记"其他货币资金"账户。

外币业务

一、外币与外币业务概述

1. 外币

会计核算上的外币与一般意义上的外币在概念上是不同的。会计核算上的外币是相对于企业选定的记账本位币而言的。企业选定的记账本位币以外的货币都是会计核算上的外币。

2. 记账本位币

记账本位币，是企业经营所处的主要经济环境中的货币。在经济业务涉及多种货币的情况下，就要选择一种货币来核算经济业务，这种核算使用的统一货币，就称为记账本位币。在我国企业通常收入、支出的现金都是人民币，因此常选择人民币作为记账本位币。

《企业会计准则》中规定，业务收支以外币为主的企业，也可以选择某种外币作为记账本位币，但在编制财务会计报告时应当折算为人民币。记账本位币一经确定，不得随意变更。如果需要变更的，应当报主管财政部门批准，并在财务报表附注中予以说明。

我国管理外币业务的机构是中国人民银行。未经国家外汇管理总局批准，其他任何金融机构都不得经营外汇业务。

3. 外币业务

外币业务是指企业发生的以记账本位币以外的货币进行款项收付、往来结算及计价等业务。主要包括：不同货币兑换、企业购买或销售以外币计价的商品或劳务、企业借入或借出外币资金、收回或清偿以外币计价的债权和债务及接受外币资本投资等业务。

二、外汇汇率及其种类

1. 外汇汇率

汇率又称汇价,全称外汇汇率,它是用一种货币单位表示的另一种货币单位的价格,或是用一国货币可以兑换为另一国货币的比率。它是两种货币之间的比价。

2. 外汇汇率的标价方法

外汇汇率有直接标价法和间接标价法两种。

直接标价法,也称直接汇价,它是一定数量的外币可以兑换多少本国货币的标价法。当外币数额不变,本国货币的数额随着外币或本国货币币值的变动而波动。目前大多数国家包括我国在内,都采用直接标价法。如:$100 = ¥669,即表示 100 美元可以兑换人民元 669 元。

间接标价法,也称间接汇价,它是以一定数量的本国货币可以兑换多少外国货币的标价法。当本国货币数额不变,外国货币的数额随着本国货币或外币币值的变化而变动。目前英国是唯一实行间接标价法的国家。如:¥100 = $14.95,即 100 元人民币可兑换 14.95 美元。

3. 外汇汇率的分类

(1) 按银行买卖外汇的汇率分类,可分为买入汇率、卖出汇率和中间汇率。

①买入汇率,又称买入价,是指银行向客户买入外汇时所使用的汇率。

②卖出汇率,又称卖出价,是指银行向客户卖出外汇时所使用的汇率。

③中间汇率,又称中间价,是指银行买入汇率与卖出汇率之间的平均汇率。

企业除了与银行发生外汇买卖业务外,一般均以中间汇率作为记账依据。

(2) 按汇率发生的时间分类,可分为现行汇率和历史汇率。

①现行汇率,是指企业外币业务发生当日的市场汇率。

②历史汇率,是指企业以前的外币业务发生时所使用的汇率。

(3) 按外汇买卖交割时间分类,汇率可分为即期汇率和远期汇率。

①即期汇率,是指外汇买卖双方成交后在当日或两个营业日内进行交割所使用的汇率,又称现汇汇率。

②远期汇率,是指外汇买卖双方成交后约定在以后一定期限内进行交割所使用的汇率,又称期汇汇率。

(4) 按企业记账所依据的汇率分类,可分为记账汇率和账面汇率。

①记账汇率,是指企业对发生的外币业务进行会计账务处理时所采用的汇率。记账汇率采用外币业务发生时的即期汇率或即期汇率的近似汇率。

②账面汇率,是指企业以前发生的外币业务登记入账时所采用的汇率。账面汇率需要采用一定的方法确定,如先进先出法、加权平均法等。

三、外币业务会计处理基本方法与要求

（一）交易日业务的汇率折算

企业对于发生的外币交易，应当将外币金额折算为记账本位币金额。外币交易应当在初始确认时，可以采用交易发生日的即期汇率，将外币金额折算为记账本位币金额；也可以采用按照系统合理的方法确定的、与交易发生日即期汇率近似的汇率折算为记账本位币金额。

（二）外币业务的记账方法和要求

1. 外币业务的记账方法

外币业务的记账方法有外币统账制和外币分账制两种。

（1）外币统账制，企业发生外币业务时，必须及时将外币折合为记账本位币入账，并以记账本位币编制会计报表。我国绝大多数企业采用外币统账制方法。

（2）外币分账制，企业发生外币业务时，直接以外币原币记账，并分币种核算损益和编制会计报表；在资产负债表日，将外币报表折合记账本位币表示的会计报表，并与平时记账本位币会计报表汇总，编制企业整体业务的会计报表。我国只有银行等少数金融企业采用外币分账制方法。

2. 外币业务的记账要求

企业发生外币业务时，在按外币原币登记有关外币账户的同时，应当采用外币业务发生时的即期汇率或即期汇率的近似汇率，将外币金额折算为记账本位币金额记账。其中：即期汇率，是指中国人民银行公布的当日人民币外汇牌价的中间价（即买入价和卖出价的中间价）。企业发生的外币兑换业务或涉及外币兑换的交易事项，应当按照交易实际采用的汇率（银行买入或卖出）折算；即期汇率的近似汇率，是指按照系统合理的方法确定的、与交易发生日即期汇率的近似汇率，通常采用当期平均汇率或加权平均汇率等。企业通常应当采用即期汇率进行折算。汇率变动不大的，也可以采用即期汇率的近似汇率进行折算。企业记账汇率一经确定不得随意变更。

企业在月末、季末及年末，应将各外币账户的期末余额，按照期末市场汇率折算为记账本位币金额。按照期末汇率折合为记账本位币的金额，与相对应的原记账本位币账户的期末余额之间的差额，作为本期发生的汇兑损益处理。

四、外币业务的会计处理

（一）外币业务核算设置的账户

企业在核算外币业务时，应当设置的外币账户主要有以下三类：

（1）外币货币资金：有外币现金和外币银行存款账户；

(2) 外币结算的债权：应收账款、应收票据、预付账款等账户；

(3) 外币结算的债务：短期借款、长期借款、应付账款、应付票据、应付职工薪酬、预收账款等账户。

不允许开立现汇账户的企业，可以设置外币现金和外币银行存款以外的其他外币账户。外币账户的格式如表2-1所示。

表2-1 外币账户的格式

日期	摘要	借方			贷方			余额		
		外币（原币）	折合率	记账本位币	外币（原币）	折合率	记账本位币	外币（原币）	折合率	记账本位币

（二）外币业务的会计处理

外币业务的会计处理，主要包括外币购销业务、外币兑换业务、外币借款业务及外币投资业务等方面内容。

1. 外币购销业务

外币购销业务是指企业从国外购进原材料、商品或引进设备时，按照当日的市场汇率将支付的外汇或应支付的外汇折算为人民币记账，以确定购入原材料等货物及债务的入账价值，同时按照外币的金额登记有关外币账户。

企业对外出口货物或商品时，按照当日的市场汇率将外汇销售收入折算为人民币记账；对于出口销售取得的款项或发生的债权，按照折算为人民币的金额入账，同时按照外币金额登记有关外币账户。

【例2-8】粤龙公司3月份发生下列经济业务：

(1) 3月2日进口原材料一批，价款为10 000美元，材料验收入库，货款未付（暂不考虑增值税），当日市场汇率为 $1 = ¥7.0；3月10日偿还该应付账款10 000美元，当日市场汇率为 $1 = ¥7.2。根据有关凭证，粤龙公司作如下账务处理：

① 3月2日购货时：
  借：原材料　　　　　　　　　　　　　　　　70 000
  　　贷：应付账款——美元户（$10 000×7）　　　70 000

② 3月10日偿还货款时：
  借：应付账款——美元户（$10 000×7.2）　　 72 000
  　　贷：银行存款——美元户（$10 000×7.2）　 72 000

(2) 3月12日销售货物一批，价款为20 000美元，货款未收，当日市场汇率为 $1 = ¥7.1；3月20日收到货款。当日市场汇率 $1 = ¥7.3。根据有关凭证，粤龙公司作如下账务处理：

① 3月12日销售时：

借：应收账款——美元户（$20 000×7.1）　　142 000
　　贷：主营业务收入　　　　　　　　　　　　　142 000

② 3月20日收到货款时：

借：银行存款——美元户（$20 000×7.3）　　146 000
　　贷：应收账款——美元户（$20 000×7.3）　　146 000

2. 外币兑换业务

外币兑换业务是指企业从银行等金融机构购入外汇或向银行等金融机构出售外汇的业务。

企业买入外汇时，一方面要按外汇卖出价折算应向银行支付的记账本位币，并记录所支付的金额；另一方面按照当日的市场汇率将买入的外汇按中间价折算为记账本位币的金额并登记相应的外币账户。实际支付的记账本位币金额与收取的外币按照当日市场汇率的中间价折算为记账本位币之间的差额，作为汇兑损益。

企业卖出外汇时，一方面要按照买入价折算应向银行实际收取的记账本位币，并记录所收取的金额；另一方面按照当日的市场汇率将卖出的外汇按中间价折算为记账本位币的金额并登记相应的外币账户。实际收取的记账本位币金额与付出的外币按当日市场汇率的中间价折算为记账本位币之间的差额，作为汇兑损益。

【例2-9】粤龙公司于3月份发生下列经济业务：

（1）3月21向中国银行买入20 000美元，银行买入价$1=¥7.1，卖出价$1=¥7.3，外汇牌价（中间价）$1=¥7.2。根据有关凭证，粤龙公司作如下账务处理：

借：银行存款——美元户（$20 000×7.2）　　144 000
　　财务费用——汇兑损益　　　　　　　　　　2 000
　　贷：银行存款——人民币户　　　　　　　　　146 000

（2）3月23向中国银行卖出10 000美元，银行买入价$1=¥7.1，卖出价$1=¥7.3，外汇牌价（中间价）$1=¥7.2。根据有关凭证，粤龙公司作如下账务处理：

借：银行存款——人民币户　　　　　　　　　71 000
　　财务费用——汇兑损益　　　　　　　　　　1 000
　　贷：银行存款——美元户（$10 000×7.2）　　72 000

3. 外币借款业务

外币借款业务是指企业向银行等金融机构取得各种外币借款的业务。

企业取得外币借款时，按照借入外币时的市场汇率折算为记账本位币入账，同时按照借入外币的金额登记有关外币账户。

【例2-10】粤龙公司3月24日向银行借入50 000美元，期限为半年，年利率为8%，款项存入美元户。当日汇率$1=¥7.22。根据有关凭证，作如下账务处理：

借：银行存款——美元户（$50 000×7.22）　　361 000
　　贷：短期借款——美元户（$50 000×7.22）　　361 000

4. 外币投资业务

外币投资业务是指企业收到投资人投入的外币资金及投入的外币资产等业务。

接受外币投资时，一方面要计入相关资产账户，同时计入实收资本或股本账户。企业收到以外币投资的资本，应按交易日即期汇率折算，外币投资资本与相应资产项目的记账本位币金额之间不产生外币资本折算差额。

【例2-11】粤龙公司3月26日收到外商投资100 000美元，当日汇率$1 = ¥7.25。根据有关凭证，做如下账务处理：

借：银行存款——美元户（100 000 × 7.25） 725 000
　　贷：实收资本 725 000

5. 外币账户的期末折算

（1）货币性项目。

会计期末（月末、季末、半年末、年末），企业应计算和反映当期产生的汇兑差额。其做法是，计算各外币账户期末的记账本位币余额，然后按照期末市场汇率将上述外币余额折算为记账本位币金额，并将其与折算前的外币账户的记账本位币余额之间的差额，确认为本期发生的损益。

进行会计处理时，应将上述汇兑差额计入损益，同时将外币账户中的记账本位币期末余额调整为按期末市场汇率折算的金额。企业各外币账户均做以上处理后，再合并各外币账户的汇兑净损益。

【例2-12】粤龙公司3月份银行存款（美元户）的资料如表2-2所示，其月末汇率为$1 = ¥7.24。

表2-2 银行存款（美元户）日记账　　　　　单位：万元

日期	摘要	借方			贷方			余额		
		原币	汇率	人民币	原币	汇率	人民币	原币	汇率	人民币
1	月初余额							80 000	7.35	588 000
2	购料付款				10 000	7.20	72 000	70 000		516 000
20	销售收回货款	20 000	7.30	146 000				90 000		662 000
21	买入美元	20 000	7.20	144 000				110 000		806 000
23	卖出美元				10 000	7.20	72 000	100 000		734 000
24	借入美元	50 000	7.22	361 000				150 000		1 095 000
26	外商投资	100 000	7.25	725 000				250 000		1 820 000
31	月末调整						10 000			1 810 000
31	月末折算							250 000	7.24	1 810 000
31	本月合计	190 000		1 376 000	20 000		144 000	250 000	7.24	1 810 000

根据上表计算，粤龙公司在3月31日对银行存款美元户的余额进行折算时，应调整外币银行存款损失为10 000元。

【例2-13】仍以上例,粤龙公司以人民币为记账本位币,3月31日结账前其他外币账户余额资料如表2-3所示。

表2-3 外币账户余额表

账户名称	美元	人民币(元)
应收账款	0	4 000
短期借款	50 000	361 000
应付账款	0	2 000

3月31日,市场汇率为$1=¥7.24,计算本月末外币交易的汇兑差额。
外币银行存款(损失)=250 000×7.24-1 820 000=-10 000(元)
外币应收账款(收益)=4 000(元)
外币短期借款(损失)=50 000×7.24-361 000=1 000(元)
外币应付账款(损失)=2 000(元)
企业当期外汇净损益=-10 000+4 000-1 000-2 000=-9 000(元)
 借:财务费用   9 000
  应收账款——美元户   4 000
 贷:银行存款——美元户   10 000
  短期借款——美元户   1 000
  应付账款——美元户   2 000

上述分录入账后,各外币账户月末余额如表2-4所示。

表2-4 外币账户余额表

账户名称	美元	人民币(元)
银行存款	250 000	1 810 000
应收账款	0	0
短期借款	50 000	362 000
应付账款	0	0

(2)非货币性项目。

① 以历史成本计量的外币非货币性项目,已在交易发生日按当日即期汇率折算,资产负债表日不应改变原记账本位币金额,不产生汇兑差额,不需要按当日汇率进行调整。

② 由于存货在资产负债表日采用成本与可变现净值孰低计量,因此在以外币购入存货并且该存货在资产负债表日的可变现净值以外币反映的情况下,在计提存货跌价准备时应当考虑汇率变动的影响。

【例 2-14】粤龙公司 2018 年 11 月 20 日进口商品 1 000 件，单价 200 美元，于当日支付了货款，当日汇率 $1 = ¥7.10，同年 12 月 31 日，该商品尚未售出，国内市场仍无该商品出售，国际市场该商品价格已降至每件 150 美元。12 月 31 日汇率为 $1 = ¥7.06。

11 月 20 日，购进商品时：

  借：库存商品   1 420 000

    贷：银行存款   1 420 000

同年 12 月 31 日，1 420 000 - 1 000 × 150 × 7.06 = 361 000（元）

  借：资产减值损失   361 000

    贷：存货跌价准备   361 000

③对于以公允价值计价的股票、基金等非货币性项目，如果期末该项目的公允价值以外币反映，则应当先将该外币按照公允价值确定当日的即期汇率折算为记账本位币金额，再与原记账本位币金额进行比较，其价值变动作为当期损益，计入"公允价值变动损益"账户。

【例 2-15】粤龙公司 11 月 25 日以每股 2 美元的价格购入甲公司 15 万股股票作为交易性金融资产，当日汇率 $1 = ¥7.08，同年 12 月 31 日，该股票市价为 2.20 美元。12 月 31 日汇率为 $1 = ¥7.10。

11 月 25 日购入股票时：

  借：交易性金融资产 （= 150 000 × 2 × 7.08 =）2 124 000

    贷：银行存款   2 124 000

12 月 31 日，150 000 × 2.2 × 7.10 - 150 000 × 2.2 × 7.08 = 6 600（元）

  借：交易性金融资产   6 600

    贷：公允价值变动损益   6 600

如果 12 月 31 日汇率为 $1 = ¥7.06，则 150 000 × 2.2 × 7.06 - 150 000 × 2.2 × 7.08 = -6 600（元），作如下账务处理：

  借：公允价值变动损益   6 600

    贷：交易性金融资产   6 600

思考与练习

一、思考题

1. 什么是货币资金？其内容包括哪些？
2. 什么是库存现金？现金管理规定有哪些？
3. 什么是现金结算？什么是转账结算？
4. 银行转账结算方式有哪些？
5. 什么是坐支？为什么不允许企业坐支？
6. 什么是银行本票？什么是银行汇票？其特点如何？
7. 什么是商业汇票？其种类有哪些？
8. 什么是商业汇票的贴现？

9. 什么是票据的背书转让？哪些票据可以背书转让？
10. 什么是委托收款和托收承付？这两种结算方式的特点如何？
11. 什么是支票？它有哪些种类？其特点和适用性如何？
12. 什么是信用卡？其结算方式有何特点？
13. 什么是信用证？其结算方式有何特点？
14. 什么是外币？什么是外币业务？
15. 企业发生外币业务时应当怎样进行核算？

二、练习题

1. 甲公司核定的库存现金限额为6 000元，2018年3月1日现金日记账余额为1 850元。3月份发生如下经济业务：

（1）1日，以现金购买办公用品680元，交付各办公室使用。

（2）3日，经理张枫出差回来，报销差旅费2 600元，交回现金400元，结清原借款。

（3）8日，从银行提现金280 000元，以备发放工资。

（4）8日，以现金发放职工工资280 000元。

（5）12日，以现金支付车间办公费540元。

（6）16日，从银行提现金3 600元以备用。

（7）18日，车间技术员出差预借差旅费2 000元，以现金支付。

（8）20日，以现金支付职工市内交通补助费760元。

（9）25日，对外销售材料取得收入5 850元，其中5 000元为销售价款，850元为增值税税款，价税款均以现金收回。

（10）28日，将超过库存现金限额1 720元存入银行。

要求：根据上述经济业务编制会计分录。

2. 乙公司为增值税一般纳税人。2018年8月份发生下列经济业务：

（1）1日，签发现金支票，从银行提取现金5 000元以备用。

（2）3日，向本地某工厂购进A材料一批，价值20 000元，增值税3 400元，签发转账支票支付，材料验收入库。

（3）4日，销售商品一批，货款500 000元，增值税85 000元，价税款均已收到存入银行。

（4）6日，填制银行本票申请书，金额36 000元，银行受理后开出同等金额的银行本票。

（5）7日，采购员持银行本票向本地某工厂采购B材料一批，价值30 000元，增值税5 100元，B材料尚未到达。

（6）8日，收到银行转来多余收账通知，银行本票多余款900元已收托存入银行存款户。

（7）10日，填制银行汇票申请书，金额250 000元，银行受理后，收到同等金额的银行汇票。

（8）12日，向外地某工厂销售商品一批，价值600 000元，增值税102 000元，收

到票面金额为 750 000 元的银行汇票一张,当即按实际销售金额结算,并存入银行。

(9) 14 日,销售商品一批,价值 500 000 元,增值税 85 000 元,运杂费 1 000 元,收到购货方交来的商业汇票一张,面值 586 000 元,为期 2 个月。

(10) 15 日,向外地某工厂购入 C 材料,货款 200 000 元,增值税 34 000 元,运杂费 1 000 元,价税款及运杂费一并以面值 250 000 元的银行汇票支付,余款已收回存入银行。

(11) 16 日,销售给外地某工厂的商品一批,货款 400 000 元,增值税 68 000 元,收到一张票面金额 468 000 元,为期 3 个月的银行承兑汇票。

(12) 18 日,购进材料一批,价值 7 000 元,增值税 1 190 元,以信用卡存款支付。

(13) 20 日,两个月前收到的银行承兑汇票 93 600 元已到期,收到票款 93 600 元存入银行。

(14) 21 日,收到本市供电公司委托收款结算凭证,共收取电费 18 000 元,其中 10 000 元为生产车间耗用,6 000 元为管理部门耗用,2 000 元为销售部门耗用。审核无误,签发转账支票支付。

(15) 23 日,向外地某工厂销售商品一批,价值 100 000 元,增值税 17 000 元,代垫运杂费 3 000 元,填制托收承付结算凭证,连同有关单据一并送交银行。银行审核受理后,退回托收凭证回单联。

(16) 25 日,填制信汇结算凭证,汇往外地银行采购资金 60 000 元。

(17) 28 日,收到采购员交来发票账单,采购 D 材料 48 000 元,增值税 8 160 元,运杂费 940 元,款项从外埠存款支付。

(18) 30 日,收到多余款划回通知,结清外埠存款账户。

要求:根据上述经济业务编制会计分录。

3. 丙公司 2018 年 9 月 1 日银行存款日记账——美元户余额为 80 000 美元,当日美元与人民币汇率为 1∶6.90,折合人民币为 552 000 元。

甲公司 9 月份发生下列经济业务:

(1) 3 日,销售给国外 E 公司商品一批,货款 12 000 美元,当日美元与人民币汇率为 1∶6.86。商品已经发出,货款尚未收回。

(2) 6 日,向国外 F 公司进口商品一批,货款 21 000 美元,以美元存款支付。当日美元与人民币汇率为 1∶6.89。

(3) 10 日,收到销售给国外 E 公司的商品所欠货款 12 000 美元,当日美元与人民币汇率为 1∶6.88。

(4) 15 日,销售给国外 G 公司商品一批,货款 25 000 美元,当日美元与人民币汇率为 1∶6.86。商品已发出,货款尚未收回。

(5) 20 日,从美元户支取 24 000 美元,兑换成人民币存入银行,当日美元与人民币的买入价为 6.86 元,中间价为 6.88 元。

(6) 24 日,收到销售给国外 G 公司的商品所欠货款 25 000 美元,当日美元与人民币汇率为 1∶6.87。

(7) 28 日,从美元户提取 8 000 美元,以备发放外籍人员工资,当日美元与人民币汇率为1∶6.68。

（8）30日，计算并调整本月份各外币账户的余额和汇兑损益，当日美元与人民币汇率为1∶6.89。

要求：

（1）根据上述资料编制会计分录。

（2）根据上述资料登记银行存款——美元户日记账。

第三章 应收及预付款项

学习内容与目的

本章主要阐述应收及预付款项的概念、内容,以及各种应收及预付款项的会计核算。通过学习,旨在了解应收及预付款项的概念、内容;理解应收及预付款项确认、计量的要求与方法;掌握应收票据、应收账款、预付账款、其他应收款以及坏账损失的会计处理。

第一节 应收票据

应收及预付款项是指企业在日常生产经营中形成的各种债权,主要包括应收票据、应收账款、预付账款、其他应收款等。

一、应收票据及其种类

(一) 应收票据的概念

应收票据是指企业持有的还没有到期、尚未兑现的票据,具体地说,是企业因销售商品或提供劳务时、采用商业汇票结算方式而收到的商业汇票。商业汇票是由收款人或付款人(或承兑申请人)签发,由承兑人承兑,并在指定到期日无条件向收款人或持票人(被背书人)支付确定款项的票据。

应收票据是由于赊购、赊销等商品交易方式的不断发展与活跃,企业间的结算关系由单一依赖于银行信用而逐步转变为银行信用与商业信用相结合的结算方式。商业汇票结算方式正是适应这一转变而产生。

应收票据是企业未来收取货款的权利。这种权利和将来应收取的货款金额以书面文件形式约定下来,因此受到法律的保护,具有法律约束力。应收票据作为商业信用和银行信用相结合的工具可以流通,并可背书转让。

(二) 应收票据的种类

企业因销售商品或提供劳务而收到的商业汇票,可以按照以下不同的标准进行分类。

(1) 按票据承兑人不同,可以分为商业承兑汇票、银行承兑汇票两种。商业承兑汇票是指由付款人签发并承兑,或由收款人签发,交由付款人承兑的汇票。银行承兑汇票是指由收款人或承兑申请人签发,并由承兑申请人向开户银行申请,经银行审查同意承兑的票据。

(2) 按票据是否计息分类,可以分为不带息商业汇票、带息商业汇票两种。不带息商业汇票是指商业汇票到期时,承兑人只按票面金额(面值)向收款人或被背书人支付款项的票据。带息商业汇票是指票据到期时,承兑人不仅按票面金额(面值),而且还要按票面利率计算的利息支付给收款人或被背书人的票据。

(3) 按票据是否带有追索权分类,可以分为带追索权的商业汇票、不带追索权的商业汇票。带追索权的商业汇票是指在商业汇票到期时,付款人不能按期付款,银行可向背书人索偿。即背书企业在付款人到期不能付款时,背书企业就负有代付款人支付款项的责任,也就是背书企业承担了潜在的或有的义务。不带追索权的商业汇票是指商业汇票到期时,付款人不能按期付款,背书企业不承担连带偿付责任,应收票据一经贴现就可以从账簿记录中消除。

二、应收票据的确认与计量

1. 应收票据入账时间的确认

根据我国《企业会计准则》规定,企业收到开出、承兑的商业汇票时,应按商业汇票的票面金额入账。

2. 应收票据的计量

我国商业汇票的期限一般较短(付款期限最长不得超过 6 个月),利息金额相对不大,用现值记账不但计算麻烦,而且其折价还要逐期摊销,过于繁琐。因此,按现行规定,企业收到开出、承兑的商业汇票,无论是否带息,均应按应收票据的票面价值入账。

3. 应收票据的期限和到期日的确定

票据期限是指票据签发日至到期日的时间间隔,票据的到期日是由票据的有效期限的长短决定的,在实务中,票据期限通常有按月和按日两种表示方法。

(1) 票据期限按月表示时:

企业签发按月表示期限的商业汇票,票据到期日应按与出票日到期月份对日计算(即以到期月份中与出票日相同的那一天为到期日)。例如企业 1 月 15 日签发为期 3 个

月的票据，票据到期日为 4 月 15 日。如果企业月末签发的票据，不论月份大小，以到期月份的月末那一天为到期日。如企业 1 月 31 日签发的为期 3 个月的票据，到期日为 4 月 30 日。因为 4 月份只有 30 天。

票据期限按月表示时，带息票据的利息应按票据面值、票据期限（月数）和月利率计算。

（2）票据期限按日表示时：

企业签发按日表示期限的商业汇票，票据到期日应从出票日起按实际日历天数计算，通常出票日和到期日，只能计算其中的一天，即"算头不算尾"或"算尾不算头"。例如企业于 4 月 15 日签发的 90 天票据，其到期日应为 7 月 14 日。因为 90 天 − 4 月份剩余天数 − 5 月份实有天数 − 6 月份实有天数 = 90 −（30 − 15）− 31 − 30 = 14 日。

票据期限按日表示时，带息票据的利息应按票据面值、票据期限（天数）和日利率计算。

三、应收票据的会计处理

为了反映和监督应收票据的取得、票款收回等经济业务，企业应当设置"应收票据"账户进行总分类核算。该账户是资产类账户，借方登记取得的应收票据的面值，贷方登记到期收回票款或到期前向银行贴现的应收票据的票面金额，余额在借方，反映企业期末持有的商业汇票的票面金额。该账户还应按照签发或收到商业汇票的单位设置明细账户进行明细分类核算，并设置"应收票据备查簿"，逐笔登记商业汇票的种类、号数、交易合同号、出票日期、票面金额以及付款人、承兑人、背书人的姓名或单位名称、到期日、背书转让日、贴现日、贴现利率、贴现所得额、收款日和收回金额、退票情况等资料。

1. 不带息应收票据

不带息应收票据到期值等于应收票据的面值。企业收到开出、承兑的不带息应收票据是用于对外销售商品、产品时，应按票面金额，借记"应收票据"账户；按实现的销售收入，贷记"主营业务收入"账户；按增值税专用发票列明的增值税额，贷记"应交税费——应交增值税（销项税额）"账户。企业收到开出、承兑的商业汇票是用于抵偿应收账款时，借记"应收票据"账户，贷记"应收账款"账户。企业在票据到期收回票款金额时借记"银行存款"账户；贷记"应收票据"账户。

【例 3 − 1】粤龙公司向乙企业销售产品一批，货款为 300 000 元，增值税率为 16%，粤龙公司收到乙企业签发并承兑的商业汇票一张，面值 348 000 元，期限为 3 个月。

根据例题资料，粤龙公司应作如下会计处理：

①销售产品收到乙企业签发商业汇票时：

  借：应收票据   348 000
    贷：主营业务收入   300 000
      应交税费——应交增值税（销项税额） 48 000

②3个月后，应收票据到期收回票面金额348 000元存入银行时：
　　借：银行存款　　　　　　　　　　　348 000
　　　贷：应收票据　　　　　　　　　　　　　348 000
③如果该票据到期，乙企业无力偿还票款时，粤龙公司应将到期票据的票面金额转入"应收账款"科目。
　　借：应收账款　　　　　　　　　　　348 000
　　　贷：应收票据　　　　　　　　　　　　　348 000

2. 带息应收票据

对于带息应收票据，在会计期末按票面价值与确定的利率计算利息，增加应收票据的账面金额或者单独列项反映。我国会计准则规定采用的是单独以应收利息反映。

应收票据的利息是按照票据票面上记载的金额、利率和期限计算的，其公式如下：

应收票据利息 = 票据面值 × 票面利率 × 票据期限

上式中，票面利率如不加以特别说明，一般是指年利率。

当商业汇票的期限按月表示时，应收票据的利息的计算方法如下：

应收票据利息 = 票据面值 × 票面年利率 ÷ 12 × 票据期限（月数）

当商业汇票的期限按日表示时，应收票据的利息的计算方法如下：

应收票据利息 = 票据面值 × 票面年利率 ÷ 360 × 票据期限（天数）

【例3-2】粤龙公司9月1日销售一批产品给B公司，货已发出，销售收入200 000元，增值税额为32 000元。收到B公司交来的银行承兑汇票一张，期限为6个月，票面利率为7.2%。

根据例题资料，粤龙公司应作如下会计处理：
①收到票据时：
　　借：应收票据　　　　　　　　　　　232 000
　　　贷：主营业务收入　　　　　　　　　　　200 000
　　　　　应交税费——应交增值税（销项税额）　32 000
②年度终了（12月31日）计提利息 = 232 000 × 7.2% × 4 ÷ 12 = 5 568（元）：
　　借：应收利息　　　　　　　　　　　5 568
　　　贷：财务费用　　　　　　　　　　　　　5 568
③票据到期收回票据款：
票据到期值 = 232 000 × (1 + 7.2% × 6 ÷ 12) = 240 352（元）
票据利息 = 232 000 × 7.2% × 2 ÷ 12 = 2 784（元）
　　借：银行存款　　　　　　　　　　　240 352
　　　贷：应收票据　　　　　　　　　　　　　232 000
　　　　　应收利息　　　　　　　　　　　　　5 568
　　　　　财务费用　　　　　　　　　　　　　2 784

3. 应收票据的转让

应收票据转让是指持票人由于急需资金，将未到期的商业汇票通过背书行为转让给其他单位的业务活动。根据《银行支付结算办法》的规定，企业可以将持有的应收票据背书转让，用以购买所需物资或偿还债务。这里只就应收票据背书转让取得材料物资的核算进行说明。

企业持有的应收票据背书转让以取得材料物资时，按应计入物资成本的价值，借记"物资采购""原材料"等账户，按专用发票列明的增值税额，借记"应交税费——应交增值税——进项税额"账户，按应收票据账面价值，贷记"应收票据"账户，如有差额，借记或贷记"银行存款"账户。

【例3-3】粤龙公司发生如下经济业务：

（1）粤龙公司向A公司采购材料一批，货款总计58 000元（其中材料价款50 000元，增值税8 000元），将票据金额为60 000元的不带息银行承兑汇票背书转让，以支付该批材料货款，同时收到2 000元存入银行。粤龙公司应作如下会计处理：

借：原材料　　　　　　　　　　　　　　　50 000
　　应交税费——应交增值税（进项税额）　 8 000
　　银行存款　　　　　　　　　　　　　　 2 000
　贷：应收票据　　　　　　　　　　　　　60 000

（2）粤龙公司于2018年1月1日向B公司采购材料一批，材料价款420 000元，增值税67 200元，将金额为460 000元的带息应收票据背书转让，该票据出票日为2017年12月1日，票面利率为6%，期限为3个月，以偿付B公司的货款，差额以银行存款支付。粤龙公司应作如下会计处理：

票据已提利息 = 460 000 × 6% ÷ 12 × 1 = 2 300（元）
票据未提利息 = 460 000 × 6% ÷ 12 × 2 = 4 600（元）

借：原材料　　　　　　　　　　　　　　　420 000
　　应交税费——应交增值税（进项税额）　 67 200
　贷：应收票据　　　　　　　　　　　　　460 000
　　　应收利息　　　　　　　　　　　　　 2 300
　　　财务费用　　　　　　　　　　　　　 4 600
　　　银行存款　　　　　　　　　　　　　 20 300

四、应收票据的贴现

（一）应收票据贴现的概念与条件

企业持有的应收票据，在票据未到期时，企业如果要提前取得货币资金，可以将持有的应收票据向银行申请贴现。贴现是指企业以未到期的应收票据向银行融通资金，银行受理后按票据到期值扣除从贴现日至到期前一日的贴现利息，将余额付给企业的融资行为。

在我国，商业汇票的持票人向银行办理贴现必须具备下列条件：在银行开立存款账户的企业法人以及其他经济组织，与出票人或者直接前手之间具有的只是商品交易关系，提供与其前手之间的增值税发票和商品发运单据复印件。

（二）应收票据贴现额的计算

应收票据贴现额，是指贴现银行将票据到期值扣除贴现利息后的支付给企业的资金额。其计算公式如下：

贴现额 = 票据到期值 − 贴现利息

贴现利息 = 票据到期值 × 贴现率 × 贴现期限

上式中，票据到期值的确定根据票据是否带息而有所区别，不带息票据的到期值就是其面值，带息票据的到期值就是其面值加上到期利息；票据贴现期限就是从贴现日至到期前一日（贴现日和到期日只能算一天，"算头不算尾"或"算尾不算头"）的时间间隔，承兑人在异地的，应另加 3 天的划款期；贴现率是指贴现时使用的利率；贴现银行按贴现率计算扣除的利息称为贴现利息。

（三）应收票据贴现的会计处理

企业将未到期的应收票据向银行申请贴现，按实际收到的贴现净额，借记"银行存款"账户；按应收票据的票面余额，贷记"应收票据"账户，按其差额，借记或贷记"财务费用"账户。

由于应收票据可分为不带追索权的应收票据和带追索权的应收票据两种，以下分别说明。

1. 不带追索权的应收票据贴现

不带追索权的应收票据贴现，企业在转让票据所有权的同时也将票据到期不能收回票款的风险一并转让给了贴现银行，企业对票据到期不能收回的票款不承担连带责任，即符合金融资产终止确认的条件。

【例 3 − 4】粤龙公司于 2018 年 2 月 10 日（2 月份为 28 天）将甲公司该年 1 月 31 日签发的为期 90 天、面值为 20 000 元、利率为 9%、到期日为 5 月 1 日的银行承兑汇票向银行申请贴现，银行规定的月贴现率为 0.6%。粤龙公司申请票据贴现时应作如下会计处理：

票据到期利息 = 20 000 × 9% × 90/360 = 450（元）

票据到期值 = 20 000 + 450 = 20 450（元）

贴现利息 = 20 450 × 0.6% × 80/30 = 327.2（元）

贴现净额 = 20 450 − 327.2 = 20 122.8（元）

借：银行存款   20 122.80
  贷：应收票据   20 000.00
    财务费用   122.80

2. 带追索权的应收票据贴现

将带追索权的应收票据贴现，由于企业并未转嫁票据到期不能收回票款的风险，贴现企业因背书而在法律上负有连带责任，这种责任可能是部分的，也可能是全部的。企业对票据到期无法收回的票据款所承担的连带偿还责任，是企业的一种或有负债，这种负债直至贴现的票据到期由贴现银行收到票据款后方可解除。因此，将带追索权的商业汇票贴现后，不符合金融资产终止确认的条件，不应冲销应收票据账户金额。

在我国，企业将应收票据贴现，就是一种典型的带追索权的票据贴现业务。会计实务中，将票据贴现产生的负债，单独以"短期借款"账户核算。票据贴现时，根据实际收到的贴现款、银行扣除的贴现利息和票据到期值，借记"银行存款""财务费用"账户，贷记"短期借款"账户。当票据到期付款人偿还票据款时，应借记"短期借款"账户，贷记"应收票据"账户，如有差额，借记或贷记"财务费用"账户。如果票据到期付款人无法足额支付票据款，贴现企业应借记"短期借款"账户，贷记"应收票据"账户，差额部分借记或贷记"财务费用"账户；同时贴现企业反映对付款人的债权，借记"应收账款"账户，贷记"银行存款"账户或"短期借款"账户（银行从贴现企业的银行存款账户中扣除票款，如银行存款账户余额不足，则银行将未予扣除部分作逾期贷款处理）。

【例3-5】仍以【例3-4】为例，假设粤龙公司于2月10日将票据向银行贴现，粤龙公司应作如下会计处理：

①计算贴现额

到期值 = 20 000 × (1 + 9% ÷ 360 × 90) = 20 450（元）

贴现利息 = 20 450 × 0.6% ÷ 30 × 80 = 327.2（元）

贴现额 = 20 450 - 327.2 = 20 122.8（元）

②粤龙公司申请贴现时：

 借：银行存款   20 122.80

   财务费用   327.20

  贷：短期借款   20 450.00

③票据到期时，甲公司（票据付款人）足额向贴现银行支付票据款时：

 借：短期借款   20 450

  贷：应收票据   20 000

   财务费用   450

④如果票据到期时，甲公司存款不足支付，仅支付了10 000元，剩下余额银行直接从粤龙公司（贴现企业）账户上扣除：

 A. 借：短期借款   20 450

   贷：应收票据   20 000

     财务费用   450

 B. 借：应收账款——甲   10 450

   贷：银行存款   10 450

第二节 应收账款

一、应收账款及其确认

应收账款是指企业在日常经营活动中，因销售商品、产品、材料或提供劳务等购销经营活动，应向购货单位或接受劳务单位收取的款项。它通常属于短期的债权。主要包括企业因销售商品、产品、材料或提供劳务等应向有关债务人收取的价款及代购货方垫付的运杂费等。企业在非购销活动中产生的应收款项，如企业与外单位之间的各种应收赔款、罚款、存出保证金，以及企业应向职工收取的各种垫付款等，不属于应收账款而作为其他应收款。

应收账款是由于赊销业务而引起的，因此，应收账款的确认与营业收入的确认密切相关。也就是应收账款通常应于收入实现时予以确认，即在将商品（或劳务）的控制权转移时予以确认。

二、应收账款的计量

（一）应收账款计量的原则

应收账款的计量就是确定应收账款的入账价值。从理论上讲，应收账款表示在未来某个时点应收取的已销售商品货款及提供劳务的收入款，属于未来现金流量，应按未来收到现金的现值入账。但是，由于企业应收账款转化为现金的期限比较短，一般不会超过一年或一个营业周期，应收账款到期日的账面价值与其贴现值相差不大，根据重要性原则可以忽略不计，因此，在会计实务中，一般以应收账款到期日的面值入账。

（二）应收账款入账价值的确定

应收账款入账价值一般是根据商品交易数量和交易价格以及代垫费用的支付数额来确定，具体内容包括交易双方在合同或协议上协商的价款、增值税以及代垫的包装费或运杂费。

如果商品交易存在销售折扣的情况，在确定应收账款入账价值时，要考虑销售折扣（商业折扣和现金折扣）等因素。

1. 商业折扣

商业折扣是指企业根据市场供需情况，针对顾客购买商品数量的多少，在商品标价上给予的扣除，扣除后的净额才是实际销售价格，购买数量越多，商业折扣越大，购买数量越少，则商业折扣越小。商业折扣的数额通常用百分比来表示，如10%、20%等。例如企业对某种商品的报价是2 000元，商业折扣是5%，那么应按1 900元确认应收账款。商业折扣通常是企业最常用的促销手段（即打折）。

由于商业折扣一般是在交易发生时就已经确定，它仅仅是确定实际销售价格的一种手段，不需要在买卖双方任何一方的账上反映，所以商业折扣对应收账款的入账价值没有实质性的影响。

2. 现金折扣

现金折扣是指企业为了鼓励客户在规定的时间内及早付款而给予的一种折扣优惠。现金折扣通常发生在以赊销方式销售商品及提供劳务的交易中。企业为了鼓励客户提前偿付货款，通常与债务人协商，债务人在不同时期内付款即可享受不同比例的折扣。现金折扣一般用符号 2/10、1/20、n/30 表示。即债务人在 10 天内付款则按照售价的 2% 予以扣除；超过 10 天在 20 天内付款，则按照售价的 1% 予以折扣；超过 20 天在 30 天内付款，则不给折扣。

在现金折扣的情况下，应收账款的入账金额有两种确认方法，即总价法和净价法。

（1）总价法。总价法是指企业按照给予现金折扣前的金额作为应收账款的入账金额，如果客户在折扣期内付款，则对给予的现金折扣进行确认。在这种方法下，销售方把给予客户现金折扣视为融资的理财费用，会计上作为财务费用处理。

（2）净价法。净价法是指企业按照扣除现金折扣后的金额作为应收账款的入账金额，这种方法假设客户通常都会选择在折扣期内付款，如果客户超过折扣期付款，销售方则将客户丧失的现金折扣视为向对方提供信贷而获得的收入，作为利息收入处理，并冲减财务费用。在这种方法下，销售方通常假设客户会最大限度地利用企业所给予的现金折扣。

总价法可以较好地反映企业销售的总过程，但在客户可能享受现金折扣的情况下，会高估应收账款和销售收入。而净价法可以避免总价法的不足，因为在市场经济较发达时期，客户都会提前付款以获得现金折扣，企业将扣除现金折扣后的净额作为销售收入入账，一方面符合稳健性原则，另一方面，则更客观地反映企业的财务状况和经营成果。由于净价法在期末结账时，对已经超过付款期限但尚未付款的应收账款按客户享受的现金折扣进行调整，操作起来比较麻烦。在我国目前会计实务中，对应收账款的入账金额采用的是总价法。

三、应收账款的会计处理

为了核算企业销售商品、产品或提供劳务而发生的应收账款的增减变动及结余情况，企业应设置"应收账款"账户。该账户是资产类账户。借方反映企业应收账款的增加数，贷方反映应收账款的收回数，期末余额在借方，反映企业尚未收回的数额。

企业发生应收账款时，按销售合同或销售协议金额，借记"应收账款"账户，按实现的销售收入贷记"主营业务收入"或"其他业务收入"账户，按专用发票上注明的增值税额，贷记"应交税费——应交增值税（销项税额）"账户。收回应收账款时，借记"银行存款"账户，贷记"应收账款"账户。

对于企业代购货单位垫付的包装费或运杂费，应借记"应收账款"账户，贷记

"银行存款"账户；收回垫付的包装费或运杂费时，借记"银行存款"账户，贷记"应收账款"账户。

（一）正常销售情况下的会计处理

【例3-6】粤龙公司向B公司销售产品200 000元，适用的增值税率为16%，同时代B公司垫付运杂费800元，产品交付并办妥委托银行收款手续。

根据例题资料，粤龙公司应作如下会计处理：

①销售商品时，根据增值税专用发票及银行委托收款凭证：

  借：应收账款   232 800
    贷：主营业务收入   200 000
      应交税金——应交增值税（销项税额） 32 000
      银行存款   800

②收回货款时：

  借：银行存款   232 800
    贷：应收账款   232 800

（二）商业折扣情况下的会计处理

【例3-7】接【例3-6】，假定粤龙公司向B公司提供5%的商业折扣，粤龙公司销售产品的价款为190 000元［200 000×(1-5%)］，增值税为30 400元（190 000×16%），粤龙公司应作如下会计处理：

  借：应收账款   221 200
    贷：主营业务收入   190 000
      应交税金——应交增值税（销项税额） 30 400
      银行存款   800

（三）现金折扣情况下的会计处理

【例3-8】接【例3-6】，假定粤龙公司向B公司销售产品200 000元，适用的增值税率为16%，规定的现金折扣条件为：2/10，1/20，$n/30$。

根据例题资料，粤龙公司应作如下会计处理：

①产品交付并办妥托收手续时：

  借：应收账款   232 000
    贷：主营业务收入   200 000
      应交税金——应交增值税（销项税额） 32 000

②如果粤龙公司在10天内收到货款时：

  借：银行存款   228 000
    财务费用   4 000
    贷：应收账款   232 000

③如果粤龙公司在超过10天但不超过20天内收到货款时：

  借：银行存款   230 000
    财务费用   2 000

　　　　贷：应收账款　　　　　　　　　　　　　　　232 000
　④如果粤龙公司在超过了20天收到货款时：
　　　　借：银行存款　　　　　　　　　　　　　　　232 000
　　　　贷：应收账款　　　　　　　　　　　　　　　232 000

第三节　预付账款和其他应收款

一、预付账款

　　预付账款是企业按照购货合同规定预先支付给供货方或提供劳务方的款项。它和应收账款、应收票据一样都是企业购销活动中形成的债权资产。但应收账款、应收票据产生在销货或提供劳务阶段，预付账款产生在购货或接受劳务阶段。

　　为了核算预付账款的发生和减少情况，企业应设置"预付账款"账户。该账户是用来核算企业按照购货或接受劳务合同规定预付给对方的款项，借方登记企业因购货或接受劳务而预付的款项和收到所购物资后补付的款项，贷方登记企业收到所购物资后冲减的款项和退回多余的款项。该账户期末借方余额反映企业预付的款项，期末如有贷方余额反映企业尚未补付的款项。本科目应按供应单位或提供劳务单位设置明细账进行明细核算。如果预付款项不多的企业，可以不单独设置"预付账款"账户，而是将预付款项直接计入"应付账款"账户的借方，但在编制会计报表时，应将"预付账款"和"应付账款"分别列示。

　　【例3-9】根据购销合同，粤龙公司向B公司预付了30 000元购货款，10天后，粤龙公司收到所购货物和结算凭证，货物价款50 000元，增值税8 000元，粤龙公司通过银行补付余款。该项业务粤龙公司应作如下会计处理：
　（1）预付货款时：
　　　　借：预付账款——B公司　　　　　　　　　　30 000
　　　　　　贷：银行存款　　　　　　　　　　　　　30 000
　（2）收到货物时：
　　　　借：材料采购　　　　　　　　　　　　　　　50 000
　　　　　　应交税费——应交增值税（进项税额）　　 8 000
　　　　　　贷：预付账款　　　　　　　　　　　　　58 000
　（3）补付货款时：
　　　　借：预付账款　　　　　　　　　　　　　　　28 000
　　　　　　贷：银行存款　　　　　　　　　　　　　28 000

二、其他应收款

其他应收款是指企业除应收票据、应收账款、预付账款、应收股利、应收利息、长期应付款以外的其他各种应收及暂付款项。其主要内容包括：①应收的各种赔款、罚款；②应收出租包装物的租金；③应向职工收取的各种垫付款项；④存出保证金；⑤其他各种应收及暂付款项；⑥不设置"备用金"账户的企业应向企业各车间、部门等拨出的备用金。

为了反映企业其他应收款的增减变动及结余情况，应当设置"其他应收款"账户进行核算。该账户借方登记企业其他应收款项的发生数额，贷方登记其他应收款项的收回数额。余额在借方，反映企业期末尚未收回的其他应收款项。

【例3-10】粤龙公司与甲公司签订一项购买商品合同，甲公司违约没有履行合同，粤龙公司应向甲公司收取违约金20 000元。该项业务粤龙公司应作如下会计处理：

借：其他应收款——甲公司　　　　　　20 000
　　贷：营业外收入　　　　　　　　　　　　　20 000

【例3-11】粤龙公司向B公司购买商品，借用其包装物，以银行存款支付包装物押金800元。该项业务粤龙公司应作如下会计处理：

①以银行存款支付包装物押金时：

借：其他应收款——包装物押金——B公司　800
　　贷：银行存款　　　　　　　　　　　　　　800

②收到退回包装物押金时：

借：银行存款　　　　　　　　　　　　800
　　贷：其他应收款——包装物押金——B公司　800

【例3-12】粤龙公司代职工张玲垫付应由职工个人负担的住院医药费3 000元，以银行存款支付。粤龙公司应作如下会计处理：

①公司代职工张玲支付住院医药费时：

借：其他应收款——张玲　　　　　　　3 000
　　贷：银行存款　　　　　　　　　　　　　　3 000

②公司根据本月工资扣款通知，从张玲的工资中按月扣回代垫的住院医药费（假定分3个月扣清）时：

借：应付职工薪酬——工资　　　　　　1 000
　　贷：其他应收款——张玲　　　　　　　　　1 000

第四节　坏账

一、坏账与坏账损失的概念

坏账是指企业无法收回或收回的可能性极小的应收账款。由于发生坏账而产生的损失，称为坏账损失。

坏账和呆账是两个不同的概念，两者既有联系也有区别。呆账在会计上没有严格的定义，一般是指超过付款期或一年以上长期不能收回的应收账款。而坏账是指已经确认无法收回的应收账款。坏账是由呆账演变而成的，但不是所有的呆账都会演变为坏账。经过债权人的努力和债务人偿债能力的改善，呆账就会变为"活账"。

二、坏账损失的确认

应收账款是否确认为坏账，企业应根据各种应收账款产生的原因、金额大小，客户的信用程度以及债务人当时的经营情况等因素确定。一般地，符合下列条件之一即可确认发生了坏账：

（1）债务人破产，以其破产财产清偿后仍无法收回的应收款项；

（2）债务人死亡，以其遗产清偿后仍无法收回的应收款项；

（3）债务人逾期未履行偿债义务，经法院裁决，确实无法清偿的应收款项；

（4）债务人遭受重大自然灾害或意外事故，损失巨大，以其财产（包括保险赔偿）确实无法清偿的应收款项；

（5）逾法定年限（一般为3年）以上仍未收回的应收款项；

（6）法定机构批准可核销的应收账款。

三、坏账损失的会计处理

（一）直接转销法

直接转销法是指平时不按期估计确认坏账损失，只有在实际发生坏账时，直接冲销"应收账款"，并确认坏账损失，借记"资产减值损失"账户，贷记"应收账款"账户。

在直接转销法下，如果已确认坏账的债务单位经济情况好转或其他原因，有全部或部分收回时，首先按收回的金额冲销原已确认的坏账，然后再反映应收账款的收回。

【例3-13】粤龙公司应收B公司的账款20 000元，经过多次催收无效，已经超过3年，确定无法收回。该业务粤龙公司应作如下会计处理：

①确认为坏账时：
　　借：资产减值损失　　　　　　　　　20 000
　　　　贷：应收账款——B公司　　　　　　　20 000
②假定该笔已确认为坏账的应收B公司的账款中，一个月后又收到10 000元，粤龙公司在收到款时：
　　借：应收账款——B公司　　　　　　10 000
　　　　贷：资产减值损失　　　　　　　　　10 000
同时：
　　借：银行存款　　　　　　　　　　10 000
　　　　贷：应收账款——B公司　　　　　　10 000

直接转销法的优点是会计处理比较简单。缺点是该方法不符合收入与费用（坏账损失）相配比原则，也不符合谨慎性原则。因为，产生于商业信用基础上的应收账款，从形成开始，就潜伏了发生坏账损失的可能，坏账损失的确认应与赊销业务的发生相联系。而直接转销法没有考虑这种内在联系。平时赊销产生时不确认坏账，从而导致日常核算的应收账款价值虚增、损益虚列。在资产负债表上，只能提供应收账款的账面余额，无法提供应收账款的净值，歪曲了企业期末的财务状况。因此，企业一般不采用直接转销法核算坏账。直接转销法主要适用于企业规模不大、坏账发生较少的企业。

（二）备抵法

备抵法是根据应收款项可收回金额按期估计坏账损失，形成坏账准备，在实际发生坏账时再冲销坏账准备的方法。

采用备抵法核算坏账，企业每期估计的坏账损失直接计入当期损益，体现了稳健性原则的要求，在资产负债表上能如实反映应收账款的净额，使报表使用者能够清楚地了解企业应收账款的可变现金额，同时，在利润表上也避免了因应收账款价值虚列而造成的利润虚增，避免了企业明盈实亏。因此我国企业会计准则规定企业应采用备抵法核算应收账款的坏账损失。

企业应设置"坏账准备"账户，核算企业应收账款可能发生的坏账损失，是应收账款的备抵调整账户，同时设置"资产减值损失"账户，核算企业发生的资产减值损失。在备抵法下，企业按期估计可能发生的坏账损失，借记"资产减值损失"账户，贷记"坏账准备"账户；待实际发生坏账损失时，借记"坏账准备"账户，贷记"应收账款"账户。如果已确认的坏账并转销的应收账款以后又收回时，借记"应收账款"账户，贷记"坏账准备"，同时借记"银行存款"账户，贷记"应收账款"。在资产负债表上，各应收款项应按应收账款余额减去坏账准备后的净额反映。

采用备抵法核算各项应收账款的坏账，应在每个会计期末采用一定的方法合理估计各会计期间坏账损失。按期估计坏账损失的方法主要有三种，即应收账款余额百分比法、账龄分析法和销货百分比法。

1. 应收账款余额百分比法

采用这种方法估计坏账损失是假设坏账的发生与应收账款的余额存在直接关系。如果应收账款余额越大，则估计的坏账损失金额也越大。采用该方法，应先估计一个坏账百分比，用会计期末应收账款余额乘以坏账百分比计算估计该期坏账损失，据此提取坏账准备。坏账百分比（也称坏账损失率）的估计，可以按照以往的资料计算确定，也可以按照规定的百分比确定。

采用应收账款余额百分比法估计坏账损失，每个会计期末，需要根据当期按应收账款余额估计的坏账损失和调整前"坏账准备"账户余额，确定每期实际计提的坏账准备金额。会计处理的具体做法：

（1）企业首期提取坏账准备时，按当期应收账款的余额和企业确定的坏账百分比计算当期应提取的坏账准备，即：当期应提取的坏账准备金额＝当期期末应收账款余额×坏账百分比（坏账损失率），借记"资产减值损失"账户，贷记"坏账准备"账户。

（2）企业第二期及以后各期提取坏账准备时，如果会计期末按当期应收账款余额估计的坏账损失与当期调整前"坏账准备"账户的余额有差异时，应对"坏账准备"账户的余额进行调整，使调整后的"坏账准备"账户的贷方余额与估计的坏账损失数额一致。每个会计期末，根据当期按应收账款余额估计的坏账损失和调整前"坏账准备"账户余额，对"坏账准备"账户的余额进行调整。具体调整有以下三种情况：

①如果当期调整前的"坏账准备"账户为借方余额时，该余额表明当期实际发生的坏账大于上期估计的坏账准备的差额，这时应按其之和补提坏账准备，即按当期估计的坏账损失加上调整前"坏账准备"账户的借方余额之和作为计提坏账准备的数额，借记"资产减值损失"账户，贷记"坏账准备"账户；

②如果当期调整前"坏账准备"账户为贷方余额，而且该贷方余额大于当期应提取的坏账准备数，这时应按其之差冲减多提的坏账准备，即按"坏账准备"账户的贷方余额减去当期估计的坏账损失数额的差额冲减坏账准备的数额，借记"坏账准备"账户，贷记"资产减值损失"账户；

③如果当期调整前"坏账准备"为贷方余额，而且该贷方余额小于当期应提取的坏账准备的数额，这时应按其之差计提坏账准备，即按当期估计的坏账准备减去"坏账准备"账户的贷方余额的差额作为计提坏账准备的数额，借记"资产减值损失"账户，贷记"坏账准备"账户。

以下举例说明按应收账款余额百分比法计提坏账准备的会计处理。

【例3-14】粤龙公司年末应收款项的余额为2 000 000元，提取坏账准备的比例为3‰；第二年发生了坏账损失8 000元，其中甲单位2 000元，乙单位6 000元，年末应收款项2 400 000元；第三年，已冲销的上年乙单位应收账款6 000元又收回，期末应收款项2 600 000元。编制会计分录如下：

第一年首期提取坏账准备时：

估计的坏账损失 = 2 000 000 × 3‰ = 6 000（元）

借：资产减值损失　　　　　　　　　　6 000

贷：坏账准备　　　　　　　　　　　　　6 000
第二年实际发生坏账 8 000 元时：
　　借：坏账准备　　　　　　　　　　　　　8 000
　　　贷：应收账款——甲单位　　　　　　　　　2 000
　　　　　——乙单位　　　　　　　　　　　　6 000
第二年年末，按应收账款的余额计算提取的坏账准备时：
第二年年末估计的坏账损失为 7 200 元（2 400 000×3‰），而调整前"坏账准备"账户为借方余额 2 000 元，这时应按 9 200 元（7 200+8 000-6 000）补提坏账准备：
　　借：资产减值损失　　　　　　　　　　　9 200
　　　贷：坏账准备　　　　　　　　　　　　　9 200
第三年，上年已冲销的乙单位账款 6 000 元收回入账：
　　借：应收账款——乙单位　　　　　　　　6 000
　　　贷：坏账准备　　　　　　　　　　　　　6000
　　借：银行存款　　　　　　　　　　　　　6 000
　　　贷：应收账款——乙单位　　　　　　　　6 000
第三年年末按应收账款的余额计算提取坏账准备时：
第三年年末估计的坏账损失为 7 800 元（2 600 000×3‰），而调整前"坏账准备"账户为贷方余额 13 200 元，这时应按 -5 400 元（7 800-7 200-6 000）冲减坏账准备：
　　借：坏账准备　　　　　　　　　　　　　5 400
　　　贷：资产减值损失　　　　　　　　　　　5 400
　　应收账款余额百分比法将期末所有应收账款的余额作为估计坏账损失的基础，这种方法的优点是简便易行，但不足之处是没有考虑不同应收账款产生坏账的风险的可能，对每一笔应收账款不论其是否超过信用期，企业信用情况如何，都按一个综合的比率计提坏账准备，与现实情况不符。

2. 账龄分析法

　　采用这种方法是根据客户所欠账款时间的长短，假设应收账款拖欠时间越长，发生坏账的可能性就越大。该方法是按照应收账款账龄的长短，根据以往经验确定坏账百分比来估计坏账损失的方法。
　　采用账龄分析法，各期估计的坏账损失应与账面上原有的坏账准备进行比较，并调整"坏账准备"账户的余额，调整后的"坏账准备"账户余额应与计提的坏账准备数额一致，其核算原理与应收账款余额百分比法的调整方法相同。以下举例说明。
　　【例 3-15】粤龙公司采用账龄分析法计提坏账准备，2018 年末应收账款账龄分析及估计坏账损失如表 3-1 所示。

表 3－1　应收账款账龄分析及估计坏账损失表
2018 年 12 月 31 日

应收账款账龄	应收账款金额（元）	估计损失（%）	估计损失金额（元）
未过期	200 000	1	2 000
过期 1 个月	160 000	3	4 800
过期 3 个月	100 000	5	5 000
过期 6 个月	80 000	10	8 000
过期 1 年	40 000	20	8 000
合　计	580 000		27 800

根据上述情况，对粤龙公司的坏账损失进行核算。

假设粤龙公司 2018 年末"坏账准备"账户调整前为贷方余额 5 000 元，2018 年末实际应计提的坏账准备数额 = 27 800 – 5 000 = 22 800（元）。作如下会计分录：

　　借：资产减值损失　　　　　　　　　　22 800
　　　　贷：坏账准备　　　　　　　　　　　　　22 800

假设粤龙公司 2018 年末"坏账准备"账户调整前为借方余额 2 000 元，2018 年末实际应计提的坏账准备数额 = 27 800 + 2 000 = 29 800（元）。作如下会计分录：

　　借：资产减值损失　　　　　　　　　　29 800
　　　　贷：坏账准备　　　　　　　　　　　　　29 800

账龄分析法同应收账款余额百分比法相比，其优点是将应收账款按照不同的账龄估计不同的坏账损失率，从而考虑了不同账龄应收账款收回的可能性，账龄越长，产生坏账的可能性越大。但是，它没有考虑同一账龄下应收账款可收回的风险因不同企业信用状况而不同。这点与应收账款余额百分比法相类似。

3. 销货百分比法

销货百分比法是以本期赊销总额的一定百分比估计坏账损失的一种方法。该方法将坏账损失的预计与赊销业务相联系。该方法认为坏账的产生与当期赊销有关而与现销无关。如果本期赊销金额越大，则估计的坏账损失也越多，即以赊销总额为基础估计坏账损失。

采用销货百分比法，在计算坏账损失时，如果以本期销货总额为依据估计坏账损失，则应根据现销比例计算确定估计的坏账比例，销货中现销比例越高，坏账损失率应越低；反之，现销比例越低，坏账损失率越高。现销比例可根据过去几年的经验及当前的现销情况综合判定。确定坏账损失率后，将其与本期赊销总额相乘，即可计算本期的坏账损失（即本期坏账损失 = 当期赊销总额 × 估计坏账损失率），并按该计算（估计）的坏账损失，计提当期的坏账准备。

采用销货百分比法，当会计期末估计的坏账损失与"坏账准备"账户的余额存在差异时，无需对"坏账准备"账户的余额进行调整，每期期末计算（估计）的坏账损失，就是当期计提的坏账准备数额。

【例3-16】 粤龙公司根据以往的经验和有关资料，估计坏账损失率为5%，假设该公司以前未计提坏账准备，该年末赊销总额为80 000元，第二年确认一笔坏账损失2 600元，第二年的赊销总额为60 000元，第三年已核销的坏账2 600元又收回，该年赊销总额为70 000元。作如下会计分录：

①第一年末应计提的坏账准备 = 80 000 × 5% = 4 000（元）

  借：资产减值损失   4 000
    贷：坏账准备   4 000

②第二年确认坏账损失时：

  借：坏账准备   2 600
    贷：应收账款   2 600

第二年末应计提的坏账准备 = 60 000 × 5% = 3 000（元）

  借：资产减值损失   3 000
    贷：坏账准备   3 000

③第三年收回被核销的坏账时：

  借：应收账款   2 600
    贷：坏账准备   2 600

同时：

  借：银行存款   2 600
    贷：应收账款   2 600

第三年末应计提的坏账准备 = 70 000 × 5% = 3 500（元）

  借：资产减值损失   3 500
    贷：坏账准备   3 500

销货百分比法强调收入与费用的配比原则，其优点：能够针对每一笔赊销金额计提坏账准备，充分考虑每一笔应收账款的不同风险，同时企业应于期末对已收回货款的赊销部分相应计提的坏账准备进行转销。但该方法没有考虑以前已经计提的坏账准备的金额，而是简单地累积每期应计提数，这样计提的坏账准备累积金额就会越来越大，当赊销的货款收回时，才相应地转销已计提的坏账准备。

以上三种方法都涉及计提坏账准备的比例问题，由于各个企业所处的具体环境不同，而且债务企业的信用状况难以估计，所以世界上绝大多数国家不规定计提坏账准备的比例，而是要求每个企业根据本企业以往的经验、资料、债务企业的财务状况和现金流量情况来确定本企业坏账准备的计提比例。所以坏账准备比例可能随着企业生产经营情况的不断变化而变化，需要经常对其进行检查，防止过高或过低。

思考与练习

一、思考题

1. 什么是应收账款？它是怎样产生的？
2. 什么是商业折扣？什么是现金折扣？它们对应收账款的入账价值有什么影响？

3. 什么是坏账损失？如何确认坏账损失？

4. 坏账损失提取的方法有哪些？坏账损失在会计上是如何进行账务处理的？

5. 什么是应收票据？什么是应收票据贴现？为什么说带追索权的应收票据贴现是一种或有负债？

6. 什么是备用金？按其管理方式不同可分为哪两种？在核算上这两种方法有何不同？

7. 采用应收账款余额百分比法与销售百分比法计提坏账准备有何不同？你认为哪种方法更合适？

8. 什么是其他应收款？它主要包括哪些内容？

二、练习题

1. 甲公司对外单位销售商品，采用销售折扣与折让方式。5月份发生下列经济业务：

（1）2日，赊销商品给乙公司，货款250 000元，增值税40 000元，现金折扣条件为"2/10，1/20，n/30"。

（2）4日，销售商品给丙公司，货款300 000元，增值税48 000元，代垫运杂费800元，商业折扣为5%。货款及税款当即收到，存入银行。

（3）8日，赊销商品给丁公司，货款100 000元，增值税16 000元，现金折扣条件为"2/10，1/20，n/30"。

（4）10日，销售商品给M公司，货款200 000元，增值税32 000元，以转账支票垫付运杂费600元，向银行办妥托收手续。

（5）14日，赊销商品给N公司，货款150 000元，增值税24 000元，现金折扣条件为"2/10，1/20，n/30"。

（6）23日，收到赊销给N公司的商品货款及税款。

（7）26日，M公司因商品质量不符合规定的要求而拒绝付款，经联系协商后，决定给予10%的折让。今收到M公司汇来扣除折扣后的全部款项。

（8）27日，收到赊销给丁公司的商品货款及税款。

（9）31日，收到赊销给乙公司的商品货款及税款。

要求：根据上述经济业务，采用总价法编制会计分录。

2. A公司发生下列经济业务：

（1）2017年末第一次提取坏账准备，该年末应收账款余额为800 000元，该公司规定对坏账损失采用备抵法，假定坏账准备的计提比例为5‰。

（2）2018年，甲公司发生坏账损失25 000元，该年末应收账款余额为1 200 000元。

（3）2019年，上年确认的坏账损失中有15 000元又收回，本年度应收账款期末余额为900 000元。

要求：根据上述经济业务，编制2017年、2018年、2019年有关的会计分录。

3. B公司2019年4月1日销售商品一批给M公司，商品已发出，货款及税款共计93 600元。假定本月发生下列经济业务：

（1）M公司签发一张面值93 600元，期限3个月的不带息银行承兑汇票给B公司。

(2) M公司签发一张面值93 600元，期限6个月，票面利率为8%的带息商业承兑汇票给B公司。

(3) B公司将银行承兑汇票持有1个月后，向银行申请贴现，贴现率为8%。

(4) B公司将商业承兑汇票持有4个月后，向银行申请贴现，贴现率为10%。

要求：完成B公司以下情况的会计处理。（假设上述带息票据每月末均未计提利息）

(1) 根据上述资料（1）、(2) 为B公司编制票据签发日、到期日收到款项及票据到期日M公司无款支付的会计分录。

(2) 根据上述资料（3）、(4) 为B公司编制票据贴现时、票据到期兑付时、票据到期M公司无款支付时的会计分录。

第四章 存货

学习内容与目的

本章主要学习存货的概念、特点、内容、范围，以及各种存货的会计核算。通过学习，旨在了解存货的含义、分类、范围；理解各种存货的确认与计量方法，掌握原材料、在产品、产成品、库存商品、周转材料等存货的会计处理。

第一节 存货的确认

一、存货及其特点

存货是指企业在日常活动中持有以备出售的产成品或商品、处在生产过程中的在产品、在生产过程或提供劳务过程中耗用的材料和物料等。主要包括各类原材料、在产品、半成品、产成品、库存商品、包装物及低值易耗品等。

存货与固定资产等非流动资产相比，具有以下特点：

（1）存货属于流动资产。存货通常在一年或超过一年的一个营业周期内被消耗或经出售转换为现金、银行存款或应收账款，具有明显的流动性，属于流动资产，在大多数企业中，存货在流动资产中占有很大比重，是流动资产的重要组成部分。

（2）存货属于有形资产，具有实物形态。存货这一特点使其与企业的许多其他资产相区别，如无形资产、应收账款、应收票据等。

（3）企业持有存货的最终目的是为了出售。例如可供直接出售的产成品、库存商品，或是经过进一步加工后出售的原材料。存货这一特点使其与企业储存的用于工程建造的各种工程物资相区别。

（4）存货具有时效性和发生潜在损失的可能性。在企业正常生产经营活动中，存货处于不断周转中，能够有规律地转换为货币资金或应收账款，但是长期闲置不能耗用或销售的存货就有可能变为积压物资，存货会因时间因素或市场产生变化发生贬值，给企业带来损失。

二、存货的确认

企业某个项目要确认为存货，首先要符合存货的定义，同时还应满足以下两个条件：一是与该存货有关的经济利益很可能流入企业；二是该存货的成本能够可靠地计量。作为企业资产必须满足这两个条件，存货是企业资产的重要组成部分，因此也必须满足这两个条件。

是否属于企业存货应以是否拥有法定所有权作为判断标准，而不是以其存放地点加以判断。也就是说，在盘存日，法定所有权归属于企业的一切存货，不论其存放在哪里，都应确认为企业的存货。

具体确认企业存货时，还应特别注意以下几点：

（1）凡是销售企业已经按照销售合同等规定确认为销售，并已开出销售发票，存货的所有权及相应控制权都已经转移给购货方，即使暂时存放在本企业仓库，也不能作为本企业的存货，而应作为购货方的存货，如已开票售出的待运商品；

（2）凡是未转移所有权以及相应控制权的发出存货，即使未存放于本企业，也应作为本企业的存货，如委托其他单位代销的存货、未出售的外出展销存货；

（3）凡是所有权以及相应控制权已经归属于本企业的购入存货，即使未存放于本企业，也应作为本企业的存货，如已经购入而尚未收到的正在运输途中的存货；

（4）凡是所有权不属于本企业以及相应控制权未转移到本企业的存货，即使存放于本企业仓库，也不能作为本企业的存货，如受托代销的存货、受托加工的存货等。

三、存货的分类

存货的构成内容繁多，不同存货的具体特点和管理要求各不相同。为了有效地组织各项存货的会计核算，应对存货进行科学分类。从会计处理角度看，存货可以有以下三种分类：

（一）按经济内容分类

（1）原材料。指企业在生产过程中用于生产产品并构成产品实体的原料及主要材料、辅助材料外购半成品（外购件）、修理用备件（备品备件）、包装材料、燃料等。

（2）在产品。指企业正在加工尚未完成的生产物品。包括正在各个工序加工的在制品、已经加工完毕尚未检验或已检验但尚未办理入库手续的产品。

（3）半成品。指经过一定生产过程并已检验合格交付半成品仓库保管，但尚未制造完工成为产成品，还需进一步加工的中间产品。这部分中间产品能够单独计价，对

于从一个生产车间转移到另一生产车间继续加工生产的自制半成品,以及不能单独计价的自制半成品,都属于在产品,不作为半成品对待。

(4) 产成品。指已经全部完成生产过程并已验收入库,可以按照合同规定的条件送交订货单位,或者可以作为商品对外销售的产品。既包括存放在成品仓库的产品,也包括存放在企业所属门市部备售的产品,交展览会展出的产品,还包括企业接受外单位来料加工制造的代制品。

(5) 库存商品。指商品流通企业的商品,包括外购或委托加工完成验收入库用于销售的各种商品。

(6) 周转材料。是指能够多次使用但不符合固定资产条件的各种用品,主要包括包装物、低值易耗品以及建筑承包商的钢模板、木模板、脚手架等周转材料。

(二) 按经济用途分类

(1) 在生产过程中储存的以备出售的存货,指企业在日常生产经营过程中已经完工并处于待销售状态的各种物品,如工业企业的产成品、商品流通企业的库存商品等。

(2) 为最终出售尚处于生产过程中的存货,如工业企业的在产品和自制半成品等。

(3) 为生产可供销售的商品或提供劳务而储备的可供消耗的存货,如原材料、燃料、包装物、低值易耗品等。

(三) 按存货的存放地点分类

(1) 库存存货。指已经运到企业,并已验收入库的各种原材料、商品以及验收入库的自制半成品和产成品等。

(2) 加工中存货。指企业已经委托外单位加工,尚未加工完成的各种存货。

(3) 在途存货。指企业已经购入但尚未验收入库的各种存货。

(4) 委托代销商品。指企业(委托方)将商品交付给其他企业或个人(受托方)代为销售的存货。

此外,按照存货来源分类,还可以分为外购存货、自制存货、委托外单位加工存货、接受投资人投入存货、接受捐赠存货、债务重组收到存货、非货币性交换收到存货等。

第二节 存货取得和发出的计量

一、存货取得的计量

存货取得的计量(即初始计量),是指企业取得存货的入账价值确定。企业在持续经营的前提下,存货入账价值的基础也是初始计量的基础,是历史成本或者说实际成本。即存货应当按照取得时的实际成本进行初始计量。

企业存货的取得,主要是外购存货和自制存货两个途径。从理论上讲,企业无论从哪种途径取得存货，凡是与取得存货有关的支出，均应计入存货的历史成本或实际成本中。《企业会计准则第1号——存货》规定："存货成本包括采购成本、加工成本和其他成本"。由于企业存货来源不同，确定其入账价值的方法也不相同。现分别说明不同来源取得存货的成本构成。

（一）外购存货

企业外购存货主要包括外购原材料和外购商品。外购存货的成本即存货的采购成本，是指存货从采购到验收入库前所发生的全部支出。包括购买价款、相关税费，以及其他可以归属于存货采购成本的费用。

（1）存货的购买价款，是指企业购入材料或商品的发票账单上列明的价款，但不包括按规定可以抵扣的增值税额。

（2）存货的相关税费，指企业购买、自制或委托加工存货所发生的税金（如消费税、资源税、进口关税和不能抵扣增值税的进项税额等）和相关费用（如运输费、装卸费、保险费）。

（3）其他可以归属于存货成本的费用，即采购成本中除上述以外的可归属于存货成本的费用，如在存货采购过程中发生的仓储费、包装费、运输途中的合理损耗、入库前的整理挑选费用等。这些费用能分清负担对象的，应直接计入存货采购成本；不能分清负担对象的，应选择合理的分配方法，分配计入有关存货采购成本。

对于采购过程中发生的物资短缺、毁损等，除运输途中的合理损耗可计入存货采购成本外，应当区别不同情况进行会计处理：

（1）从供货单位、外部运输单位等收回的物资短缺或其他赔款，冲减物资的采购成本。

（2）因遭受意外灾害发生的损失和尚待查明原因的途中损耗，不得增加物资的采购成本，暂作为待处理财产损溢进行核算，待查明原因后再作处理。

【例4-1】粤龙公司为增值税一般纳税人，2018年3月购入甲材料2 000千克，每千克20元，增值税专用发票上注明的买价为40 000元，增值税额为6 800元。该批材料在运输途中发生合理损耗1%，实际入库1 980千克，在入库前发生挑选费用500元。计算该批材料的实际总成本。

入库甲材料实际总成本 = 40 000 + 500 = 40 500（元）

商品流通企业在采购商品过程中发生的运输费、装卸费、保险费以及其他可归属于存货采购成本的费用，应当计入所购商品的成本。在实务中，企业也可以将这些费用先进行归集，期末根据所购商品的存销情况进行分摊：对已销商品的进货费用，计入当期主营业务成本；对于未销商品的进货费用计入期末存货成本。如果采购商品的进货费用金额较小的，可以在发生时直接计入当期损益，即销售费用。

（二）加工存货

企业通过进一步加工取得的存货主要包括产成品、半成品、委托加工物资等。存货的成本是由采购成本、加工成本以及为使存货达到目前场所和状态所发生的其他成本构成。

1. 自行生产加工的存货

自行生产加工的存货，包括企业自己生产加工的原材料、产成品、半成品，其初始成本包括生产加工时发生的直接材料费用、直接人工费用和应承担的制造费用。

2. 委托外单位加工的存货

委托加工存货，包括委托外单位生产加工的原材料、商品、半成品，其成本包括委托加工时实际耗用的原材料或半成品、加工费、往返运输费、装卸费等费用以及按规定应计入加工存货成本的税金。

（三）其他方式取得的存货

通过其他方式取得存货主要包括投资者投入、通过非货币性交易换入、债务重组、盘盈、企业合并等方式取得的存货。其成本的确定方法如下：

1. 投资者投入存货

投资者投入存货应当按照投资合同或协议约定的价值确定入账价值，但合同或协议约定的价值不公允的除外。在投资合同或协议约定的价值不公允的情况下，应当按照存货的公允价值作为其入账价值。

2. 非货币性交易换入存货、债务重组等方式取得存货

通过非货币性交易换入存货、债务重组等方式取得存货的成本，分别在"非货币性资产交换""债务重组"等章节论述。本节不叙及。

3. 企业盘盈的存货

盘盈的存货应按其重置成本作为入账价值，并通过"待处理财产损溢"账户进行会计处理，按照管理权限报经批准后，冲减当期管理费用。

4. 企业合并取得的存货

企业合并取得的存货，应区分以下两种情况分别确定其成本：

（1）同一控制下企业合并取得的存货，应当按照合并日被合并方该存货的账面价值计量。

（2）非同一控制下企业合并取得的存货，应当按照能够可靠计量的存货公允价值确认。

（四）不应计入存货成本的相关费用

在确定存货成本中，需要注意的是，下列费用不应包括在存货成本中，而应当在发生时直接计入当期损益：

（1）非正常损耗费用。该部分费用是指加工存货时发生的非正常损耗的直接材料、直接人工及制造费用，如自然灾害发生的直接材料、直接人工、制造费用损失及企业超过定额的废品损失等，不得计入存货成本，而应计入当期损益。

（2）仓储费用。仓储费用是企业在采购入库后发生的存储费用，应当计入当期损益。但是在生产过程中为达到下一生产阶段所必需的仓储费用，例如酒类生产企业为使生产的酒达到规定的产品质量，而必须发生的仓储费用，就应计入产品成本，不得计入当期损益。

（3）不能归属于使存货达到目前场所和状态的其他支出。由于这些支出不符合存

货的定义和确认条件,应当在发生时计入当期损益,不得计入存货成本。

二、存货发出的计量

在日常生产经营活动中,企业生产产品领用材料、销售产成品或商品,都需要确定发出存货的成本。企业应当根据各类存货的实物流转方式、存货的性质、企业管理的要求等实际情况,合理地选择发出存货成本的计算方法,以便合理确定当期发出存货的实际成本。

(一) 存货成本流转假设

存货流转包括存货的实物流转和存货的成本流转两个方面。在理论上,存货的成本流转与实物流转应当一致,但在实际工作中两者往往并不一致。这是由于企业的存货进出量很大,存货品种繁多,存货的单位成本多变,很难保证各种存货的成本流转和实物流转相一致。因此在确定存货发出成本时,应对存货的成本流转做出某种合理的假设,采用一定的方法将存货的成本在期末存货和发出存货之间进行分配,这就是所谓的成本流转假设。

采用某种成本流转假设,在期末存货和发出存货之间分配成本,就产生了不同的确定发出存货的方法,即发出存货的计价方法。

(二) 存货发出的计价方法

《企业会计准则第1号——存货》规定,企业可以采用个别计价法、先进先出法、加权平均法、移动加权平均法等四种方法确定当期发出存货和期末库存存货的成本。

1. 个别计价法

个别计价法,又称个别认定法、具体辨认法或分批认定法。采用这种方法是假设存货的成本与实物流转顺序相一致,按照各种存货,逐一辨别各批发出存货和期末存货所属的购进批别或生产批别,分别按其购入或生产时所确定的单位成本作为计算各批发出存货和期末存货成本的方法。例如,某商品购进成本,第一批200件,单价10元;第二批100件,单价12元;第三批120件,单价13元。本期销售情况:第一批销售150件,第二批销售80件,第三批销售90件,按个别计价法计算已销商品的成本为:$150 \times 10 + 80 \times 12 + 90 \times 13 = 3\,630$(元)。销售后期末结存商品的成本为:$50 \times 10 + 20 \times 12 + 30 \times 13 = 1\,130$(元)。

个别计价法的优点是可以使实物流转和成本流转顺序相一致,按该方法计算发出存货和期末结存存货的成本比较合理、准确。但该方法缺点是需要对发出存货和结存存货的批次进行具体辨认,也就是要对每一批存货进行详细登记,工作量大往往容易导致任意选择批次,以此调节利润。

个别计价法一般适用于品种和数量较少,单位价值较高,且不能代替使用及为特定项目专门购入或制造的存货。如珠宝、工艺品、名画、轮船等。在实际工作中,越来越多的企业采用计算机信息系统处理经济业务,个别计价法可以广泛应用于发出存货的计价,因为个别计价法计算确定的存货成本最为准确。

2. 先进先出法

先进先出法是假设先购进的存货先发出，按照这一成本流转顺序，对发出存货和期末结存存货进行计价的一种方法。

【例4-2】粤龙公司2018年4月甲材料收入、发出及期末结余情况如表4-1所示。

根据表4-1资料，采用先进先出法计算本月发出材料和期末结存材料的成本如表4-2所示。

表4-1 甲材料明细账

2018年		凭证字号	摘要	收入			发出			结存		
月	日			数量	单价	金额	数量	单价	金额	数量	单价	金额
4	1		期初结存							500	20	10 000
	5		购 入	400	21	8 400				900		
	8	略	发 出				400			500		
	12		购 入	200	22	4 400				700		
	19		发 出				500			200		
	23		购 入	300	24	7 200				500		
	26		发 出				400			100		
	30		本月合计	900		20 000	1300			100		

表4-2 甲材料明细账（先进先出法）

2018年		凭证字号	摘要	收入			发出			结存		
月	日			数量	单价	金额	数量	单价	金额	数量	单价	金额
4	1		期初结存							500	20	10 000
	5		购 入	400	21	8 400				500	20	10 000
										400	21	8 400
	8	略	发 出				400	20	8000	100	20	2 000
										400	21	8 400
	12		购 入	200	22	4 400				100	20	2 000
										400	21	8 400
										200	22	4 400
	19		发 出				100	20	2 000			
							400	21	6 300	200	22	4 400
	23		购 入	300	24	7 200				200	22	4 400
										300	24	7 200

续上表

2018年		凭证字号	摘要	收入			发出			结存		
月	日			数量	单价	金额	数量	单价	金额	数量	单价	金额
	26		发出				200	22	4 400			
							200	24	4 800	100	24	2 400
	30		本月合计							100	24	2 400

先进先出法的优点是能够随时计算每次发出存货的成本和结存存货的价值，存货成本是按最近购进存货确定的，期末存货成本比较接近现行的市场价值，这样企业不能随意挑选存货计价以调整当期利润。其缺点是工作量大，比较繁琐，特别是对于存货进出频繁的企业。而且当物价持续上涨时，会高估企业当期利润和相对虚增企业存货价值；反之，物价下跌时，则与上述情况相反。

该方法一般适用于企业收发次数不多，且存货价格稳定的存货。

3. 加权平均法

加权平均法也称全月一次加权平均法，指以月初库存存货的成本加上本月购进存货成本，除以月初存货数量加上本月购进存货数量，计算加权平均单位成本，并据以计算存货的发出成本和期末结存存货成本的一种方法。计算公式如下：

加权平均单位成本 = $\dfrac{期初库存存货实际成本 + 本月各批购进存货成本}{期初库存存货数量 + 本月各批购进存货数量}$

本月发出存货成本 = 本月发出存货数量 × 存货加权平均单位成本

期末结存存货成本 = 期末结存存货数量 × 存货加权平均单位成本

或 = 期初结存存货成本 + 本期购进存货成本 − 本期发出存货成本

【例4-3】仍以【例4-1】资料为例，采用全月一次加权平均法计算如下：

加权平均单位成本 = $\dfrac{10\,000 + 8\,400 + 4\,400 + 7\,200}{500 + 400 + 200 + 300}$ = 21.43（元）

本期发出存货成本 = (400 + 500 + 400) × 21.43 = 27 859（元）

期末结存存货成本 = 10 000 + 20 000 − 27 859 = 2 141（元）

采用加权平均法计算本月发出材料和期末结存材料的成本如表4-3所示。

表4-3 甲材料明细账（加权平均法）

2018年		凭证字号	摘要	收入			发出			结存		
月	日			数量	单价	金额	数量	单价	金额	数量	单价	金额
4	1		期初结存							500	20	10 000
	5		购入	400	21	8 400				900		
	8	略	发出				400			500		
	12		购入	200	22	4 400				700		
	19		发出				500			200		

续上表

2018年		凭证字号	摘要	收入			发出			结存		
月	日			数量	单价	金额	数量	单价	金额	数量	单价	金额
	23		购入	300	24	7 200				500		
	26		发出				400			100		
	30		本月合计	900		20 000	1 300	21.43	27 859	100	21.43	2 141*

* 该数字是倒挤计算的，即 10 000 + 20 000 - 27 859 = 2 141。

月末一次加权平均法的优点是计算方法简单，发出单价只在月末计算一次，而且在商场价格上涨或下跌时所计算出来的单位成本比较平均，对存货成本的分摊比较折中；缺点是平时不计算存货的单位成本，无法随时掌握存货的发出成本和结存成本，不利于存货的日常管理和控制。因此，这种方法一般适用于定期盘存制下的存货核算。

4. 移动加权平均法

移动加权平均法是指以原有结存存货成本加上本次购货的成本，除以原有结存存货的数量加上本次购货数量，计算移动加权平均单位成本，以此计算发出存货成本和结存存货的成本的一种方法。计算公式如下：

$$移动加权平均单位成本 = \frac{原有库存存货实际成本 + 本次购进存货成本}{原有库存存货数量 + 本次购进存货数量}$$

本次发出存货成本 = 本次发出存货数量 × 移动加权平均单位成本

本次结存存货成本 = 本次结存存货数量 × 移动加权平均单位成本

【例4-4】仍以【例4-1】资料为例，采用移动加权平均法计算如表4-4所示。

4月5日购进存货的加权平均单位成本 = $\frac{10\ 000 + 8\ 400}{500 + 400}$ = 20.44（元）

4月8日发出存货成本 = 400 × 20.44 = 8 176（元）

4月8日结存存货的成本 = 18 400 - 8 176 = 10 224（元）

4月12日购进存货的加权平均单位成本 = $\frac{10\ 224 + 4\ 400}{500 + 200}$ = 20.89（元）

4月19日发出存货成本 = 500 × 20.89 = 10 445（元）

4月19日结存存货的成本 = 10 224 + 4 400 - 10 445 = 4 179（元）

4月23日购进存货的加权平均单位成本 = $\frac{4\ 179 + 7\ 200}{200 + 300}$ = 22.76（元）

4月26日发出存货成本 = 400 × 22.76 = 9 104（元）

4月26日结存存货的成本 = 4 179 + 7 200 - 9 104 = 2 275（元）

表4-4 甲材料明细账（加权平均法）

2018年		凭证字号	摘要	收入			发出			结存		
月	日			数量	单价	金额	数量	单价	金额	数量	单价	金额
4	1		期初结存							500	20	10 000

续上表

2018年		凭证		摘要	收入			发出			结存		
月	日	字	号		数量	单价	金额	数量	单价	金额	数量	单价	金额
	5			购入	400	21	8 400				900	20.44	18 400
	8	略		发出				400	20.44	8 176	500	20.44	10 224
	12			购入	200	22	4 400				700	20.89	14 624
	19			发出				500	20.89	10 445	200	20.89	4 179
	23			购入	300	24	7 200				500	22.76	11 379
	26			发出				400	22.76	9 104	100	22.76	2 275
	30			本月合计	900		20 000	1 300		27 725	100	22.76	2 275 *

上表中 * 倒挤计算出来的，即 10 000 + 20 000 − 27 725 = 2 275。

移动加权平均法的优点在于能使管理当局及时了解存货的发出与结余存货的成本，有助于存货的日常核算和控制，计算的平均单位成本及发出存货和结存存货的成本比较客观；缺点是计算繁琐，每次购货都要计算一次平均单位成本。因此，该方法适用于存货收发不频繁的企业采用。

第三节 原材料

原材料是指企业库存的各种材料，包括库存的原料及主要材料、外购半成品、修理用备件、包装材料、燃料等。根据企业会计准则的规定，原材料日常收发的核算，可以按照实际成本计价核算，也可以按计划成本计价核算。具体选择哪种方法，应由企业根据规模大小、材料品种多少、材料收发业务的繁简等情况自行确定。一旦确定了计价核算方法，不得随意变更。

一、原材料按实际成本计价的会计处理

原材料按实际成本计价核算时，材料收发的会计凭证、材料总分类账户和明细分类账户均采用实际成本计价。

（一）账户的设置

在实际成本法下，企业应设置"原材料"和"在途物资"账户。

1. "原材料"账户

该账户核算企业库存的各种材料，包括库存的原料及主要材料、辅助材料、外购半成品、修理用备件、包装材料、燃料等的实际成本。该账户是资产类账户。借方登记已验收入库材料的实际成本，贷方登记发出材料的成本，余额在借方，表示期末结

存材料的实际成本。该账户应按材料品种、类别和规格等进行明细核算。

2. "在途物资"账户

企业采用实际成本进行材料、库存商品等外购存货的日常核算时，应设置"在途物资"账户，或根据企业性质分别设置"在途材料"账户（工业企业）和"在途商品"账户（流通企业）。该账户也是资产类账户，是用来核算企业已付货款但尚未到达或尚未验收入库的在途材料、商品等物资的实际采购成本。借方登记货款已付但尚未验收入库物资的实际成本，贷方登记验收入库物资的实际成本，余额在借方，表示期末在途物资的实际成本。该账户应按供应单位和物资品种、类别等进行明细核算。

（二）原材料收入

原材料按其来源不同可分为外购原材料、自制原材料和委托加工材料等。由于企业材料来源不同，会计核算也不相同。

1. 外购原材料

企业外购原材料的采购成本，应包括购买价款、相关税费、运输费、装卸费、保险费、运输途中的合理损耗、入库前的整理挑选费用以及企业可以归属于采购成本的费用。

企业购入原材料时，由于结算方式和采购地点的不同，材料入库和支付货款的时间不一定一致，因而，会计处理也有所不同。

（1）结算凭证到达，同时材料验收入库

对于发票账单与原材料同时到达的采购业务，企业在支付货款或开出、承兑商业汇票，材料验收入库后，应根据增值税专用发票上注明的不含税价款，借记"原材料"账户，根据增值税专用发票上注明的增值税额，借记"应交税费——应交增值税——进项税额"账户，根据银行付款通知或其他有关凭证，贷记"银行存款""应付票据""应付账款"等账户。

【例4-5】粤龙公司经税务机关核定为一般纳税人，某日从本地 B 工厂购进甲材料一批，增值税专用发票上列明的材料价款是 30 000 元，增值税额 4 800 元，价税款合计 34 800 元，发票等结算凭证已到，价税款已通过银行存款支付，材料已经验收入库。粤龙公司作如下账务处理：

借：原材料——甲材料　　　　　　　　　　　　30 000
　　应交税费——应交增值税（进项税额）　　　4 800
　贷：银行存款　　　　　　　　　　　　　　　34 800

如果上例采用的是商业汇票结算方式，在签发商业汇票时应作如下会计分录：

借：原材料——甲材料　　　　　　　　　　　　30 000
　　应交税费——应交增值税（进项税额）　　　4 800
　贷：应付票据　　　　　　　　　　　　　　　34 800

【例4-6】粤龙公司为增值税一般纳税人，从外地 C 工厂购进乙材料一批，增值税专用发票上注明的材料价款是 40 000 元，增值税额是 6 400 元，价税款合计 46 400 元尚未支付，用银行存款支付材料运费 500 元（按规定可抵扣的进项增值税率10%）、装卸费 200 元。材料已经运达并已验收入库。粤龙公司作如下账务处理：

乙材料采购成本 = 40 000 + (500 - 500 × 10%) + 200 = 40 650（元）

　　借：原材料——乙材料　　　　　　　　　40 650
　　　　应交税费——应交增值税（进项税额）　6 450
　　　　贷：应付账款　　　　　　　　　　　　　　46 400
　　　　　　银行存款　　　　　　　　　　　　　　　　700

(2) 结算凭证到达，但材料尚未验收入库。

对于已经付款或已开出承兑的商业汇票，但材料尚未到达或尚未验收入库的采购材料，应根据增值税发票上注明的不含税价款，借记"在途物资"账户，根据增值税专用发票上注明的增值税额，借记"应交税费——应交增值税——进项税额"账户，根据银行付款通知或其他有关凭证，贷记"银行存款""应付票据"等账户；待材料到达、验收入库后再根据收料单，借记"原材料"账户，贷记"在途物资"账户。

【例4-7】假设【例4-6】中的乙材料尚未到达企业，其他资料不变。则粤龙公司的账务处理如下：

乙材料的采购成本 = 40 000 + (500 - 500 × 10%) + 200 = 40 650（元）

　　借：在途物资——乙材料　　　　　　　　40 650
　　　　应交税费——应交增值税（进项税额）　6 450
　　　　贷：应付账款　　　　　　　　　　　　　　46 400
　　　　　　银行存款　　　　　　　　　　　　　　　　700

如果上例采用的是商业汇票结算方式，在签发承兑商业汇票时应作如下会计分录：

　　借：在途物资——乙材料　　　　　　　　40 650
　　　　应交税费——应交增值税（进项税额）　6 450
　　　　贷：应付票据　　　　　　　　　　　　　　46 400
　　　　　　银行存款　　　　　　　　　　　　　　　　700

(3) 材料已到并已验收入库，但结算凭证未到。

对于材料已经到达企业，但发票账单等结算凭证未到，货款尚未支付的采购业务，分别两种不同情况进行处理：

①平时暂不做账务处理。由于结算凭证未到，企业无法准确计算材料的实际采购成本，所以暂不入账，即不登记材料总分类账。但应将有关材料入库单单独保管，待结算凭证到达后，根据结算凭证计算材料实际采购成本进行账务处理。

【例4-8】假设【例4-5】中，粤龙公司从外地D工厂购入丙材料，已于4月26日收到并已验收入库。4月29日收到有关结算凭证，增值税专用发票注明的价款是30 000元，增值税额是4 800元，另外供应商代垫运杂费800元，验单后以银行存款支付全部款项。粤龙公司作如下账务处理：

4月26日收到材料时暂不入账。

4月29日收到结算凭证后进行账务处理如下：

材料采购成本 = 30 000 + 800 = 30 800（元）

　　借：原材料——丙材料　　　　　　　　　30 800
　　　　应交税费——应交增值税（进项税额）　4 800

贷：银行存款　　　　　　　　　　　　　　　　　35 600

②月末，对于材料已到达企业，但尚未接到有关结算凭证时，企业按材料的暂估价值进行账务处理。

【例4-9】以【例4-8】为例，假设到月末结算凭证仍未收到，其他资料不变，粤龙公司暂估材料价款是25 000元。粤龙公司作如下账务处理：

月末按暂估价入账：
　　借：原材料——丙材料　　　　　　　　　　　　　25 000
　　　　贷：应付账款——暂估应付款　　　　　　　　25 000
下月初用红字冲回：
　　借：原材料——丙材料　　　　　　　　　　　　　25 000
　　　　贷：应付账款——暂估应付款　　　　　　　　25 000

待下月收到有关结算凭证时，根据有关收料单和付款凭证进行料单同时到达的账务处理。处理方法见【例4-8】。

（4）预付货款。

采用预付货款的方式采购材料，企业按合同规定预付货款时，应按照实际预付的金额，借记"预付账款"账户，贷记"银行存款"账户，已经预付货款的材料验收入库时，根据增值税专用发票上列明的材料价款，借记"原材料"账户和"应交税费——应交增值税（进项税额）"账户，贷记"预付账款"账户。预付货款不足时，补付不足货款时，借记"预付账款"账户，贷记"银行存款"账户。对于多付的货款供货商应退回，在收到退回多余货款时，借记"银行存款"账户，贷记"预付账款"账户。

【例4-10】以【例4-8】为例，粤龙公司向外地D工厂购入丙材料，按合同规定，粤龙公司向外地D工厂预付货款10 000元，D工厂向粤龙公司发货，增值税专用发票列明的丙材料价款是30 000元，增值税额4 800元，另外供应商代垫运杂费800元，验单后以银行存款补付少付的款项。粤龙公司作如下账务处理：

①预付货款时：
　　借：预付账款——D工厂　　　　　　　　　　　　10 000
　　　　贷：银行存款　　　　　　　　　　　　　　　10 000
②收到D工厂发来的材料及增值税专用发票时：
　　借：原材料——丙材料　　　　　　　　　　　　　30 800
　　　　应交税费——应交增值税（进项税额）　　　　 4 800
　　　　贷：预付账款　　　　　　　　　　　　　　　35 600
③补付少付的金额时：
　　借：预付账户——D工厂　　　　　　　　　　　　25 600
　　　　贷：银行存款　　　　　　　　　　　　　　　25 600

如果企业多付货款，则做如上相反的会计分录。

（5）购料发生短缺。

企业购进材料发生短缺时，应在收到货物时按实际收到的材料数量入账，其短缺部分通过"待处理财产损溢"账户核算，待查明原因后，记入相关的账户中。

材料短缺发生的原因不同，其账务处理也不相同，主要有：

①材料短缺是由于运输途中合理损耗造成的，应计入材料采购成本中，不必单独进行账务处理，只是提高了入库材料的单位成本。

②材料短缺是由于供应单位少发货物造成的，原来已计入"应付账款"账户，应冲减"应付账款"账户；如果已过承付期货款已付，要求供应方退款。

③材料短缺是由于运输单位造成的，应计入"其他应收款"账户，应向运输单位收回。

④材料短缺是由于非常损失造成的，应计入"营业外支出"账户。

【例4-11】粤龙公司6月28日从外地E公司购进丁材料200千克，每千克100元，增值税率为16%，材料运费200元（其中按规定准予抵扣的进项税额为20元），保险费为100元，货款及运杂费已经支付。7月2日材料运到，并已验收入库。入库的合格品数量为196千克，短缺4千克，其中2千克为运输途中定额损耗，另2千克原因待查。粤龙公司作如下账务处理：

购进丁材料的实际成本 = 20 000 + (200 - 20) + 100 = 20 280（元）

购进丁材料的进项税额 = 20 000 × 16% + 20 = 3 220（元）

① 6月28日支付材料价款及运杂费时：

借：在途物资——丁材料　　　　　　　　　　20 280
　　应交税费——应交增值税（进项税额）　　 3 220
　　贷：银行存款　　　　　　　　　　　　　　　　23 500

② 7月2日丁材料验收入库时：

入库丁材料单位成本 = 20 280 ÷ 200 = 101.4（元/kg）

入库丁材料单位进项税额 = 3 220 ÷ 200 = 16.1（元/kg）

入库丁材料的实际成本 = (196 + 2) × 101.4 = 20 077.2（元）

短缺丁材料的实际成本 = 2 × 101.4 = 202.8（元）

借：原材料——丁材料　　　　　　　　　　　　20 077.2
　　待处理财产损溢——待处理流动资产损溢　　 202.8
　　贷：在途物资——丁材料　　　　　　　　　　　20 280

③ 经查明另2千克丁材料，其中1千克是由运输单位责任造成的，应由运输单位赔偿，另1千克是非常损失造成的。

借：其他应收款——运输单位　　　　　　　　　101.4
　　营业外支出——非常损失　　　　　　　　　　101.4
　　贷：待处理财产损溢——待处理流动资产损溢　 202.8

2. 自制原材料

企业自制原材料的成本，按材料制造过程中的各项实际支出计价，包括实际耗用的直接材料费用、直接人工费用和制造费用等成本入账。

【例4-12】粤龙公司辅助生产车间自制一批乙材料，该材料在自制过程中发生的材料费用为1 500元，人工费用800元，制造费用500元，该材料已完工并验收入库。粤龙公司作如下账务处理：

① 辅助生产车间自制材料时：

借：生产成本——辅助生产成本　　　　　　2 800
　　贷：原材料　　　　　　　　　　　　　　　　1 500
　　　　应付职工薪酬　　　　　　　　　　　　　　800
　　　　制造费用　　　　　　　　　　　　　　　　500

② 材料完工验收入库时：

借：原材料——乙材料　　　　　　　　　　2 800
　　贷：生产成本——辅助生产成本　　　　　　　2 800

3. 委托加工原材料

委托加工原材料是指企业提供原料及主要材料，通过支付加工费方式，委托加工单位按合同要求进一步将其加工为企业所需的材料。委托加工原材料并不改变材料的所有权，也就是委托加工原材料的所有权仍属于企业。

委托加工原材料的成本是由实际耗用原材料的实际成本，加上支付的加工费、往返运杂费以及按规定应计入成本的税金等组成。

对于委托加工原材料的会计核算有两种处理方法。一是单独设置"委托加工物资"账户进行核算。这是对于委托加工业务较多的企业采用的方法；另一种是不单独设置"委托加工物资"账户，而是直接将其计入"原材料""外购商品"等账户进行核算，在这些账户下设置"委托加工"明细账户进行核算。以下举例说明单独设置"委托加工物资"账户时，委托加工材料的会计处理。

【例4-13】 粤龙公司根据委托加工合同，委托外单位加工甲材料一批，完工并验收入库。发出A原材料的成本为20 000元，用银行存款支付加工费5 000元及增值税额800元，支付运杂费200元。粤龙公司作如下账务处理：

（1）发出材料时：

借：委托加工物资——甲材料　　　　　　20 000
　　贷：原材料——A材料　　　　　　　　　　20 000

（2）支付加工费及运杂费时：

借：委托加工物资——甲材料　　　　　　 5 180
　　应交税费——应交增值税（进项税额）　　820
　　贷：银行存款　　　　　　　　　　　　　　6 000

（3）完工收回材料并验收入库时：

借：原材料——甲材料　　　　　　　　　25 180
　　贷：委托加工物资——甲材料　　　　　　25 180

4. 投资者投入原材料

企业收到投资人投入原材料，应按投资合同或协议约定的公允价值加上支付的各种费用确定，借记"原材料"账户，按增值税专用发票上注明的增值税额，借记"应交税费——应交增值税（进项税额）"账户，按投资合同或协议约定的原材料公允价值与增值税额合计数,贷记"实收资本"账户,对于支付的各项费用,属于投资方支付的,计入"实收资本"账户,属于接受投资方支付的,贷记"银行存款"或"库存现金"账户。

【例4-14】粤龙公司接受外单位投入材料一批,价值200 000元,增值税专用发票注明货款300 000元,增值税48 000元,投资合同约定的公允价值为300 000元,同时外单位支付相关税费400元。粤龙公司作如下账务处理:

借:原材料　　　　　　　　　　　　　　300 400
　　应交税费——应交增值税(进项税额)　48 000
　　贷:实收资本　　　　　　　　　　　　　　348 400

5. 接受捐赠原材料

企业接受捐赠的原材料,如果捐赠方提供了有关凭证的,应当按照凭证上表明的金额,加上支付的相关税费作为实际成本;捐赠方没有提供有关凭证的,应按同种材料的市场价格或类似材料的市场价格估计其金额,加上支付的相关税费,作为实际成本,借记"原材料"账户,按专用发票注明的增值税额,借记"应交税费——应交增值税(进项税额)"账户,按受捐金额和支付的相关税费,贷记"营业外收入""银行存款"账户。

【例4-15】粤龙公司接受外单位捐赠一批材料,捐赠方提供的有关凭证注明的该批材料的价值为500 000元,增值税专用发票上注明的增值税额为80 000元,受赠过程中粤龙公司以现金支付运杂费800元。粤龙公司作如下账务处理:

借:原材料　　　　　　　　　　　　　　500 800
　　应交税费——应交增值税(进项税额)　80 000
　　贷:营业外收入　　　　　　　　　　　　　580 000
　　　　库存现金　　　　　　　　　　　　　　　　800

除上述各种渠道取得材料,企业还可以通过债务重组、非货币性资产交换等方式取得材料。对于通过债务重组、非货币性资产交换等方式取得材料的核算,将在本书第十三章讲述。

(三)原材料发出

原材料的发出,主要是用于企业生产,但有时会用于对外销售。由于材料用途不同,其账务处理也不相同。由于企业在生产中会经常领用材料,有些企业材料领用原材料业务频繁,为了简化核算,平时只根据发料凭证在原材料明细账上登记发出材料的数量,不登记金额,到月末根据实际成本计价的发料凭证,分别按原材料的领用部门和用途,编制"发料凭证汇总表",据以进行账务处理。以下举例说明原材料发出的核算。

【例4-16】粤龙公司根据当月发料单汇总编制的"发料凭证汇总表"如表4-5所示。

表4-5 发料凭证汇总表

会计账户	领用部门及用途	A材料	B材料	合计
生产成本——基本生产成本	甲产品	20 000	18 000	38 000
	乙产品	16 000	12 000	28 000
	小计	36 000	30 000	66 000
生产成本——辅助生产成本	机修车间	8 000	5 000	13 000
制造费用	一车间	6 000	4 000	10 000
	二车间	5 000	3 000	8 000
	小计	11 000	7 000	18 000
管理费用		3 000	2 000	5 000
销售费用		2 000	1 000	3 000
合计		60 000	45 000	115 000

根据发料凭证汇总表，做如下账务处理：

借：生产成本——基本生产成本——甲产品　　　　38 000
　　　　　　　　　　　　　　　　——乙产品　　　　28 000
　　生产成本——辅助生产成本——机修车间　　　　13 000
　　制造费用——一车间　　　　　　　　　　　　10 000
　　　　　　——二车间　　　　　　　　　　　　 8 000
　　管理费用　　　　　　　　　　　　　　　　　 5 000
　　销售费用　　　　　　　　　　　　　　　　　 3 000
　贷：原材料——A材料　　　　　　　　　　　　 60 000
　　　　　　——B材料　　　　　　　　　　　　 45 000

企业对外出售原材料，按已收或应收的价款，借记"银行存款"或"应收账款"等账户，按照实现的销售收入，贷记"其他业务收入"账户，按专用发票上注明的增值税额，贷记"应交税费——应交增值税（销项税额）"账户；月末，计算结转销售材料的成本，借记"其他业务成本"账户，贷记"原材料"账户。

二、原材料按计划成本计价的会计处理

企业取得材料时一般按实际成本计价，但对于材料品种、数量繁多，材料收发频繁的企业采用按实际成本计价就会使材料核算工作量过大，为了简化材料收发核算，材料还可以按计划成本计价进行核算。

材料按计划成本计价是指材料的收入、发出及结余均按计划成本计价进行日常核算，同时将材料计划成本与实际成本的差异单独设置"材料成本差异"账户进行核算，期末分摊结转成本差异，将发出材料和期末结存存货的计划成本调整为实际成本的一

种成本计算方法。

采用计划成本计价,首先要求企业制定每一品种规格材料的计划成本,计划成本的制定应当尽可能地接近实际成本,计划成本一经确定,除特殊情况外,在年度内不得随意变更。材料计划成本的组成内容与实际成本的构成是一致的,材料的计划成本一般由企业采购部门会同财会等有关部门共同制定。

(一) 账户设置

采用计划成本计价进行原材料日常核算,应当将"在途物资"账户变更为"材料采购"账户,同时增设"材料成本差异"账户。

1. "原材料"账户

该账户核算企业库存的各种材料,包括库存的原料及主要材料、辅助材料、外购半成品、修理用备件、包装材料、燃料等的计划成本。该账户是资产类账户。借方登记已验收入库材料的计划成本,贷方登记发出材料的计划成本,余额在借方,表示期末结存材料的计划成本。该账户应按材料品种、类别和规格等进行明细核算。

2. "材料采购"账户

该账户核算企业采用计划成本计价核算时外购材料的实际采购成本。该账户是资产类账户,是用来核算企业货款已付但尚未验收入库的材料采购成本。借方登记采购材料的实际成本和结转实际成本小于计划成本的差异数,贷方登记验收入库材料的计划成本和实际成本大于计划成本的差异额,余额在借方,表示期末在途材料的实际采购成本。该账户应按供应单位和材料等物资的品种、类别进行明细核算。

3. "材料成本差异"账户

该账户核算企业采用计划成本计价核算时的材料实际成本与计划成本的差异额。借方登记验收入库材料的实际成本大于计划成本的超支差异数,贷方登记验收入库材料的实际成本小于计划成本的节约差异数及期末结转发出材料应负担的成本差异额(超支差异在贷方用蓝字,节约差异在贷方用红字),该账户期末余额若在借方,则表示企业库存材料的实际成本大于计划成本的超支差异,余额若在贷方,表示企业库存材料的实际成本小于计划成本的节约差异,该账户应分别"原材料""周转材料"等设置二级明细账,再按照类别或品种进行明细核算。

(二) 原材料取得和发出的会计处理

1. 外购取得原材料

在计划成本计价法下,企业购入各种原材料,必须通过"材料采购"账户,以确定材料成本差异。

(1) 结算凭证到达,同时材料验收入库。

对于发票账单与原材料同时到达的采购业务,与按实际成本计价核算基本相同,所不同的是计划成本计价应将"在途物资"账户改为"材料采购"账户,企业在支付货款或开出、承兑商业汇票,材料验收入库后,应根据增值税专用发票上注明的不含税价款,借记"材料采购"账户,根据增值税专用发票上注明的增值税额,借记"应交税费——应交增值税(进项税额)"账户,根据银行付款通知或其他有关凭证,贷记

"银行存款""应付票据""应付账款"等账户。同时根据材料入库单，按材料的计划成本，借记"原材料"账户，贷记"材料采购"账户。月末，结转材料成本差异，对于超支差异，借记"材料成本差异"账户，贷记"材料采购"账户，对于节约差异，则借记"材料采购"账户，贷记"材料成本差异"账户。

【例4-17】以【例4-5】资料，假设其他条件不变，该材料计划成本为40 000元，粤龙公司作如下账务处理：

(1) 付款购买材料：
借：材料采购——甲材料　　　　　　　30 000
　　应交税费——应交增值税（进项税额）　4 800
　贷：银行存款　　　　　　　　　　　　　　34 800

(2) 材料入库时，根据入库单结转入库材料的计划成本：
借：原材料——甲材料　　　　　　　　40 000
　贷：材料采购——甲材料　　　　　　　　　40 000
同时结转入库材料的成本差异：
借：材料采购——甲材料　　　　　　　10 000
　贷：材料成本差异——甲材料　　　　　　　10 000

如果入库材料的计划成本为25 000元，支付货款时会计处理与上相同；材料验收入库时，作如下账务处理：
借：原材料——甲材料　　　　　　　　25 000
　贷：材料采购——甲材料　　　　　　　　　25 000
同时结转入库材料的成本差异：
借：材料成本差异——甲材料　　　　　5 000
　贷：材料采购——甲材料　　　　　　　　　5 000

对于上述验收入库的材料，平时可不结转入库材料的计划成本和材料成本差异，可于月末时对入库材料的计划成本和成本差异一次进行结转，这样可以简化材料核算的工作量。因此，在实际工作中，企业一般于月末一次结转入库材料的计划成本和成本差异。

(2) 结算凭证到达，但材料尚未验收入库。

对于已经付款或已开出承兑的商业汇票，但材料尚未到达或尚未验收入库的采购材料，与按实际成本计价核算基本相同，所不同的是将"在途物资"账户改为"材料采购"账户，这时应根据增值税专用发票上注明的不含税价款，借记"材料采购"账户，根据增值税专用发票上注明的增值税额，借记"应交税费——应交增值税（进项税额）"账户，根据银行付款通知或其他有关凭证，贷记"银行存款""应付票据"等账户；待材料到达、验收入库后再根据收料单，借记"原材料"账户，贷记"材料采购"账户，同时结转入库材料的成本差异。

【例4-18】以【例4-6】资料，假设其他条件不变，乙材料尚未到达企业，其他资料不变。粤龙公司的账务处理如下：

乙材料的采购成本 = 40 000 + (500 - 500 × 10%) + 200 = 40 650（元）

借：材料采购——乙材料	40 650	
应交税费——应交增值税（进项税额）	6 450	
贷：应付账款		46 400
银行存款		700

如果上例采用的是商业汇票结算方式，在签发承兑商业汇票时应作如下会计分录：

借：材料采购——乙材料	40 650	
应交税费——应交增值税（进项税额）	6 450	
贷：应付票据		46 400
银行存款		700

(3) 材料已到并已验收入库，但结算凭证未到。

对于材料已经到达企业，但发票账单等结算凭证未到，货款尚未支付的采购业务，分别两种不同情况进行处理：

平时暂不做账务处理。由于结算凭证未到，企业无法准确计算材料的实际采购成本，所以暂不入账，即不登记材料总分类账。但应将有关材料入库单单独保管，待结算凭证到达后，根据结算凭证计算材料实际采购成本进行账务处理，同时结转入库材料的计划成本并结转入库材料的成本差异。

【例4-19】以【例4-8】资料，其他条件不变，假设入库材料的计划成本为30 000元。粤龙公司作如下账务处理：

(1) 4月26日收到材料时暂不入账。

(2) 4月29日收到结算凭证后进行账务处理如下：

材料采购成本 = 30 000 + 800 = 30 800（元）

借：材料采购——丙材料	30 800	
应交税费——应交增值税（进项税额）	4 800	
贷：银行存款		35 600
借：原材料——丙材料	30 000	
贷：材料采购——丙材料		30 000
借：材料成本差异——丙材料	800	
贷：材料采购——丙材料		800

月末，对于材料已到达企业，但尚未接到有关结算凭证时，企业按材料的计划成本暂估入账。

【例4-20】以【例4-8】为例，假设到月末结算凭证仍未收到，其他资料不变，粤龙公司暂估材料价款是25 000元。粤龙公司作如下账务处理：

(1) 月末按暂估价入账：

借：原材料——丙材料	25 000	
贷：应付账款——暂估应付款		25 000

(2) 下月初用红字冲回：

借：原材料——丙材料	25 000	
贷：应付账款——暂估应付款		25 000

待结算凭证到达后再作材料采购和入库材料的核算。如【例4-19】所示。

2. 领用发出原材料

在按计划成本计价法下，企业领用发出的原材料均按计划成本计价，并按材料用途计入各成本费用账户。由于材料成本最终要按实际成本反映，因此在月末需要对发出材料的计划成本调整为实际成本，为此，就要计算材料成本差异率，根据材料成本差异率计算发出材料成本差异额和月末结存材料成本差异额，然后据以计算材料的实际成本。材料成本差异率的计算公式为：

$$本月材料成本差异率 = \frac{月初结存材料的成本差异 + 本月收入材料的成本差异}{月初结存材料的计划成本 + 本月收入材料的计划成本} \times 100\%$$

本月发出材料应负担的成本差异 = 本月发出材料的计划成本 × 材料成本差异率

月末结存材料应负担的成本差异 = 月末结存材料的计划成本 × 材料成本差异率

发出材料的实际成本 = 发出材料的计划成本 ± 本月发出材料应负担的成本差异

月末结存材料的实际成本 = 月末结存材料的计划成本 ± 月末结存材料应负担的成本差异

如果发出材料需要随时结转应负担的材料成本差异时，也可以按上月材料成本差异率计算。上月材料成本差异率的计算公式为：

$$上月材料成本差异率 = \frac{月初结存材料的成本差异}{月初结存材料的计划成本} \times 100\%$$

需要说明的是，本月收入材料的计划成本不包括暂估价入账的材料的计划成本。材料成本差异率的计算方法一经确定，不得随意变更。如需变更，应在会计报表附注中予以说明。对存货的成本差异，企业应按存货的类别，如"原材料""周转材料"等设置明细账进行明细核算，但不能使用一个综合差异率来分摊发出存货和结存存货应负担的材料成本差异。

【例4-21】粤龙公司为增值税一般纳税人，原材料存货采用计划成本计价，月初"原材料"账户的期初余额为20 000元，"材料成本差异"账户为借方余额3 000元，本月发生经济业务如下：

（1）5日，购进材料一批，材料价款为30 000元，增值税率为16%，运输费600元（运输费按10%计算增值税进项税额），收到增值税专用发票及运输费发票，货款及运输费均以银行存款支付，假定该批材料计划成本40 000元。

材料采购成本 = 30 000 + (600 - 600 × 10%) = 30 540（元）

借：材料采购　　　　　　　　　　　　　30 540
　　应交税费——应交增值税（进项税额）　4 860
　贷：银行存款　　　　　　　　　　　　　35 400

（2）8日上述购入的材料验收入库。

借：原材料　　　　　　　　　　　　　　40 000
　贷：材料采购　　　　　　　　　　　　　40 000

同时结转入库材料的成本差异：

借：材料采购　　　　　　　　　　　　　　9 460
　　　　贷：材料成本差异——丙材料　　　　　　　　9 460
（3）14日，车间生产产品领用材料计划成本15 000元，车间消耗领用材料计划成本8 000元，管理部门消耗领用材料计划成本7 000元。
　　借：生产成本　　　　　　　　　　　　　　15 000
　　　　制造费用　　　　　　　　　　　　　　 8 000
　　　　管理费用　　　　　　　　　　　　　　 7 000
　　　　贷：原材料　　　　　　　　　　　　　　30 000
（4）16日购进材料一批，材料价款为50 000元，增值税率为16%，运输费800元（运输费按10%计算增值税进项税额），收到增值税专用发票及运输费发票，货款及运输费均以银行存款支付，假定该批材料计划成本48 000元。
材料采购成本 = 50 000 + (800 - 800 × 10%) = 50 720（元）
　　借：材料采购　　　　　　　　　　　　　　50 720
　　　　应交税费——应交增值税（进项税额）　 8 080
　　　　贷：银行存款　　　　　　　　　　　　　58 800
（5）20日上述材料验收入库。
　　借：原材料　　　　　　　　　　　　　　　48 000
　　　　贷：材料采购　　　　　　　　　　　　　48 000
同时结转入库材料的成本差异：
　　借：材料成本差异　　　　　　　　　　　　 2 720
　　　　贷：材料采购　　　　　　　　　　　　　 2 720
（6）24日车间生产产品领用材料计划成本28 000元，车间消耗领用材料计划成本12 000元，管理部门消耗领用材料计划成本8 000元。
　　借：生产成本　　　　　　　　　　　　　　28 000
　　　　制造费用　　　　　　　　　　　　　　12 000
　　　　管理费用　　　　　　　　　　　　　　 8 000
　　　　贷：原材料　　　　　　　　　　　　　　48 000
（7）28购进材料一批，材料已到达并已验收入库，但发票等结算凭证尚未收到，货款尚未支付。该批材料的计划成本为25 000元。
暂不做账。
（8）30日，28日购进的材料发票尚未收到，A公司按计划成本暂估价入账，做如下会计分录：
　　借：原材料　　　　　　　　　　　　　　　25 000
　　　　贷：应付账款——暂估应付款　　　　　　25 000
下月初用红字冲回：
　　借：原材料　　　　　　　　　　　　　　　25 000
　　　　贷：应付账款——暂估应付款　　　　　　25 000

待收到发票账单等结算凭证并支付货款时,按上述(1)(2)作会计处理。

(9) 30 日,计算本月材料成本差异。

本月材料成本差异率 $= \dfrac{3\,000 - 9\,460 + 2\,720}{20\,000 + 40\,000 + 48\,000} \times 100\% = -3.4630\%$

本月领用材料负担的成本差异:其中

生产产品领用材料:(15 000 + 28 000) × (−3.4630%) = −1 489.09

车间消耗领用材料:(8 000 + 12 000) × (−3.4630%) = −692.60

管理部门领用材料:(7 000 + 8 000) × (−3.4630%) = −519.45

同时结转材料成本差异:

借:生产成本　　　　　　　　　　　1 489.09

　　制造费用　　　　　　　　　　　692.60

　　管理费用　　　　　　　　　　　519.45

　贷:材料成本差异——原材料　　　　2 701.14

原材料日常收发的核算,企业既可以采用实际成本计价,也可以采用计划成本计价,实际工作中还可以采用两种计价进行核算(即部分材料按实际成本计价,部分材料采用计划成本计价)。具体采用哪种方法,由企业根据具体情况自行决定。对于材料品种规格繁多、材料收发频繁的企业,采用计划成本计价,可以简化核算工作量,还有利于考核采购部门的工作业绩,加强存货管理,促进降低存货成本,减少存货核算的误差。对于企业规模较小、材料品种规格简单、采购业务不多的企业,一般采用实际成本计价进行原材料的日常收发核算。企业在选用原材料计价方法后,一般不得随意变更。如需变更,应按变更会计政策的原则进行会计处理。

第四节　库存商品

库存商品是指企业为销售或加工后销售而储存的各种商品。主要包括库存的外购商品、自制商品产品、存放在门市部准备出售的商品、委托其他单位代管代销的商品、发出展览的商品以及寄存在外库或存放在仓库的商品等。

一、生产制造企业库存商品的会计处理

(一) 生产制造企业的库存商品

生产制造企业的库存商品主要是指产成品。产成品是指企业已经完成全部生产过程并已验收入库,合乎标准规格和技术条件,可以按照合同规定的条件送交订货单位,或者可以作为商品对外销售的产品。它包括自制已完工验收入库可供销售的产品、接

受外单位来料加工制造的代制品和为外单位加工修理的代修品,在制造和修理完成验收入库后,视同企业的产成品。企业库存可降价出售的不合格品,也可作为产成品核算,但应当与合格商品分开记账。产成品的核算主要是产成品成本的核算,产成品成本的核算程序与方法将在《成本会计学》中讲述,这里只对产成品的一般账务处理进行介绍。

(二) 账户设置

为了核算生产制造企业的产成品成本,企业应设置"库存商品"账户。该账户属于资产类账户,是用来核算库存商品增减变化及结余情况的账户。其借方登记已经完成生产过程并已验收入库的或盘盈的产成品的成本,贷方登记已发出或盘亏毁损等原因减少的产成品的成本,余额在借方,表示库存产成品的成本。该账户可按产成品品种、规格或型号等设置明细账户进行明细分类核算。

(三) 会计处理

生产制造企业的产成品一般采用实际成本计价进行核算。在实际成本计价法下,产成品的收入、发出和结存在平时可以只登记数量,不登记金额,而在月末再根据产品成本计算单、产成品入库单等有关凭证计算入库产成品的实际成本,对于发出产成品根据产成品出库单或销售产品发货单等有关凭证,并采用个别计价法、先进先出法、加权平均法等方法计算确定其实际成本。

对于产成品品种、规格繁多的企业,也可以采用计划成本计价核算。该方法核算也要设置"库存商品"账户,反映收入、发出和结存产成品的计划成本,同时还应设置"产品成本差异"账户,核算产成品实际成本与计划成本之间的差异。月末计算发出产成品成本差异和结存产成品成本差异,将发出产成品和结存产成品的计划成本调整为实际成本。

1. 产成品入库

生产制造企业产成品制造完成经检验合格后,应当由生产车间按交库数量,填制"产成品入库单",交仓库验收后登记产成品明细账,并根据产成品入库单和成本计算资料编制"产成品入库汇总表"。对企业生产完成入库的自制半成品或产成品,应按实际成本,借记"库存商品"账户,贷记"生产成本"账户。

【例4-22】粤龙公司采用实际成本计价核算产成品,根据当月产成品入库单及产品成本计算单编制的"产成品入库汇总表"如表4-6所示。

表4-6 产成品入库汇总表

产品名称	计量单位	数量	单位成本(元)	总成本(元)
甲产品	件	200	180	36 000
乙产品	件	100	230	23 000
合计				59 000

粤龙公司根据上表编制如下会计分录:
  借:库存商品——甲产品   36 000

```
                   ——乙产品                          23 000
        贷：生产成本——基本生产成本——甲产品    36 000
                   ——基本生产成本——乙产品    23 000
```

2. 产成品发出

生产制造企业的产成品发出主要是用于对外销售。在销售产品时，销售部门应填制"产成品出库单"及增值税专用发票等结算凭证，交仓库办理产品出库手续并登记产成品明细账。月末，计算结转销售产品成本并进行账务处理，借记"主营业务成本"账户，贷记"库存商品"账户。

【例4-23】粤龙公司采用实际成本计价核算产品成本，本月销售甲产品100件，单位成本180元，乙产品60件，单位成本230元。

```
        借：主营业务成本——甲产品        18 000
                     ——乙产品        13 800
        贷：库存商品——甲产品            18 000
                   ——乙产品            13 800
```

二、商品流通企业库存商品的会计处理

商品流通企业的库存商品，主要是指企业为转卖或加工后转卖而储存的各种存货。主要包括：企业全部自有的库存商品，包括存放在仓库、门市部和寄存在外的商品、委托其他单位代管代销的商品、陈列展览的商品及存放在企业外仓库或存放在企业仓库的商品。但不包括受托其他单位加工商品、受托代销商品及出租的商品。

（一）商品购销的入账时间

商品流通企业的经营活动分为商品购进和商品销售两个阶段。库存商品的购进和销售都应以库存商品的法定所有权的转移为标准确定商品购销的入账时间。

（二）库存商品会计处理的基本方法

商品流通企业的商品一般应设置"库存商品"账户核算。根据"库存商品"账户记录的方法不同，可以把库存商品核算方法分为数量金额核算法和金额核算法两类。数量金额核算法是将商品增减变动及结存情况，同时以实物数量和价值量进行核算。金额核算法是将商品的增减变动及结余情况只以价值量进行核算，一般不进行数量核算。在实务中，批发商品库存的核算一般采用数量金额核算法，而零售商品库存的核算一般采用金额核算法。

在商品流通企业，衡量商品价值量的指标有两个：一是商品的进价；二是商品的售价。因此，库存商品的核算方法可以分为四种具体方法：数量进价金额核算法、数量售价金额核算法、进价金额核算法和售价金额核算法。

1. 数量进价金额核算法

数量进价金额核算法，也称为数量成本金额核算法，是指同时以数量和进价金额反映商品的增减变动和结余情况的方法。其基本内容包括：

（1）"库存商品"总账以商品进价反映商品增减变动及结余情况；

（2）"库存商品"明细账一般按商品种类、品名、规格及存放地点等设置，并以数量和进价金额双重反映库存商品增减变动及结余情况。若企业经营进出口商品的，还可以设置"库存进口商品""库存出口商品""其他库存商品"等账户进行明细核算；

（3）库存商品较多时，可在库存商品总账和库存商品明细账之间按商品类别设置"库存商品"二级账，只按进价金额反映库存商品增减变动及结余情况；

（4）根据商品不同特点，采用不同方法，定期计算和结转已销商品的进价成本。

数量进价金额核算法，一般适用于从事商品批发及采购农副产品等大中型企业。其核算基本原理与工业企业原材料按实际成本计价核算基本相同。

2. 数量售价金额核算法

数量售价金额核算法，是指同时以数量和售价金额反映商品的增减变动及结余情况的方法。其主要内容有：

（1）"库存商品"总账、二级账、明细账均按售价反映；

（2）设置"商品进销差价"账户，核算库存商品售价金额和进价金额之间的差额，并定期分摊进销差价，计算已销商品和结存商品的进价成本。商品进销差价明细账一般按商品类别设置。

数量售价金额核算法一般适用于小型商业批发企业和需要掌握贵重商品的零售商品经营企业。

3. 进价金额核算法

进价金额核算法，又称"进价记账、盘存计销"，是指以进价金额反映商品的增减变动及结余情况的方法。其主要内容有：

（1）库存商品明细账按实物负责人（或柜组）设置，"库存商品"总账和明细账均按进价（即商品成本）记账，不记数量；

（2）商品购进时按进价计入"库存商品"账户；

（3）商品销售时，不登记"库存商品"的减少，在经营过程中除发生重大损失需要按规定进行相应的账务处理外，平时发生损溢、商品等级变化及售价变动等情况，一般也不进行账务处理；

（4）月末通过实地盘点，按当月最后进货的商品单价，计算出月末结存商品的进价成本，再用倒挤（即"以存计销"）方法计算出已销商品的进价成本。用公式表示如下：

本月已销商品成本 = 月初结存商品成本 + 本月购进商品成本 − 月末结存商品成本

进价金额核算法一般适用于零售企业经营的质量易变、价格需要随时调整的鲜活商品。这种方法的优点是可以简化核算手续，减少核算工作量；缺点是核算手续不够严密，平时不能掌握商品减少和结存情况，不利于加强商品实物的管理。

4. 售价金额核算法

售价金额核算法，又称"拨货计价、实物负责制"，它是以售价金额记账与实物负责制相结合的核算方法。其主要内容有：

（1）建立实物负责制。根据岗位负责制的要求，按商品经营的品种和地点，划分为若干柜组，确定实物负责人，对其经营的商品承担全部责任；

（2）售价记账，金额控制。商品的购进销售及结存一律在"库存商品"总账和明细账中按商品售价记账，不记数量；

（3）设置"商品进销差价"账户，用来核算售价金额和进价金额之间的差额，并定期分摊进销差价，计算已销商品和结存商品的进价成本；

（4）建立健全的商品购进、销售、定价、盘点损耗及差错等管理制度和方法。其计算公式如下：

$$商品进销差价率 = \frac{期初库存商品进销差价 + 本期购进商品进销差价}{期初库存商品售价 + 本月购进商品售价} \times 100\%$$

本期已销商品应分摊的进销差价 = 本期商品销售收入 × 商品进销差价率

本期销售商品成本 = 本期销售收入 − 本期已销商品应分摊的进销差价

期末结存商品成本 = 期初结存商品成本 + 本期购进商品成本 − 本期销售商品成本

售价金额核算法，一般适用于商业零售业务的企业（如百货商场、超市等）。该方法优点是可以简化核算手续，减少核算工作量，有利于提高零售商品经营工作效率和服务质量；缺点是由于只记金额，不记数量，不能提供数量指标来控制商品进、销、存等情况，一旦发生差错，难以查明原因。因此，该方法必须要求建立实物负责制。

（三）库存商品的会计处理

库存商品的核算方法有数量进价金额核算法、数量售价金额核算法、进价金额核算法和售价金额核算法四种方法。前两种方法与后两种方法的相同点是总分类核算是一样的，不同的是明细分类核算。也就是说数量进价金额核算法、数量售价金额核算法的明细账既要进行数量核算，又要进行金额核算。而进价金额核算法、售价金额核算法的明细账只需进行金额核算，不需设置数量栏，毋需进行实物数量的核算。

1. 库存商品按进价金额计价的会计处理

（1）账户的设置。

①"在途物资"账户：该账户核算企业向供应单位采购商品但尚未验收入库商品的实际成本。该账户借方登记已支付货款或已签发商业汇票，但尚未验收入库商品的实际成本，贷方登记完成采购手续已验收入库商品的实际成本，期末如有余额，必然在借方，反映期末在途商品的实际成本。该账户应按供应单位或商品品种、类别设置明细账，进行明细分类核算。

②"库存商品"账户：该账户核算企业商品的入库、发出及结存情况。该账户借方登记验收入库商品的实际成本，贷方登记发出商品的实际成本，期末余额在借方，反映期末库存商品的实际成本。该账户应按商品品种、类别等设置明细账，进行明细分类核算。

（2）商品购进。

库存商品的进价金额也就是库存商品的进价成本，是指商品初始确认时的实际成本，包括商品买价、采购费用和能计入商品成本的相关税费等。商品购进核算与材料购进核算基本相同，因此，这里只作简单介绍。

①结算凭证到达，同时商品验收入库。

对于发票账单与商品同时到达的采购业务，企业在支付货款或开出、承兑商业汇票，商品验收入库后，应根据增值税专用发票上注明的不含税价款加上支付的各项采购费用等，借记"库存商品"账户，根据增值税专用发票上注明的增值税额，借记"应交税费——应交增值税（进项税额）"账户，根据银行付款通知或其他有关凭证，贷记"银行存款"或"应付票据"等账户。

【例4-24】粤龙公司是从事商品批发的企业，向外地B工厂购进甲商品一批，数量800件，每件100元，共计货款80 000元，进项税额12 800元，进货运费2 000元（按规定可以抵扣的进项税额为200元），所有款项均以银行存款支付，商品已验收入库。粤龙公司的账务处理如下：

购入商品的进价成本 = 80 000 + 2 000 − 200 = 81 800（元）

借：库存商品——甲商品　　　　　　　81 800
　　应交税费——应交增值税（进项税额）　13 000
　　贷：银行存款　　　　　　　　　　　　94 800

②结算凭证到达，但商品尚未验收入库。

对于已经付款或已开出承兑的商业汇票，但商品尚未到达或尚未验收入库的采购业务，应根据增值税发票上注明的不含税价款加上支付的各项采购费用等，借记"在途物资"账户，根据增值税专用发票上注明的增值税额，借记"应交税费——应交增值税（进项税额）"账户，根据银行付款通知或其他有关凭证，贷记"银行存款"或"应付票据"等账户；待商品到达、验收入库后再根据商品入库单，借记"库存商品"账户，贷记"在途物资"账户。

【例4-25】粤龙公司向外地B工厂购进甲商品一批，数量800件，每件100元，共计货款80 000元，进项税额12 800元，进货运费2 000元（按规定可以抵扣的进项税额为200元），所有款项均以银行存款支付，商品尚未验收入库。粤龙公司的账务处理如下

支付货款时：

借：在途物资——甲商品　　　　　　　81 800
　　应交税费——应交增值税（进项税额）　13 000
　　贷：银行存款　　　　　　　　　　　　94 800

待商品到达验收入库时：

借：库存商品——甲商品　　　　　　　81 800
　　贷：在途物资——甲商品　　　　　　81 800

③商品已到并已验收入库，但结算凭证未到。

对于商品已经到达企业，但发票账单等结算凭证未到，货款尚未支付的采购业务，平时暂不作账务处理。待结算凭证到达后，根据结算凭证计算商品实际采购成本进行账务处理。如果月末结算凭证还未到达企业，企业应按暂估价入账，下月初用红字冲回或作相反的会计分录。

【例4-26】粤龙公司向外地B工厂购进甲商品一批，数量800件，3月28日收到商品并验收入库，4月3日结算凭证到达，货款共计80 000元，进项税额12 800元，

进货运费 2 000 元（按规定可以抵扣的进项税额为 200 元），所有款项均以银行存款支付。

3 月 28 日不作账务处理。

3 月 31 日按暂估价 80 000 元，作账务处理如下：

  借：库存商品——甲商品   80 000
    贷：应付账款——暂估款   80 000

4 月 1 日，用红字冲回按暂估款入账的会计分录：

  借：库存商品——甲商品   80 000
    贷：应付账款——暂估款   80 000

4 月 3 日，按结算凭证支付货款时：

  借：库存商品——甲商品   81 800
    应交税费——应交增值税（进项税额） 13 000
    贷：银行存款   94 800

（3）商品销售。

  为了反映商品销售业务，企业应设置"主营业务收入""主营业务成本"等账户。企业对外销售商品时，按收取的或应收取价税款合计数，借记"银行存款""应收账款""应收票据"等账户，按发票上列明的不含税价款，贷记"主营业务收入"账户，同时贷记"应交税费——应交增值税（销项税额）"账户。待月末时，计算并结转已销商品成本，借记"主营业务成本"账户，贷记"库存商品"账户。

  商品批发企业对于销售商品成本的计算，可以采用个别计价法、先进先出法、加权平均法等方法（这些方法前面已讲过，这里不再讲述）外，还可以采用毛利率法。

  毛利率法是指根据本期实际销售净额乘以上期实际（或本期计划）毛利率匡算的本期销售毛利，并据以计算发出商品和期末结存商品成本的一种方法。其计算公式如下：

  商品销售净额 = 商品销售收入 - 销售折扣与折让
  商品销售毛利率 = 商品销售毛利 ÷ 商品销售净额 × 100%
  商品销售毛利 = 商品销售净额 × 毛利率
  本期商品销售成本 = 商品销售净额 - 商品销售毛利
        = 商品销售净额 ×（1 - 商品销售毛利率）
  期末结存商品成本 = 期初结存商品成本 + 本期商品购货成本 - 本期商品销售成本

  毛利率法是商品流通企业，尤其是商业批发企业常用的方法。采用该方法既可以简化核算工作量，同时也能满足商品管理的需要。

【例 4-27】粤龙公司销售甲商品 600 件，每件售价 250 元，价款 150 000 元，增值税 24 000 元。商品已发出，价款及税款收到购货方签发的商业汇票一张。

  借：应收票据   174 000
    贷：主营业务收入   150 000
      应交税费——应交增值税（销项税额） 24 000

月末还要计算并结转销售商品的成本,按毛利率法计算商品销售成本。以下举例说明。

【例4-28】粤龙公司从事商品批发业务,本月初库存商品成本为52 000元,本月购进商品成本为87 600元,本月销售收入为117 800元,发生销售折让4 250元。上月该类商品的毛利率为10%。采用毛利率法计算并结转发出商品和月末结存商品的成本。

A企业本月销售商品和月末结存商品成本计算如下:

本月销售净额 = 117 800 - 4 250 = 113 550(元)

本月销售毛利 = 113 550 × 10% = 11 355(元)

本月销售商品成本 = 113 550 - 11 355 = 102 195(元)

期末库存商品成本 = 52 000 + 87 600 - 102 195 = 37 405(元)

A公司账务处理:

 借:主营业务成本   102 195

  贷:库存商品   102 195

需要说明的是,由于各类商品的毛利水平不同,毛利率法是按商品大类计算的,采用毛利率匡算的商品成本不够准确。因此,在每季末的最后一个月根据月末结存商品数量,先计算月末商品成本,然后再计算该季度的商品销售成本,用该季度的商品销售成本减去前两个月已结转的成本,计算第三个月应结转的商品销售成本,从而对前两个月用毛利率计算的成本进行调整。

2. 库存商品按售价金额计价的会计处理

(1)账户的设置。

①"在途物资"账户:该账户与库存商品按进价金额计价会计处理基本相同,这里不再介绍。

②"库存商品"账户:该账户核算企业商品的入库、发出及结存情况。该账户借方登记验收入库商品的售价成本,贷方登记发出商品的售价成本,期末余额在借方,反映期末库存商品的售价成本。该账户应按商品品种、类别等设置明细账,进行明细分类核算。

③"商品进销差价"账户:该账户属资产类账户,也是库存商品的备抵调整账户,用来核算企业采用售价金额核算法下商品的售价与进价之间的差额。其借方登记企业购入、加工收回以及销售退回等增加的库存商品进销差价,贷方登记企业已销商品实现的进销差价,余额在贷方,反映期末库存商品的进销差价。该账户应按商品品种、类别或实物负责人设置明细账,进行明细分类核算。

(2)商品购进。

库存商品按售价金额计价,购进商品时,按购入商品的采购成本(进价成本),借记"在途物资"账户,按增值税进项税额,借记"应交税费——应交增值税(进项税额)"账户,按支付的货款或签发的商业汇票,贷记"银行存款"或"应付票据"账户;在商品验收入库时,要按入库商品的售价金额,借记"库存商品"账户,按商品的采购成本(进价成本),贷记"在途物资"账户,同时结转入库商品的进销差价计入"商品进销差价"账户的贷方。

①结算凭证到达，同时商品验收入库。

【例 4-29】粤龙公司是从事商品零售的企业，向当地 B 工厂购进甲商品，共计货款 40 600 元（其中价款 35 000 元，增值税 5 600 元）。进货运费 600 元（按规定运费按 60 元抵扣进项税额），款项均以银行存款支付，商品由仓库全部验收入库。按零售价格计算为 41 200 元（含税售价，下同）。

粤龙公司的账务处理：

借：在途物资——甲商品　　　　　　　　　　35 540
　　应交税费——应交增值税（进项税额）　　 5 660
　　贷：银行存款　　　　　　　　　　　　　41 200

同时计算并结转入库商品的进销差价：

借：库存商品——甲商品　　　　　　　　　　41 200
　　贷：在途物资——甲商品　　　　　　　　35 540
　　　　商品进销差价　　　　　　　　　　　 5 660

如果是向外地购进商品，商品采购成本中还应加上运杂费等各项采购费，计入"在途物资"账户中。

【例 4-30】粤龙公司向外地某工厂购进乙商品，货款共计 58 000 元（其中价款 50 000 元，增值税 8 000 元），进货运费 3 000 元，（按规定准予抵扣的进项税额 300 元），发生的保险费 800 元。货款已支付，商品验收入库，按零售价计算为 72 500 元。

商品售价 = 72 500（元）
商品进价成本 = 50 000 + (3 000 - 300) + 800 = 53 500（元）
商品进销差价 = 72 500 - 53 500 = 19 000（元）
进项税额 = 8 000 + 300 = 8 300（元）

借：在途物资——乙商品　　　　　　　　　　53 500
　　应交税额——应交增值税（进项税额）　　 8 300
　　贷：银行存款　　　　　　　　　　　　　61 800

同时：

借：库存商品——乙产品　　　　　　　　　　72 500
　　贷：在途物资——乙产品　　　　　　　　53 500
　　　　商品进销差价　　　　　　　　　　　19 000

②结算凭证到达，但商品尚未验收入库。

【例 4-31】粤龙公司向外地某工厂购进丙商品，商品价款 20 000 元，增值税 3 200 元，购进商品的进货运费 600 元（按规定准予抵扣的进项税额 60 元），装卸费 200 元，结算凭证到达，全部款项均以银行存款支付，商品尚在运输途中。

商品进价成本 = 20 000 + (600 - 60) + 200 = 20 740（元）
进项税额 = 3 200 + 60 = 3 260（元）

借：在途物资——丙商品　　　　　　　　　　20 740
　　应交税额——应交增值税（进项税额）　　 3 260
　　贷：银行存款　　　　　　　　　　　　　24 000

待商品运到验收入库时再按零售价 25 800 做入库商品的账务处理。

商品售价 = 25 800（元）

商品进销差价 = 25 800 - 20 740 = 5 060（元）

  借：库存商品——乙商品   25 800
    贷：在途物资——乙商品   20 740
      商品进销差价   5 060

③商品已到并已验收入库，但结算凭证未到。

【例 4 - 32】粤龙公司向外地某工厂购进丁商品，6 月 5 日收到验收入库，按零售价格计算为 51 200 元。6 月 12 日结算凭证到达，商品价款 40 000 元，增值税 6 400 元，购进商品的进货运费 900 元（按规定准予抵扣的进项税额 90 元），装卸费 400 元，款项均以银行存款支付。

商品售价 = 51 200（元）

商品进价成本 = 40 000 + (900 - 90) + 400 = 41 210（元）

商品进销差价 = 51 200 - 41 210 = 9 990（元）

进项税额 = 6 400 + 90 = 6 490（元）

6 月 5 日暂不作账务处理。

6 月 12 日根据结算凭证作账务处理如下：

  借：在途物资——丁商品   41 210
    应交税额——应交增值税（进项税额） 6 490
    贷：银行存款   47 700

同时：

  借：库存商品——丁商品   51 200
    贷：在途物资——丁商品   41 210
      商品进销差价   9 990

【例 4 - 33】粤龙公司向外地某工厂购进丙商品，6 月 28 日验收入库，商品合同价款 42 000 元，零售价格为 51 200 元。7 月 4 日结算凭证到达，商品实际价款 40 000 元，增值税 6 400 元，购进商品的进货运费 900 元（按规定准予抵扣的进项税额 90 元），装卸费 400 元，款项均以银行存款支付。

6 月 28 日暂不入账。

6 月 30 日结算凭证尚未到达，按合同估价 42 000 元入账。

  借：库存商品——丙商品   51 200
    贷：应付账款——暂估款   42 000
      商品进销差价   9 200

7 月 1 日，用红字冲回上述会计分录：

  借：库存商品——丙商品   51 200
    贷：应付账款——暂估款   42 000
      商品进销差价   9 200

7月4日,根据结算凭证支付款项:

    借:在途物资——丙商品   41 210
        应交税额——应交增值税(进项税额) 6 490
      贷:银行存款   47 700

同时:

    借:库存商品——丙商品   51 200
      贷:在途物资——丙商品   41 210
          商品进销差价   9 990

(3)商品销售

零售企业是以含税零售价销售商品的,因此在销售时,按收取或应收取的全部价款(含增值税销项税额),借记"银行存款"、"应收账款"等账户,贷记"主营业务收入"账户;同时,按含税售价注销已售商品的账面价值,借记"主营业务成本"账户,贷记"库存商品"账户,以反映实物负责人因商品出售而减少的经济责任。

到月末时,按一定的方法计算已销商品的进销差价后,将原按含税销售价登记的"主营业务成本"账户的金额调整为已销商品的进价成本,使"商品进销差价"账户余额反映企业库存未售的商品含税售价所负担的含税进销差价。

【例4-34】龙粤公司是从事商品零售的企业,采用售价金额核算法进行商品核算。本月初库存甲商品零售价23 400元,期初该批商品进销差价贷方余额为4 500元,本月购进甲商品见【例4-31】,本月对外销售甲产品一批,售价69 600元,款项已存入银行。

①对外销售甲商品时:

    借:银行存款   69 600
      贷:主营业务收入——甲商品   69 600

②月末结转已销商品的成本:

    借:主营业务成本——甲商品   69 600
      贷:库存商品——甲商品   69 600

③月末计算调整增值税:

商品销售收入 = $\dfrac{\text{当月含税销售收入}}{1+\text{增值税率}(16\%)}$ = $\dfrac{69\,600}{1+16\%}$ = 60 000(元)

增值税销项税额 = 商品销售收入 × 增值税率 = 60 000 × 16% = 9 600(元)

    借:主营业务收入——甲商品   9 600
      贷:应交税费——应交增值税(销项税额) 9 600

④月末计算结转商品进销差价:

商品进销差价率 = $\dfrac{\text{期初库存商品进销差价}+\text{本期购进商品进销差价}}{\text{期初库存商品售价}+\text{本月购进商品售价}}$ × 100%

= $\dfrac{4\,500+5\,060}{23\,400+25\,800}$ × 100% ≈ 19.43%

本期已销商品应分摊的进销差价 = 69 600 × 94.43% = 1 352.33(元)

上例已销商品应分摊的进销差价应从商品销售成本中分离出来,其账务处理如下:

借：主营业务成本——甲商品　　　　　　1 352.33
　　贷：商品进销差价——甲商品　　　　　　1 352.33

第五节　周转材料

周转材料是指企业能够多次使用、逐渐转移其价值但仍保持原有形态，且不确认为固定资产的各种材料用品，主要包括包装物、低值易耗品，以及建筑施工企业的钢模板、木模板、脚手架等。

企业会计准则规定，周转材料不多的企业一般通过"周转材料"账户进行核算，当包装物、低值易耗品较多时，可分别通过设置"包装物""低值易耗品"账户核算。

一、包装物的会计处理

（一）包装物及其内容

包装物是指企业为了包装本企业商品、产品而储备的各种包装容器。如桶、箱、瓶、坛袋等，主要包括以下四类：

（1）生产经营过程中用于包装商品、产品并作为商品、产品组成部分的包装物；

（2）随同商品、产品出售而不单独计价的包装物；

（3）随同商品、产品出售而单独计价的包装物；

（4）出租、出借给购货单位使用的包装物。

但是下列各项在会计上不能作为包装物进行核算：

（1）各种包装材料，如纸、绳、铁丝、铁皮等。这类单位价值比较小或不能周转使用的包装材料，应作为原材料进行核算。

（2）用于储存和保管商品、产品、材料而不对外出售的包装物。这类包装物应按其价值大小和使用年限长短，分别在"固定资产"和"低值易耗品"账户中核算。

（3）单独列作企业商品、产品的自制包装物，一般作为库存商品处理。

（二）包装物的计价

企业购入、自制、委托外单位加工完成等验收入库的包装物，应按实际成本作为包装物的入账价值。对于发出包装物，应当按照发出包装物用途不同，分别采用一次摊销法或五五摊销法进行摊销，计入相关资产的成本或当期损益。如果包装物计提了存货跌价准备的，还应结转已计提的存货跌价准备，冲减有关资产的成本或当期损益。

一次摊销法是指企业在领用包装物时将其成本一次全部摊销的方法。该方法会计核算手续简单，但容易造成包装物实际价值和账面价值不一致，而且各期包装物的领用或报废不均衡，会影响到各期损益。因此，该方法一般适用于价值量较小、使用期限较短且各期领用比较均衡的包装物。

五五摊销法是指在领用包装物时摊销其成本的一半,在包装物报废时再摊销其成本的另外一半的方法。采用该方法可以避免一次摊销法的缺点。但当企业领用包装物价值较大、使用时间较长且各期领用包装物不均衡时,会影响各会计期间的损益。因此,这种方法一般适用于经常领用且使用较均衡的包装物摊销。

(三) 包装物的会计处理

包装物可以按实际成本计价,也可以按计划成本计价进行核算。具体采用哪种方法计价,企业可根据实际情况自行确定。

1. 账户设置

企业会计准则规定,对于包装物的核算,企业应设置"周转材料——包装物"账户,核算企业包装物的增减变动和结余情况。该账户借方登记企业实际验收入库包装物的成本,贷方登记发出包装物的成本,余额在借方,反映期末库存的包装物成本。该账户应按包装物的种类分别"在库""在用""摊销"等明细账户进行明细分类核算。小企业包装物数量较多,也可以单独设置"包装物"账户进行核算。下面以"周转材料"账户的设置进行核算说明。

2. 取得包装物的会计处理

企业取得包装物主要有购入、自制、委托加工收回等验收入库包装物的核算,其会计处理与原材料收入的会计处理基本相同。

【例4-35】粤龙公司采用实际成本法计价,从外地购入包装物,其价值12 000元,增值税1 920元,外地运费300元,全部价款均以银行存款支付,包装物验收入库。编制会计分录如下:

借:周转材料——包装物　　　　　　　　　　12 270
　　应交税费——应交增值税(进项税额)　　 1 950
　　贷:银行存款　　　　　　　　　　　　　14 220

3. 发出包装物的会计处理

企业发出包装物的核算应当按照发出包装物的不同用途分别进行处理。

(1) 生产领用包装物。

生产领用包装物,一般都是用于包装本企业的商品、产品,成为商品、产品不可分割的组成部分,这种包装物一般不单独计价,而是直接计入商品、产品成本,随同商品、产品销售,不再收回。因此,其价值一次摊销计入商品、产品成本中。

【例4-36】粤龙公司采用计划成本计价,在生产过程用于包装产品领用包装物一批,其计划成本5 000元,该月包装物的成本差异率为-2%。编制会计分录如下:

①领用包装物时:

借:生产成本——基本生产成本　　　　　　 5 000
　　贷:周转材料——包装物　　　　　　　　 5 000

②月末结转领用包装物应承担的成本差异时:

借:生产成本——基本生产成本　　　　　　 100

贷：材料成本差异——包装物成本差异　　　100

（2）随同商品、产品一同出售不单独计价的包装物。

　　随同商品、产品一同出售不单独计价的包装物，在商品、产品销售时，作为销售费用处理。

【例4-37】粤龙公司为销售产品，领用包装物一批，其实际成本3 000元。编制会计分录如下：

　　借：销售费用　　　　　　　　　　　　　3 000
　　　　贷：周转材料——包装物　　　　　　　　　　3 000

（3）随同商品、产品出售单独计价的包装物。

　　随同商品、产品出售单独计价的包装物，在商品、产品销售时，按所售商品、产品的增值税率计算增值税销项税额，其包装物销售收入作为其他业务收入，包装物成本作为其他业务成本核算。

【例4-38】粤龙公司在销售产品时，随同产品出售单独计价的包装物一批，其售价为600元，增值税为96元，价款已通过银行收讫，该批包装物的实际成本为420元。编制会计分录如下：

①销售收到包装物价款时：

　　借：银行存款　　　　　　　　　　　　　696
　　　　贷：其他业务收入　　　　　　　　　　　　　600
　　　　　　应交税费——应交增值税（销项税额）　　96

②同时结转销售包装物的成本：

　　借：其他业务成本　　　　　　　　　　　420
　　　　贷：周转材料——包装物　　　　　　　　　　420

（4）出租、出借包装物。

　　企业对于多余或闲置不用的包装物，可用于出租、出借进行周转使用。出租、出借包装物在核算上的共同点是：

①核算内容都包括包装物价值的摊销、押金的收取与归还、报废时残料价值的处理等。

②摊销方法相同。一般企业包装物采用一次摊销法或五五摊销法进行摊销；施工企业的钢模板、木模板、脚手架和其他周转材料等，还可以采用分期摊销法进行摊销。

③收取的出租、出借包装物的押金，均计入"其他应付款"账户。

出租、出借包装物在核算上的区别是：

①发出包装物成本的负担对象不同。出租包装物的成本计入"其他业务成本"账户，出借包装物的成本计入"销售费用"账户。

②出租包装物要核算租金收入，并将租金收入计入"其他业务收入"账户核算。其中租金收入必须是不含增值税收入，而出借包装物没有租金收入。

③出租包装物报废的残值收入冲减"其他业务成本"账户，而出借包装物报废残值收入冲减"销售费用"账户。以下举例说明。

【例4-39】粤龙公司于10月5日随同产品销售出租包装箱100个，每个成本80

元，押金每个收取100元，存入银行。20日收回包装箱，租金3 480元（其中增值税480元），从押金中扣除，余款以现金退回。包装物成本于领用时一次摊销。编制有关会计分录如下：

①10月5日领用包装物时：
　　借：其他业务成本　　　　　　　　　　　　8 000
　　　　贷：周转材料——在库包装物（包装箱）　　8 000

②10月5日收取押金时：
　　借：银行存款　　　　　　　　　　　　　　10 000
　　　　贷：其他应付款——存入保证金　　　　　10 000

③10月20日扣除租金并退还押金时：
　　借：其他应付款——存入保证金　　　　　　10 000
　　　　贷：其他业务收入　　　　　　　　　　　3 000
　　　　　　应交税费——应交增值税（销项税额）　480
　　　　　　库存现金　　　　　　　　　　　　　6 520

【例4-40】粤龙公司于10月3日随同产品销售出借包装箱150个，每个成本50元，押金每个收取80元，存入银行。25日收回包装箱，押金对方已通过银行汇出。包装物成本于领用时一次摊销。编制有关会计分录如下：

①10月3日领用包装物时：
　　借：销售费用　　　　　　　　　　　　　　7 500
　　　　贷：周转材料——在库包装物（包装箱）　　7 500

②10月3日收取押金时：
　　借：银行存款　　　　　　　　　　　　　　12 000
　　　　贷：其他应付款——存入保证金　　　　　12 000

③10月25日退还押金时：
　　借：其他应付款——存入保证金　　　　　　12 000
　　　　贷：银行存款　　　　　　　　　　　　　12 000

4. 包装物报废的会计处理

出租、出借包装物因不能使用而报废时，其残料价值分别冲减"其他业务成本"（出租包装物）和"销售费用"（出借包装物）等账户。

【例4-41】粤龙公司有一批出租包装箱，不能继续使用，经领导批准将其报废，残料出售取得现金80元。编制会计分录如下：

　　借：库存现金　　　　　　　　　　　　　　80
　　　　贷：其他业务成本　　　　　　　　　　　80

如果该批包装箱是用来出借的，编制会计分录如下：

　　借：库存现金　　　　　　　　　　　　　　80
　　　　贷：销售费用　　　　　　　　　　　　　80

对于出租、出借包装物，如果其价值较高，可采用五五摊销法摊销其价值，具体核算举例如下：

【例4-42】粤龙公司出借包装物30个给B公司,其计划单位成本100元,收到押金4 000元;同时收回出租给C公司的包装物38个,其中30个入库可继续使用,8个转入报废,还有2个无法收回,其计划单位成本150元,押金8 000元(每个押金200元),扣除应收租金600元,没收2个无法收回包装物押金400元,其余的退回。报废包装物收回残值100元作为材料已入库。本月包装物差异率为-1%。

(1) 出借给B公司包装物时:
①将包装物出借给B公司时:
  借:周转材料——出借包装物(在用) 3 000
    贷:周转材料——出借包装物(在库) 3 000
②摊销出借包装物价值的一半1 500元:
  借:销售费用 1 500
    贷:周转材料——出借包装物(摊销) 1 500
③结转出借包装物时摊销价值一半的成本差异:
  借:销售费用 15
    贷:材料成本差异——包装物成本差异 15
④收取出借B公司包装物押金时:
  借:库存现金(银行存款) 4 000
    贷:其他应付款——B公司 4 000

(2) 收回出租给C公司包装物时:
①收回报废包装物的残值时:
  借:原材料 100
    贷:其他业务成本 100
②摊销收回出租包装物中报废(含无法收回)的10个包装物价值的剩余一半:
  借:其他业务成本 750
    贷:周转材料——出租包装物(摊销) 750
③结转报废包装物时摊销剩余一半价值的成本差异:
  借:其他业务成本 6.5
    贷:材料成本差异——包装物成本差异 6.5
④注销报废(含无法收回)包装物(10个)的成本:
  借:周转材料——出租包装物(摊销) 1 500
    贷:周转材料——出租包装物(在用) 1 500
⑤抵扣租金收入和没收部分押金,其余押金退回:
应退押金 = 38×200 - 600 = 7 000(元)
应收租金和没收的押金 = 600 + 400 = 1 000(元)
换算为不含税价款为 1 000÷(1 + 17%) = 854.70(元)
  借:其他应付款 8 000
    贷:其他业务收入 854.70

```
        应交税费——应交增值税（销项税额）    145.30
        银行存款                      7 000.00
⑥收回可用包装物 30 个入库：
    借：周转材料——出租包装物（在库）    4 500
        贷：周转材料——出租包装物（在用）    4 500
```

二、低值易耗品的会计处理

（一）低值易耗品及其内容

低值易耗品是指企业在生产经营活动中所必需的单项价值比较低或使用年限比较短，不能作为固定资产核算的各种用具物品，如工具、管理用具、玻璃器皿、劳动用具以及在经营过程中周转使用的包装容器等。

低值易耗品可以多次参加企业生产经营活动，而不改变其实物形态，其价值随着使用不断转移到相关的成本、费用中去，并在使用过程中可能会发生修理费，报废时也会有一定的残值。就其性质而言，低值易耗品具有固定资产的特性。

低值易耗品同时具有品种多、数量大、价值较低、使用期限较短、容易损坏、收发频繁等特点。在实务中，为了便于资产的实物管理，我国会计准则规定将不具备固定资产价值标准的器具、工具等作为低值易耗品，单独设置"周转材料"或"低值易耗品"进行核算，并按低值易耗品的类别、品种、规格进行明细核算。

需要说明的是，有些国家的会计准则甚至国际会计准则允许将某些价值量不大、使用年限超过 1 年的个别项目，如模子、工具、冲模等归并为一个总额以固定资产核算。

低值易耗品按用途可分为一般工具、专用工具、替换设备、管理用具、劳动保护用品以及不属于上述各项的低值易耗品等。

（二）低值易耗品的会计处理

低值易耗品的成本构成与原材料相同。其核算主要包括低值易耗品的领用及摊销的核算。低值易耗品同原材料、包装物一样，可以采用实际成本计价，也可以采用计划成本计价核算。

1. 账户设置

企业应当设置"周转材料"账户对低值易耗品进行核算，在该账户下设置"低值易耗品（在库）""低值易耗品（在用）"和"低值易耗品（摊销）"账户进行明细分类核算。为加强低值易耗品的管理，还应当对在库和在用低值易耗品按其品种、规格设置数量金额明细账进行数量金额核算。如果小企业低值易耗品数量较多，也可以单独设置"低值易耗品"账户进行核算。下面以"周转材料"账户的设置举例说明。

2. 低值易耗品取得的会计处理

企业取得低值易耗品主要有购入、自制、委托加工收回等验收入库低值易耗品的核算，其核算与原材料、包装物收入的核算基本相同。

【例4-43】粤龙公司采用实际成本法计价，从外地购入一批低值易耗品，其价值8 000元，增值税1 280元，外地运费100元，全部价款均以银行存款支付，该批低值易耗品验收入库。编制会计分录如下：

借：周转材料——低值易耗品　　　　　　　　8 090
　　应交税费——应交增值税（进项税额）　　1 290
　　　贷：银行存款　　　　　　　　　　　　　　　　9 380

3. 低值易耗品摊销的会计处理

低值易耗品的摊销与包装物一样，一般可以采用一次摊销法和五五摊销法，施工企业还可以采用分期摊销法。在实务中，针对不同情况采用不同的摊销方法。

（1）一次摊销法。

一次摊销法是指在领用低值易耗品时，按使用部门的不同将其价值一次摊销计入当期有关成本费用。也就是领用时，根据领用部门，分别借记"生产成本""制造费用""管理费用""销售费用"等账户，按实际领用的成本，贷记"周转材料——低值易耗品"账户。报废时将相关残料价值冲减相关成本费用，借记"原材料"等账户，贷记"生产成本""制造费用""管理费用""销售费用"等账户。

一次摊销法核算比较简单，但费用负担不够均衡，主要适用于一次领用数量不多、单位价值较低、使用期限较短或易损耗的低值易耗品的核算。

【例4-44】粤龙公司某生产车间领用低值易耗品一批，其计划成本500元，差异分配率为-2%，采用一次摊销法。编制会计分录如下：

借：制造费用　　　　　　　　　　　　　　　　500
　　贷：周转材料——低值易耗品（在库）　　　　　500

借：制造费用　　　　　　　　　　　　　　　　10
　　贷：材料成本差异——低值易耗品差异　　　　　10

如果该批低值易耗品报废，收回残值50元，已入库。编制会计分录如下：

借：原材料　　　　　　　　　　　　　　　　　50
　　贷：制造费用　　　　　　　　　　　　　　　　　50

采用一次摊销法，低值易耗品的价值虽然一次转为成本费用，但它的实物形态并未随其价值转移而消失。这样势必出现账外资产，不利于实物管理。

（2）五五摊销法。

五五摊销法是指在领用低值易耗品时，将其成本的50%计入当期成本费用，在低值易耗品报废时摊销另外50%计入成本费用的摊销方法。该方法有利于加强低值易耗品的管理，主要适用于使用期限较长、单位价值较高、经常领用且领用数量较均衡的低值易耗品。

采用五五摊销法，在领用低值易耗品时，按领用低值易耗品的成本，借记"低值易耗品（在用）"账户，贷记"低值易耗品（在库）"账户；同时将低值易耗品成本的50%按领用部门，分别借记"生产成本""制造费用""管理费用""销售费用"等账户，贷记"周转材料——低值易耗品（摊销）"账户。当低值易耗品报废时，再根据低值易耗品成本的50%，借记"生产成本""制造费用""管理费用""销售费用"等账户，贷记"周转材料——低值易耗品（摊销）"账户；同时注销低值易耗品的成本及其已摊销价值，借记"周转材料——低值易耗品（摊销）"账户，贷记"周转材料——低值易耗品（在用）"账户。

【例4-45】粤龙公司管理部门本月领用低值易耗品，其计划成本为3 000元；同时报废某生产车间以前月份领用的低值易耗品一批，其计划成本为2 000元，收回残料价值100元入库。月末材料成本差异率为-1%。

①领用低值易耗品时：
　　借：周转材料——低值易耗品（在用）　　3 000
　　　　贷：周转材料——低值易耗品（在库）　　3 000
②领用时摊销一半：
　　借：管理费用　　1 500
　　　　贷：周转材料——低值易耗品（摊销）　　1 500
③领用低值易耗品承担的成本差异：1 500×(-1%)=-15（元）
　　借：管理费用　　15
　　　　贷：材料成本差异——低值易耗品差异　　15
④生产车间报废低值易耗品时摊销其价值的另一半：
　　借：制造费用　　1 000
　　　　贷：周转材料——低值易耗品（摊销）　　1 000
⑤收到残料入库：
　　借：原材料——辅助材料　　100
　　　　贷：制造费用　　100
⑥报废低值易耗品摊销一半应承担的材料成本差异：(1 000-100)×(-1%)=-9（元）
　　借：制造费用　　9
　　　　贷：材料成本差异——低值易耗品差异　　9
⑦注销报废低值易耗品的计划成本：
　　借：周转材料——低值易耗品（摊销）　　2 000
　　　　贷：周转材料——低值易耗品（在用）　　2 000

（3）分期摊销法。

分期摊销法是指按低值易耗品的预计使用期限或预计使用次数分次摊销其成本的方法。采用该方法，其账户设置和核算同五五摊销法。该方法一般适用于单位价值较高、使用时间较长、使用情况相对稳定的施工企业周转材料。

第六节　存货的清查与期末计量

一、存货清查

（一）存货清查的种类与方法

企业在日常存货收发与保管过程中，因种种原因可能会造成存货实际结存数量与账面结存数量不符，为确保存货账实相符，企业应定期或不定期对存货进行清查，以做到账实相符，加强财产的安全完整。

1. 存货清查的种类

存货包括原材料、在产品、产成品、库存商品、周转材料等。存货的清查也就是对原材料、在产品、产成品、库存商品、周转材料的清查。

（1）存货按清查时间分类，可以分为定期清查和不定期清查。

①定期清查，是指在规定时间对存货进行的例行清查。如月末、季末、年末结账前的清查。

②不定期清查，是指没有规定好清查时间，而是根据需要进行的临时性清查。

（2）存货按清查范围分类，可以分为全面清查和局部清查。

①全面清查，是指对各类存货进行全面性盘点和核对。全面清查一般属于定期清查。

②局部清查，是指仅对某一部分存货进行的清查。局部清查一般属于不定期清查。

2. 存货清查的方法

存货清查通常采用实地盘点的方法。对于某些确实无法实地盘点的存货，如大量成堆的煤炭、沙石等可以采用技术推算法等方法进行清查。

（二）存货清查的会计处理

1. 账户的设置

企业在财产清查中查明的各项存货的盘盈、盘亏和毁损，应设置"待处理财产损溢——待处理流动资产损溢"账户核算。该账户属于资产类账户，借方登记发生的存货盘亏、毁损金额和经批准转销的盘盈金额，贷方登记发生的存货盘盈金额和经批准转销的盘亏金额。按照企业会计准则的规定，企业发生的财产盘盈、盘亏和毁损，应查明原因，在期末结账前处理完毕，经转销后该账户无余额。

2. 存货盘盈的会计处理

发生存货盘盈时，在按规定程序报经有关部门（如董事会、管理层或类似机构等）批准后才能作出会计处理。在报批以前，一般先根据盘盈的存货，按同类或类似存货的重置成本计价入账，调整存货账面记录，使账实一致，借记"原材料""库存商品"等账户，贷记"待处理财产损溢——待处理流动资产损溢"账户。查明原因之后，应按不同原因及处理意见分别处理。对于无法查明原因或计量、收发错误，一般应冲减管理费用，借记"待处理财产损溢——待处理流动资产损溢"账户，贷记"管理费用"账户。

【例4-46】粤龙公司在财产清查中盘盈甲材料一批，按重置成本计算其成本为30 000元，盘盈原因待查。

（1）清查发现盘盈材料时：

借：原材料——甲材料　　　　　　　　　　　　　　30 000
　　贷：待处理财产损溢——待处理流动资产损溢　　　　　30 000

（2）查明原因，盘盈的材料系收发时计量误差造成的，经批准冲减企业的管理费用。

借：待处理财产损溢——待处理流动资产损溢　　　　30 000
　　贷：管理费用　　　　　　　　　　　　　　　　　　　30 000

3. 存货盘亏和毁损的会计处理

对于盘亏和毁损的存货，企业在报经批准处理以前，应先通过"待处理财产损溢——待处理流动资产损溢"账户进行核算。盘亏和毁损的存货，一般按盘亏和毁损存货的实际成本（按计划成本计算的，应将计划成本调整为实际成本），借记"待处理财产损溢——待处理流动资产损溢"账户，贷记有关存货账户。对于盘亏和毁损的存货价值中包含的不得从销项税额中抵扣的增值税进项税额也应同时转出，贷记"应交税费——应交增值税（进项税额转出）"账户。

查明盘亏和毁损的原因后，应按不同的原因及批准意见分别入账，借记有关账户，贷记"待处理财产损溢——待处理流动资产损溢"账户。其中，属于收发计量差错、定额内合理损耗造成的盘亏，一般作为管理费用列支；属于一般经营性损失的，扣除残料价值以及可收回的保险公司赔款和过失人赔偿后的剩余净损失，经批准也可作为管理费用列支；属于自然灾害、管理不善造成存货被盗、发生霉烂变质等损失以及其他非正常损失的，扣除可以收回的保险赔偿及残料价值后的净损失，作为企业的营业外支出处理。

【例4-47】粤龙公司在财产清查中，发现甲材料短缺2 000千克，每千克8元，购进该批材料时支付的进项税额为2 560元。

（1）清查盘亏材料时

借：待处理财产损溢——待处理流动资产损溢　　　　18 560
　　贷：原材料——甲材料　　　　　　　　　　　　　　　16 000
　　　　应交税费——应交增值税（进项税额转出）　　　　2 560

（2）查明原因，盘亏甲材料1 000千克系定额内合理损耗，经批准作为管理费用，另1 000千克属于非常损失，保险公司同意赔偿750千克，其余损失经批准转为营业外支出。

借：管理费用　　　　　　　　　　　　　　　　　　　9 280
　　其他应收款——保险公司　　　　　　　　　　　　　6 960
　　营业外支出——非常损失　　　　　　　　　　　　　2 320

贷：待处理财产损溢——待处理流动资产损溢   18 560

需要说明的是，企业清查的各种存货及其他资产的损溢，应于期末前查明原因并根据企业的管理权限，经股东大会或董事会，或经理（厂长）会议等类似机构批准后，在期末结账前处理完毕。如清查的各种财产损溢在期末结账前尚未批准的，在对外提供财务报表时应先按上述处理原则进行，并在会计报表附注中说明；如果其后批准处理的金额与已处理的金额不一致的，还应作为资产负债表日后事项调整会计报表相关项目的金额。期末，"待处理财产损溢"账户应无余额。

二、存货的期末计量

（一）存货的期末计量方法

存货期末计量是指确定会计期末（即资产负债表日）存货的账面价值以及在资产负债表列示的金额。由于存货在取得时是以实际成本入账的，存货购进后可能发生价格降低、毁损、陈旧等情况，因此在会计期末，需要对存货的价值进行确认，以便真实、客观地反映披露期末存货的实际价值。

存货期末计量的方法，主要有以下三种：

（1）成本法，是指按照期末结存存货的实际采购成本或制造成本在资产负债表上列示。这种方法的优点是简便易行，并保证会计信息的可靠性；缺点是当存货市价下跌时，会导致资产虚增，不符合会计的谨慎原则。[1]

（2）市价法，是指按照期末结存存货的市场价格在资产负债表上列示。这种方法的优点是可以反映存货的实际价值，有助于提高会计信息的有用性；缺点是收集市价资料的工作量过大，不便于实际操作，当存货市价升高时，还会导致当期利润虚增。

（3）成本与市价孰低法，是指在会计期末通过比较存货的成本与市价，取两者中较低的一个作为存货计价基础，即当存货成本低于市价时，按成本计价；当市价低于成本时，按市价计价。成本指的是存货购入或生产时的实际成本，即存货的账面价值。市价一般指存货的市场销售价格，也可采用重置成本和可变现净值。

为了准确、客观地反映期末存货的实际价值，我国《企业会计准则》规定，在资产负债表日，企业应当按照成本与可变现净值孰低计量。

（二）成本与可变现净值孰低法

1. 成本与可变现净值孰低法的含义

成本与可变现净值孰低法，是指对期末存货按成本与可变现净值两者中较低者计价的方法，即：当存货成本低于可变现净值时，存货按成本计量；当存货成本高于可变现净值时，存货按可变现净值计量，对存货高于可变现净值的差额，应确认存货减值损失，计提存货跌价准备，并计入当期损益。

"成本"是指期末存货的实际成本，也就是按照先进先出法、加权平均法、个别计价法等计算确定的实际成本。如果企业采用计划成本计价、售价金额核算法等核算方法，则应将其调整为实际成本。

"可变现净值"是指企业在日常活动中，存货的估计价售价减去至完工时估计将要发生的成本、估计的销售费用以及相关税费后的金额。可见，可变现净值实质上是指存货在正常生产经营环境下可获得的未来现金流入，而不是存货的售价（市价或合同价）。也就是说，以存货预计取得的收入为基础，在扣除销售存货过程中可能发生的相关税费和销售费用，以及为达到预定可销售状态还可能发生的进一步加工成本等支出后的余额才是存货的可变现净值。

2. 存货可变现净值的确定依据

企业确定存货的可变现净值，必须以取得的确凿证据为依据，还要考虑持有存货的目的、资产负债表日后事项的影响等因素。

（1）确凿证据，是指对确定存货的可变现净值有直接影响的确凿证据，如产品的市场销售价格、与企业产品相同或类似商品的市场销售价格、供货方提供的有关资料、销售方提供的有关资料、生产成本资料等证据。

（2）考虑持有存货的目的。由于企业持有存货的目的不同，确定存货的可变现净值的计算方法也不相同。企业持有存货目的是指为了销售还是加工后销售等。根据持有存货目的不同，可变现净值有两种确定方法：

①持有以备出售的存货，包括准备对外出售的产成品、库存商品、库存材料等。其可变现净值计算如下：

可变现净值＝存货估计售价－估计的销售费用及相关税费

②持有加工后出售的存货，是指将在生产过程或提供劳务过程中耗用或继续加工的存货，包括用于生产的材料、半成品、包装物、低值易耗品等。其可变现净值计算如下：

可变现净值＝存货的估计售价－完工时估计将要发生的成本－估计的销售费用及相关税费

（3）考虑资产负债表日后事项的影响，是指在确定资产负债表日存货的可变现净值时，不仅要考虑资产负债表日发生的相关价格与成本波动的影响，还应考虑资产负债表日后至财务报告批准报出日之前这段时间发生的相关事项的影响，如存货预计未来产品更新换代、消费者偏好等市场情况。比如：2009 年 12 月 31 日，某种产品的市场销售单价为 80 元，但根据可靠资料，预计在 2010 年 1 月，该产品的市场销售单价可能会下跌至 75 元，则在编制 2009 年 12 月 31 日的资产负债表时，企业确定该产品的可变现净值就应考虑 2010 年 1 月份该产品销售单价将下降这一因素。

3. 存货估计售价的确定

为了计算可变现净值，企业必须先确定估计售价。在确定估计售价时，企业应以资产负债表日为基准，如果当月存货价格变动较大，则应当以该存货平均销售价格或资产负债表日最近几次销售价格的平均数，作为估计售价的基础。估计售价应当根据不同情况来确定：

（1）为执行销售合同或者劳务合同而持有的存货，应当以产成品或者商品的合同价格作为其可变现净值的计量基础。

如果企业与购买方签订了销售合同（或劳务合同，下同）并且销售合同订货的数量大于或等于企业持有存货的数量（销售数量＞库存数量），在这种情况下，在确定与该项销售合同直接相关存货的可变现净值时，应当以销售合同价格作为其可变现净值的计量基础。如果企业销售合同所规定的标的物还没有生产出来，但持有专门用于标的物生产的材料，其可变现净值也应当以合同价格作为计量基础。这里的"销售合同或劳务合同"是指企业签订的不可撤销合同，其销售存货的价格固定、数量固定、标的物固定、交货地点固定。

【例 4-48】2017 年 8 月 10 日，粤龙公司与 B 公司签订了一份不可撤销的销售合同，双方约定，2018 年 2 月 15 日，粤龙公司应按 200 000 元/台的价格向 B 公司提供 M 型机器 10 台。2017 年 12 月 31 日，粤龙公司 M 型机器的账面价值（成本）为 1 360 000 元，数量为 8 台，单位成本为 170 000 元/台。2017 年 12 月 31 日，M 型机器的市场销售价格为 190 000 元/台。要求确定 2017 年 12 月 31 日 M 型机器的估计售价。

根据上述资料，分析计算如下：

根据粤龙公司与 B 公司签订的销售合同，粤龙公司该批 M 型机器的销售价格已由销售合同约定 20 万元/台，并且其库存数量（8 台）小于销售合同订购的数量（10 台），所以应以销售合同约定的价格 160 万元（8×20）作为 M 型机器的估计售价。

【例 4-49】2017 年 8 月 10 日，粤龙公司与 C 公司签订了一份不可撤销的销售合同，双方约定，2018 年 2 月 15 日，粤龙公司应按 20 万元/台的价格向 C 公司提供 M 型机器 10 台。2017 年 12 月 31 日，粤龙公司还没生产出该批 M 型机器，但持有库存原材料——甲材料专门用于生产该批 M 型机器 10 台，其账面价值（成本）为 95 万元，2017 年 12 月 31 日，甲材料的市场销售价格为 90 万元/台。要求确定甲材料的估计售价。

根据上述资料，分析计算如下：

根据粤龙公司与 C 公司签订的销售合同，粤龙公司该批 M 型机器的销售价格已由销售合同约定 20 万元/台，粤龙公司还没生产出来，但持有库存原材料——甲材料专门用于生产该批 M 型机器，且可生产数量不大于销售合同订购的数量，因此在这种情况下，计算该批甲材料的可变现净值时，应以销售合同约定的 M 型机器的销售价格 200 万元（10×20）作为计量基础。

（2）如果企业持有存货的数量多于销售合同订购数量（销售数量＜库存数量），超出部分存货的可变现净值，应当以一般销售价格作为计量基础。

在这种情况下，销售合同约定数量的存货，应当以销售合同约定的价格作为可变现净值的计量基础；超出部分的存货的可变现净值应当以一般销售价格作为计量基础。

【例 4-50】2017 年 8 月 10 日，粤龙公司与 D 公司签订了一份不可撤销的销售合同，双方约定，2018 年 2 月 15 日，粤龙公司应按 20 万元/台的价格向 D 公司提供 M 型机器 10 台。2017 年 12 月 31 日，粤龙公司 M 型机器账面价值（成本）为 95 万元，数量为 12 台，单位成本为 18 万元/台。2017 年 12 月 31 日，M 型机器的市场销售价格为 24 万元/台。要求确定 M 型机器的估计售价。

根据上述资料，分析计算如下：

根据粤龙公司与 D 公司签订的销售合同,粤龙公司该批 M 型号机器的销售价格已由销售合同约定 20 万元/台,并且其库存数量(12 台)大于销售合同订购的数量(10 台),在这种情况下,对于销售合同约定数量(10 台)的 M 型机器的可变现净值应以合同约定价格 200 万元(10×20)作为计量基础;而对于超出部分(2 台)M 型机器的可变现净值应以一般销售价格 48 万元作为计量基础。所以该批 M 型机器的估计售价为 248 万元(10×20+2×24)。

(3)没有销售合同或劳务合同约定的存货,其估计售价应当以产成品或商品的一般销售价格或原材料的市场价格作为计量基础。

【例 4-51】2017 年 12 月 31 日,粤龙公司 M 型机器的账面价值(成本)为 216 万元,数量 12 台,单位成本为 18 万元/台。2017 年 12 月 31 日,M 型机器的市场销售价格为 20 万元/台。粤龙公司没有签订有关 M 型号机器的销售合同。要求确定 2017 年 12 月 31 日 M 型号机器的估计售价。

根据上述资料,分析计算如下:

由于粤龙公司没有就 M 型号机器签订销售合同,因此,计算确定 M 型号机器的估计售价以一般销售价格 240 万元(12×20)作为计量基础,即估计售价为 240 万元。

4. 材料存货可变现净值的确定

会计期末,企业运用"成本与可变现净值孰低法"对材料存货进行计量时,需要考虑材料的用途。对于不同用途的材料,其可变现净值的确定应按以下原则处理:

(1)对于用于生产而持有的材料,也就是需要经过加工的材料存货,如原材料、在产品、委托加工材料等,如果用其生产的产成品的可变现净值预计高于产成品的生产成本,则该材料应当按材料成本计量。

【例 4-52】2018 年 12 月 31 日,粤龙公司库存原材料——甲材料的账面价值(成本)为 200 万元,市场购买价格为 180 万元,假设不发生其他购买费用,用甲材料生产的产成品——M 型机器的可变现净值高于成本。要求确定 2018 年 12 月 31 日甲材料的可变现净值。

根据上述资料,分析计算如下:

2018 年 12 月 31 日,虽然甲材料的账面价值(成本)高于其市场价格,但是由于用其生产的产成品——M 型机器的可变现净值高于其成本,即用该材料生产的最终产品此时并没有发生价值减损。在这种情况下,甲材料即使其账面价值(成本)已高于市场价格,也不应计提存货跌价准备,仍应按其账面价 200 万元列示在粤龙公司 2018 年 12 月 31 日资产负债表的存货项目中。

(2)如果材料价格的下降表明产成品的可变现净值低于产成品的生产成本,则应当按材料的可变现净值计量,即需要计提跌价准备。其可变现净值为在生产经营过程中,以该材料所生产的产成品的估计售价减去至完工时估计将要发生的成本、估计的销售费用以及相关税费后的金额确定。即:

材料的可变现净值=产成品的估计售价-将材料加工成产成品尚需投入的成本-产成品估计销售费用及相关税费

【例 4-53】2018 年 12 月 31 日,粤龙公司库存原材料——乙材料的账面价值(成本）为120万元，市场购买价格为100万元，假设不发生其他购买费用。由于乙材料市场销售价格下降，用乙材料生产的N型机器的是市场销售价格也相应从240万元下降为200万元，但其生产成本仍为220万元，将乙材料加工成N型号机器尚需投入80万元，估计销售费用及相关税费为6万元。要求确定2018年12月31日乙材料的可变现净值。

根据上述资料，分析计算如下：
①计算用乙材料所生产的产成品的可变现净值：
N型号机器的可变现净值＝N型号机器估计售价＝估计销售费用及税金
＝200－6＝194（万元）
②将用乙材料所生产的产成品的可变现净值与其成本进行比较。
N型号机器的可变现净值194万元小于其成本220万元，即乙材料价格的下降和N型号机器销售价格的下降表明N型号机器的可变现净值低于其成本，因此，乙材料应当按可变现净值计量。
③计算乙材料的可变现净值，并确定期末价值。
乙材料的可变现净值＝N型机器的估计售价－将乙材料加工成N型机器尚需投入的成本－估计销售费用及税金＝200－80－6＝114（万元）
乙材料的可变现净值114万元小于成本120万元，因此，乙材料的期末价值应为其可变现净值114万元，即乙材料应按114万元列示在2018年12月31日资产负债表的存货项目之中。

（3）用于出售的材料，通常以市场价格减去估计的销售费用和相关税费等后的金额作为其可变现净值。这里的市场价格是指材料等的市场销售价格。如果用于出售的材料存在销售合同约定，则应按合同价格作为其可变现净值的计算基础。

【例4－54】2018年12月31日，粤龙公司根据市场需求的变化，决定停止生产M型号机器。为减少不必要的损失，粤龙公司决定将原材料中专门用于生产M型号机器的外购原材料——甲材料全部出售。2018年12月31日，甲材料账面价值（成本）为70万元，数量为10吨。根据市场调查，甲材料的市场销售价格为6.5万元/吨，同时可能发生的销售费用及相关税费0.8万元。要求确定2018年12月31日甲材料的可变现净值。

由于粤龙公司已决定不再生产M型号机器，因此，甲材料的可变现净值不能再以M型号机器的销售价格作为其计量基础，而应按甲材料本身出售的市场价格作为计量基础，即该批甲材料的估计售价为65万元（10×6.5），其可变现净值为64.2万元（10×6.5－0.8）。

（三）**存货减值损失及其会计处理**

存货减值损失，也称存货跌价损失，指企业由于存货遭受毁坏、全部或部分陈旧过时或销售价格低于成本等原因，使存货成本不可收回而产生的损失。企业在资产负债表日，需要对存货资产进行测试，判断存货的可变现净值是否低于其账面价值。如果企业存货的可变现净值低于其账面价值，表明存货发生了减值，应当对所发生的减值损失及时加以确认和计量。

1. 存货减值迹象的判断

企业定期对存货进行全面检查时，如果存货存在下列情形之一，通常表明存货的可变现净值低于成本（即存货出现减值的迹象）：

（1）该存货的市场价格持续下跌，并且在可预见的未来无回升的希望；

（2）企业使用该项原材料生产的产品的成本大于产品的销售价格；

（3）企业因产品更新换代，原有库存原材料已不适应新产品的需要，而该原材料的市场价格逐步下跌；

（4）因企业所提供的商品或劳务过时或消费者偏好改变而使市场的需要发生变化，导致市场价格逐步下跌；

（5）其他足以证明该项存货实质上已经发生减值的情形。

如果存货存在下列情形之一，表明存货的可变现净值为零：

（1）已霉烂变质的存货；

（2）已过期且无转让价值的存货；

（3）生产中已不再需要，并且已无使用价值和转让价值的存货；

（4）其他足以证明已无使用价值和转让价值的存货。

2. 存货减值损失的确定方法

企业按成本与可变现净值孰低法对存货计价时，有三种不同计算存货减值方法可供选择。

（1）单项比较法。

单项比较法也称为逐项比较法或个别比较法，是指将存货中每一项存货的成本与其可变现净值逐一进行比较，按较低者确定每项存货的期末价值，并且按照存货成本高于可变现净值的差额，确定存货减值损失。

（2）分类比较法。

分类比较法是对每一类存货的成本与可变现净值进行比较，按较低者确定每类存货的期末价值，并且按照存货成本高于可变现净值的差额，确定存货减值损失。

（3）总额比较法。

总额比较法也称综合比较法，是对全部存货的总成本与可变现净值总额进行比较，取较低者作为全部存货的期末价值，并且对于存货高于可变现净值的差额，确定存货减值损失。

3. 存货减值损失的会计处理

会计期末，企业运用"成本与可变现净值孰低法"计量存货时，对于存货成本高于可变现净值的差额（即存货减值损失），应计提存货跌价准备，并计入当期损益；对于存货成本低于可变现净值的差额（即存货增值收益），则不需要进行会计处理。

企业通常应当按照存货项目计提存货跌价准备。即资产负债表日，企业应当将每个存货的成本与可变现净值逐一进行比较，按较低者计量存货，对其中存货可变现净值低于成本额，按存货成本计量，两者之间的差额即为应计提的跌价准备，然后再与已提数进行比较，若应提数大于已提数，则应予补提。企业计提的存货跌价准备，应当计入当期损益。

小企业通常应当按单项存货计提跌价准备。对于数量较多、单价较低的存货,可以按照存货类别计提存货跌价准备,与在同一地区生产和销售产品系列相关、具有相同或类似最终用途或目的,且难以与其他项目分开计量的存货,可以合并计提存货跌价准备。

对计算确认的存货跌价准备,会计上不直接冲减有关存货账户,而是单独设置"存货跌价准备"账户进行核算。该账户是资产类账户,也是存货的备抵调整账户。贷方登记计提的存货跌价准备金额,借方登记已计提跌价准备的存货应出售而结转的存货跌价准备的金额和存货价值得以恢复而转回计提的存货跌价准备的金额,转回的存货跌价准备以原计提的金额为限,期末余额在贷方,反映企业已计提但尚未转销的存货跌价准备。该账户可按存货项目或类别进行明细分类核算。

【例 4-55】粤龙公司有 A、B、C、D 四种存货,按其性质分为甲、乙两大类,2017 年 12 月 31 日的期末存货成本与可变现净值已经确定,分别按三种方法计算确定期末存货的价值及应计提的存货跌价准备,如表 4-7 所示。

表 4-7 期末存货成本与可变现净值比较表
2017 年 12 月 31 日　　　　　　　　　　　　　单位:元

项目	成本	可变现净值	单项比较法		分类比较法		总额比较法	
			期末计价	应提准备	期末计价	应提准备	期末计价	应提准备
甲类存货	52 000	54 000			52 000			
A 存货	28 000	26 000	26 000	2 000				
B 存货	24 000	28 000	24 000					
乙类存货	68 000	65 000			65 000	3 000		
C 存货	36 000	37 000	36 000					
D 存货	32 000	28 000	28 000	4 000				
总计	120 000	119 000		6 000		3 000	119 000	1 000

从表 4-7 中可以看出,单项比较法计算的期末存货成本数最低,分类比较法次之,总额比较法最高。这是因为单项比较法所确定的各项存货都是最低价,所以计算结果最为准确。根据表 4-7 所列的单项比较法确认的跌价损失,做如下会计分录:

　　借:资产减值损失　　　　　　　　　　　6 000
　　　　贷:存货跌价准备　　　　　　　　　　　　6 000

企业在连续计提存货跌价准备的情况下,每期应计提的存货跌价准备按下列公式计算:

本期应计提的存货跌价准备 = 本期计算的存货跌价准备 - "存货跌价准备"账户贷方余额

按上述公式计算的结果是正数为应补提数,负数为应冲销数。

【例 4-56】 粤龙公司采用"成本与可变现净值孰低法"进行存货的计价核算,假设,2017 年年末存货的账面成本为 1 200 000 元,由于市场价格下跌,预计可变现净值为 1 050 000 元,该批存货以前未计提跌价准备。

(1) 2017 年末,应计提的存货跌价准备:

存货跌价准备 = 1 200 000 - 1 050 000 = 150 000(元)

借:资产减值损失——计提存货跌价准备　150 000
　　贷:存货跌价准备　　　　　　　　　　　　　150 000

(2) 假设 2018 年年末,该批存货的预计可变现净值为 1 000 000 元。则应计提存货跌价准备(假设 2018 年末存货成本仍为 1 200 000 元):

存货跌价准备 = 1 200 000 - 1 000 000 - 150 000 = 50 000(元)

或:存货跌价准备 = 1 050 000 - 1 000 000 = 50 000(元)

借:资产减值损失——计提存货跌价准备　50 000
　　贷:存货跌价准备　　　　　　　　　　　　　50 000

(3) 假设 2019 年,该批存货的发生以下情况之一:

①若 2019 年年初,粤龙公司发现该存货过期已无任何价值,此时应将该存货账面价值转为当期损益。

借:资产减值损失——计提存货跌价准备　1 000 000
　　存货跌价准备　　　　　　　　　　　　　200 000
　　贷:库存商品　　　　　　　　　　　　　　　1 200 000

②若 2019 年全部出售该存货,则在结转成本同时结转其已计提的存货跌价准备 200 000 元。

借:主营业务成本　　　　　　　　　　　1 000 000
　　存货跌价准备　　　　　　　　　　　　　200 000
　　贷:库存商品　　　　　　　　　　　　　　　1 200 000

③若 2019 年年末,该批存货的预计可变现净值有所恢复,预计可变现净值为 1 030 000 元。则应冲减已计提的存货跌价准备:

存货跌价准备 = 1 200 000 - 1 030 000 - 150 000 - 50 000 = -30 000(元)

或　存货跌价准备 = 1 000 000 - 1 030 000 = -30 000(元)

借:存货跌价准备　　　　　　　　　　　30 000
　　贷:资产减值损失——计提存货跌价准备　　　30 000

④若 2019 年年末,该批存货的预计可变现净值有所恢复,预计可变现净值为 1 300 000 元,即 2019 年末存货的可变现净值 1 300 000 元高于其成本 1 200 000 元,期末存货应按成本计价。为此,对已计提的存货跌价准备应当全部冲回,但冲回的金额以原计提存货跌价准备金额为限。应冲减的存货跌价准备:

原计提的存货跌价准备 = 150 000 + 50 000 = 200 000(元)

借:存货跌价准备　　　　　　　　　　　200 000
　　贷:资产减值损失——计提存货跌价准备　　　200 000

2019 年末,"存货跌价准备"账户余额为"0"。

思考与练习

一、思考题

1. 什么是存货？确定存货范围的基本原则是什么？
2. 不同来源取得的存货，其入账价值如何确定？
3. 发出存货可以采用哪几种计价方法？分别说明各种方法的优缺点和适用性。
4. 原材料按实际成本与按计划成本计价核算各有什么特点？
5. 商品流通企业的库存商品有哪几种核算方法？各种方法有何特点？各适用于什么情况？
6. 什么是周转材料？其摊销方法如何？
7. 什么是存货的成本与可变现净值孰低法？当存货成本低于可变现净值时应如何进行核算？
8. 什么是存货的可变现净值？其可变现净值如何确定？
9. 如何判断存货发生了减值？存货减值该如何进行账务处理？

二、练习题

1. A 公司 6 月 1 日库存 A 材料 3 500 千克，单价 12 元，金额 42 000 元，本月份发生如下经济业务：

2008 年		收　　料			发　　料
月	日	数　　量	单　价	金　　额	数　　量
6	3	2 000	12.10	24 200	
	8				2 500
	12	1 000	12.14	12 140	
	18				3 000
	25	2 500	12.13	30 325	
	28				1 800

要求：根据上述资料，分别采用先进先出法、全月一次加权平均法、移动加权平均法计算发出材料的成本。

2. AB 公司为增值税一般纳税人，材料采用实际成本计价核算 2018 年 8 月 1 日期初结存材料 2 000 千克，单价 12.40 元。本月发生下列经济业务：

（1）4 日，购进甲材料 1 500 千克，每千克单价 12.30 元，供应单位开具的增值税专用发票上列明的货款 18 450 元，增值税 2 952 元，运杂费 300 元，价税款及运杂费以银行存款支付。材料尚未到达。

（2）7 日，仓库转来收料单，4 日购买的甲材料已验收入库，按实际采购成本转账。

(3) 10日，车间生产产品领用甲材料1 000千克，车间消耗领用500千克，管理部门领用300千克。

(4) 15日，购进甲材料1 000千克，每千克单价12.32元，供应单位开具的增值税专用发票上列明的货款12 320元，增值税额1 971.2元，运杂费100元，价税款由A公司开出一张为期2个月的商业汇票，运杂费以现金支付。材料尚未到达。

(5) 18日，仓库转来收料单，15日购买的甲材料验收入库990千克，短缺10千克，其中5千克为运输途中的合理损耗，另5千克由运输单位负责，结转其实际采购成本。

(6) 22日，购进甲材料2 600千克，每千克单价12.35元，供应单位开具的增值税专用发票上列明的货款32 110元，增值税5 137.6元，运杂费390元，材料尚未验收入库。收到供应单位开具的增值税专用发票，运杂费以现金支付，价税款尚未支付。

(7) 25日，收到仓库转来的22日购买的甲材料的入库单。全部材料均已验收入库。按实际采购成本转账。

(8) 28日，生产产品领用甲材料800千克，车间消耗领用200千克，企业管理部门领用甲材料200千克。

要求：根据上述资料，对AB公司发出的材料分别采用全月一次加权平均法和移动加权平均法计价，并编制会计分录。

3. B公司材料采用计划成本计价核算，2018年9月1日有关账户的期初余额如下：

①原材料账户：　　　　　　　　　　　　　　　　　80 530元
　　甲材料2 500千克　　计划单价12.5　　金额31 250元
　　乙材料3 200千克　　计划单价15.4　　金额49 280元
②材料成本差异账户（贷方余额）　　　　　　　　570元

该公司10月份发生下列经济业务：

(1) 3日，购买甲材料3 000千克，每千克12.40元，供应单位开具的增值税专用发票上列明的货款37 200元，增值税5 952元，A公司签发转账支票支付。材料尚未到达。

(2) 6日，仓库转来收料单，3日购买的甲材料3 000千克已验收入库，予以转账。

(3) 8日，仓库发出甲材料3 000千克，其中2 000千克用于生产产品，另1 000千克管理部门耗用。

(4) 10日，购买甲材料1 500千克，每千克12.36元，同时购买乙材料2 000千克，每千克15.28元，供应单位开具的增值税专用发票上列明的价款为49 100元，增值税款为7 856元，运杂费为350元，价税款及运杂费均以银行存款支付。材料已验收入库。运费按材料重量比例分配。

(5) 12日，仓库发出甲材料1 500千克，其中1 000千克用于生产产品，500千克生产车间领用，同时仓库还发出乙材料4 000千克，其中2 800千克用于生产产品，600千克生产车间耗用，600千克管理部门耗用。

(6) 16日，购买乙材料2 000千克，每千克15.30元，供应单位开具的增值税专用发票上列明的货款30 600元，增值税4 896元。A公司经审核无误，当即承付，材料尚未到达。

（7）20 日，仓库转来收料单，16 日购买的乙材料 2 000 千克全部验收入库，予以转账。

（8）24 日，仓库发出乙材料 1 800 千克，其中 1 300 千克用于生产产品，500 千克管理部门耗用。

（9）27 日，购买甲材料 1 000 千克，每千克 12.38 元，供应单位开具的增值税发票列明的价款 12 380 元，增值税 1 980.8 元，价税款开出转账支票支付，材料尚未到达。

（10）30 日，计算本月材料成本差异率并分摊发出材料成本差异。

要求：根据上述经济业务编制会计分录。

4. C 百货批发公司库存商品采用进价金额核算，2018 年 10 月份发生下列经济业务：

（1）3 日，购进甲商品一批，增值税专用发票上列明的价款为 30 000 元，增值税 4 800 元，当即签发转账支票支付，商品尚未运到。

（2）7 日，购进乙商品一批，增值税专用发票上列明的价款为 45 000 元，增值税 7 200 元，价税款未支付，另以现金支付运杂费 150 元，商品尚未验收入库。

（3）12 日，购进丙商品一批，增值税专用发票上列明的价款为 38 000 元，增值税 6 080 元，货款及税款已用银行存款支付。另以现金支付运杂费 120 元，商品尚未验收入库。

（4）19 日，购进丁产品一批，增值税专用发票上列明的价款为 52 000 元，增值税 8 320 元，价税款开出转账支票支付，另以现金支付运杂费 200 元，商品已经验收入库。

（5）26 日，销售甲商品售价 42 000 元，增值税 6 720 元，商品已发出，收到购货方签发的 3 个月，面值为 48 720 元的不带息商业汇票一张。

（6）31 日，采用毛利率法计算并结转商品销售成本，按上季度实际毛利率 15% 计算，本月商品销售收入为 800 000 元。

要求：根据上述资料编制会计分录。

5. D 百货零售公司为增值税一般纳税人，库存商品的售价金额核算，2018 年 10 月 1 日库存商品借方余额为 56 000 元，商品进销差价贷方余额为 8 700 元。

该公司 2018 年 10 月份发生下列经济业务：

（1）购进甲商品一批，增值税专用发票上列明的价款为 70 000 元，增值税 11 200 元，运费 1 000 元（其中准予抵扣的进项税 70 元），货款及运费以银行存款支付。

（2）上述购进甲商品全部验收入库，按零售价计价为 108 000 元。

（3）本月销售甲商品 120 000 元，款项收到存入银行。

（4）月末按 16% 增值税率计算调整（结转）本月销项税额。

（5）月末计算调整（结转）已销商品进销差价。

要求：根据以上业务编制会计分录，并计算 2018 年 10 月 31 日甲商品的存货成本。

6. M 公司对包装物和低值易耗品采用实际成本计价核算，包装物采用一次摊销法，低值易耗品采用五五摊销法。2018 年 5 月发生下列经济业务：

（1）购进一批办公用具，买价 4 000 元，增值税 640 元，货款及税款以银行存款支付，办公用具验收入库。

（2）管理部门领用办公用具一批，其实际成本 3 000 元。

（3）生产甲产品领用包装物 200 个，其实际成本 1 000 元。

（4）随同产品出售包装物一批，单独计价 1 044（其中增值税 144 元），价税款已收转账支票，该批包装物的实际成本为 760 元。

（5）到期收回出租的包装物，从原收取的押金中扣除租金 696 元，其余押金 500 元以现金退回。

（6）出借给外单位包装物 300 个，每个成本 15 元，每个收取押金 20 元存入银行。

（7）管理部门报废办公用具一批，其实际成本 3 500 元，收回残料入库 50 元。

要求：根据上述资料编制会计分录。

7. N 公司对期末存货计价采用成本与可变现净值孰低法，该公司各年度存货有关资料如下：

（1）2016 年年末首次计提存货跌价准备，库存商品的账面成本为 200 000 元，可变现净值为 195 000 元。

（2）2017 年年末，库存商品的账面成本为 230 000 元，可变现净值为 221 000 元。

（3）2018 年年末，库存商品的账面成本为 250 000 元，可变现净值为 246 000 元。

（4）2019 年年末，库存商品的账面成本为 260 000 元，可变现净值为 263 000 元。

要求：根据上述资料编制存货计提跌价准备的会计分录。

第五章 金融资产和长期股权投资

学习内容与目的

本章主要学习企业金融资产投资的含义、特点、内容以及各种金融资产投资的会计核算。通过学习,旨在了解金融资产投资的概念、特点、内容;理解各种金融资产投资的确认与计量;掌握交易性金融资产、债权投资、其他债权投资、长期股权投资等各种金融资产投资的会计处理。

第一节 金融资产投资概述

一、金融资产投资及其特点

(一)金融资产投资的含义

金融资产投资是指企业通过金融市场购买其他单位、企业发行的,具有现实价格和未来估价的金融工具(以价值形态存在的资产),并按照事先约定的条件收取利得,获取预期投资效益而进行的一种资金投放行为。

(二)金融资产投资特点

1. 可分割性

一般实物资产投资都具有整体性要求的特点,如投资者不可能建造1/2的厂房、购买2/3台设备,或准备生产经营活动所需的1/2存货等,否则,企业正常的生产经营活动就会受到影响。而金融资产投资则具有可分割性的特点,例如,从股票发行看,任何一个发行股票的公司都将其总股本按等额划分为若干股份，由此决定了任何一个投资者都可以根据自己的意愿购买其中某一百分比的股份，而不必百分百地购买或持有。从而为投资者自由地选择投资规模带来了便利。

2. 流动性强

投资者若将资金投资于一般实物资产，这些资金将在较长时期内受到束缚而不能流动。无论是固定资产上的投资还是存货、应收账款等流动资产上的投资，都有一个回收期或周转期。固定资产上的投资只有经过一定时期投资收回后才能周转使用，而存货、应收账款上的投资也需经过一定的时间后才能周转使用。在市场经济中，金融市场高度发达，金融资产上的投资可以不受时间的约束。绝大部分金融证券，不论其到期期限如何，投资者随时都可以根据自身的意愿，通过金融市场将其购入或出售，具有较强的流动性。

3. 相容性

一般实物资产的不可分割性，决定了在一定量的资金条件下，各投资项目之间往往由于资金量的约束而具有相互排斥的性质。而金融资产的可分割性，决定了金融资产具有相容性，即投资者可以同时购买几种或多种金融资产进行优化组合，一般不存在相互排斥的问题。

（三）金融资产投资目的

1. 替代现金需要

基于有价证券良好的市场流动性，有些企业以有价证券来作为现金的补充或替代物。企业在现金流入超过流出时，可进行金融资产投资；在现金流出超过流入时，再售出金融资产获取现金，满足生产经营需要。

2. 提高资金利用效率

企业生产经营中现金流出与流入在时间上的差异，使企业有必要进行金融资产投资，以提高资金利用效益。例如企业发行股票或债券后将在短时间内筹集到大量的现金，但这些资金通常并不是一次性用完，而是逐步、分次使用。这样，就可以把暂时闲置的资金投资于金融资产以获取一定收益，而当企业进行投资需要资金时，再卖出金融资产获取现金。

3. 战略性投资需要

企业有时可能出于经营发展战略考虑而进行金融资产投资。如一家轮胎生产企业，有时为了获得稳定的材料供应而购买橡胶企业的股票。

二、金融资产投资的内容

根据企业管理金融资产的业务模式和金融资产合同现金流量的特征不同，金融资产投资主要包括：交易性金融资产投资、债权投资、其他债权投资等。

（1）交易性金融资产投资，是指企业购买持有的以公允价值计量且其变动计入当期损益的金融资产的投资行为。

(2) 债权投资，是指企业为了收取合同现金流量目的、而购买持有的以摊余成本计量的金融资产的投资行为。

(3) 其他债权投资，是指企业为了收取合同现金流量和出售金融资产的双重目的、而购买持有的以公允价值计量且其变动计入其他综合收益的金融资产的投资行为。

第二节 交易性金融资产

一、交易性金融资产的确认

交易性金融资产是指企业购买持有的以公允价值计量且其变动计入当期损益的金融资产，它是以进行交易为目的而持有的。如企业利用闲置资金以赚取价差交易为目的而购入并准备近期内出售的股票、债券、基金和权证等。该金融资产在交易前发生的公允价值变动直接影响它的价值。

满足以下条件之一的金融资产，应当划分为交易性金融资产：

(1) 取得该金融资产的目的主要是为了近期内出售。例如，企业以赚取差价为目的从二级市场购入的股票、债券和基金等。

(2) 属于进行集中管理的可辨认金融工具组合的一部分，且有客观证据表明企业近期采用短期获利方式对该组合进行管理。在这种情况下，即使组合中有某个组成项目持有的期限稍长也不受影响。

(3) 属于衍生工具。但是，被指定为有效套期工具的衍生工具、属于财务担保合同的衍生工具、与在活跃市场中没有报价且其公允价值不能可靠计量的权益工具投资挂钩并须通过交付该权益工具结算的衍生工具除外。其中，财务担保合同是指保证人和债权人约定，当债务人不履行债务时，保证人按照约定履行债务或者承担责任的合同。

二、交易性金融资产的计量

（一）交易性金融资产的初始计量

交易性金融资产取得的成本，是指取得交易性金融资产时该证券的公允价值，不包括税金、手续费等相关交易费用。即交易性金融资产应按取得时的公允价作为初始计量金额，取得时发生的税金、手续费等相关交易费用应在发生时计入当期损益。

如果实际支付的价款中包含的已宣告尚未收取的现金股利和已到付息期但尚未收取的债券利息，不计入交易性金融资产的初始计量金额，可按下列方法处理：

(1) 交易性股票投资实际支付的价款中包含的已宣告但尚未收取现金股利。已宣告但尚未收取的现金股利，是指购入交易性证券投资时支付的价款中所垫付的、被投资单位已宣告但尚未发放的现金股利，不包括股票股利。购入短期股票支付的价款中所含的已宣告但尚未收取的现金股利作为应收股利处理。

（2）交易性债券投资实际支付的价款中包含的已到付息期但尚未收取的债券利息。购入交易性债券支付的价款中包含的已到付息期但尚未收取的债券利息作为应收利息处理；购入作为交易性金融资产的债券，实际支付的全部价款中包含的尚未到期的债券利息包括在投资的初始投资成本中。

（二）交易性金融资产的后续计量

根据企业会计准则的规定，交易性金融资产在取得后应按公允价值进行计量，公允价值与取得成本之间的差额计入公允价值变动损益。

三、交易性金融资产的会计处理

（一）会计科目的设置

为了反映企业交易性金融资产增减和结余情况，应设置"交易性金融资产"科目。该科目核算企业为交易目的持有的债券投资、股票投资、基金投资、权证投资等交易性金融资产的公允价值。企业持有的直接指定为以公允价值计量且其变动计入当期损益的金融资产，也在本科目核算。该科目属于资产类科目，借方登记为交易目的进行债券、股票、基金投资等原因而引起的交易性金融资产增加额；贷方登记收回投资等原因而引起的交易性金融资产减少额；期末余额在借方，表示企业持有的交易性金融资产的公允价值。该科目分别设置"成本""公允价值变动"科目进行明细核算。

（二）交易性金融资产取得时的会计处理

企业取得交易性金融资产时，按其公允价值（不含支付的价款中所包含的、已到付息期但尚未收取的利息或已宣告但尚未发放的现金股利），借记"交易性金融资产（成本）"；按发生的交易费用，借记"投资收益"科目；按已到付息期但尚未收取的利息或已宣告发放但尚未发放的现金股利，借记"应收利息"或"应收股利"科目；按实际支付的金额，贷记"银行存款"等科目。

【例5-1】粤龙公司于2018年3月10日购入乙公司股票，实际支付价款为302万元。其中2万元为已宣告但尚未领取的现金股利。2018年4月10日，乙公司分配现金股利，甲公司收到上述已宣告的现金股利2万元。粤龙公司的账务处理如下：

(1) 2018年3月10日投资时：
  借：交易性金融资产——乙公司股票——成本 3 000 000
    应收股利——乙公司 20 000
  贷：银行存款 3 020 000

(2) 2018年4月10日收到现金股利：
  借：银行存款 20 000
  贷：应收股利——乙公司 20 000

【例5-2】粤龙公司2018年1月1日以43 460元的价格购入2017年1月1日发行

的 3 年期债券,其债券利息按年收取(利息于每年 1 月 10 日支付),到期收回本金,债券年利率为 6%,面值为 40 000 元。另支付相关税费 200 元。粤龙公司购入该债券不准备长期持有。粤龙公司的账务处理如下:

已到期尚未兑现的利息 = 40 000 × 6% = 2 400(元)

借:交易性金融资产——债券——成本　　41 060
　　应收利息　　　　　　　　　　　　　 2 400
　　投资收益　　　　　　　　　　　　　　 200
　贷:银行存款　　　　　　　　　　　　43 660

(三)交易性金融资产持有期间的会计处理

持有交易性金融资产期间,被投资单位宣告发放现金股利或在资产负债表日按债券票面利率计算利息时,借记"应收股利"或"应收利息"科目,贷记"投资收益"科目;收到现金股利或债券利息时,借记"银行存款"科目,贷记"应收股利"或"应收利息"科目。如果合同约定的名义利率与实际利率差异较大的,应采用实际利率计算利息收入。但是属于被投资单位在取得本企业的投资前实现的净利润的分配额,借记"应收股利""银行存款"等科目,贷记"交易性金融资产"科目。

【例 5-3】承【例 5-2】,假设粤龙公司在 2018 年 1 月 10 日收到 2017 年度的利息;该公司在 2018 年末还应计提 2018 年全年的利息。粤龙公司的账务处理如下:

①收到 2017 年的利息时:

借:银行存款　　　　　　　　　　　　　2 400
　贷:应收利息　　　　　　　　　　　　 2 400

②计提 2018 年利息时:

借:应收利息　　　　　　　　　　　　　2 400
　贷:投资收益　　　　　　　　　　　　 2 400

(四)交易性金融资产期末的会计处理

资产负债表日,交易性金融资产的公允价值高于其账面余额的差额,借记"交易性金融资产(公允价值变动)"科目,贷记"公允价值变动损益"科目;公允价值低于其账面余额的差额,做相反的会计分录。

【例 5-4】承【例 5-1】,2018 年 12 月 31 日,粤龙公司持有乙公司股票的市场价格是 280 万元。

借:公允价值变动损益——交易性金融资产变动损益　　200 000
　贷:交易性金融资产——乙公司股票——公允价值变动　　200 000

(五)交易性金融资产处置时的会计处理

出售交易性金融资产时,应按实际收到的金额,借记"银行存款"科目,按该金融资产的成本,贷记"交易性金融资产(成本)"科目,按该金融资产的公允价值变动额,贷记(或借记)"交易性金融资产(公允价值变动)"科目,按该金融资产的公允价值变动损益额,贷记(或借记)"公允价值变动损益"科目,按其差额,贷记(或借记)"投资收益"科目。

【例 5-5】 承【例 5-4】，2019 年 1 月 21 日，粤龙公司处置乙公司股票，所得价款为 305 万元，款项已经存入银行

借：银行存款　　　　　　　　　　　　　　　　　　3 050 000
　　交易性金融资产——乙公司股票——公允价值变动　200 000
　　贷：交易性金融资产——乙公司股票——成本　　　　3 000 000
　　　　公允价值变动损益——交易性金融资产变动损益　　200 000
　　　　投资收益——交易性金融资产投资收益　　　　　　　50 000

第三节　债权投资

一、债权投资及其初始计量

债权投资是指企业购买的为了收取合同现金流量目的、而持有的以摊余成本计量的金融资产。企业购入持有的金融资产同时符合下列条件的，应划分为以摊余成本计量的金融资产，并作为"债权投资"核算：

（1）企业管理该金融资产的业务模式是以收取合同现金流量为目标。

（2）该金融资产的合同条款规定，在特定日期产生的现金流量，仅为对本金和以未偿付本金金额为基础的利息支付。

债权投资主要包括企业购买并持有的到期日固定、回收金额固定或可确定，且企业有明确意图持有至到期的债券、基金等。

债权投资取得的成本，是指取得债权投资时支付的全部价款，或放弃非现金资产的公允价值，或取得债权投资的公允价值，包括支付的税金、手续费等相关费用。即债权投资应当按照取得时的公允价值加上相关交易费用作为初始确认金额。如果实际支付的价款中包含已到付息期但尚未收取的债券利息，应单独作为应收利息处理。

二、债权投资的会计处理

（一）债权投资的取得

1. 科目设置

为了正确核算取得的债权投资，企业应设置"债权投资"科目核算债权投资的价值，并在该账户下面分别设置"面值""利息调整"和"应计利息"三个二级科目，分别核算取得的债权投资的成本、债权投资成本和支付的价款间的差额、一次还本付息的债权投资持有期间应计的利息。为了反映投资过程中取得的收益，还应设置"投资收益"科目。

2. 会计处理

企业以现金方式取得的债权投资，应按其公允价值（不含支付的价款中所包含的、已到付息期但尚未收取的利息）与交易费用之和，借记"债权投资——面值"科目；按已到付息期但尚未收取的利息，借记"应收利息""债权投资——应计利息"科目，贷记"银行存款"科目；按其差额，借记或贷记"债权投资——利息调整"科目。收到取得债权投资支付的价款中包含的已到付息期但尚未收取的债券利息，借记"银行存款"等科目，贷记"应收利息"科目。

其他方式取得的债权投资，如通过债权重组取得债权投资、通过非货币性交易取得债权投资等，分别按照债务重组、非货币性交易准则的规定确定债权投资的初始投资成本。

【例5-6】甲公司于2018年2月1日用679 000元（包括手续费40 000元）购入乙公司于2017年1月1日发行的3年期债券，债券每年付息一次，到期一次还本。债券面值600 000元，年利率6%，公允价值为660 000元（不包括手续费）。乙公司尚未支付上年利息。

已到期尚未支付的利息 = 600 000 × 6% = 36 000（元）

```
借：债权投资——面值              600 000
    债权投资——利息调整           43 000
    应收利息                     36 000
  贷：银行存款                            679 000
```

收到利息时

```
借：银行存款                     36 000
  贷：应收利息                              36 000
```

（二）债权投资的利息收入

1. 债权投资利息收入的计量

债权投资在持有期间应当按照摊余成本进行计量，并采用实际利率法计算确认当期利息收入，计入投资收益。

实际利率法，是指按照金融资产或金融负债的实际利率计算其摊余成本及各期利息收入或利息费用的方法。

（1）实际利率，是指将金融资产或金融负债在预期存续期间或适用的更短期间内的未来现金流量，折现为该金融资产或金融负债当前账面价值所使用的利率。在确定实际利率时，应当在考虑金融资产或金融负债所有合同条款的基础上预计未来现金流量，但不应当考虑未来信用损失。

（2）摊余成本，是指该金融资产的初始确认金额经下列调整后的结果：①扣除已偿还的本金；②加上或减去采用实际利率法将该初始确认金额与到期日金额之间的差额进行摊销形成的累计摊销额；③扣除已发生的减值损失。即债权投资的摊余成本 = 初始确认金额 - 已偿还的本金 ± 利息调整累计摊销额 - 债权投资减值损失。

实际利率法的具体做法：以债权投资的期初摊余成本乘以实际利率作为当期利息收入，以当期利息收入与当期按票面利率和面值计算确定的当期应收利息的差额作为当期利息调整摊销额，并以期初摊余成本加上或减去当期利息调整摊销额作为期末摊余成本。

在实际利率法下，利息收入、应收利息、利息调整摊销额、摊余成本之间的关系，可用以下公式表示：

利息收入 = 债权投资摊余成本 × 实际利率

应收利息 = 债权投资面值 × 票面利率

利息调整摊销额 = 利息收入 – 应收利息

2. 债权投资利息收入的会计处理

债权投资如为分期付息、一次还本债券投资，应于资产负债日按票面利率计算确定的应收未收利息，借记"应收利息"科目；按债权投资摊余成本和实际利率计算确定的利息收入，贷记"投资收益"科目；按其差额，借记或贷记"债权投资——利息调整"科目。

债权投资如为一次还本付息债券投资，应于资产负债表日按票面利率计算确定的应收未收利息，借记"债权投资——应计利息"科目；按债权投资摊余成本和实际利率计算确定的利息收入，贷记"投资收益"科目；按其差额，借记或贷记"债权投资——利息调整"科目。

【例 5 – 7】甲企业于 2018 年 1 月 1 日购入乙公司同日发行的 4 年期、年利率为 6% 的一次还本付息债券，债券面值为 300 000 元，实际支付价款 310 775 元。假定发行时的市场年利率为 5%，每半年计算一次利息。

表 5 – 1　债权投资持有期间利息核算　　　　　　　　　　　单位：元

日期	应计利息① 面值×票面利率/2	投资收益② ④×市场利率/2	冲减投资成本额③ ①–②	摊余成本④ 上期末④–③
2018 年 1 月 1 日				310 775
2018 年 6 月 30 日	9 000	7 769	1 231	309 524
2018 年 12 月 31 日	9 000	7 738	1 262	308 262
2019 年 6 月 30 日	9 000	7 707	1 293	306 969
2019 年 12 月 31 日	9 000	7 674	1 326	305 643
2020 年 6 月 30 日	9 000	7 641	1 359	304 284
2020 年 12 月 31 日	9 000	7 607	1 393	302 891
2021 年 6 月 30 日	9 000	7 572	1 428	301 463
2021 年 12 月 31 日	9 000	7 573	1 463	300 000
合计	72 000	61 245	10 755	

①2018 年 1 月 1 日购入债券时：

借：债权投资——面值　　　　　　　　　　300 000
　　债权投资——利息调整　　　　　　　　 10 775
　贷：银行存款　　　　　　　　　　　　　310 775

②2018 年 6 月 30 日计提利息时：

应计利息 = 300 000 × 6% ÷ 2 = 9 000（元）

投资收益 = 310 775 × 5% ÷ 2 = 7 769（元）

利息调整额 = 9 000 − 7 769 = 1 231（元）

  借：债权投资——应计利息   9 000

    贷：债权投资——利息调整   1 231

      投资收益   7 769

③2022 年 1 月 1 日债券到期时的会计处理：

  借：银行存款   372 000

    贷：债权投资——面值   300 000

      债权投资——应计利息   72 000

（三）债权投资的处置

债权投资处置出售时，应按实际收到的金额，借记"银行存款"等科目；已计提减值准备的，借记"债权投资减值准备"科目；按其账面余额，贷记"债权投资（面值、利息调整、应计利息）"等科目；按其差额，贷记或借记"投资收益"科目。

【例 5-8】 承【例 5-7】，假设 2020 年 7 月 10 日，甲企业处置了持有的债权投资，获取价款 360 000 元，该投资未计提减值准备

  借：银行存款   360 000

    贷：债权投资——利息调整   4 284

      债权投资——面值   300 000

      债权投资——应计利息   45 000

      投资收益   10 716

三、债权投资的期末计量

企业债权投资，应当在资产负债表日，按其账面摊余成本计量期末价值。如果有客观证据表明期末以账面摊余成本计量的债权投资发生减值时，应当将该债权投资的账面摊余成本与预计未来现金流量现值之间的差额，计算确认为债权投资减值损失，计入当期损益。

企业应当在会计期末对债权投资进行检查，判断其是否存在可能发生的减值迹象，以便确定是否进行减值测试。如果期末债权投资发生减值，应计提相应的减值准备，借记"资产减值损失"科目，贷记"债权投资减值准备"科目；已确认减值损失后，如有客观证据表明该债权投资的价值已恢复，且客观上与确认该损失后发生的事项有关（如债务人的信用评级已提高等），原确认的减值损失应当予以转回，计入当期损益，即借记"债权投资减值准备"科目，贷记"资产减值损失"科目。但是，转回后的账面价值不应当超过假定不计提减值准备情况下该债权投资在转回日的账面摊余成本。

第四节 其他债权投资

一、其他债权投资及其初始计量

其他债权投资是指企业购买的为了收取合同现金流量和出售金融资产双重目的、而持有的以公允价值计量且其变动计入其他综合收益的金融资产。企业购入的金融资产同时符合下列条件的，应划分为以公允价值计量且其变动计入其他综合收益的金融资产，并作为"其他债权投资"核算：

（1）企业管理该金融资产的业务模式既以收取合同现金流量为目标又以出售该金融资产为目标；

（2）该金融资产的合同条款规定，在特定日期产生的现金流量，仅为对本金和以未偿付本金金额为基础的利息支付。

其他债权投资主要包括企业从活跃市场上购入准备持有一段时间，将来在适当时间出售的债券和基金等。

其他债权投资应当按照取得该金融资产时的公允价值加上相关交易费用作为初始确认金额。如果实际支付的价款中包含已到付息期但尚未收取的债券利息，应单独作为"应收利息"处理。

二、其他债权投资的取得

为了正确核算取得的其他债权投资，企业应设置"其他债权投资"科目核算其他债权投资的价值，并在该账户下面分别设置"成本""利息调整"和"应计利息"三个二级科目，分别核算取得的其他债权投资的成本，其他债权投资成本和支付的价款间的差额、一次还本付息的其他债权投资持有期间应计的利息。为了反映投资过程中取得的收益，还应设置"投资收益"科目。

企业取得其他债权投资时，应按债券的面值，借记"其他债权投资——成本"科目；按实际支付的价款中包含的已到付息期但尚未收取的利息，借记"应收利息"科目；按实际支付的金额，贷记"银行存款"等科目；按差额，借记或贷记"其他债权投资——利息调整"科目。

三、其他债权投资的利息收入

其他债权投资在持有期间，应视同收取合同现金流量目的，按其他债权投资的摊余成本计量，计算各期损益金额。

在资产负债表日,其他债权投资如为分期付息、一次还本债券投资的,应按票面利率计算确定的应收未收利息,借记"应收利息"科目;按该其他债权投资的摊余成本和实际利率计算确定的利息收入,贷记"投资收益"科目;按其差额,借记或贷记"其他债权投资——利息调整"科目。

在资产负债表日,其他债权投资如为一次还本付息债券投资的,应于资产负债表日按票面利率计算确定的应收未收利息,借记"其他债权投资——应计利息"科目;按该其他债权投资的摊余成本和实际利率计算确定的利息收入,贷记"投资收益"科目;按其差额,借记或贷记"其他债权投资——利息调整"科目。

四、其他债权投资的期末计量

企业在资产负债表日,其他债权投资应当按照公允价值计量,对公允价值变动产生的损益计入其他综合收益。

在资产负债表日,对其他债权投资的公允价值高于其账面余额的差额,应借记"其他债权投资——公允价值变动"科目,贷记"其他综合收益"科目;如果公允价值低于其账面余额的差额则作相反的会计分录。

五、其他债权投资的处置

出售处置其他债权投资,应按实际收到的金额,借记"银行存款"科目;按其账面余额,贷记"其他债权投资——成本、利息调整、应计利息、公允价值变动"等科目;按应从所有者权益中转出的公允价值累计变动额,借记或贷记"其他综合收益"科目;按其差额,贷记或借记"投资收益"科目。

【例5-9】2017年1月1日,甲保险公司支付价款1 028 244元购入B公司发行的3年期公司债券,B公司债券的票面总金额为1 000 000元,票面利率为4%,实际利率为3%,利息每年年末支付,本金到期支付。甲保险公司将购买B公司债券划分为以公允价值计量且其变动计入其他综合收益的金融资产。2017年12月31日,该债券的市场价格为1 000 094元。假定不考虑交易费用和其他因素的影响,甲保险公司的账务处理如下:

(1) 2017年1月1日购入债券时:

借:其他债权投资——成本　　　　　　1 000 000
　　　　　　　　　——利息调整　　　　　　28 244
　　贷:银行存款　　　　　　　　　　　1 028 244

(2) 2017年12月31日,收到债券利息、确认公允价值变动时:
实际利息 = 1 028 244 × 3% = 30 847.32(元)
应收利息 = 1 000 000 × 4% = 40 000(元)
年末摊余成本 = 1 028 244 + 30 847.32 - 40 000 = 1 019 091.32(元)

```
借：应收利息                          40 000.00
    贷：投资收益                      30 847.32
        其他债权投资——利息调整          9 152.68
借：银行存款                          40 000
    贷：应收利息                      40 000
借：其他综合收益                      18 997.32
    贷：其他债权投资——公允价值变动    18 997.32
```

第五节　长期股权投资

一、长期股权投资及其内容

长期股权投资，是指企业以其依法可支配的各种资产，通过企业合并或其他方式向其他单位投出且准备长期持有的权益性投资。

长期股权投资主要包括以下内容：

（1）投资方能够对被投资单位实施控制的权益性投资，即对子公司投资。

控制，是指投资方拥有对被投资单位的权力，通过参与被投资单位的相关活动而享有可变回报，并且有能力运用对被投资单位的权力影响其回报金额。通常，当投资方持有被投资方半数以上的表决权，或虽然投资方持有被投资方半数或以下的表决权，但通过与其他表决权持有人之间的协议能够控制半数以上表决权，表明投资方对被投资方拥有权力。

投资方是否具有实际能力以单方面主导被投资方相关活动，拥有对被投资方的权力，可以通过以下一项或若干项情况判定：

①投资方有权任命或批准被投资方的关键管理人员。

②投资方能够出于其自身利益决定或否决被投资方的重大交易。

③投资方能够掌控被投资方董事会等类似权力机构成员的任命程序，或者从其他表决权持有人手中获得代理权。

④投资方与被投资方的关键管理人员或董事会等类似权力机构中的多数成员存在关联方关系。

（2）投资方与其他合营方一同对被投资单位实施共同控制且对被投资单位净资产享有权利的权益性投资，即对合营企业投资。

共同控制，是指按照相关约定对某项安排所共有的控制，并且该安排的相关活动必须经过分享控制权的参与方一致同意后才能决策。即所有参与方或一组参与方必须一致行动才能决定某项安排的相关活动，即：所有参与方或一组参与方集体（共同）控制某项安排。

投资方与其他合营方对被投资单位是否具有共同控制，可以通过以下情况判定：

①任何一个合营方均不能单独控制合营企业的生产经营活动;
②涉及合营企业基本活动的决策需要各合营方一致同意;
③各合营方可能通过合同或协议的形式任命其中的一个合营方对合营企业日常活动进行管理,但其必须在各合营方已经一致同意的财务和经营决策范围内行使管理权。

(3) 投资方对被投资单位具有重大影响的权益性投资,即对联营企业投资。

重大影响,是指对一个企业的财务和经营政策有参与决策的权力,但并不能够控制或者与其他方一起共同控制这些政策的制定。

在确定能否对被投资单位施加重大影响时,应当考虑投资方直接或间接持有被投资单位的表决权股份,同时要考虑投资方及其他方持有的当期可执行潜在表决权在假定转换为对被投资单位的股权后产生的影响。

当投资方直接或通过子公司间接持有被投资单位20%以上但低于50%的表决权时,一般认为对被投资单位具有重大影响(除非有明确的证据表明该种情况下不能参与被投资单位的生产经营决策,不形成重大影响)。

企业通常可以通过以下一种或几种情形来判断是否对被投资单位具有重大影响:
①在被投资单位的董事会或类似权力机构中派有代表。
②参与被投资单位财务和经营政策制定过程。
③与被投资单位之间发生重要交易。
④向被投资单位派出管理人员。
⑤向被投资单位提供关键技术资料。
⑥其他能足以证明投资方对被投资单位具有重大影响的情形。

除上述情况外,企业持有的其他权益性投资,按照《企业会计准则——金融工具确认和计量》的规定进行会计处理。

二、长期股权投资的初始计量

企业进行长期股权投资,应当按照取得时的初始投资成本入账。由于长期股权投资的形成方式不同,因此,初始投资成本的计量也有所区别。

(一) 企业合并形成的长期股权投资

1. 企业合并及其分类

企业合并,是指将两个或两个以上独立的企业合并形成一个报告主体的交易或事项。企业合并有以下不同类型,由此形成不同类型的长期股权投资。

(1) 按照合并的法律形式分类。企业合并,从本质上看,是一个企业与另一个企业实行股权联合或获得另一个企业净资产的控制权和经营权,将各独立的企业组成一个经济实体或一个企业集团的行为。按照合并的法律形式分类,可以分为吸收合并、新设合并和控股合并三种。

①吸收合并。是指一个企业通过支付现金、发行债券或股票等方式取得另一个或几个企业的合并行为。吸收合并完成后,要注销被合并方的法人资格,只有合并方保

持原有的法律地位。因此，吸收合并后，合并方在企业合并中取得被合并方的全部净资产，并将有关资产、负债并入合并方自身的会计账簿和报表中。

②新设合并。是指将两个或两个以上独立企业联合成立一个新企业，用新企业的股份与股东交换原来各公司的股份而形成的企业合并。新设合并完成后，要注销原参与合并各方的法人资格，注册成立新的企业。因此，新设合并后，由其持有原参与合并各方的资产、负债，并将有关资产、负债并入新企业的会计账簿和报表中，在新的基础上进行生产经营活动。

③控股合并。是指合并方通过企业合并交易或事项取得对被合并方的控制权，能够主导被合并方的生产经营决策，从而将被合并方纳入其合并财务报表范围形成一个报告主体的情况。在控股合并中，合并后，被合并方仍然保持其独立的法人资格，继续进行其生产经营活动；合并方在合并中取得的是对被合并方的股权，在其会计账簿及个别财务报表中应确认对被合并方的长期股权投资，合并中取得的被合并方的资产和负债仅仅在合并财务报表中确认。

(2) 按照合并企业间关系分类。按照合并企业之间关系，可以将企业合并分为同一控制下的企业合并和非同一控制下的企业合并。

①同一控制下的企业合并。是指参与合并的企业在合并前后均受同一方或相同的多方最终控制，且该控制并非暂时性的企业合并。同一控制下的企业合并，在合并日取得对其他参与合并企业控制权的一方为合并方，参与合并的其他企业为被合并方。"合并日"是指合并方实际取得对被合并方控制权的日期；"控制并非暂时性"是指参与合并各方在合并前后较长的时间内受同一方或相同的多方最终控制，通常在一年以上（含一年）。

②非同一控制下的企业合并。是指参与合并的各方在合并前后不受同一方或相同的多方最终控制的企业合并。非同一控制下的企业合并，在购买日取得对其他参与合并企业控制权的一方为购买方，参与合并的其他企业为被购买方。"购买日"是指购买方实际取得对被购买方控制权的日期。

2. 企业合并形成的长期股权投资初始成本计量

对于企业合并形成的长期股权投资，应当按其是否在同一控制下进行企业合并，分别确定其初始投资成本。

(1) 同一控制下企业合并形成的长期股权投资。对于同一控制下的企业合并，一方面参与合并各方在合并前及合并后的最终控制没有发生变化，且合并行为不完全是自愿的，其合并不属于交易事项，而是一个对合并各方资产和负债进行重新组合的经济事项。另一方面因受最终控制方的影响，合并交易的作价往往不公允。因此，合并方应当在合并日按照被合并方所有者权益在最终控制方合并财务报表中的账面价值的份额作为长期股权投资的初始投资成本。

由于合并方支付合并对价的方式不同，长期股权投资的初始投资成本，应分别以下几种情况进行处理：

①合并方以支付现金、转让非现金资产或承担债务方式作为合并对价的，应当在合并日按照被合并方所有者权益在最终控制方合并财务报表中的账面价值的份额作为

长期股权投资的初始投资成本。长期股权投资初始投资成本与支付的现金、转让的非现金资产以及所承担债务账面价值之间的差额，应当调整资本公积；资本公积不足冲减的，调整留存收益。

②合并方以发行权益性证券作为合并对价的，应当在合并日按照被合并方所有者权益在最终控制方合并财务报表中的账面价值的份额作为长期股权投资的初始投资成本。按照发行股份的面值总额作为股本，长期股权投资初始投资成本与所发行股份面值总额之间的差额，应当调整资本公积；资本公积不足冲减的，调整留存收益。

同一控制下的企业合并，对合并方为进行企业合并发生的各项直接相关费用，如为进行企业合并支付的评估费用、法律服务费用、审计费用，应当在发生时计入当期损益；而为企业合并发行的债券或承担其他债务支付的手续费、佣金等费用，应当计入发行债券或债务的初始计量金额。

(2) 非同一控制下企业合并形成的长期股权投资。对于非同一控制下的企业合并，一方面参与合并各方在合并前及合并后的最终控制发生变化，且合并各方自愿进行的交易，其合并行为属于一种交易事项；另一方面因不受同一方或相同的多方最终控制的影响，合并交易的作价能以市价为基础，确定的合并作价相对公允。因此，合并方应当在购买日按照确定的企业合并成本作为长期股权投资的初始成本。购买方付出的资产、发生或承担的负债以及发行的权益性证券在购买日的公允价值与其账面价值的差额，应作为资产处置损益。

非同一控制下的企业合并成本，应区别下列情况确定：

①通过一次交换交易实现的企业合并，合并成本为购买方在购买日为取得对被购买方的控制权而付出的资产、发生或承担的负债以及发行的权益性证券的公允价值；

②通过多次交换交易分步实现的企业合并，合并成本为原持有的股权投资的账面价值加上新增投资成本之和。

企业为企业合并发生的审计、法律服务、评估咨询等中介费用以及其他相关管理费用，应于发生时计入当期损益；购买方作为合并对价发行的权益性工具或债务性工具的交易费用，应当计入权益性工具或债务性工具的初始确认金额。

（二）非企业合并形成的长期股权投资

除企业合并形成的长期股权投资以外，企业还可以通过支付现金、发行权益性证券、投资者投入等其他方式取得的长期股权投资。企业应当根据不同的取得方式，分别确定长期股权投资的初始投资成本：

(1) 以支付现金取得的长期股权投资，应当按照实际支付的购买价款作为初始投资成本。初始投资成本包括与取得长期股权投资直接相关的费用、税金及其他必要支出。企业取得长期股权投资时，实际支付的价款或对价中包含的已宣告但尚未发放的现金股利或利润，应从实际支付的购买价款扣减，作为应收项目处理。

(2) 以发行权益性证券取得的长期股权投资，应当按照发行权益性证券的公允价值作为初始投资成本。发行权益性证券所支付的手续费、佣金等，应从权益性证券的溢价发行收入中扣除，溢价不足以扣除的，应依次冲减盈余公积和未分配利润。

(3) 投资者投入的长期股权投资，应当按照投资合同或协议约定的价值作为初始投资成本，但合同或协议约定价值不公允的除外。

投资者投入的长期股权投资，是指投资者以其持有的对第三方的投资作为出资投入企业形成的长期股权投资。接受投资的企业应当按照投资合同或协议约定的价值作为长期股权投资的初始投资成本；如果合同或协议约定价值不公允，即存在明显高于或低于该项资产价值的，则应当以公允价值作为长期股权投资的初始投资成本。

(4) 非货币性资产交换、债务重组取得的长期股权投资，其初始投资成本应当按照《企业会计准则第 7 号——非货币性资产交换》《企业会计准则第 12 号——债务重组》的规定确定，具体确认和计量方法将在第十三章介绍。

需要注意的是：无论是哪种合并方式下形成长期股权投资，其实际支付的价款或对价中包含的已宣告但尚未发放的现金股利或利润，不能作为长期股权投资的初始投资成本，而应作为应收项目处理。

(三) 长期股权投资初始计量的会计处理

1. 同一控制下企业合并形成的长期股权投资

同一控制下企业合并形成的长期股权投资，合并方应在合并日按取得被合并方所有者权益在最终控制方合并财务报表中的账面价值的份额，借记"长期股权投资"科目；按享有被投资单位已宣告但尚未发放的现金股利或利润，借记"应收股利"科目；按支付的合并对价的账面价值，贷记有关资产或借记有关负债科目；按其差额，贷记"资本公积——资本溢价或股本溢价"科目；为借方差额，借记"资本公积——资本溢价或股本溢价"科目；如果资本公积（资本溢价或股本溢价）不足以冲减的，则借记"盈余公积""利润分配——未分配利润"科目。

【例 5-10】2018 年 5 月 20 日，粤龙公司与同一集团内的丙公司合并，双方达成合并协议中约定：粤龙公司以固定资产和银行存款作为合并对价，取得丙公司 60% 的股权，粤龙公司合并对价投出固定资产账面原价 1 500 万元，已计提折旧 350 万元，已计提固定资产减值准备 50 万元，投出银行存款 1 000 万元。2018 年 6 月 1 日，粤龙公司交付固定资产并签发转账支票，取得对丙公司的控制权。当日丙公司所有者权益账面价值 3 000 万元，粤龙公司"资本公积——股本溢价"科目余额 200 万元，并在合并中支付评估费用、审计费用 20 万元。

根据例中资料判断：粤龙公司和丙公司的合并属于同一控制下的企业合并，粤龙公司为合并方，丙公司为被合并方，合并日为 2018 年 6 月 1 日，粤龙公司在合并日的会计处理如下：

①转销参与合并的固定资产账面价值。

借：固定资产清理	11 000 000
累计折旧	3 500 000
固定资产减值准备	500 000
贷：固定资产	15 000 000

②确认长期股权投资。

借：长期股权投资	18 000 000
资本公积——股本溢价	2 000 000

盈余公积　　　　　　　　　　　　　　1 000 000
　　　贷：固定资产清理　　　　　　　　　　11 000 000
　　　　　银行存款　　　　　　　　　　　　10 000 000
　③支付评估费用、审计费用。
　　借：管理费用　　　　　　　　　　　　　　200 000
　　　贷：银行存款　　　　　　　　　　　　　　200 000

2. 非同一控制下企业合并形成的长期股权投资

非同一控制下企业合并形成的长期股权投资，合并方应在购买日按确定的企业合并成本（不含应自被投资单位收取的现金股利或利润），借记"长期股权投资"科目；按享有被投资单位已宣告但尚未发放的现金股利或利润，借记"应收股利"科目；按支付合并对价的账面价值，贷记有关资产或借记有关负债科目；按其差额，贷记"营业外收入"或借记"营业外支出"等科目；按发生的直接相关费用，贷记"银行存款"等科目。非同一控制下企业合并涉及以库存商品等作为合并对价的，应按库存商品的公允价值作商品销售处理，并同时结转相关商品的成本，发生的增值税销项税额应作为企业合并成本处理。

【例5-11】2018年6月25日，粤龙公司与另一集团的甲公司合并，双方达成合并协议中约定：粤龙公司以固定资产、库存商品和银行存款作为合并对价，取得甲公司70%的股权，粤龙公司合并对价投出固定资产账面原价3 000万元，已计提折旧450万元，已计提固定资产减值准备150万元，其公允价2 500万元；投出库存商品60万元，其公允价80万元，增值税率16%；投出银行存款600万元。2018年7月1日，粤龙公司交付固定资产、库存商品并签发转账支票，取得对甲公司的控制权，并在合并中支付评估费用、审计费用30万元。

根据例中资料判断：粤龙公司和甲公司的合并属于非同一控制下的企业合并，粤龙公司为合并方，甲公司为被合并方，合并日为2018年7月1日，粤龙公司在合并（购买）日的会计处理如下：

①转销参与合并的固定资产账面价值。
　　借：固定资产清理　　　　　　　　　　24 000 000
　　　　累计折旧　　　　　　　　　　　　 4 500 000
　　　　固定资产减值准备　　　　　　　　 1 500 000
　　　贷：固定资产　　　　　　　　　　　30 000 000
②确认长期股权投资。
　　借：长期股权投资　　　　　　　　　　31 928 000
　　　　管理费用　　　　　　　　　　　　　 300 000
　　　贷：主营业务收入　　　　　　　　　　　800 000
　　　　　应交税费——应交增值税（销项税额）　128 000
　　　　　固定资产清理　　　　　　　　　24 000 000
　　　　　银行存款　　　　　　　　　　　 6 300 000
　　　　　营业外收入——非流动资产处置利得　1 000 000

③结转商品销售成本。

借：主营业务成本　　　　　　　　　　　600 000
　　贷：库存商品　　　　　　　　　　　　　　　600 000

3. 非企业合并原因形成的长期股权投资

（1）以支付现金取得的长期股权投资。以支付现金取得的长期股权投资，应当在购买日按照实际支付的价款和相关税费、扣除价款中包含的已宣告但尚未发放的现金股利，借记"长期股权投资"科目；按价款中包含的已宣告但尚未发放的现金股利，借记"应收股利"科目；按照实际支付的价款和相关税费，贷记"银行存款"科目。

【例5-12】粤龙公司于2018年3月1日购买乙公司发行的普通股4 000 000股中的10%股票，准备长期持有。每股购买价格21元（其中每股含有已宣告发放的股利1元），款项已通过银行支付，另支付交易费用20 000元。

粤龙公司2018年3月1日购买股票，应作如下账务处理：

借：长期股权投资——甲公司　　　　　8 020 000
　　应收股利——甲公司　　　　　　　　400 000
　　贷：银行存款　　　　　　　　　　　　　　8 420 000

（2）以发行权益性证券取得的长期股权投资。以发行权益性证券取得的长期股权投资，应当在证券发行日，按照发行权益性证券的公允价值，借记"长期股权投资"科目；按享有被投资单位已宣告但尚未发放的现金股利，借记"应收股利"科目；按照发行证券的面值，贷记"实收资本"或"股本"科目；按证券的公允价值与面值差额，贷记"资本公积"科目。发行权益性证券所支付的手续费、佣金时，应借记"资本公积""盈余公积""利润分配——未分配利润"等科目，贷记"银行存款"科目。

【例5-13】粤龙公司于2018年5月1日，通过增发2 000 000股普通股取得对A公司20%的股权，每股面值1元，发行价格3元。粤龙公司因增发股票支付交易费用30 000元。

粤龙公司2018年5月1日取得股权投资，应作如下账务处理：

借：长期股权投资——A公司　　　　　6 000 000
　　贷：股本　　　　　　　　　　　　　　　　2 000 000
　　　　资本公积　　　　　　　　　　　　　　4 000 000
借：资本公积　　　　　　　　　　　　　30 000
　　贷：银行存款　　　　　　　　　　　　　　　30 000

（3）投资者投入的长期股权投资。投资者投入的长期股权投资，应在收到投资者投入的长期股权投资时，按照投资合同或协议约定的价值，借记"长期股权投资"科目；按享有被投资单位已宣告但尚未发放的现金股利，借记"应收股利"科目；按照投资者出资占被投资单位资本的份额，贷记"实收资本"或"股本"科目；按其差额，贷记"资本公积"科目。

【例5-14】粤龙公司于2018年7月1日，以其持有的对B公司的长期股权投资作为出资投入M公司，投资合同各方约定，该项长期股权投资作价60万元，取得M公司5%的股权，M公司注册资本1 000万元。

①粤龙公司2018年7月1日取得M公司5%股权投资时：
借：长期股权投资——M公司　　　600 000
　　贷：长期股权投资——B公司　　　　　600 000
②M公司2018年7月1日收到粤龙公司的投资时：
借：长期股权投资——B公司　　　600 000
　　贷：股本　　　　　　　　　　　　　500 000
　　　　资本公积　　　　　　　　　　　100 000

三、长期股权投资的后续计量

企业取得长期股权投资后，在持有期间，应根据投资企业对被投资单位的控制和影响程度，选择适当的方法进行会计处理。长期股权投资后续计量的方法一般有成本法和权益法两种。

（一）长期股权投资的成本法

1. 成本法含义

成本法，就是按取得股票投资的原始成本核算股票投资的方法。采用这种方法核算长期股权投资时，对企业取得长期股权投资时按初始投资成本入账后，在持有股权投资期间，除投资企业增减股权投资外，长期股权投资的账面数额不因接受投资企业净资产的增加或者减少而变动，始终反映原来的投资数额。长期股权投资所得的股利，无论接受投资企业是在有盈利情况下，还是在无盈利情况下发放的股利，均作投资收益入账。只有在投资企业追加投资或收回投资的情况下，才对"长期股权投资"账户的账面价值进行必要的调整。因此，在成本法下，投资企业"长期股权投资"账户上的账面价值反映的是长期股权投资的初始投资成本。

企业持有的、能够对被投资单位实施控制的长期股权投资，即投资方持有的对子公司投资采用成本法核算。

2. 长期股权投资采用成本法会计处理步骤

（1）设置"长期股权投资"科目，反映长期股权投资的初始投资成本，并在该科目下按被投资单位设置明细科目进行明细核算。

（2）发生初始投资时，按初始投资成本增加长期股权投资的账面价值。

（3）发生追加投资或收回投资时，按追加投资成本或收回投资成本，增加或减少长期股权投资的账面价值。

（4）被投资单位宣告分派利润或现金股利时，投资企业按应享有的部分，确认为当期投资收益，即借记"应收股利"科目，贷记"投资收益"科目；被投资单位未宣告分派利润或现金股利，投资企业不作任何会计处理。

3. 长期股权投资成本法会计处理

（1）企业付款取得股权投资时，应按确认的初始投资成本，借记"长期股权投资"科目；贷记"银行存款"等科目。

（2）收到接受投资单位发放的现金股利时，借记"银行存款"等科目，贷记"投资收益"科目。

【例5-15】粤龙公司于2018年4月1日购买C企业发行的普通股2 000 000股中的10%股票。每股购买价格10元（其中含有已宣告发放的股利1元），款项已通过银行支付，另支付交易费用10 000元。当年年末C企业实现税后利润2 000 000元，并决定发放现金股利1 000 000元；2019年年末C企业发生亏损200 000元，为了吸引投资者投资，决定用盈余公积金发放现金股利500 000元。

粤龙公司的长期股权投资业务，采用成本法核算时，作如下账务处理：

①2018年4月1日付款购买股票时：
  借：长期股权投资　　　　　　　　　　1 810 000
    应收股利　　　　　　　　　　　　200 000
   贷：银行存款　　　　　　　　　　　　2 010 000

②2018年年末C企业宣告发放现金股利时：
  借：应收股利　　　　　　　　　　　　100 000
   贷：投资收益　　　　　　　　　　　　100 000

③2019年末C企业宣告发放的现金股利时：
  借：应收股利　　　　　　　　　　　　50 000
   贷：投资收益　　　　　　　　　　　　50 000

采用成本法核算长期股权投资的不足之处是：投资企业作为被投资单位的股东，在其账上反映不出接受投资单位的权益中属于投资企业的权益有多少，投资企业与被投资单位的经济关系反映不充分。特别是当企业的投资额占被投资单位注册资本比重较大，可以对被投资单位的经营决策进行控制或施加重大影响时，从投资企业"长期股权投资"账上反映不出这种控制与被控制的关系。

（二）长期股权投资的权益法

1. 权益法的含义

权益法，是指按投资企业在被投资单位所有者权益中占有的实际份额核算长期股权投资的方法。采用这种方法核算长期股权投资时，对企业取得长期股权投资时按初始投资成本入账后，在持有股权投资期间，被投资单位所有者权益发生的增减变动即被投资单位财务报表上净损益额和股利分配额等权益项目的任何变化，均要对投资企业长期股权投资的账面价值进行调整。因此，在权益法下，企业"长期股权投资"账户的账面价值反映的是企业在被投资单位所有者权益中占有的实际份额，而不是初始投资成本。

企业持有的长期股权投资，在下列情况下采用权益法核算：

①投资企业对被投资单位具有共同控制的长期股权投资，即投资方持有的对合营企业投资；

②投资企业对被投资单位具有重大影响的长期股权投资，即投资方持有的对联营企业投资。

2. 股权投资采用权益法会计处理步骤

（1）设置"长期股权投资"科目，并在该科目下设置"成本""损益调整""其他综合收益""其他权益变动"明细科目，分别反映长期股权投资的投资成本和因被投资单位所有者权益发生增减变动而对长期股权投资账面价值进行调整的金额。

（2）发生初始投资时，按初始投资成本增加长期股权投资的账面价值。

（3）初始投资成本的调整，投资企业取得对联营企业或合营企业的投资以后，对于取得投资时投资成本与应享有被投资单位可辨认净资产公允价值份额之间的差额，应区别情况分别处理。

①初始投资成本大于取得投资时应享有被投资单位可辨认净资产公允价值份额的，该部分差额从本质上是投资企业在取得投资过程中通过购买作价体现出的与所取得股权份额相对应的商誉及被投资单位不符合确认条件的资产价值。初始投资成本大于投资时应享有被投资单位可辨认净资产公允价值的份额时，两者之间的差额不要求对长期股权投资的成本进行调整。

②初始投资成本小于取得投资时应享有被投资单位可辨认净资产公允价值份额的，两者之间的差额体现为双方在交易作价过程中转让方的让步，该部分经济利益流入应作为收益处理，计入取得投资当期的营业外收入，同时调整增加长期股权投资的账面价值。

（4）发生追加投资或收回投资时，按追加投资成本或收回投资成本，增加或减少长期股权投资的账面价值。

（5）被投资单位实现净利润或发生净亏损时，投资企业按应享有或应分担的被投资单位实现净损益的份额，确认为当期投资损益，同时调整长期股权投资的账面价值。

（6）被投资单位宣告分派利润或现金股利时，投资企业按应享有的份额，一方面确认为应收利润（股利），另一方面调整长期股权投资的账面价值。

（7）被投资单位其他综合收益发生变动时，投资企业应按持股比例计算应享有的份额，相应调整长期股权投资的账面价值，同时增加或减少其他综合收益。

（8）被投资单位除净损益、其他综合收益以及利润分配以外的因素导致所有者权益的其他权益变动时，投资企业应按持股比例计算应享有的份额，相应调整长期股权投资的账面价值，同时增加或减少资本公积（其他资本公积）。其他变动主要包括被投资单位接受其他股东的资本性投入、以股权结算的股份支付等。

3. 股权投资采用权益法的会计处理

（1）企业付款取得股权投资时，应按确认的初始投资成本，应借记"长期股权投资——成本"科目，贷记"银行存款"等科目。

（2）初始投资成本的调整，投资方取得对联营企业或合营企业的投资以后，对于取得投资时初始投资成本与应享有被投资单位可辨认净资产公允价值份额之间的差额，应区别以下情况进行会计处理。

①初始投资成本大于取得投资时应享有被投资单位可辨认净资产公允价值份额时，不需要对长期股权投资的成本进行调整。

②初始投资成本小于取得投资时应享有被投资单位可辨认净资产公允价值份额时，应按其差异额，借记"长期股权投资——成本"科目，贷记"营业外收入"科目。

(3) 当接受投资单位财务报表上出现净收益，使股东权益增加时，应按投资企业所拥有权益的相应增加额，借记"长期股权投资——损益调整"科目，贷记"投资收益"科目。而当接受投资企业财务报表上出现亏损而使股东权益减少时，应按投资企业所拥有权益的相应减少数额，借记"投资收益"科目，贷记"长期股权投资——损益调整"科目。

(4) 收到接受投资单位分派或发放的现金股利时，借记"应收股利""银行存款"科目，贷记"长期股权投资——损益调整"科目。

(5) 对于被投资单位其他综合收益发生增加时，投资企业应按持股比例计算应享有的份额，借记"长期股权投资——其他综合收益"科目，贷记"其他综合收益"科目；被投资单位其他综合收益发生减少时，则作相反会计分录。

(6) 对于被投资单位除净损益、其他综合收益以及利润分配以外的因素导致的其他所有者权益增加时，投资企业应按持股比例计算应享有的份额，借记"长期股权投资——权益变动"科目，贷记"资本公积——其他资本公积"科目；减少时，则作相反会计分录。

【例5-16】仍以【例5-15】为例，假定粤龙公司2018年4月1日购买C企业发行的2 000 000股中40%的股票，假定购买日C企业可辨认净资产的公允价值为18 000 000元，其他条件不变。

粤龙公司的长期股权投资业务，采用权益法核算时，作如下会计处理：

①2018年付款购买股票时。

  借：长期股权投资——成本   7 210 000
    应收股利   800 000
  贷：银行存款   8 010 000

②取得该股权投资时的初始投资成本7 210 000元大于C企业可辨认净资产公允价值份额7 200 000元，不需要对长期股权投资的成本进行调整。

③2018年年末C企业实现净利润时。

  借：长期股权投资——损益调整 800 000
  贷：投资收益   800 000

④2018年年末C企业宣告发放现金股利时。

  借：应收股利   400 000
  贷：长期股权投资——损益调整 400 000

⑤2019年年末C企业发生亏损时。

  借：投资收益   80 000
  贷：长期股权投资——损益调整 80 000

⑥2019年年末C企业宣告发放现金股利时。

  借：应收股利   200 000
  贷：长期股权投资——损益调整 200 000

采用权益法核算长期股权投资，其优点是在投资企业账上能够充分反映出投资企业与被投资单位之间的经济关系。不足之处是：投资企业的"长期股权投资"账户的账面数额,不能反映出长期股权投资的初始投资成本。

四、长期股权投资的减值

为了客观、真实地反映期末长期股权投资的价值,企业应在资产负债表日,按照其成本与可收回金额孰低法计量长期股权投资的期末价值。长期股权投资的成本,是指长期股权投资的账面价值;长期股权投资的可收回金额,是指假定长期股权投资处置时的公允价值减去处置费用后的净额或长期股权投资预计未来现金流量的现值(两者选较高者)。

企业在会计期末,需要检查长期股权投资的账面价值是否存在减值迹象,如果发生被投资单位的市价持续2年低于账面价值或被投资单位经营所处的经济、技术和法律环境发生重大变化等情况,出现长期股权投资账面价值大于其可收回金额,表明存在减值迹象。企业应当按照有关规定计提长期股权投资减值准备。长期股权投资的减值准备提取后,在以后会计期间不允许转回。

当期末长期股权投资账面价值大于其可收回金额、需要计提长期股权投资的减值准备时,应借记"资产减值损失"科目,贷记"长期股权投资减值准备"科目。

【例5-17】2018年12月31日,粤龙公司长期持有的D公司股票50 000股,每股市价5.10元,交易费用3‰,粤龙公司"长期股票投资——成本——D公司"账户借方余额275 000元,"长期股票投资——损益调整——D公司"账户贷方余额15 000元。

粤龙公司2018年末计提减值准备的会计处理如下:

长期股权投资可收回金额 = 50 000 × 5.1 × (1 - 3‰) = 247 350(元)

长期股权投资计提减值准备额 = 275 000 - 15 000 - 247 350 = 12 650(元)

借:资产减值损失　　　　　　　　　　12 650
　　贷:长期股权投资减值准备　　　　　　　12 650

五、长期股权投资的处置

企业长期股权投资处置的原因主要有:通过证券市场售出股权,抵偿债务转出,非货币性资产交换转出,被投资单位破产清算而被迫清算股权。

企业处置长期股权投资时,应结转与所售股权相对应的长期股权投资的账面价值,出售所得价款与处置长期股权投资账面价值之间的差额,应确认为当期损益。采用权益法核算的长期股权投资,原计入其他综合收益或资本公积中的金额,在处置时亦应进行结转,将与所出售股权相对应的部分在处置时从其他综合收益或资本公积转入当期损益。

以长期股权投资出售为例,当企业通过证券市场出售长期股权投资时,应按实际收到的价款,借记"银行存款"科目;按原已计提减值准备的,借记"长期股权投资减值准备"科目;按长期股权投资的账面价值,贷记"长期股权投资"科目;按出售所得价款与处置长期股权投资账面净值之间的差额,借记或贷记"投资损益"科目。如果采用权益法核算的长期股权投资出售,有除净损益以外的所有者权益变动时,还应将原计入"其他综合收益"科目或"资本公积——其他资本公积"科目的金额转入"投资收益"科目。

【例5-18】 粤龙公司原持有N企业30%的股权,2018年12月10日,粤龙公司决定出售10%,出售取得价款1 760万元。出售时粤龙公司账面上对N企业长期股权投资账户资料:"长期股票投资——成本"账户借方余额3 600万元,"长期股票投资——损益调整"账户借方余额960万元,"长期股票投资——其他权益变动"账户借方余额600万元。粤龙公司应作如下会计处理:

(1) 出售并确认处置损益时:

  借:银行存款   17 600 000
    贷:长期股权投资——成本   12 000 000
      长期股权投资——损益调整 3 200 000
      长期股权投资——其他权益变动 2 000 000
      投资收益   400 000

(2) 将原计入资本公积的部分按比例转入投资损益:

  借:资本公积——其他资本公积 2 000 000
    贷:投资收益   2 000 000

思 考 与 练 习

一、思考题

1. 什么是金融资产投资?金融资产投资包括哪些内容?
2. 如何对交易性金融资产进行核算?
3. 持有至到期投资的特点是什么?如何进行核算?
4. 可供出售金融资产与交易性金融资产在核算上有什么不同?
5. 长期股权投资的取得方式有哪几种?如何确定长期股权投资的初始投资成本?
6. 投资企业对被投资单位的影响力有哪些类型?
7. 什么是长期股权投资的成本法和权益法?两者在核算上有什么区别?
8. 长期股权投资的处置和期末计量如何核算?

二、练习题

1. 2017年1月1日,甲公司以1 020 000元的价款购入某企业发行的债券一批,款项已经以银行存款支付,支付的款项中包含已到付息期但尚未发放的利息20 000元。另支付相关交易费用20 000元。该批债券面值为1 000 000元,剩余年限为2年,票面利率为4%,每半年付息一次。甲公司将其划分为交易性金融资产管理,其他资料如下:

(1) 2017年1月5日,收到2016年下半年利息20 000元;

（2）2017 年 6 月 30 日，该债券的公允价值为 1 150 000 元；

（3）2017 年 7 月 5 日，收到 2017 年上半年利息 20 000 元；

（4）2017 年 12 月 31 日，该债券的公允价值为 1 100 000 元；

（5）2018 年 1 月 5 日，收到 2017 年下半年利息 20 000 元；

（6）2018 年 3 月 31 日，出售该批债券，取得收入 1 180 000 元（含第一季度利息 10 000）元。

要求：编制甲公司该项投资的相关会计分录。

2. A 公司于 2018 年 1 月 2 日从证券市场上购入 B 公司于 2017 年 1 月 1 日发行的债券，该债券四年期、票面年利率为 4%、每年 1 月 5 日支付上年度的利息，到期日为 2021 年 1 月 1 日，到期日一次归还本金和最后一次利息。A 公司购入债券的面值为 1 000 万元，实际支付价款为 992.77 万元，另支付相关费用 20 万元。A 公司购入后将其划分为以摊余成本计量的金融资产。购入债券的实际利率为 5%。假定按年计提利息。

要求：编制 A 公司从 2018 年 1 月 2 日至 2020 年 1 月 1 日上述有关业务的会计分录。

3. 甲公司和乙公司均属 M 公司的子公司，2008 年 1 月 1 日，甲公司与乙公司合并，甲公司发行了 800 万股普通股（每股面值为 1 元）作为对价，取得乙公司 100% 的股权。在合并日，乙公司的所有者权益构成：股本 700 万元，资本公积 150 万元，盈余公积 50 万元，未分配利润 100 万元。

要求：（1）根据上述业务作出甲公司在合并日的相关会计处理。

（2）如果甲公司发行 1 100 万股普通股作为对价，其他条件不变，作出甲公司在合并日的相关会计处理。

4. A 公司于 2018 年 5 月初对 M 公司投资，初始投资成本为 400 万元，占 M 公司有表决权投资 10%，A 公司为一家未上市的民营企业，其股权不存在明确的市场价格。A 公司在取得该部分投资后，未以任何方式参与 M 公司的生产经营决策。M 公司：2018 年实现净利润 1 200 万元，分配利润 800 万元；2019 年实现净利润 2 000 万元，分配利润 1500 万元。

要求：根据上述资料，编制 A 公司 2018 年、2019 年的相关会计分录。

5. B 公司 2017 年 1 月 1 日以 2 000 万的价格购入丙公司 30% 的股份，并准备长期持有，购买过程中另支付相关税费 60 000 元。丙公司 2017 年 12 月 31 日实现净利润 800 万元，2018 年 2 月 10 日分派现金股利 300 万元；2018 年 12 月 31 日实现净利润 900 万元，2019 年 1 月 26 日分派现金股利 600 万元。

要求：根据上述资料编制相关业务的会计分录。

6. N 公司发生下列有关的经济业务：

（1）2018 年 1 月 2 日，从 M 公司的股东中购入 M 公司 30% 的股权，取得了对 M 公司的共同控制权，对价付出资产的账面价值为 900 万元，公允价 910 万元，其中：固定资产 480 万元，已提折旧 80 万元，公允价 410 万元，其余 500 万元签发转账支票付讫；

(2) 2018 年 1 月 3 日，M 公司接受本公司投资后，可辨认净资产的公允价值为 3 030 万元；

(3) 2018 年 12 月 31 日，M 公司利润表上的净利润为 270 万元；

(4) 2018 年 12 月 31 日，M 公司资产负债表中所有者权益增加的金额中有 16 万元属于资本溢价因素产生的；

(5) 2019 年 3 月 15 日，M 公司宣告将于 3 月 28 日按净利润的 60% 分配利润；

(6) 2019 年 5 月 15 日，出售拥用的 M 公司股权的 1/3 股份，取得收入 320 万元，发生相关税费 1.2 万元，出售股票收到款项存入银行。

要求：根据上述资料编制相关业务的会计分录。

第六章　固定资产

学习内容与目的

学习企业固定资产的特点、内容、计价方法以及固定资产的增加、减少等的会计核算。通过学习，旨在了解企业固定资产的含义、特点、内容；理解固定资产的确认与计量；掌握固定资产增加、折旧、后续支出、处置、清查等业务的会计处理。

第一节　固定资产的确认与初始计量

一、固定资产的性质与特征

固定资产是企业生产经营过程中的重要劳动资料，是企业进行生产经营的必备条件之一。主要包括房屋、建筑物、机器、机械、运输工具以及与生产经营有关的设备、器具、工具等。固定资产能够在若干个生产经营周期中发挥作用，并保持其原有的实物形态，但其价值则由于损耗而逐渐减少。这部分减少的价值以折旧的形式，分期转移到产品成本或费用中去，并从企业收入中得到补偿。

我国《企业会计准则第4号——固定资产》对固定资产定义为：同时具有以下特征的有形资产：①为生产商品、提供劳务、出租或经营管理而持有的；②使用寿命超过一个会计年度。

企业生产经营使用的固定资产，其特征主要表现在以下几个方面：

（1）为生产商品、提供劳务、出租或经营管理而持有。这一基本特征说明企业持有固定资产的目的是为了生产产品、提供劳务、经营管理，而不是直接用于出售。这一特征说明企业的固定资产明显区别于其库存商品等流动资产。

(2) 使用寿命超过一个会计年度。这里的"使用寿命"是指企业使用固定资产的预计期间，或者是该固定资产所能生产的产品或能提供的劳务数量。这一特征表明企业固定资产的收益期超过一年，因此，固定资产的支出不能一次性地在一个会计年度内直接费用化，而应该在固定资产使用寿命内，按照一定的方法对其逐渐损耗的价值进行系统的分摊。这是对固定资产进行折旧核算的前提条件，也是固定资产明显区别流动资产的特征。

(3) 固定资产是有形资产。固定资产有实体存在，即有看得见、摸得着的实物存在。这是固定资产与无形资产的区别。企业有些无形资产同时也具有上述两个特征，我们通常称其为"无形的固定资产"，即无形资产；而"有形的固定资产"我们称之为固定资产。

企业在生产经营过程中，并不是将所有的劳动资料全部列为固定资产。一般来说，生产经营用的劳动资料，使用年限在1年以上，单位价值较高，应列为固定资产；否则，为简化核算与管理，应作为低值易耗品。

企业非生产经营过程中使用的重要物质资料，如果使用年限在2年以上，单位价值在2 000元以上，也应视同固定资产进行核算。

二、固定资产的确认

（一）固定资产的确认条件

某一资产项目，符合固定资产的定义特征，如果要作为企业的固定资产予以确认，还必须同时满足以下两个条件：

1. 与该固定资产有关的经济利益很可能流入企业

企业在确认固定资产时，需要判断与该固定资产有关的经济利益是否很可能流入企业。实务中，主要通过判断与该固定资产所有权相关的风险和报酬是否转移到了企业来确定。

所谓与固定资产所有权相关的风险，是指由于经营情况发生变化造成的相关收益的变动，以及由于固定资产闲置、技术陈旧等原因造成的损失；所谓与固定资产所有权相关的报酬，是指在固定资产使用寿命期内直接使用该资产获得的收入，以及处置该资产实现的利得。

通常情况下，取得固定资产所有权是判断与固定资产所有权有关的风险和报酬转移到企业的一个重要标志。凡是所有权已属于企业，无论企业是否收到或持有该固定资产，均可作为企业的固定资产；相反，如果没有取得所有权，即使存放于企业，也不能作为企业的固定资产。

但是，所有权是否转移，并不是判断与固定资产所有权相关的风险和报酬是否转到企业的惟一标志。有时，企业虽然没有取得固定资产的所有权，但企业能够控制与该固定资产有关的经济利益流入企业，这就意味着与固定资产所有权相关的风险和报酬实质上已经转移给企业，这种情况下，企业应该将该项固定资产予以确认。最典型的是融资租入固定资产业务。企业虽然不拥有固定资产的所有权，但与固定资产所有权有关的风险和报酬实质上已转移到了企业（承租方），此时，企业能够控制该固定资产所包含的经济利益，故符合固定资产确认的第一个条件。

2. 该固定资产的成本能够可靠地计量

成本能可靠地计量，是资产确认的基本条件。固定资产是企业资产的重要组成部分，要予以确认，其取得该固定资产而发生的支出也必须能够确切地计量。

企业在确定固定资产成本时，有时需要根据所获得的最新资料进行合理地估计。如果企业能够合理地估计固定资产的成本，则视同固定资产的成本能可靠地计量。例如，对于已经达到预定可使用状态的固定资产，在尚未办理竣工决算前，企业需要先根据工程预算，工程造价或者工程实际发生的成本资料，按暂估价值确认固定资产的成本，待办理了竣工决算手续后再作调整。

（二）固定资产具体确认中的几个特殊问题

企业具体确认固定资产时，需要利用必要的职业判断，对于复杂情形应作具体分析。

（1）某些固定资产的使用不能直接为企业带来经济利益，但是有助于企业从相关资产中获得经济利益，或者将减少企业未来经济利益的流出，根据我国会计准则的要求，企业也应该将此确认为固定资产。例如，企业为净化环境或者满足国家有关排污标准需要购置的环保设备。这些设备的使用虽然不会为企业带来直接的经济利益，但却有助于企业提高对废水、废气、废渣的处理能力，有利于净化环境，企业为此将减少未来由于污染环境而需要支付的环境净化费或罚款，故企业应将这些设备确认为固定资产。

（2）构成固定资产的各组成部分，如果各自具有不同的使用寿命或者以不同的方式为企业提供经济利益，从而使用不同的折旧方法或折旧率，此时，各组成部分实际上是以独立的方式为企业提供经济利益，故企业应将各组成部分单独确认为固定资产。如飞机的引擎等。

（3）工业企业持有的模具、工具、管理用具、玻璃器皿等资产，施工企业持有的模版、挡板架料等周转材料，企业应根据实际情况进行核算和管理。如果这些资产符合固定资产的定义及确认条件，应确认为固定资产，否则不确认为固定资产，应作为存货进行核算和管理。

（4）企业拥有的备品备件和维修设备，通常确认为存货，但如果某些备品备件和维修设备需要与相关的固定资产进行组合才能发挥效用，则应当确认为固定资产。如民用航空运输企业持有的高价周转件等。

由于企业的经营内容、经营规模不尽相同，企业确认固定资产的标准不可能完全一致。企业应当依据有关制度中规定的固定资产的一般标准，结合企业的具体情况，制定适合本企业的固定资产目录、分类方法、每类或每项固定资产的折旧年限、折旧方法，作为固定资产核算与管理的依据。

三、固定资产的分类

企业的固定资产种类繁多、构成复杂，为了科学合理地进行固定资产核算与管理，应按不同标准对固定资产进行分类。

（一）按经济用途分类

固定资产按经济用途分类，可分为生产经营用固定资产和非生产经营用固定资产。

（1）生产经营用固定资产，是指直接参加生产经营过程或直接服务于生产经营过程的各种固定资产，包括生产经营用房屋、建筑物、机器设备、运输设备、动力传导设备、工具器具和管理用具等。

（2）非生产经营用固定资产，是指不直接服务于生产经营过程的各种固定资产，包括生活福利部门等非生产经营部门使用的房屋、器具以及职工住宅等。

按照经济用途分类，可以反映和监督企业生产经营用和非生产经营用固定资产之间以及生产经营用各类固定资产之间的构成和变化情况，以分析、考核企业固定资产的利用情况以及各类固定资产配备的合理性。

（二）按使用情况分类

固定资产按使用情况分类，可以分为使用中固定资产、未使用固定资产和不需用固定资产。

（1）使用中固定资产，是指正在使用的各种固定资产。包括正在本企业使用的生产经营用固定资产和非生产经营用固定资产、由于季节性或大修理原因暂时停用的固定资产、企业内部替换使用的固定资产以及经营性租出的固定资产。

（2）未使用固定资产，是指已完工或购建完成但尚未正式交付使用的新增固定资产、因改建、扩建等原因暂时停用的固定资产。

（3）不需用固定资产，是指不适合本企业需要，准备处置的各种固定资产。

按使用情况分类，可以分析、考核企业固定资产的有效利用情况，促使企业尽快将未使用的转入使用状态，尽快处置闲置不需用的固定资产，促使企业及时进行现有资源的整合，提高资产的利用效率。

（三）按所有权分类

固定资产按所有权分类，可分为自有固定资产和租入固定资产。

（1）自有固定资产，是指企业拥有所有权的各种固定资产。

（2）租入固定资产，是指企业采用租赁方式从其他单位租入的固定资产，包括经营性租入固定资产和融资性租入固定资产。

按所有权分类，可以正确界定企业持有的固定资产的产权，便于了解企业资产的权属关系。

（四）综合分类

实务中，企业通常结合固定资产的经济用途、使用情况和产权关系等因素对固定资产综合分类。采用这一分类方法，一般可以将企业的固定资产分为以下七大类：

（1）生产经营用固定资产。

（2）非生产经营用固定资产。

（3）租出固定资产，指企业采用经营性方式出租给外单位使用的固定资产。

（4）不需用固定资产。

（5）未使用固定资产。

（6）融资租入固定资产，指企业以融资租赁方式租入的固定资产，在租赁期内，应视同自有固定资产核算与管理。

（7）土地，指过去已经单独估价入账的土地。企业取得的土地使用权不能作为固定资产核算，而应作为无形资产或投资性房产核算。

由于企业的经营性质、经营规模不同，对固定资产的分类不可能完全一致，也没有必要归于统一。企业应根据其自身情况以及经营管理、会计核算的要求进行必要、科学的分类。

四、固定资产的初始计量

固定资产的计量涉及初始计量、后续计量问题。其中，固定资产的初始计量主要解决固定资产的取得成本问题；后续计量主要解决固定资产折旧及期末计价问题。

（一）固定资产的初始计量原则

《企业会计准则第 4 号——固定资产》规定：固定资产应当按照成本进行初始计量。初始计量的成本是指固定资产达到预定可使用状态前所发生的一切合理、必要的支出。可见，固定资产初始计量的基本原则是按成本入账。而这里构成成本的一切合理必要的支出包括直接发生的价款、运杂费、包装费和安装成本等，也包括间接发生的费用，如应承担的借款费用以及应分摊的其他间接费用。对于特殊行业的特殊固定资产，确定其初始成本时，还应考虑预计弃置费用因素。如核电站废料的处置等。

（二）不同方式取得固定资产的初始计量

目前企业固定资产的取得方式主要有外购、自行建造、投资者投入、融资租入、接受捐赠、非货币性资产交换取得、债务重组取得等。固定资产的取得方式不同，其初始成本也各不相同。

1. 外购固定资产

外购固定资产是指企业通过现购或赊购方式取得的固定资产，其初始成本（入账价值）包括卖价、相关税费（如进口关税、消费税、不能抵扣的增值税等），以及使固定资产达到预定可使用状态前发生的可归属于该项资产的运输费、装卸费、安装费和专业人员服务费等。

2. 自行建造固定资产

自行建造固定资产是指企业通过自营或出包方式建造取得的固定资产，其初始成本（入账价值）由建造该项资产达到预定可使用状态前发生的必要支出构成。自行建

造固定资产动用了借款的,其借款费用符合资本化条件的,应计入自行建造固定资产的成本。

3. 投资者投入固定资产

投资者投入固定资产是指企业因接受投资者以固定资产形式对企业进行投资而取得的固定资产,其初始成本(入账价值)按照投资合同或协议约定的价值确定。如果合同或协议约定的价值不公允,则按公允价值作为入账价值。

4. 融资租入固定资产

融资租入固定资产是指企业采用融资性租赁方式租入的固定资产,其初始成本(入账价值)应当按照租赁开始日租赁资产公允价值与最低租赁付款额的现值中较低者确定。

5. 改扩建固定资产

改扩建固定资产是指在原有基础上进行改建、扩建或增建完成后形成的固定资产,其成本(入账价值)应按照原固定资产的账面价值,加上由于改建、扩建而使该项资产达到预定可使用状态前发生的支出,减去改建、扩建过程中发生的变价收入等内容确定。

6. 债务重组取得固定资产

债务重组取得固定资产是指在债务重组过程中,企业作为债权人接受债务人以固定资产清偿债务而取得的固定资产,其成本(入账价值)的确定参考本教材第十三章第一节之债务重组业务。

7. 非货币性资产交换取得固定资产

非货币性资产交换取得固定资产是指企业以存货、无形资产等非货币性资产向其他企业换入机器设备的形式取得的固定资产,其成本(入账价值)的确定参考本教材第十三章第二节之非货币性资产交换业务。

8. 盘盈固定资产

盘盈固定资产是指企业在清查过程中发现的账外固定资产,其成本(入账价值)的确定方法:同类或类似固定资产存在活跃市场的,按其重置成本减去估计损耗后的余额作为入账价值;同类或类似固定资产不存在活跃市场的,按照该项固定资产预计未来现金流量的现值,作为入账价值。

9. 接受捐赠固定资产

接受捐赠固定资产是指企业接受其他企业、单位或个人无偿馈赠的机器设备而取得的固定资产,应按以下规定确定其成本(入账价值)。

(1)捐赠方提供了有关凭据的,按凭据上标明的金额加上应支付的相关税费作为入账价值。

(2)捐赠方没有提供有关凭据的,按照如下顺序确定其入账价值:

① 同类或类似固定资产存在活跃市场的,按同类或类似固定资产的市场价格估计的金额加上应支付的相关税费,作为入账价值。

② 同类或类似固定资产不存在活跃市场的,按该接受捐赠的固定资产的预计未来现金流量的现值入账。

③ 如接受捐赠的是旧的固定资产，按上述方法确定的价值，减去按该项固定资产的新旧程度估计的损耗价值后的余额，作为入账价值。

第二节 固定资产的取得

一、外购固定资产

从外部购入固定资产是企业取得固定资产较常见的一种方式。企业购入的固定资产，有些不需要安装即可投入使用，有些则需要安装后才能使用；可能采用现购方式取得，也可能采用赊购方式取得。企业应根据不同情况，分别采用不同的核算方法。

（一）主要账户的设置

为了反映固定资产的增减变动，应设置"固定资产""工程物资""在建工程""累计折旧"账户。

（1）"固定资产"账户，用于核算企业固定资产原始价值的增减变动及其结存情况。该账户借方记录增加的固定资产的原始价值，贷方记录减少的固定资产的原始价值，期末借方余额反映企业现存固定资产的原始价值。该账户应按企业固定资产的类别或项目设置明细账户，进行相应明细核算。

（2）"工程物资"账户，用于核算企业为在建工程准备的各项物资的增减变动及结存情况。该账户借方记录验收入库工程物资的实际成本，贷方记录领用工程物资的实际成本；期末借方余额反映企业结存的各种工程物资的实际成本。该账户应按工程物资的品种或类别设置明细账。

（3）"在建工程"账户，反映企业各项在建工程的实际成本。该账户借方记录各项工程发生的实际成本，贷方记录已完工程的实际成本；期末借方余额反映尚未完工工程的成本。该账户应按工程项目设置明细账。

（4）"累计折旧"账户，该账户是"固定资产"的备抵账户。其贷方记录计提的固定资产折旧，借方记录因减少固定资产而转销的折旧；期末贷方余额反映现存固定资产的折旧累计数。期末"固定资产"借方余额减去期末"累计折旧"贷方余额，反映现存固定资产的净值（即折余价值）。

（二）购入不需安装的固定资产

企业购入不需要安装的固定资产，在购入后即可达到预定可使用状态，按应计入固定资产成本的金额，借记"固定资产"账户，贷记"银行存款"等账户。

【例6-1】粤龙公司购入一台不需要安装的生产设备，发票价格为800 000元，增值税额为128 000元，包装费1 000元，运输费为1 000元（其中10%可作为增值税进项税额抵扣）。款项全部通过银行付清，设备交付生产车间使用。根据以上资料，编制会计分录如下：

```
借：固定资产——生产经营用固定资产              801 900
    应交税费——应交增值税（进项税额）          128 100
  贷：银行存款                                  930 000
```

企业如果以一笔款项同时购入多项（一揽子购入）没有单独标价的固定资产，应按各项固定资产公允价值的比例对总成本进行分配，分别确定各项固定资产的入账价值。

企业采用赊购方式购入的固定资产，一般来说，其价格要高于现购价格，这部分差额属于购买日至付款日之间企业应付的利息。这部分利息原则上不应计入固定资产成本，而应作为购买日至付款日之间的利息费用处理。但是，由于赊购的时间一般不长，利息费用不多，计算赊购固定资产的现值也比较麻烦，因此按照重要性原则，赊购固定资产的价格一般按照其发票价格计算。企业采用赊购方式购入的不需安装的固定资产，应按其发票价格和支付（或应付）的包装运杂费，借记"固定资产""应交税费——应交增值税（进项税额）"等科目，贷记"应付账款""银行存款"等科目。

企业如果购入的固定资产超过正常信用条件延期支付价款（如分期付款购买固定资产），实质上具有融资性质的，应按所购固定资产购买价款的现值确认固定资产的成本，实际支付价款与购买价款的现值之间的差额，除按照借款费用准则应予以资本化的以外，应在信用期内计入当期损益（财务费用）。这种情形的会计处理可参考后述融资租入固定资产业务的处理。

（三）购入需要安装的固定资产

企业购入需要安装的固定资产，在安装过程中发生的实际安装费，应计入固定资产原值。固定资产安装工程可以采用自营安装方式，也可以采用出包安装方式。采用自营安装方式，安装费包括安装工程耗用的材料、人工以及其他支出；采用出包安装方式，安装费为向承租单位支付的安装价款。不论采用何种安装方式，固定资产的全部安装工程成本（包括固定资产买价以及包装运杂费和安装费）均应通过"在建工程"科目进行核算。

【例6-2】粤龙公司购入一台需要安装的生产设备，发票价格为500 000元，增值税额为80 000元，包装费为1 000元，上述款项通过银行付清。安装设备领用原材料2 000元，领用工程专用材料5 000元，需负担本企业安装工人薪酬1 415元。假定不考虑其他相关税费。根据以上资料，编制会计分录如下：

（1）支付设备价款、税款及包装运杂费：

```
借：在建工程——设备安装工程                  501 000
    应交税费——应交增值税（进项税额）           80 000
  贷：银行存款                                 581 000
```

（2）安装中领用专用物资、本公司原材料，负担安装人员薪酬：

```
借：在建工程——设备安装工程                    8 415
  贷：工程物资——专用材料                       5 000
      原材料                                    2 000
      应付职工薪酬                              1 415
```

(3) 工程安装完毕,达到预定可使用状态。
　　借:固定资产　　　　　　　　　　　　　509 415
　　　贷:在建工程——设备安装工程　　　　　　　509 415

二、自行建造的固定资产

自行建造的固定资产按其实施方式又包括自营建造以及出包给他人建造两种方式。

(一)自营方式建造固定资产

企业自营工程一般要设置"工程物资"和"在建工程"账户,进行相应的核算。

企业通过自营方式建造固定资产,其入账价值应按照建造该项固定资产达到预定可使用状态前发生的必要支出确定。包括直接材料、直接人工、直接机械施工费等。工程项目较多且工程支出较大的企业,应按工程项目的性质分别核算各工程项目的成本。

工程达到预定可使用状态后,按其实际成本结转固定资产的成本。工程完工后剩余的工程物资,如转作本企业库存材料,按其实际成本或计划成本转作企业的库存材料。

盘盈、盘亏、报废、毁损的工程物资,减去保险公司和过失人赔偿部分后的差额,应分别情况处理:如果工程项目尚未达到预定可使用状态的,计入或冲减所建工程项目的成本;如果工程项目已经达到预定可使用状态的,计入营业外支出或营业外收入。

工程项目达到预定可使用状态前因必须进行试运转所发生的净支出,计入工程成本。所建造固定资产已经达到预定可使用状态,但尚未办理竣工决算的,应当自达到预定可使用状态之日起,根据工程预算、造价或工程实际成本等,按暂估价值转入固定资产。待办理竣工决算手续后再作调整。

【例6-3】粤龙公司2018年1月准备自行建造一条生产流水线,购入一批工程物资,价款600 000元,增值税进项税额96 000元,价款及税款均以存款支付。1月至10月,工程陆续领用工程物资561 600元;剩余工程物资转为本企业的存货,领用生产用原材料其实际成本为50 000元;领用本企业自产产品一批,成本为100 000元,计税价格即公允价值为120 000元,适用增值税率为16%;辅助生产车间为该工程提供有关劳务支出为50 000元;该工程应支付工程人员薪酬106 125元。以银行存款支付其他工程费用90 000元;10月末,工程达到预定可使用状态并交付使用。不考虑其他相关税费。根据以上资料,编制会计分录如下:

(1)购入为工程准备的物资。
　　借:工程物资　　　　　　　　　　　　　600 000
　　　　应交税费——应交增值税(进项税额)　 96 000
　　　贷:银行存款　　　　　　　　　　　　　　696 000
(2)工程领用物资。
　　借:在建工程——生产流水线工程　　　　　561 600

　　　　贷：工程物资　　　　　　　　　　　　　　　561 600
（3）工程领用原材料。
　　　借：在建工程——生产流水线工程　　　　　50 000
　　　　贷：原材料　　　　　　　　　　　　　　　50 000
（4）工程领用自产产品。
　　　借：在建工程——生产流水线工程　　　　　119 200
　　　　贷：库存商品　　　　　　　　　　　　　　100 000
　　　　　　应交税费——应交增值税（销项税额）　19 200
（5）分摊辅助生产车间为工程提供的劳务支出。
　　　借：在建工程——生产流水线工程　　　　　50 000
　　　　贷：生产成本——辅助生产成本　　　　　　50 000
（6）结转工程人员薪酬。
　　　借：在建工程——生产流水线工程　　　　　106 125
　　　　贷：应付职工薪酬　　　　　　　　　　　　106 125
（7）支付工程其他费用。
　　　借：在建工程——生产流水线工程　　　　　90 000
　　　　贷：银行存款　　　　　　　　　　　　　　90 000
（8）10月末，工程达到预定可使用状态。
　　　借：固定资产——生产经营用固定资产——生产流水线　976 925
　　　　贷：在建工程——生产流水线工程　　　　　　　　　976 925
（9）将剩余工程物资转作存货。
　　　借：原材料　　　　　　　　　　　　　　　38 400
　　　　贷：工程物资　　　　　　　　　　　　　　38 400

（二）出包方式建造固定资产

　　企业采用出包方式建造固定资产，其入账价值应按照建造该项固定资产达到预定可使用状态前所发生的必要支出确定，其具体支出由建造承包商核算。企业设置的"在建工程"科目实际上是企业与建造承包商的结算科目，企业将与建造承包商结算的工程价款作为工程成本，通过"在建工程"核算。

　　【例6-4】粤龙公司2018年1月将一幢行政办公大楼出包给某建筑公司承建。根据合同规定办公大楼的总造价为6 000万元。合同签订日，按合同规定向承包单位预付工程款1 200万元，以银行存款支付；同年6月末，按合理预计的发包工程进度和合同规定结算进度款3 600万元，除冲减预付工程款外，其余款项通过银行转账支付；同年11月末，该工程达到预定可使用状态，补付工程款2 400万元，以银行存款支付。

　　根据以上业务，粤龙公司的会计处理如下：
（1）合同签订日预付工程款。
　　　借：预付账款——某建筑公司　　　　　　　12 000 000
　　　　贷：银行存款　　　　　　　　　　　　　　12 000 000
（2）6月末，按估计工程进度结算进度款。

借：在建工程——办公大楼工程　　　　　　36 000 000
　　贷：预付账款——某建筑公司　　　　　　　12 000 000
　　　　银行存款　　　　　　　　　　　　　24 000 000
（3）11月末，补付工程款。
借：在建工程——办公楼工程　　　　　　　24 000 000
　　贷：银行存款　　　　　　　　　　　　　24 000 000
（4）11月末，工程达到预定可使用状态，结转固定资产建造成本。
借：固定资产——生产经营用固定资产——办公楼　60 000 000
　　贷：在建工程——办公大楼工程　　　　　　　60 000 000

三、投资者投入固定资产

企业接受固定资产投资时，应按双方投资合同或协商约定的价值入账，但合同或协议约定的价值不公允的除外。

【例6-5】粤龙公司2018年3月收到W公司投入的设备一台，当即交付车间使用。W公司该设备账面原价为150 000万元，已计提折旧60 000万元。经双方协商该设备作价为140 000万元。占粤龙公司注册资本的1%（设粤龙公司的注册资本为10 000 000元）。

假定不考虑其他税费因素，粤龙公司的会计处理如下：
借：固定资产——生产经营用固定资产——机械设备　140 000
　　贷：实收资本——W公司　　　　　　　　　　　　100 000
　　　　资本公积——资本溢价　　　　　　　　　　　40 000

四、接受捐赠固定资产

企业接受捐赠固定资产，应按照前述规定的方法确认其入账价值。

【例6-6】粤龙公司2018年3月收到H公司捐赠的汽车一辆，当即交付使用。捐赠凭据上的价格为25万元，根据捐赠凭据、固定资产交接验收单等，作如下会计处理：
借：固定资产——生产经营用固定资产——运输工具　250 000
　　贷：营业外收入——捐赠利得　　　　　　　　　　250 000

五、盘盈固定资产

企业财产清查中盘盈的以前年度未入账的固定资产，作为前期差错处理，在按管理权限报经批准处理前，应先通过"以前年度损益调整"科目核算。

【例6-7】粤龙公司2018年12月财产清查中发现账外设备一台，参照市场信息，

同类新设备的市场价值为 60 000 元，估计折旧为 6 000 元。该公司盈余公积提取率为 10%，有关会计处理如下：

(1) 发现盘盈的设备时。

　　借：固定资产——生产经营用固定资产——机械设备　　54 000
　　　　贷：以前年度损益调整　　　　　　　　　　　　　　54 000

(2) 计算确定应交纳的所得税（设所得税率为 25%）。

　　借：以前年度损益调整　　　　　　　　　　　　　　　13 500
　　　　贷：应交税费——应交所得税　　　　　　　　　　　13 500

(3) 调整留存收益。

　　借：以前年度损益调整　　　　　　　　　　　　　　　40 500
　　　　贷：盈余公积——法定盈余公积　　　　　　　　　　 4 050
　　　　　　利润分配——未分配利润　　　　　　　　　　　36 450

六、融资租入固定资产

　　租赁是指在约定的期间内，出租人将资产使用权转让给承租人，以获取租金的协议。租入固定资产按其实质上是否转移与租赁资产所有权有关的全部风险与报酬，分为融资租赁与经营租赁。

　　融资租赁：融资租赁是指实质上转移了与资产所有权有关的全部风险和报酬的租赁。其所有权最终可能转移给承租方，也可能不转移给承租方。根据我国《企业会计准则第 21 号——租赁》及其应用指南，符合下列一项或数项标准的，应当确认为融资租赁：

　　(1) 在租赁期届满时，租赁资产的所有权转移给承租人；

　　(2) 承租人有购买租赁资产的选择权，所订立的购买价预计将远低于行使选择权时租赁资产的公允价值（低于其公允价值的 5%），因此，在租赁开始日就可以合理确定承租人将会行使这种优惠购买权；

　　(3) 租赁期占租赁资产尚可使用年限的大部分（通常大于 75%）；

　　(4) 承租人在租赁开始日的最低租赁付款额的现值几乎相当于（大于 90%）租赁开始日租赁资产的公允价值；

　　(5) 租赁资产性质特殊，如果不作较大改造，只有承租人才能使用。

　　企业发生一项租赁业务时，应按照上述标准判断是否属于融资租赁，如果不符合融资租赁的任何一项标准，则确认为经营租赁，进行相应会计处理。

　　在融资租赁中，与固定资产有关的全部风险和报酬已经发生实质转移。因此，承租方实质上已取得了该项固定资产，应将其视同自有固定资产核算与管理，同时确认相应的负债，并采用与自有固定资产相一致的折旧政策计提折旧。

　　根据上述准则规定，融资租入的固定资产，按租赁开始日租赁资产的公允价值与最低租赁付款额的现值两者中较低者入账。最低租赁付款额，是指在租赁期内承租人应支付或可能被要求支付的各种款项（不包括或有租金和履约成本），加上由承租人或与其有关的第三方担保的资产余值。但是，如果承租人有购买租赁资产的选择权，且所订立的购买价预计远低于行使选择权时租赁资产的公允价值，则购买价格也应包括在内。其中资产余值是指租赁开始日估计的租赁期届满时租赁资产的公允价值。用公式表示即：

最低租赁付款额 = 各期租金之和 + 行使优惠购买选择权支付的金额
（即最小负债）　　　　　　　　（或 + 担保资产的余值）

承租人在计算最低租赁付款额的现值时，如果知悉出租人的租赁内含利率，应采用出租人的内含利率作为折现率，否则应采用租赁合同规定的利率为折现率。如果上述两者均无法知悉，应当采用同期银行同期贷款利率作为折现率。

承租人在租赁谈判和签订租赁合同过程中发生的，可归属于该租赁项目的手续费、律师费、差旅费、印花税等直接初始费用应计入租入固定资产的价值。

【例6-8】粤龙公司2018年12月与珠江租赁公司签订了一项生产设备融资租赁合同。合同规定，租赁开始日为2018年12月31日，租赁期为4年，每年年末支付租金2 500 000元；租期届满，设备的估计残余价值为500 000元，其中粤龙公司担保的余值为300 000元，未担保余值为200 000元。

该生产设备于2018年12月31日运达粤龙公司，当日投入使用。粤龙公司采用平均年限法于年末计提折旧；每年年末一次确认融资费用。假定该生产设备租赁开始日的公允价值为9 000 000元，租赁内含利率为6%。

根据上述业务，粤龙公司有关会计处理如下：

(1) 2018年12月31日，租赁开始日，判断租赁业务类型。

租赁设备租赁开始日的公允价值 = 9 000 000元

租赁设备租赁开始日最低租赁付款额的现值 = 2 500 000 × 3.465 1 + 300 000 × 0.792 1 = 8 900 380（元）

以上计算说明：利率6%，期限为4年，1元的现值系数为0.792 1；1元的年金现值系数为3.465 1。

以上计算得出结论：承租人在租赁开始日的最低租赁付款额的现值8 900 380元，几乎相当于租赁开始日租赁资产的公允价值9 000 000元。由此该项租赁应当确认为融资租赁。根据租赁准则中孰低的原则，租赁资产的入账价值为8 900 380元。

借：固定资产——融资租入固定资产——机器设备　　8 900 380
　　未确认融资费用　　　　　　　　　　　　　　　1 399 620
　　贷：长期应付款——应付融资租赁款　　　　　　　　10 300 000

(2) 2019年12月31日，支付租金、分摊融资费用并计提折旧。

①计算每年分摊融资费用。未确认融资费用的分摊计算结果如表6-1所示。

表6-1 未确认融资费用分摊计算表 单位：元

日期	租金（1）	确认的融资费用 (2)＝期初×6%	应付本金减少额 (3)＝(1)-(2)	应付本金余额 (4)＝期初(4)-(3)
2019年初				8 900 380.00
2019年末	2 500 000	534 022.80	1 965 977.20	6 934 402.80
2020年末	2 500 000	416 064.17	2 083 935.83	4 850 466.97
2021年末	2 500 000	291 028.02	2 208 971.98	2 641 494.99
2022年末	2 500 000	158 505.01	2 341 494.99	300 000.00
合计	10 000 000	1 399 620.00	8 600 380.00	

②支付租金、分摊融资费用、计提折旧的会计处理：

借：长期应付款——应付融资租赁款　　　　　2500 000
　　贷：银行存款　　　　　　　　　　　　　　　　2500 000
借：财务费用　　　　　　　　　　　　　　　　534 022.80
　　贷：未确认融资费用　　　　　　　　　　　　　534 022.80
借：制造费用　　　　　　　　　　　　　　　　2150 095
　　贷：累计折旧　　　　　　　　　　　　　　　　2150 095

（3）2020年至2022年支付租金、分摊融资费用并计提折旧的会计处理，比照2019年相关会计处理。

（4）2022年12月，龙粤公司归还生产设备给珠江租赁公司。

借：长期应付款——应付融资租赁款　　　　　300 000
　　累计折旧　　　　　　　　　　　　　　　　8600 380
　　贷：固定资产——融资租入固定资产——生产设备　　8900 380

如果一项租赁在实质上没有转移与租赁资产所有权有关的全部风险和报酬，那么该租赁应认定为经营租赁。在经营租赁方式下，承租方不需承担该租赁资产的主要风险，其会计处理比较简单。不需要将所取得的经营租赁固定资产的使用权资本化，无需计提折旧；也不必将所承担的付款义务列作负债。

对于经营租赁固定资产的租金，承租方应在租赁期内的各个期间按照直线法计入相关资产的成本或当期损益。其他方法更为系统合理的，也可以采用其他方法。承租方发生的初始直接费用，也应当计入当期损益。

第三节　固定资产的折旧

一、固定资产折旧概述

（一）固定资产折旧的含义与意义

固定资产是企业重要的物资技术基础，可以在较长时期内为企业提供服务，并带来一定的经济利益。但固定资产的服务能力也会随着企业的不断使用或时间的推移逐渐减退直至消失。因此，企业在使用固定资产的期限内，应当将这种潜在的服务能力按照其减少或消失的比例，逐期分配到各受益对象的成本或费用中去。当固定资产的服务潜能逐期消耗，其取得成本相应地转化为各种费用，并与其产生的收益相配合以计算各期损益，这种成本转化过程即折旧过程。

我国《企业会计准则第4号——固定资产》规定："折旧，是指在固定资产使用寿命内，按照确定的方法对应计折旧额进行系统分摊"。

固定资产计提折旧的原因在于它的服务能力或使用价值的逐渐降低引起价值的转移。价值转移的大小受损耗程度的影响。固定资产的损耗分为有形损耗与无形损耗。所谓有形损耗也称物资损耗，是指固定资产由于正常使用和自然力的作用引起的使用价值与价值的损失；无形损耗也称精神损耗，是指由于科学技术进步、劳动生产率提高、消费者喜好的改变引起市场需求变化等原因引起固定资产提前更新而带来的价值损失。固定资产的有形损耗是显而易见的，如机器运转磨损、酸碱盐对机器的腐蚀、自然条件侵蚀等；而随着科学技术的不断进步，无形损耗对固定资产的价值影响远比有形损耗更为严重。不论有形损耗还是无形损耗，固定资产损失的这部分价值，应当在其有效使用期限内进行合理分摊，形成折旧费用。

从本质上讲，折旧是一种费用，这种费用在计提期间没有实际现金流出，但正确计提折旧、计算折旧费用，将固定资产的成本系统合理的分配于各个收益期间，不仅对实现固定资产自身价值的补偿及实物更新具有重大意义，而且对企业各个期间收益与费用的配比、损益的确定同样具有重大的影响。

（二）影响固定资产折旧的因素

折旧，是在固定资产使用寿命内，按照确定的方法对应计折旧额进行系统分摊。这里的"应计折旧额"是指应当计提折旧的固定资产原价扣除其预计净残值后的金额。如已对固定资产计提了减值准备的，还应扣除已计提的固定资产减值准备累计金额。由此，企业分期计提折旧时，应考虑的因素主要有以下四方面：

（1）固定资产原价：是指固定资产取得时的原始价值，也就是取得固定资产时的实际成本。企业已经入账的固定资产，除特殊情况外，一般不得任意变动。企业在计提折旧时，一般以原价为基数，但采用双倍余额递减法计提折旧时，则以固定资产的

账面净值为基数。

（2）固定资产预计净残值：是指假定固定资产预计使用寿命已满并处于使用寿命终了时的预期状态，企业目前从该项资产处置中获得的扣除预计处置费用的金额。预计残值收入减去预计清理费用，称为预计净残值。在确定预计净残值时其金额应为其折现值。

在我国，预计净残值一般根据固定资产原值乘以预计净残值率计算。预计净残值率是指预计净残值与固定资产原值的比率。一般来说，各类固定资产预计净残值率的上下限由国家统一规定，企业在其范围内确定各类固定资产的预计净残值率。

（3）固定资产减值准备：是指固定资产在期末计量中已计提的固定资产减值准备累计金额。

（4）固定资产使用寿命：是指企业使用固定资产的预计期间，或者该固定资产所能生产产品或提供劳务的数量。企业在确定固定资产的使用寿命时，主要应考虑下列因素：

①预计的生产能力或实物数量。

②预计的有形损耗和无形损耗。在预计固定资产的使用寿命时，应全面考虑有形损耗和无形损耗，即实物的使用寿命和与经济效用有关的技术寿命。在科技进步迅速的现代社会，技术密集型的企业应更多地考虑无形损耗，合理预计使用寿命。考虑无形损耗的影响，固定资产的经济使用寿命往往会短于其物理使用寿命。

③法律或者类似规定能够对有关资产使用的限制。企业计提折旧时，由于固定资产的使用寿命及净残值只能预计，不可避免存在主观意志。为了避免人为利用调整使用寿命和净残值从而调整固定资产各期折旧额，企业应当根据固定资产的性质和使用情况，合理确定固定资产的使用寿命和预计净残值。并按现行法规报送有关各方备案；固定资产的使用寿命、预计净残值一经确定，不得随意变更；如确需变更，则应报有关各方备案批准，并在会计报表附注中予以说明。

（三）固定资产折旧范围

确定固定资产的折旧范围，一是要从空间上确定哪些固定资产应计提折旧，哪些不应计提折旧；二是要从时间上确定应计提折旧的固定资产何时开始计提折旧，何时停止计提折旧。

（1）从空间范围看，除以下情况外，企业应对几乎所有固定资产计提折旧：

①已提足折旧仍继续使用的固定资产。

②规定单独估价作为固定资产入账的土地。

其中，提足折旧，是指已经提足该项固定资产的应计折旧额。固定资产提足折旧后，不论是否继续使用，均不再计提折旧。

已达到预定可使用状态但尚未办理竣工决算的固定资产，应当按照暂估价值确定其成本，并计提折旧；待办理竣工决算后，再按照实际成本调整原来的暂估价值，但不需调整原已计提的折旧额。

对于融资租入固定资产，如前所述，应当采用与自有固定资产相一致的折旧政策。能够合理确定租赁期届满时将会取得租赁资产的所有权的，应当在租赁资产尚可使用年限内计提折旧；无法合理确定租赁期届满时能否取得租赁资产所有权的，应当在租赁期与租赁资产尚可使用年限两者中较短的期限内计提折旧。

企业处于更新改造过程中停止使用的固定资产，应将其账面价值转入在建工程，不再计提折旧。更新改造项目达到预定可使用状态转为固定资产后，再按重新确定的折旧方法和尚可使用寿命计提折旧。

因进行大修理而停用的固定资产，应当照提折旧，计提的折旧额计入相关资产成本或当期损益。

(2) 从时间范围看，企业一般按月计提折旧，当月增加的固定资产，当月不提折旧，从下月开始计提折旧；当月减少的固定资产，当月仍提折旧，从下月开始不计提折旧。

二、固定资产折旧方法

《企业会计准则第 4 号——固定资产》规定，企业应当根据与固定资产有关的经济利益的预期实现方式合理选择固定资产折旧方法。可选择的折旧方法包括年限折旧法、工作量法、双倍余额递减法和年数总和法等。前两种方法可以归类于直线法，后两种方法属于加速折旧法。固定资产的折旧方法一经选定，不得随意变更。

(一) 直线法

直线法是指按照时间或完成的工作量平均计提折旧的方法。直线法假定固定资产使用寿命期内每一单位服务价值相等。主要包括平均年限法和工作量法。

1. 平均年限法

平均年限法是指按照固定资产的预计使用年限平均计提折旧的方法，其累计折旧额为使用时间的线性函数。采用这种方法，假定固定资产的服务潜力随着时间的推移而逐渐递减，其效能与固定资产的新旧程度无关。因此，固定资产的应计提折旧总额可以均匀摊配于预计使用年限内的各个会计期间。计算公式如下：

$$
\begin{aligned}
\text{应提折旧总额} &= \text{原始价值} - (\text{预计残值} - \text{预计清理费用}) \\
&= \text{原始价值} - \text{预计净残值} \\
&= \text{原始价值} \times (1 - \text{预计净残值率}) \quad (6-1)
\end{aligned}
$$

$$
\begin{aligned}
\text{年折旧额} &= \text{应提折旧总额} \div \text{预计使用年限} \\
&= \text{原始价值} \times (1 - \text{预计净残值率}) \div \text{预计使用年限} \quad (6-2)
\end{aligned}
$$

上述公式为固定资产折旧平均年限法的一般原理。在实际工作中，固定资产折旧额一般根据固定资产原值乘以折旧率计算。

$$
\begin{aligned}
\text{年折旧率} &= \text{年折旧额} \div \text{原始价值} \\
&= (1 - \text{预计净残值率}) \div \text{预计使用年限} \quad (6-3)
\end{aligned}
$$

$$
\text{月折旧率} = \text{年折旧率} \div 12 \quad (6-4)
$$

$$
\begin{aligned}
\text{月折旧额} &= \text{年折旧额} \div 12 \\
\text{或} &= \text{应计提折旧原始价值} \times \text{月折旧率} \quad (6-5)
\end{aligned}
$$

折旧率按计算对象不同，分为个别折旧率、分类折旧率和综合折旧率。

按单项固定资产计算的折旧率称为个别折旧率；按照固定资产类别计算的折旧率，称为分类折旧率；综合折旧率是按企业全部固定资产计算的折旧率。

按个别折旧率计算的折旧额结果虽然较准确，但计算工作量较大。一般只适用于固定资产数量不多或种类较少的企业。采用综合折旧率计算折旧，计算方法简单，工作量大大减少，但计算结果的准确性较差。相比较而言，采用分类折旧率计算折旧，既可以适当简化核算工作，又可以较为合理地分配折旧费，故应用较为广泛。实务中企业通常先将固定资产分为房屋及建筑物、机器设备、电子设备、运输设备和其他设备等类别，分类确定固定资产的使用寿命、预计净残值率、年折旧率和月折旧率，然后用每项固定资产原值与月折旧率的乘积来计算该类固定资产的月折旧额。

【例6-9】粤龙公司某类应提折旧的固定资产原值为1 000万元，公司估计该类固定资产的使用寿命为10年，预计净残值率为4%。则：

该类固定资产年折旧率 = (1 - 4%) ÷ 10 = 9.6%

该类固定资产月折旧率 = 9.6% ÷ 12 = 0.8%

该类固定资产每月应提折旧额 = 1 000 × 0.8% = 8（万元）

2. 工作量法

工作量法是指按照固定资产预计完成的工作总量平均计提折旧的方法，其累计折旧额为完成工作量的线性函数。采用这种方法，假定固定资产的服务潜力随着完成工作量的增加而逐渐递减，其效能与固定资产的新旧程度无关。因此，固定资产的应计提折旧总额可以均匀摊配于预计的每一单位工作量。计算公式如下：

单位工作量折旧额 = 固定资产原价 × (1 - 预计净残值率) ÷ 预计总工作量　(6-6)

某项固定资产月折旧额 = 该项固定资产当月实际工作量 × 单位工作量折旧额

(6-7)

这里的"工作量"可以是小时数、产量数、行驶里程数、工作台班数等。

【例6-10】粤龙公司有运输卡车一辆，原值为20万元，预计净残值率为4%，预计行驶里程为50万公里。本月实际行驶里程为6000公里。则：

单位里程折旧额 = 200 000 × (1 - 4%) ÷ 500 000 = 0.384（元/公里）

卡车本月折旧额 = 6 000 × 0.384 = 2 304（元）

工作量法一般适用于价值较高的大型精密机床以及运输设备等固定资产的折旧计算。这些固定资产的价值较高，各月的工作量一般不均衡，采用平均年限法计提折旧，会使各月成本费用的负担不够合理；采用工作量法，弥补了平均年限法只重视使用时间，不考虑使用强度的缺点，其折旧额的多少与工作量的多少密切相关，反映了资产的实际使用情况。所以实务中被广泛使用。如大型机械的"台班折旧法"、运输工具的"行驶里程折旧法"都是工作量法的体现。

（二）加速折旧法

加速折旧法也称为递减折旧法，是指在固定资产使用初期计提折旧较多而在后期计提折旧较少，从而相对加速折旧的方法。与直线法比较，采用加速折旧法计提折旧，并不改变固定资产的折旧总额，只是改变了其折旧在各年的分布情况，且各年分布呈逐年递减的趋势。

采用加速折旧法，各年的折旧额呈递减趋势，可以通过两种方式加速：①缩短折旧年限；②早期多提、逐年递减。

加速折旧方法有多种，我国会计准则规定允许的有双倍余额递减法和年数总和法两种。

1. 双倍余额递减法

双倍余额递减法是指以各期固定资产期初账面净值为折旧基数，乘以不考虑残值情况下年限平均法折旧率的2倍来计算折旧额的方法。其计算公式如下：

$$年折旧率 = 2 \times \frac{1}{预计使用年限} \times 100\%$$
$$= \frac{2}{预计使用年限} \times 100\% \quad (6-8)$$

$$年折旧额 = 固定资产年初账面净值 \times 年折旧率 \quad (6-9)$$

双倍余额递减法的特点是，各年折旧率固定，但各年计提折旧的基数呈递减趋势，各年的折旧额也呈递减趋势。由于折旧率计算中不考虑固定资产预计净残值因素，因此连续计算各年折旧额时必须注意下面两点：

（1）各年计提折旧以后，固定资产账面净值不能降到固定资产预计净残值以下（即不能多提折旧）；

（2）某年按双倍余额折旧法计提的折旧额小于按年限平均法计算的折旧额时应改为年限平均法计提折旧。理论上通常按以下公式进行判断：

$$固定资产期初净值 \times 双倍直线折旧率 < \frac{固定资产期初净值 - 预计净残值}{剩余使用年限}$$

实务中采用简易做法，通常在固定资产折旧年限到期前两年，改为直线法计提折旧。

此外，加速折旧法一般只采用个别折旧方式。为了简化折旧计算工作，月折旧额一般按年折旧额除以12计算。如果遇到跨年度的折旧问题即某项固定资产开始计提折旧的时间不是年初（1月份），则该年度各月的折旧额以及下一年度前几个月的折旧额（即开始计提折旧1年之内各月的折旧额），均按年折旧额的月平均数计算。

【例6-11】粤龙公司某项设备原值为200 000元，预计净残值率为4%，预计使用年限为5年。采用双倍余额递减法计提折旧。

则：年折旧率 = 2 / 5 × 100% = 40%

最后两年平均折旧额 = (原值 - 累计已提折旧 - 预计净残值) / 2
= (200 000 - 156 800 - 8 000) / 2 = 17 600（元）

按双倍余额递减法编制折旧计算表如表6-2所示。

表6-2 折旧计算表（双倍余额递减法）　　　　　　　单位：元

年 份	期初净值	年折旧率	年折旧额	累计折旧	期末净值
1	200 000	40%	80 000	80 000	120 000
2	120 000	40%	48 000	128 000	72 000
3	72 000	40%	28 800	156 800	43 200
4	43 200	—	17 600	174 400	25 600
5	25 600	—	17 600	192 000	8 000

假定该设备于2018年4月4月购入，则2018年计提8个月的折旧，2019年的折旧由1月至4月和5月至12月两部分组成。2018年及2019年计提折旧计算过程如下，其他年份类推。

第一个折旧年度应提折旧 = 200 000 × 40% = 80 000（元）
第二个折旧年度应提折旧 = (200 000 – 80 000) × 40% = 48 000（元）
2018年该设备应计提折旧 = 80 000 / 12 × 8 = 53 333.33（元）
2019年该设备应计提折旧 = 80 000 / 12 × 4 + 48 000 / 12 × 8 = 58 666.67（元）

2. 年数总和法

年数总和法是以固定资产的应计折旧额为折旧基数，以一个逐期递减分数为折旧率来计算各期折旧额的方法。这个递减分数的分子指固定资产每年年初尚可使用年数，分母指固定资产预计使用年数的总和（简称年数总和）。年数总和法的特点是各年折旧率变动，且是递减的；折旧基数固定，且是固定资产应计折旧总额，因此，各年折旧额逐年递减。计算公式如下：

$$年折旧率 = \frac{该年年初尚可使用年限}{各年尚可使用年数之和}$$

$$= \frac{预计使用年限 - 截至年初已使用年数}{预计使用年限 \times \frac{预计使用年限 + 1}{2}} \quad (6-10)$$

年折旧额 = 应提折旧总额 × 年折旧率
　　　　 = (固定资产原值 – 预计净残值) × 年折旧率　　　(6-11)

【例6-12】以【例6-11】资料为例，假定粤龙公司采用年数总和法计提折旧，则该项固定资产的年数总和为：

年数总和 = 5 + 4 + 3 + 2 + 1 = 5 × (5 + 1)/2 = 15
应计折旧总额 = 200 000 × (1 – 4%) = 192 000（元）
各年折旧率及折旧额计算如表6-3所示。

表6-3 折旧计算表（年数总和法） 单位：元

年份	应计折旧总额	尚可使用年限	年折旧率	年折旧额	累计折旧额
1	192 000	5	5/15	64 000	64 000
2	192 000	4	4/15	51 200	115 200
3	192 000	3	3/15	38 400	153 600
4	192 000	2	2/15	25 600	179 200
5	192 000	1	1/15	12 800	192 000

企业在计提折旧时，可以根据具体情况，选择各种折旧计算方法。但是，需要指出的是，按照可比性原则，某种折旧方法一经选定，不应随意改变，以保证会计核算方法的前后期一致，便于进行比较分析。如果企业根据与固定资产有关的经济利益预期实现方式发生重大改变，相应改变折旧方法的，其变更时间一般应为年初，以保持年度内折旧方法的一致，并将变更理由及折旧方法变更后对损益的影响在会计报表附注中予以揭示。

三、固定资产折旧的核算

企业的固定资产应当按月计提折旧。在会计实务中，企业各月折旧额的计算一般是通过"固定资产折旧计算表"来完成的。由于当月增加的固定资产，当月不提折旧；当月减少的固定资产，当月照提折旧，故计算折旧的依据是月初应提折旧的固定资产原值。实际工作中，为简化计算折旧的手续，各月计提折旧一般在上月基础上调整计算。计算公式为：

本月应提折旧额＝上月折旧额＋上月增加固定资产应提折旧额－上月减少固定资产应提折旧额

企业应将按月计提的折旧，根据固定资产的使用部门及用途分别计入相关资产的成本或当期费用。

【例6-13】粤龙公司2018年8月份的固定资产折旧计算表如下：

表6-4 固定资产折旧计算汇总表
2018年8月 单位：元

使用部门	上月折旧额	上月增加固定资产应计提折旧额	上月减少固定资产应计提折旧额	本月折旧额	分配费用
基本生产车间	250 000	20 000	30 000	240 000	制造费用
辅助生产车间	120 000	5 000		125 000	制造费用
行政管理部门	100 000		20 000	80 000	管理费用
销售部门	50 000			50 000	销售费用

续上表

使用部门	上月折旧额	上月增加固定资产应计提折旧额	上月减少固定资产应计提折旧额	本月折旧额	分配费用
在建工程	40 000	22 000		62 000	在建工程
经营出租	60 000	10 000	28 000	42 000	其他业务成本
合 计	620 000	57 000	78 000	599 000	

根据上表编制会计分录如下：
　　借：制造费用——基本生产车间　　　　240 000
　　　　　　　　——辅助生产车间　　　　125 000
　　　　管理费用　　　　　　　　　　　　 80 000
　　　　销售费用　　　　　　　　　　　　 50 000
　　　　在建工程　　　　　　　　　　　　 62 000
　　　　其他业务成本　　　　　　　　　　 42 000
　　　　贷：累计折旧　　　　　　　　　　　　　　599 000

第四节　固定资产的后续支出

　　企业固定资产投入使用后，为了适用新技术发展的需要或为了保持或提高其使用效能，往往需要对现有固定资产进行维护、改建、扩建、改良等。固定资产的后续支出，是指固定资产投入使用以后发生的改扩建、改良等更新改造支出及修理费用等。

　　会计上对固定资产使用过程中发生的这些后续支出分两种情形处理：符合固定资产确认条件的后续支出，应当记入固定资产的成本（资本化的后续支出）；不符合固定资产的确认条件的后续支出，应在发生时一次性计入当期费用（费用化的后续支出）。

一、固定资产维修支出（费用化的后续支出）

　　一般情况下，固定资产在长期使用过程中，由于自然损耗或使用磨损等原因，往往会发生部分零部件的损坏。为了保证固定资产的正常运转及使用，充分发挥其使用效能，企业需要对固定资产进行必要的维护和修理。在实际工作中，固定资产修理按每次修理零部件的复杂程度不同又可以分为日常修理与大修理。

　　日常修理（也称中小修理）的特点是：修理范围小，成本支出少，修理次数多，间隔时间短。但应注意的是，日常修理的间隔时间短，不一定意味着其受益期限短。因为日常修理的范围小，这次修理这一部分，下次修理另一部分，每次修理的零部件不一定是同一零部件，对于某一零部件来说，修理后的受益期也可能较长。

大修理的特点是：修理范围大，成本支出多，修理次数少，间隔时间长。但是，大修理的成本支出多，是指某项固定资产的大修理成本支出相对每次日常修理成本支出而言较多，其支出数额在企业全部成本费用中的比重则不一定较大。

固定资产日常修理和大修理各有特点，理论上，应分别不同情形采用直接列支或分期摊销（或预提）方法核算。但是在实际工作中，考虑到划分日常修理与大修理的界限比较困难，固定资产修理间隔时间长短与受益期限的关系不很明确，成本支出数额多少也是相对而言，日常修理和大修理往往一并进行核算。另外，无论日常修理还是大修理都只是保证或恢复固定资产的正常工作状态，并不导致固定资产的性能改变或未来经济利益的增加。因此，我国会计准则规定，固定资产的维修支出，通常不符合固定资产的确认条件，应在发生时一次性计入当期费用，不采用待摊或预提的方式处理。

【例6-14】2018年5月，粤龙公司对其行政办公楼进行修理，修理过程中领用甲原材料一批，价值80 000元；应支付维修人员的薪酬为18 000元。粤龙公司的会计处理如下：

借：管理费用　　　　　　　　　　　　　　　88 000
　　贷：原材料——甲材料　　　　　　　　　　80 000
　　　　应付职工薪酬　　　　　　　　　　　　18 000

二、固定资产的更新改造支出（资本化的后续支出）

固定资产投入使用后，为了提高其使用效能，有时需要对现有固定资产进行改建、扩建、改造及房屋重新装修等。比如企业对厂房进行改建、扩建，在增加楼层的基础上，使其更加坚固耐用，并延长厂房的使用寿命；对设备进行改建、扩建甚至改良（如自动装置代替非自动装置），既能提高机器设备的生产能力，又能大大提高生产产品的质量，实现产品的更新换代；通过对原有生产线的改良，节约生产费用，降低产品生产成本等。这些后续支出通常能提高固定资产原定的创利能力。此时，固定资产发生的这些更新改造支出、装修费用等，符合固定资产确认条件的，应计入固定资产成本。

企业在固定资产进行更新改造、装修的期间，由于停止使用，工期通常较长，应将该固定资产的原价、已提折旧和减值准备转销，将其账面价值转入"在建工程"，并停止计提折旧。固定资产发生的可资本化的后续支出，通过"在建工程"核算。待更新改造、房屋装修等工程完工并达到预定可使用状态时，再从"在建工程"转为固定资产，并按重新确定的使用寿命、预计净残值和折旧方法计提折旧。

【例6-15】2018年9月，粤龙公司改良其机器设备一台。改良前设备的原值为180 000元，预计使用年限为10年。预计净残率为4%，已使用8年，采用平均年限法计提折旧。该设备的改良采用出包方式进行，用存款支付改良工程款58 000元（含可抵扣的增值税）；设备改良工程中拆除部件的残料计价8 000元入库。工程完工后，延长使用年限5年（还能使用7年），预计净残值按5%计算。据以上资料完成会计处理如下：

(1) 注销拟改良的固定资产原值及累计折旧，将其账面价值转入在建工程。

改良设备已提折旧 = 180 000 × (1 - 4%) × 8/10 = 138 240（元）

设备改良前净值 = 180 000 - 138 240 = 41 760（元）

  借：在建工程——设备改良工程   41 760
    累计折旧   138 240
    贷：固定资产——生产经营用固定资产——机器设备 180 000

(2) 用银行存款支付设备改良工程款。

  借：在建工程——设备改良工程   50 000
    应交税费——应交增值税（进项税额） 8 000
    贷：银行存款   58 000

(3) 拆除部件的残料入库。

  借：原材料   8 000
    贷：在建工程——设备改良工程   8 000

(4) 设备改良工程完工，将全部工程成本 41 760 + 50 000 - 8 000 = 83 760 元转入固定资产价值。

  借：固定资产——生产经营用固定资产——机器设备 83 760
    贷：在建工程——设备改良工程   83 760

(5) 计算改良后第 9 年至第 15 年的各年折旧额。

改良后各年折旧额 = 83 760 × (1 - 5%) / 7 = 11 367.43（元）

三、固定资产后续支出的会计处理

在具体实务中，对于固定资产发生的后续支出，通常按下列原则和方法处理：

(1) 固定资产修理费用，应当直接计入当期费用。

(2) 固定资产的改良支出，应当计入固定资产的价值。

(3) 如果不能区分是固定资产修理还是固定资产的改良，或固定资产修理和改良结合在一起的，则企业应当判断，与固定资产有关的后续支出，是否满足固定资产的确认条件。如果该后续支出满足了固定资产的确认条件。后续支出应当计入固定资产的价值；否则，后续支出应当确认为当期费用。

(4) 固定资产的装修费用，如果满足固定资产的确认条件，装修费用应计入固定资产的价值，并在"固定资产"科目下单设"固定资产装修"明细科目进行核算，在两次装修间隔期间与固定资产尚可使用年限两者中较短的期间内，采用合理的折旧方法单独计提折旧。

(5) 融资租入固定资产发生的后续支出，比照上述原则处理。发生的固定资产的装修费用等，满足固定资产的确认条件，应在两次装修期间、剩余租赁期与固定资产尚可使用年限三者中较短的期间内，采用合理的方法计提折旧。

(6) 经营性租入固定资产发生的改良支出，应通过"长期待摊费用"科目核算，并在剩余租赁期与租赁资产尚可使用年限两者中较短的期间内，采用合理的方法计提折旧。

第五节 固定资产的处置

一、固定资产处置的内容

根据企业会计准则的规定，固定资产满足下列条件之一的，应当予以终止确认：一是该固定资产处于处置状态；二是该固定资产预期通过使用或处置不能产生经济利益。

固定资产处置是指由于出售、报废、毁损、向其他单位投资转出等原因而减少固定资产时，对固定资产所作的一种处理。具体包括出售、报废、毁损、对外投资转出、捐赠转出、非货币性资产交换换出、债务重组转出、无偿调拨等减少的固定资产。

二、固定资产处置的会计处理

企业因减少固定资产而进行的处置活动，通过"固定资产清理"科目核算。

（一）固定资产出售、报废、毁损

企业对闲置不用的固定资产应作积极地处理，如尽快出售；对使用期满、不能继续使用的固定资产应按时报废；对技术进步或管理不善等原因而遭淘汰的固定资产应提前报废；对操作不当、意外事故或自然灾害等原因不能继续使用的固定资产应作毁损处理。

企业因出售、报废或毁损而进行处置的固定资产，应当将处置收入扣除账面价值和相关税费后的金额计入当期损益。固定资产的账面价值是指固定资产成本扣除累计折旧和累计减值准备后的金额。其会计处理一般分为以下几个步骤：固定资产转入清理阶段；确认发生的清理费用，确认出售的收入和残料价值，进行保险赔偿及责任人赔偿；最后结转清理的净损益。

【例6-16】 2018年12月，粤龙公司将闲置不需用的建筑物出售。建筑物的账面原值为120 000元，累计已提折旧为40 000元，已计提的减值准备为5 000元，实际出售价格为85 000元，款项已存入银行。适用的增值税率为5%。根据以上资料，编制会计分录如下：

（1）注销固定资产原值、累计折旧及减值准备，转入清理。

借：固定资产清理　　　　　　　　　　　　　　　　75 000
　　累计折旧　　　　　　　　　　　　　　　　　　40 000
　　固定资产减值准备　　　　　　　　　　　　　　 5 000

　　　　贷：固定资产——生产经营用固定资产——建筑物　　　　120 000
　（2）收到出售建筑物的价款。
　　　　借：银行存款　　　　　　　　　　　　　　　　　　　 85 000
　　　　　　贷：固定资产清理　　　　　　　　　　　　　　　　　85 000
　（3）计算并结转应交纳的增值税 4 250 元（85 000×5%）。
　　　　借：固定资产清理　　　　　　　　　　　　　　　　　　 4 250
　　　　　　贷：应交税费——应交营业税　　　　　　　　　　　　4 250
　（4）结转清理建筑物的净损益 5 750（85 000－75 000－4 250）。
　　　　借：固定资产清理　　　　　　　　　　　　　　　　　　 5 750
　　　　　　贷：营业外收入——非流动资产处置利得　　　　　　　5 750

【例6-17】2018年12月，粤龙公司一台车间设备的原值150 000元，预计净残值率为4%，预计使用年限为10年，现已使用12年（超龄使用2年），由于不能继续使用予以报废。报废时实际残料计价3 400元入库。以银行存款支付清理费用500元，根据上述资料，编制会计分录如下：

　（1）注销固定资产原值及累计折旧，转入清理。
　　　由于超龄使用不再计提折旧，因此该设备累计折旧为144 000元即150 000×（1－4%）。
　　　　借：固定资产清理　　　　　　　　　　　　　　　　　　 6 000
　　　　　　累计折旧　　　　　　　　　　　　　　　　　　　　144 000
　　　　　　贷：固定资产——生产经营用固定资产——机器设备　150 000
　（2）支付清理费用。
　　　　借：固定资产清理　　　　　　　　　　　　　　　　　　　 500
　　　　　　贷：银行存款　　　　　　　　　　　　　　　　　　　　500
　（3）残料计价入库。
　　　　借：原材料　　　　　　　　　　　　　　　　　　　　　 3 400
　　　　　　贷：固定资产清理　　　　　　　　　　　　　　　　　3 400
　（4）结转清理的净损益－3100元（3 400－6 000－500）。
　　　　借：营业外支出——非流动资产处置损失　　　　　　　　 3 100
　　　　　　贷：固定资产清理　　　　　　　　　　　　　　　　　3 100

【例6-18】某企业一幢厂房原价800 000元，已提折旧350 000元，因发生火灾而毁损不能继续使用，委托某单位清理。残料变价收入40 000元，支付清理费用8 000元，应收保险公司赔偿款150 000元。根据以上资料，编制会计分录如下：

　（1）注销固定资产原值及累计折旧，转入清理。
　　　　借：固定资产清理　　　　　　　　　　　　　　　　　　450 000
　　　　　　累计折旧　　　　　　　　　　　　　　　　　　　　350 000
　　　　　　贷：固定资产——生产经营用固定资产——机器设备　800 000
　（2）支付清理费用。
　　　　借：固定资产清理　　　　　　　　　　　　　　　　　　 8 000

            贷：银行存款   8 000
   （3）收到残料变价收入。
        借：银行存款   40 000
            贷：固定资产清理   40 000
   （4）应收保险公司赔款
        借：其他应收款——应收保险公司赔款   150 000
            贷：固定资产清理   150 000
   （5）结转清理的净损益 -268 000 元（40 000 + 150 000 - 8 000 - 450 000）。
        借：营业外支出——非流动资产处置损失   268 000
            贷：固定资产清理   268 000

（二）其他方式减少固定资产

持有待售固定资产，是指在当前状况下仅根据出售同类固定资产的惯例，就可以直接出售且极可能出售的固定资产，如已经与卖主签订了不可撤销的销售协议等。企业对于持有待售的固定资产，应当调整其预计净残值，使预计净残值能够反映其公允价值减去处置费用后的金额，但不得超过其账面价值。原账面价值高于预计净残值的差额，应当作为资产减值损失计入当期损益。持有待售固定资产从划归为持有待售之日起停止计提折旧和减值准备。

其他方式减少的固定资产，如以固定资产清偿债务、投资转出固定资产、以非货币性资产交换换出固定资产等，分别按照债务重组、非货币性资产交换等的处理原则进行核算，相关内容参见本教材后述章节。

第六节 固定资产的清查及期末计量

一、固定资产清查

固定资产是一种价值较高，使用期限较长的有形资产，因此，对于管理规范的企业，盘盈、盘亏的固定资产较为少见。企业应当健全制度、加强管理，定期或至少在编制会计决算报告之前对固定资产进行一次全面清查，以保证固定资产核算的真实性和完整性。在清查过程中，若发现盘盈、盘亏的固定资产，应编制固定资产盘盈盘亏报告表，及时查明原因，并根据企业的管理权限，经股东大会或董事会，或经理（厂长）会议或类似机构批准后，在期末结账前处理完毕。

（一）固定资产盘盈

在清查过程中发现的盘盈固定资产，经查明确属企业所有，应确定固定资产重置价值，并为其开立固定资产卡片。企业盘盈的固定资产，一般是以前年度发生的会计差错，应作前期差错处理，通过"以前年度损益调整"科目核算。其会计处理参见本章第二节。

（二）固定资产盘亏

在清查过程中发现的盘亏固定资产，应及时办理固定资产注销手续，将固定资产卡片从卡片箱中抽出另行保管。企业盘亏的固定资产的价值不通过"固定资产清理"科目核算，而应通过"待处理财产损溢"科目核算，盘亏的净损失应转入"营业外支出"账户。

【例6-19】2018年12月，粤龙公司年末固定资产盘点时盘亏电子设备一台，原值50 000元，已提折旧20 000元，已提减值准备5 000元。经批准，该盘亏电子设备损失作为营业外支出处理。根据上述资料，编制会计分录如下：

（1）根据固定资产盘点盈亏报告单，注销该电子设备的账面记录。

　　借：待处理财产损溢——待处理固定资产损溢　　25 000
　　　　累计折旧　　　　　　　　　　　　　　　　20 000
　　　　固定资产减值准备　　　　　　　　　　　　 5 000
　　　贷：固定资产——生产经营用固定资产——机器设备　50 000

（2）根据处理批准意见，结转盘亏净损失。

　　借：营业外支出——固定资产盘亏　　　　　　　25 000
　　　贷：待处理财产损溢——待处理固定资产损溢　25 000

二、固定资产的期末计量

为了客观、真实、准确地反映期末固定资产的实际价值，企业应在编制资产负债表时，合理确定固定资产的期末价值。我国《企业会计准则》规定，在资产负债表日，企业应当按照成本与可收回金额孰低法计量固定资产的期末价值。

（一）固定资产的减值迹象

由于各种原因，会导致固定资产可收回金额低于其账面价值，这种情况即为固定资产减值。如果对于已经发生的固定资产减值不予以确认，必将导致虚夸企业资产价值，这既不符合会计的真实性要求，也有违会计的谨慎原则。因此，企业应当在期末或至少在年末对固定资产进行逐项检查，判断固定资产是否存在可能发生的减值迹象。如果存在减值迹象，应该进行减值测试，估计固定资产的可收回金额。可收回金额低于账面价值的金额，计提相应的固定资产减值准备。

如果出现下列情况之一，表明该固定资产可能发生了减值：

（1）固定资产的市价当期大幅度下跌，其跌幅明显高于因时间的推移或者正常使用而预计的下跌。

（2）企业经营所处的经济、技术或者法律等环境以及固定资产所处的市场在当期或者将在近期发生重大变化，从而对企业产生不利影响。

（3）市场利率或者其他市场投资报酬率在当期已经提高，从而影响企业计算固定资产预计未来现金流量现值的折现率，导致固定资产可收回金额大幅度降低。

（4）有证据表明固定资产已经陈旧过时。

（5）固定资产已经或者将被闲置、终止使用或者计划提前处置。

（6）企业内部报告的证据表明固定资产的经济绩效已经低于或者将低于预期，如固定资产所创造的净现金流量或者实现的营业利润（或者亏损）远远低于（或者高于）预计金额等。

（7）其他表明固定资产可能已经发生减值的迹象。

（二）固定资产可收回金额的计量

固定资产可收回金额应当根据固定资产的公允价值减去处置费用后的净额与固定资产预计未来现金流量的现值两者之间较高者确定。可收回金额与现值只要有一项高于账面价值，就表明未发生减值。

固定资产的公允价值，应当根据公平交易中销售协议价格确定。不存在销售协议但存在资产活跃市场的，应当按照该固定资产的市场价格确定。固定资产的市场价格通常应当根据资产的买方出价确定。在不存在销售协议和固定资产活跃市场的情况下，应当以可获取的最佳信息为基础，估计固定资产的公允价值。

企业按照上述规定仍然无法可靠估计固定资产的公允价值减去处置费用后的净额的，应当以该固定资产预计未来现金流量的现值作为其可收回金额。

（三）固定资产减值损失的确定及会计处理

固定资产可收回金额的计量结果表明，固定资产可收回金额低于其账面价值的，企业应当将固定资产的账面价值减记至可收回金额，将减记的金额确认为资产减值损失，计入当期损益，同时计提相应的固定资产减值准备。

固定资产减值损失确认后，减值固定资产的折旧费用应当在未来期间作相应调整，以使该固定资产在剩余使用寿命内，系统地分摊调整后的固定资产账面价值。

固定资产减值损失一经确认，在以后会计期间不得转回。但是，当日后发生对该固定资产处置、出售、对外投资、非货币性资产交换、债务重组抵债等情况，同时符合固定资产终止条件的，应同时结转已计提的固定资产减值准备。

企业应设置"资产减值损失"和"固定资产减值准备"及"在建工程减值准备"账户进行相应会计处理。

【例6-20】粤龙公司2018年初购入一套生产用机器设备，原值为300 000元，预计净残值率为4%，预计使用年限为5年，采用平均年限法计提折旧。2019年底该设备出现减值迹象，经资产减值测试，其公允价值减去处置费用后的金额为150 000元，未来现金流量的现值为160 000元。计提减值准备后，该设备的剩余使用年限预计为2年。预计净残值为3 000元。

（1）计算该设备2018年1月至2019年12月的累计折旧。

月折旧额 = 300 000 × (1 − 4%) ÷ (5 × 12) = 4 800（元）

累计折旧 = 4 800 × (11 + 12) = 110 400（元）

（2）计算该设备2019年底的净值。

300 000 − 110 400 = 189 600（元）

(3) 计算并计提减值准备。

可收回金额为该设备的公允价值减去处置费用后的金额与未来现金流量的现值两者中的较高者。即 160 000 元。根据：160 000 – 189 600 = –29 600（元），则计提减值准备的会计处理为：

  借：资产减值损失——固定资产减值损失 29 600
    贷：固定资产减值准备   29 600

(4) 2020 年 1 月起，重新计算未来可使用年限的折旧金额

月折旧额 =（160 000 – 3000）÷（2 × 12）= 6 541.67（元）

在建工程的减值测算及减值准备的计提，比照固定资产进行，不再赘述。

思 考 与 练 习

一、思考题

1. 什么是固定资产？固定资产确认条件是什么？
2. 固定资产有哪些分类标准？这些分类有何作用？
3. 不同途径取得的固定资产，其初始入账价值如何确定？
4. 固定资产折旧的含义是什么？固定资产折旧受哪些因素影响？
5. 什么是固定资产的有形损耗和无形损耗？
6. 固定资产折旧的直线法和加速折旧法各有哪些具体的方法？各种方法有何特点？
7. 固定资产有哪些后续支出？如何核算这些后续支出？
8. 如何进行固定资产处置的核算？
9. 对固定资产进行期末计价应注意哪些问题？判断固定资产减值的依据有哪些？

二、练习题

1. 甲公司 2018 年发生与固定资产取得相关的经济业务如下：

(1) 2 月 10 日，购入全新载重汽车一辆，增值税发票上注明价款 250 000 元，增值税 40 000 元，运输费 800 元，款项一并从银行汇付对方。载重汽车已达到预定可使用状态，验收交付使用。

(2) 4 月 12 日，购入需要安装的全新设备 1 台，增值税发票注明价款为 180 000 元，增值税 28 800 元，发生运输费用 1 200 元，款项一并通过银行支付。15 日，该设备在安装过程中耗用原材料 4 500 元，应负担的职工薪酬 2 115 元。20 日，该设备安装完毕并交付生产车间使用。

(3) 7 月 5 日，接受 A 公司投资的设备一台，已验收使用。该设备账面原值 650 000 元，已计提折旧 65 000 元。根据双方投资合同约定的价值 500 000 元入账。

(4) 8 月 1 日，收到外商捐赠的仪器 1 台，根据外商提供的发票，报关单等凭证表明该仪器折合为人民币的价值为 68 000 元，通过银行支付仪器的海关关税、运杂费、手续费等共计 5 050 元，仪器已运达公司，达到预定可使用状态，并交付使用。

(5) 12 月 20 日从 B 公司融资租入生产设备一台，租期为 5 年。该设备账面价值为

520万元,租赁开始日公允价值为430万元,租金总金额为500万元,租赁合同规定年利率为8%。合同规定,公司每年末支付租金100万元,租期届满时,再支付购买价款1万元,即取得该设备的所有权,届时该设备的公允价值为25万元。以银行存款支付初始直接费用为8万元。该设备已运达本公司,达到预定可使用状态。

要求:

(1) 编制业务(1)至(4)的会计分录。

(2) 完成业务(5)租赁开始日、各年末支付租金、摊销融资费用(实际利率法)、计提折旧(平均法)、支付最后一年租金和购买价款,以及取得该设备所有权等业务的会计处理。

2. 乙公司2018年11月1日应计提折旧固定资产原值及有关资料如下:

应计提折旧固定资产明细资料

使用部门	类别	原始价值(元)	预计使用寿命(年)	预计净残值率(%)	月折旧额
基本生产车间	房屋建筑	3000 000	30	5	
	机器设备	6000 000	15	3	
	运输设备	800 000	10	3	
辅助生产车间	房屋建筑	1200 000	30	5	
	机器设备	850 000	15	3	
	运输设备	550 000	10	3	
行政管理部门	房屋建筑	2500 000	30	5	
	运输设备	650 000	10	3	
合计		15555 000			

该公司11月份发生下列经济业务:

11月5日,该公司购入小汽车1辆,价款250 000元,增值税16%,款项以转账支票付讫。该汽车预计使用寿命10年,预计净残值率3%。达到预定可使用状态,交付行政管理部门使用。

11月30日,计提本月份固定资产折旧额。

12月31日,有一台基本生产车间的运输设备,原值200 000元,上个月已提足折旧。计提本月份固定资产折旧额。

要求:根据上述资料,用平均年限法计算各类固定资产的折旧额;并编制有关会计分录。

3. 丙公司2018年12月15日购入设备一台,原始价值为550 000元,预计使用年限5年,预计净残值为16 500元。

要求:

(1) 分别用双倍余额递减法和年数总和法计算该设备每年的折旧额。

(2) 假设该设备购入时间为2018年10月15日,分别用双倍余额递减法和年数总

和法计算该设备 2018 年、2019 年应计提的折旧额。

4. 丁公司 2018 年发生下列与固定资产后续支出有关的经济业务：

（1）3 月 10 日，对本公司行政管理部门的设备进行检修，向某汽车修理厂支付修理费 5 800 元。

（2）3 月 18 日，修理一台行政管理部门的办公设备，领用原材料 5 000 元，应负担修理人员的薪酬 1 415 元，以现金支付其他修理费用 500 元。

（3）5 月 5 日，对本公司某车间的机床进行大修理，实际支付大修理费 92 800 元。

（4）7 月 1 日起，采用自营工程的方式对本公司某车间的厂房进行改建。改建前该厂房的原始价值为 1 500 000 元，已计提折旧 750 000 元，已计提减值准备 100 000 元。在改建过程中，领用工程物资 250 000 元，领用公司生产用的原材料一批，实际成本为 120 000 元，应负担的人工薪酬为 127350 元，企业辅助生产车间工程提供的有关劳务支出为 260 000 元。改建中拆除部分项目的变价收入为 28 000 元。11 月 30 日，该厂房达到预定可使用状态。该公司对改建后的厂房采用直线法计提折旧，预计尚可使用年限为 15 年，预计净残值率 5%。

要求：

（1）编制上述与固定资产后续支出有关业务的会计分录。

（2）计算改建后的固定资产 2018 年 12 月应计提的折旧额。

5. A 公司 2018 年发生下列与固定资产处置有关的经济业务：

（1）出售不需用建筑物一座，账面原值 750 000 元，已计提折旧 300 000 元，已计提减值准备 30 000 元。实际收到价款 280 000 元，已存入银行。适用的营业税率为 5%。

（2）生产车间报废设备一台，经批准予以清理。该设备原值为 210 000 元，已提折旧 180 000 元，已提减值准备 30 000 元。在清理中用存款支付清理费用 3 000 元，残料变价收入 5 500 元存入银行。

（3）因火灾毁损一座仓库，其原始价值 220 000 元，预计使用年限 10 年，预计净残值为 5%，该仓库已使用 3 年零 6 个月。根据保险公司调查核实，公司应收保险赔款 70 000 元。用存款支付清理费用 3 000 元。该毁损仓库已清理完毕。

要求：根据上述资料，编制会计分录。

6. B 公司发生下列与固定资产期末计价及清查业务：

（1）2018 年末，公司外购设备一台，价款及相关税费 950 000 元，预计使用年限 8 年，预计净残值率 5%，采用直线法计提折旧。2019 年末，在进行财产清查时发现与该设备相关的经济因素发生不利变化，估计其可收回金额为 680 000 元。

（2）2018 年末，在固定资产清查中发现，生产车间盘盈设备一台，市场同类设备的市价为 80 000 元，估计折旧为 20 000 元。假定该公司适用的所得税率为 25%，按净利润的 10% 计提法定盈余公积。盘盈的设备经审批，年末予以核销转账。

（3）2018 年末，在固定资产清查中发现，行政管理部门盘亏设备 1 台，原始价值 6 000 元，已提折旧 2 400 元。盘亏的设备经审批，年末予以核销转账。

要求：根据上述资料，编制会计分录。

第七章 无形资产和投资性房地产

> **学习内容与目的**
>
> 本章主要学习无形资产、投资性房地产和其他资产的特点、内容、会计核算。通过学习,旨在了解无形资产、投资性房地产、其他资产的性质、特点、分类、内容;理解无形资产和投资性房地产、长期其他资产的确认和计量;掌握无形资产、投资性房地产的取得、摊销(或折旧)、计提减值准备、处置与报废和长期其他资产的会计处理。

第一节 无形资产

一、无形资产的确认

(一) 无形资产的概念与特征

无形资产是指企业拥有或控制的、没有实物形态的、可辨认的非货币性资产。主要包括专利权、非专利技术、商标权、著作权、特许经营权、土地使用权等。与其他资产相比,无形资产一般具有以下特征:

1. 无形资产没有实物形态(无实体性)

无形资产本身没有实物形态,却有价值,能带来未来经济利益。通常表现为企业的某种特权、技术或能够获取超额利润的综合能力。这一特征,主要是与固定资产等具有实物形态的资产相对而言的。所以无形资产也称为无形的固定资产。但是,需要指出的是，没有实物形态并不是无形资产独有的特性，其他许多资产也不具有实物形态，如应收账款、对外投资等。

另外，某些无形资产的存在也有赖于实物载体，如计算机软件需要储存在磁盘中，但这并没有改变无形资产本身不具有实物形态的特征。

2. 无形资产属于非货币性长期资产（长期性）

无形资产是一种非货币性资产，且能在较长时期内供企业使用，为企业创造效益，属于企业的一项长期资产。这一特征，主要是与银行存款、应收账款等没有实物形态的货币性、流动资产相对而言的。但是，需要指出的是，能在较长时期内供企业使用也不是无形资产的独有特征，其他许多资产也能在较长时期内供企业使用，如长期投资等。

3. 无形资产提供的未来经济利益具有较高的不确定性（不确定性）

无形资产能为企业带来多少未来的经济利益具有较大的不确定性。因为无形资产的使用效果难以单独确切计量，往往需要与企业其他资源一起使用，才能发挥作用；而且，当代科学技术的迅猛发展，使得许多无形资产的经济寿命难以准确地预计。无形资产使用寿命的不确定性，决定了无形资产带给企业收益总量的不确定性。这一特征，主要是与长期投资等既没有实物形态又能在较长时期内供企业使用的资产相对而言的。

4. 无形资产具有可辨认性（可辨认性）

企业资产满足下列条件之一的，符合无形资产定义中的可辨认标准：①从企业中分离或者划分出来，并能单独或者与相关合同、资产或负债一起，用于出售、转移、授予许可、租赁或者交换。②源自合同性权利或其他法定权利，无论这些权利是否可以从企业或其他权利和义务中转移或分离。如商标权、专利权等。这一特征，主要是与商誉不可辨认经济资源相对而言的。

商誉是购买方合并成本大于合并中取得的被购买方可辨认资产公允价值份额的差额，其存在无法与企业自身分离，不具有可辨认性。商誉不属于我国《企业会计准则第6号——无形资产》规范的范畴，因而未纳入本章介绍的范围。

（二）无形资产的确认

作为无形资产，首先应符合上述无形资产的概念，并同时满足以下条件时才能予以确认。

1. 与该无形资产有关的经济利益很可能流入企业

资产最基本的特征是产生的经济利益预期很可能流入企业。对无形资产而言，同样必须具备此条件。如果无形资产产生的经济利益预期不能流入企业，就不能确认为企业的无形资产。由于无形资产没有实体，其产生的经济利益需要通过其他方式来实现。通常情况下，无形资产产生的未来经济利益可能包括在销售产品、提供劳务的收入当中，或者企业使用该无形资产而减少或节约了成本，或者体现在获得的其他利益当中。例如，企业外购一项专利技术，用于产品的生产，使用该专利技术能提高产品的质量，从而提高产品的售价或增加销售量，最终能增加收入，为企业带来经济利益。

实务中，要确定无形资产所创造的经济利益是否很可能流入企业，需要实施职业判断。在进行职业判断时,需要对无形资产在预计使用寿命期内可能存在的各种经济因素做出合理预计,并且应当有确凿的证据支持。例如,企业是否有足够的人力资源、高素质的管理团队、相关的硬件设备、相关的原材料等来配合无形资产为企业创造经济利益。更为重要的是,要关注外界因素的影响。例如,是否存在相关的新技术、新产品的冲击,利用该无形资产生产的产品是否存在市场等。

2. 该无形资产的成本能够可靠地计量

成本能够可靠地计量是确认资产的一项基本条件。对于无形资产而言,这个条件更为重要。例如,企业自创商誉以及内部产生的品牌、报刊名等,由于成本难以可靠计量,故不能确认为一项无形资产。

(三)无形资产的分类

无形资产可以按照不同的标准来分类,通常按照经济内容、取得方式及使用寿命是否确定分类。

1. 按无形资产的经济内容分类

无形资产按其反映的经济内容,可以分为专利权、非专利技术、商标权、著作权、土地使用权和特许权等。

(1)专利权。专利权是指经国家专利管理机关审定并授予发明者在一定年限内对其成果的制造、使用和出售的专门权利。一般包括发明专利权、实用新型专利权和外观设计专利权等。专利权一经授予,受法律保护。发明专利权的保护期限为20年,实用新型专利权和外观设计专利权的保护期限为10年。在某项专利权的有效期间内,任何单位或个人未经专利权人许可,都不得无偿实施其专利。任何单位或个人如果需要实施他人专利的,应当与专利权人订立实施许可合同,并向专利权人支付专利使用费,否则就视为侵犯了专利权。

(2)非专利技术。非专利技术也称专有技术,是指发明者垄断的、不公开的、具有实用价值的先进技术、技能、知识、资料等。如设计图纸、资料、数据、技术规范、工艺流程、原料配方、管理制度、管理经验及方法等。这些专有技术未申请专利或不够申请专利的条件,不需到有关管理机关注册登记,靠企业采用保密方式维持其独占性。只要非专利技术不泄露于外界,就可以由其持有者长期享用,因而非专利技术没有固定的有效期。

非专利技术的特点是:① 有实用价值。即能使持有者获得经济利益或竞争优势。② 机密性。非专利技术不受法律保护,持有者应采取适当的保密措施,以维持其独占权。③ 动态性。非专利技术是企业经过长期研究和积累形成的,在使用过程中也会不断得到完善和发展。

(3)商标权。商标是用来辨认特定商品或劳务的标记。商标权是商标专用权的简称,指专门在某类指定的商标或产品上使用特定名称或图案的权利。商标经注册登记,成为注册商标。商标注册人对注册商标享有排他使用权、收益权、处分权、续展权以及禁止他人侵害的权利。我国现行法律规定商标权的有效期为10年,期满续展后可以延长其注册有效期。

(4)著作权。著作权也称为版权,是指著作者或文艺作品创作者以及出版商依法

享有的在一定期限内发表、制作、出版和发行其作品的专有权利。著作权包括两方面的权利，即人身权利（精神权利）和财产权利（经济权利）。前者又包括了发表权、署名权、修改权及保护作品完整权等权利；后者是指以出版、表演、广播、展览、录制唱片、摄制影片等方式使用作品，以及因授权他人使用作品而获得经济利益的权利。著作权受法律保护，未经著作权所有者许可或转让，他人不得占有和行使。我国现行法律规定，作品的发表权、使用权及获得报酬权的有效期为作者终生及其死亡后50年；职务创作作品的保护期为50年。

（5）土地使用权。土地使用权是指企业经国家土地管理机关批准享有的在一定期间内对国有土地开发、利用和经营的权利。根据我国《土地管理法》规定，我国土地实行公有制，任何单位或个人不得侵占、买卖或者以其他形式非法转让土地。企业只能拥有土地使用权，没有土地所有权。土地使用权可以通过行政划拨或有偿转让（支付土地出让金）方式取得，除国家行政划拨土地外，土地使用权可以依法转让。

土地使用权是企业长期开展经营活动的先决条件。企业通常通过向政府土地管理部门或拥有土地使用权的其他单位及个人支付一定数额的土地出让金获得。土地使用权的有效使用年限以政府土地管理部门按土地用途不同予以规定。企业有偿取得的土地使用权通常确认为无形资产。

但值得注意的是，企业已出租的土地使用权和持有并准备增值后转让的土地使用权，应作为投资性房地产核算；按照规定单独估价作为固定资产入账的土地价值不属于无形资产。

（6）特许权。特许权又称特许经营权、专营权。是指企业经批准在一定区域内，以一定的形式生产经营某种特定商品的权利。特许权通常有两种形式，一种是由政府机构授予，准许特定企业使用公共财产，或在一定地区享有经营某种特殊业务的权利，如水、电、暖气等专营权；另一种是一家企业有期限或永久性地授予另一家企业使用其商标、商号、专利权、专有技术等专有权利，如连锁店使用总店的名称、经营模式、原料配方、技术秘密等。作为无形资产核算内容的是后者。

2. 按无形资产的取得方式分类

无形资产按其取得方式，可以分为外部取得的无形资产和内部自创的无形资产。

外部取得的无形资产是指企业从外部购进的无形资产、接受投资或接受捐赠形成的无形资产，以及通过债务重组、非货币资产交换业务获得的无形资产等。

内部自创无形资产是指企业自行研究、开发形成的无形资产。

3. 按无形资产使用寿命是否确定分类

无形资产按使用寿命是否确定，可以分为使用寿命有限的无形资产和使用寿命不确定的无形资产。

使用寿命有限的无形资产是指在有关法律中规定有最长有效期限的无形资产，如专利权、商标权、著作权、土地使用权和特许权等。这些无形资产，在法律规定的有效期限内受法律保护；有效期满，如果企业未继续办理有关手续，将不再受法律保护。

使用寿命不确定的无形资产是指没有相应法律规定其有效期限，其受益期难以预先准确估计的无形资产，如非专利技术等。这些无形资产的受益期取决于技术进步的快慢以及技术保密工作的好坏等因素。当新的可替代技术成果出现时,旧的非专利技术自然贬值;当技术不再是秘密时,也会变得毫无价值。

二、无形资产取得的计量

无形资产应当按照成本进行初始计量。企业取得无形资产的方式不同,其会计处理也有所差别。

(一)购入的无形资产

企业购入无形资产的成本,包括购买价款、相关税费以及直接归属于使该项资产达到预定用途所发生的如律师费、咨询费、公证费、鉴定费、注册登记费等其他支出。

【例7-1】粤龙公司2018年1月购入一项专利权。支付价款200 000元,另外支付相关税费8 000元,款项通过银行支付。如果使用了此项专利权技术,预计可使企业的产品产量、质量有所提高,成本降低,从而增加销售量,提高销售利润率。根据上述资料,会计处理如下:

　　借:无形资产——专利权　　　　　　208 000
　　　贷:银行存款　　　　　　　　　　　　　208 000

企业外购无形资产时,还应注意以下几点:

(1)如果企业购买无形资产的价款超过正常信用条件延期支付,实质上具有融资性质,无形资产的成本应以购买价款的现值为基础确定。实际支付的价款与购买价款的现值之间的差额,除按照会计准则规定应予资本化的以外,应当在信用期间内计入当期财务费用。

(2)企业取得的土地使用权,通常按照取得时所支付的价款及相关税费确认为无形资产。土地使用权用于自行开发建造厂房等地上建筑物时,土地使用权的价值不与地上建筑物合并计算成本,而仍然单独作为无形资产核算。但房地产开发企业取得的土地使用权用于建造对外出售的房屋建筑物的,其相关的土地使用权价值应计入所建造的房屋建筑物成本。

(3)企业改变土地使用权的用途,停止自用土地使用权,而用于赚取租金或资本增值时,应将无形资产的土地使用权价值转为投资性房地产。

(4)企业外购房屋建筑物所支付的价款中包括土地使用权与地上建筑物价值的,应当对实际支付的价款按照合理的方法(如公允价值的比例),在土地使用权和地上建筑物之间进行分配;如果确实无法在二者之间进行合理分配的,应当全部作为固定资产,按照固定资产确认和计量的原则处理。

(二)投资者投入的无形资产

企业接受无形资产投资时,应按投资双方合同或协议约定的价值计价,但合同或协议约定价值不公允的除外。收到投资人投入无形资产时,借记"无形资产"科目,贷记"实收资本"科目。如果投入无形资产的价值大于投资方在企业注册资本中占有的份额,其差额应计入"资本公积"科目。

【例7-2】粤龙公司2018年1月1日接受甲公司投入的土地使用权,经评估,该项土地使用权其公允价值为500万元。粤龙公司的会计处理如下:

借:无形资产——土地使用权　　　　　5 000 000
　　贷:实收资本——甲公司　　　　　　　　5 000 000

(三)自行研究开发的无形资产

1. 研究与开发阶段的区分

对于企业自行研究开发的项目,应当区分研究阶段与开发阶段分别进行核算。

(1)研究阶段。研究是指为获取并理解新的科学或技术知识而进行的独创性的有计划调查。研究阶段的特点在于其属于探索性的过程,是为了进一步的开发活动进行资料及相关方面的准备。已经进行的研究活动,将来是否能够转入开发、开发后是否会形成无形资产等具有较大的不确定性。在这一阶段,一般不会形成阶段性的成果。为此,企业研究阶段发生的支出,应予以费用化。

研究活动的例子包括:

①以获取新知识为目的而进行的活动。

②对研究成果或其他知识的应用研究、评价和最终选择。

③对材料、设备、产品、工序、系统或服务的替代品的研究。

④对新的或经改进的材料、设备、产品、工序、系统或服务的可能替代品的配制、设计、评价和最终选择等。

(2)开发阶段。

开发是指在进行商业性生产或使用前,将研究成果或其他知识应用于某项计划或设计,以生产出新的或具有实质性改进的材料、装置、产品等。相对研究阶段而言,开发阶段应当是完成了研究阶段的工作,在很大程度上具备了形成一项新产品或新技术的基本条件。此时,如果企业能够证明开发支出符合无形资产的定义及相关确认条件,则可将其确认为无形资产。

开发活动的例子包括:

① 生产或使用前的原型及模型的设计、建造和测试;

② 含新技术的工具、夹具、模具和冲模的设计;

③ 不具有商业性生产经济规模的试生产设施的设计、建造和运营;

④ 新的或经改造的材料、设备、产品、系统或服务所选定的替代品的设计、建造和测试等。

2. 开发阶段相关支出资本化的条件

(1) 完成该无形资产以使其能够使用或出售在技术上具有可行性;

(2) 具有完成该无形资产并使用或出售的意图;

(3) 无形资产产生经济利益的方式,包括能够证明运用该无形资产生产的产品存在市场或无形资产自身存在市场,无形资产将在内部使用的,应当证明其有用性;

(4) 有足够的技术、财务资源和其他资源支持,以完成该无形资产的开发,并有能力使用或出售该无形资产;

(5) 归属于该无形资产开发阶段的支出能够可靠地计量。

3. 自行研究开发无形资产的会计处理

企业自行研究开发无形资产的研发支出,无论是否满足资本化条件,均应先通过"研发支出"账户归集,并在其明细账户"费用化支出"和"资本化支出"中分别核算研究阶段和开发阶段的支出。

实务中无法区分研究阶段和开发阶段支出的,应当将其所发生的研发支出全部费用化。

企业开发无形资产的成本仅包括在满足资本化条件的时点至无形资产达到预定可使用用途前发生的支出总和,对于以前期间已经费用化的支出,不再进行调整。

【例7-3】粤龙公司自2018年开始自行研发一项新产品专利技术。该公司认为,研发该新产品具有可靠的技术和财务等资源的支持,且一旦研发成功将降低产品的成本,从而为公司带来效益。截至2018年年末,开发该项新技术发生材料费65万元,人工费25万元,支付其他费用15万元。其中,符合资本化条件的支出为75万元。2018年末,该专利技术研发成功,已达到预定用途。粤龙公司会计处理如下:

(1) 发生支出时:

借:研发支出——费用化支出　　　　　300 000
　　　　　　——资本化支出　　　　　750 000
　　贷:原材料　　　　　　　　　　　　650 000
　　　　应付职工薪酬　　　　　　　　　250 000
　　　　银行存款　　　　　　　　　　　150 000

(2) 年末,该项新技术达到预定用途:

借:管理费用　　　　　　　　　　　　300 000
　　无形资产——专利权　　　　　　　750 000
　　贷:研发支出——费用化支出　　　　300 000
　　　　　　　　——资本化支出　　　　750 000

(四) 接受捐赠的无形资产

企业接受捐赠的无形资产,应按下列情况分别进行计价:

如果捐赠者提供了有关凭据,应按凭据中的金额加上应支付的相关税费计价,如果捐赠者没有提供有关凭据,则应按下列顺序计价:

(1) 同类或类似无形资产存在活跃的市场,应参照同类或类似无形资产的市场价格估计的金额,加上应支付的相关税费计价。

(2) 同类或类似无形资产不存在活跃的市场,应按其预计未来现金流量的现值计价。

企业接受无形资产捐赠时,应根据确定的价值,借记"无形资产"科目,贷记"营业外收入"科目。具体业务核算可参考本教材"固定资产"的业务进行相应处理。

(五) 其他方式取得的无形资产

非货币性资产交换、债务重组以及政府补助取得的无形资产,分别参照本教材第十三章及相关会计准则的规定处理。

三、无形资产的摊销

(一) 无形资产使用寿命的确定

企业应当于取得无形资产时分析判断其使用寿命。如果无形资产的使用寿命是有限的,则应估计该使用寿命的年限或者构成使用寿命的产量等类似计量单位数量;无法预见无形资产为企业带来经济利益期限的,应当视为使用寿命不确定的无形资产。

企业确定无形资产的使用寿命,应当考虑以下因素:

(1) 该资产通常的产品寿命周期,可获得的类似资产使用寿命的信息;

(2) 技术、工艺等方面的现实情况及对未来发展的估计;

(3) 以该资产生产的产品或服务的市场需求情况;

(4) 现在或潜在的竞争者预期采取的行动;

(5) 为维持该资产产生未来经济利益的能力预期的维护支出,以及企业预计支付有关支出的能力;

(6) 对该资产的控制期限,使用的法律或类似限制,如特许使用期间、租赁期间等;

(7) 与企业持有的其他资产使用寿命的关联性等。

例如,企业以支付土地出让金方式取得一块土地50年的使用权,如果企业准备持续持有,在50年期间没有计划出售,则该土地使用权预期为企业带来经济利益的期间为50年。

(二) 无形资产摊销期限与范围

企业只对使用寿命有限的无形资产进行摊销;对于使用寿命不确定的无形资产不进行摊销。但至少应当在每个会计年末进行减值测试。

使用寿命有限的无形资产,其应摊销金额应当在使用寿命内系统合理摊销。如果预计使用寿命超过了相关合同规定的受益年限或法律规定的有效年限,无形资产的摊销期限,一般按下列原则确定:

(1) 合同规定了受益年限,而法律未规定有效年限,摊销年限以合同规定的受益期限为上限;

(2) 合同未规定受益年限,而法律规定了有效年限,摊销年限以法定有效年限为上限;

(3) 合同规定了受益年限,法律也规定了有效年限,摊销年限以受益年限与有效年限中较短者为上限。

(三) 无形资产的摊销方法

无形资产的摊销方法,应当反映与该项无形资产有关的经济利益的预期实现方式,可以采用平均年限法、工作量法、双倍余额递减法和年数总和法等。无法可靠确定预期实现方式的,应当采用平均年限法摊销。

无形资产的应摊销金额为其成本扣除预计残值后的金额。已计提减值准备的无形资产，还应扣除已计提的无形资产减值准备累计金额。使用寿命有限的无形资产，如果有第三方承诺在无形资产使用寿命结束时购买该无形资产，或可以根据活跃市场得到预计残值信息，并且该市场在无形资产使用寿命结束时很可能存在，则可以预计其净残值；否则，其残值应当视为零。

为了分别反映无形资产的原始价值和累计摊销额，应设置"累计摊销"。"累计摊销"是"无形资产"的备抵科目。摊销无形资产时，应当考虑该项无形资产所服务的对象，以此为基础将其摊销价值计入相关资产的成本或计入当期损益。企业应当按月对无形资产进行摊销，无形资产的摊销额一般应计入当期损益。

具体说来，企业自用的无形资产，其摊销额应计入"管理费用"，企业出租的无形资产，其摊销额应计入"其他业务成本"。但如果某项无形资产是专门用于生产某种产品或者其他资产，其所包含的经济利益是通过转入到所生产的产品或其他资产中实现的，则其摊销额应计入相关资产的成本。如某项专门用于生产过程的无形资产，其摊销额应构成所生产产品的一部分，计入"制造费用"，从而形成产品成本。

【例7-4】粤龙公司从A公司购入甲项专利权，实际成本为120万元，估计使用寿命为8年，该项专利专门用于D产品的生产；同时，购入一项商标权，实际成本为150万元，估计使用寿命为10年。购买价款均通过银行支付。假定这两项无形资产的净残值均为零，采用直线法摊销。根据上述资料，A公司会计处理如下：

（1）取得无形资产时。

  借：无形资产——专利权   1 200 000
     ——商标权   1 500 000
   贷：银行存款   2 700 000

（2）按月摊销时。

  借：制造费用——无形资产摊销   12 500
    管理费用——无形资产摊销   12 500
   贷：累计摊销   25 000

（四）无形资产使用寿命与摊销方法的复核

企业至少应于每年年度终了，对无形资产的使用寿命及摊销方法进行复核。如果有证据表明无形资产的使用寿命及摊销方法不同于以前的估计，则对于使用寿命有限的无形资产，应改变其摊销年限及摊销方法，并按会计估计变更进行处理。

企业应当在每个会计年末对使用寿命不确定的无形资产的使用寿命进行复核。如果有证据表明无形资产的使用寿命是有限的，应当估计其使用寿命，并按使用寿命有限的无形资产的处理原则进行处理，将此视为会计估计变更。

四、无形资产的期末计量

为了真实、准确地反映期末无形资产的实际价值，企业应在资产负债表日，按照成本与可收回金额孰低法计量无形资产的期末价值。

由于各种原因，会导致无形资产可收回金额低于其账面价值，即发生无形资产减值。因此，要求企业应在资产负债表日，判断无形资产是否存在可能发生减值的迹象。如果存在减值迹象的，应该进行减值测试，估计无形资产的可收回金额。可回收金额低于账面价值的金额，应计提相应的无形资产减值准备。其减值测试的方法比照本教材第六章固定资产减值的原则进行。

企业应当设置"资产减值损失"及"无形资产减值准备"账户核算计提的无形资产减值损失。

【例7-5】粤龙公司在2018年末发现市场上某项技术生产的产品销售势头较好，已对粤龙公司产品的销售产生重大不利影响。粤龙公司外购的类似专利技术（见【例7-4】）其初始入账成本为120万元，预计使用寿命为8年，已使用5年。经减值测试，该专利技术的可收回金额为15万元。企业确认减值损失的会计处理如下：

专利权的账面价值 = 1 200 000 - 1 200 000 / 8 × 5 = 450 000（元）

专利权的减值损失 = 450 000 - 150 000 = 300 000（元）

  借：资产减值损失——无形资产减值损失 300 000
    贷：无形资产减值准备   300 000

无形资产减值损失一经确认，在以后会计期间不得转回。无形资产减值损失确认后，减值无形资产的摊销费用应当在未来作相应调整，以使该无形资产在剩余使用寿命内，系统地分摊调整后的无形资产账面价值。

五、无形资产的处置和报废

（一）无形资产的出租（转让使用权）

无形资产出租是指将无形资产的使用权让渡给他人，并收取租金的业务。根据《企业会计准则第14号——收入》的规定，这类交易属于企业让渡资产使用权，因而相关所得应作为收入核算。

企业出租无形资产取得的收入，应作为其他业务收入处理。取得无形资产出租收入以后，还应交纳城市维护建设税和教育费附加等。按照配比原则，这些税费应由取得的收入来补偿。结转应交纳的相关税费时，应计入"税金及附加"科目。在出租无形资产的过程中，还可能支付律师费、咨询费等费用。这些费用，也应由取得的收入来补偿。支付费用时，应计入"其他业务成本"科目。

企业出租无形资产以后，无形资产价值的摊销，一般有以下几种方法：

（1）全部计入其他业务成本，由取得的收入来补偿。如果企业在出租无形资产以后，自己不再使用该项无形资产，则按照配比原则，其摊销价值应全部计入其他业务成本，而不应再计入相关资产成本或费用。

（2）一部分计入其他业务成本，由取得的收入来补偿；另一部分计入相关资产成本或费用。如果企业在出租无形资产以后，自己仍在使用该项无形资产，则按照配比原则，其摊销价值应按照一定标准进行分配，一部分计入其他业务成本，由出租收入来补偿，另一部分计入相关资产成本或费用。

（3）全部计入相关资产成本费用。如果企业出租无形资产取得的收入所占比例不大，按照重要性原则，也可以将无形资产的摊销价值全部计入相关资产成本或费用。

【例7-6】粤龙公司将某专利权出租给外单位，每年所得租金收入为28万元，应交增值税为16 800元。该专利权账面价值为110万元，剩余摊销年限为5年。假定该专利权出租部分应摊成本为154000元。粤龙公司的会计处理如下：

（1）每年收取租金

　　借：银行存款　　　　　　　　　　　296 000
　　　　贷：其他业务收入　　　　　　　　　280 000
　　　　　　应交税费——应交增值税　　　　16 800

（2）结转出租部分分摊的无形资产成本并计算应交营业税

　　借：其他业务成本　　　　　　　　　154 000
　　　　贷：累计摊销　　　　　　　　　　　154 000

（二）无形资产的出售（转让所有权）

无形资产的出售是指将无形资产的所有权让渡给他人。即在出售以后，企业不再对该项无形资产拥有占用、使用、收益、处置的权利。

企业出售无形资产时，应将出售所得的价款扣除相关税费和该项无形资产账面价值后的差额，确认为当期损益。出售无形资产不属于企业的日常经营活动，出售所得不符合《企业会计准则第14号——收入》中的收入定义，因此，出售无形资产所得应以净额核算和反映。出售无形资产的净损失或净收益应作为"营业外支出"或"营业外收入"处理。

【例7-7】粤龙公司2018年12月15日将拥有的一项专利权出售，取得价款收入30万元，应交增值税为1.5万元，该专利权的账面余额80万元，累计摊销金额为55万元，已计提的减值准备为2万元。

根据上述资料，粤龙公司的会计处理如下：

　　借：银行存款　　　　　　　　　　　315 000
　　　　累计摊销　　　　　　　　　　　550 000
　　　　无形资产减值准备　　　　　　　 20 000
　　　　贷：无形资产　　　　　　　　　　　800 000
　　　　　　应交税费——应交增值税　　　　15 000
　　　　　　营业外收入——处置非流动资产利得　70 000

（三）无形资产的报废

如果无形资产预期不能为企业带来经济利益，从而不再符合无形资产的定义，则应将其作报废处理，并将其账面记录予以转销。

在判断无形资产是否预期不能为企业带来经济利益时，应根据以下迹象加以判断：

（1）该项无形资产是否已被其他新技术等所替代，且已不能为企业带来经济利益。

（2）该项无形资产是否不再受法律保护，且不能为企业带来经济利益。

(3) 其他足以证明该项无形资产已经丧失了使用价值和转让价值的情形。

无形资产报废时，转销的有无形资产账面余额、累计摊销以及已计提的减值准备。无形资产账面余额与累计摊销及减值准备的差额（即报废损失），作为"营业外支出"处理。

【例7-8】2018年12月31日，粤龙公司某项专利权的账面余额为300万元，摊销期限为10年，已采用直线法摊销8年。假定残值为零，已计提减值准备25万元；假定以该专利权生产的产品已没有市场，预期不能再为公司带来经济利益；假定不考虑其他相关因素，将其予以报废的会计处理如下：

  借：累计摊销   2 400 000
    无形资产减值准备   250 000
    营业外支出——处置非流动资产损失 350 000
  贷：无形资产   3 000 000

第二节　投资性房地产

一、投资性房地产及其内容

投资性房地产，是指为赚取租金或资本增值，或者两者兼有而持有的房地产。投资性房地产的范围包括：已出租的土地使用权、持有并准备增值后转让的土地使用权以及已出租的建筑物。

已出租的土地使用权，是指企业通过出让或转让方式取得的、以经营租赁方式出租的土地使用权。对于以经营租赁方式租入土地使用权再转租给其他单位的，不能确认为投资性房地产。

持有并准备增值后转让的土地使用权，是指企业取得的、准备增值后转让的土地使用权。

已出租的建筑物，是指企业拥有产权的、以经营租赁方式出租的建筑物，包括自行建造或开发活动完成后用于出租的建筑物，企业以经营租赁方式租入再转租的建筑物不属于投资性房地产。例如，甲企业与乙企业签订了一项经营租赁合同，乙企业将其持有产权的一栋办公楼出租给甲企业。

企业的自用房地产，即为生产商品、提供劳务或者经营管理而持有的房地产；作为存货的房地产，即房地产开发企业在正常经营过程中销售的或为销售而正在开发的商品房和土地，均不属于投资性房地产。

二、投资性房地产的确认

投资性房地产只有在符合定义的前提下，同时满足下列条件的，才能予以确认：

(1) 与该投资性房地产有关的经济利益很可能流入企业；

(2) 该投资性房地产的成本能够可靠地计量。

三、投资性房地产的初始计量

投资性房地产应当按照成本进行初始计量。由于投资性房地产取得的途径不同，其初始计量以及核算也存在差异。

（一）外购投资性房地产

外购投资性房地产，是指在购入的同时开始出租的房地产。企业外购的投资性房地产（土地使用权和建筑物），应按照取得时的实际成本作为入账价值进行初始计量。取得时的实际成本包括购买价款、相关税费和可直接归属于该资产的其他支出。

当购入投资性房地产时，在采用成本模式计量下，企业应按发生的实际成本，借记"投资性房地产"科目，贷记"银行存款"等科目；在采用公允价值模式计量下，企业应当在"投资性房地产"科目下设置"成本"和"公允价值变动"两个明细科目，按照发生的实际成本，借记"投资性房地产——成本"科目，贷记"银行存款"等科目。

【例 7-9】2018 年 5 月，粤龙公司计划购入一栋写字楼用于对外出租。5 月 20 日，粤龙公司与甲公司签订了经营租赁合同，约定自写字楼购买日起将这栋写字楼出租给甲公司，为期 6 年。6 月 2 日，粤龙公司实际购入写字楼，支付价款共计 500 万元。

（1）假设粤龙公司采用成本模式进行后续计量，其会计处理如下：

借：投资性房地产——写字楼　　　　5 000 000
　　贷：银行存款　　　　　　　　　　　　5 000 000

（2）假设粤龙公司拥有的投资性房地产符合采用公允价值计量模式的条件，采用公允价值模式进行后续计量，其会计处理如下：

借：投资性房地产——成本（写字楼）　5 000 000
　　贷：银行存款　　　　　　　　　　　　5 000 000

（二）自行建造投资性房地产

自行建造投资性房地产，是指企业自行建造或开发活动完成后用于出租的房地产。自行建造投资性房地产应当按照建造该项资产达到预定可使用状态前发生的必要支出作为入账价值进行初始计量。必要支出包括土地开发费、建筑成本、安装成本、应予以资本化的借款费用、支付的其他费用和分摊的间接费用等。建造过程中发生的非正常性损失，直接计入当期损益，不计入建造成本。

当自行建造投资性房地产时，在采用成本模式计量下，应按照确定的成本，借记"投资性房地产"科目，贷记"在建工程"或"开发产品"科目；在采用公允价值模式计量下，应按照确定的成本，借记"投资性房地产——成本"科目，贷记"在建工程"或"开发产品"科目。

【例 7-10】2018 年 2 月，粤龙公司从 A 公司购入一块土地的使用权，并准备在该块土地上自行建造两栋办公楼。2018年5月，粤龙公司预计办公楼即将完工，与B公司签订了租赁合同，将其中的1栋租赁给B公司使用。租赁合同约定，该办公楼于完工时开始起租。2018年5月20日，办公楼全部完工达到预定可使用状态。该块土地使用权的成本为800万元；每栋办公楼的实际造价为2 000万元，能够单独出售。假设粤龙公司采用成本计量模式。粤龙公司2018年5月20日应作会计处理如下：

土地使用权中属于投资性房地产的价值＝［800×(2000÷4000)］＝400（万元）

  借：固定资产——办公楼   20 000 000
    投资性房地产——办公楼   20 000 000
    贷：在建工程   40 000 000
  借：无形资产——土地使用权   4 000 000
    投资性房地产——已出租土地使用权 4 000 000
    贷：在建工程——土地使用权   8 000 000

四、投资性房地产的后续计量

  投资性房地产后续计量，通常应当采用成本模式，只有满足特定条件的情况下才可以采用公允价值模式。企业只能采用一种模式对所有投资性房地产进行后续计量，不得同时采用两种计量模式。计量模式一经确定，不得随意变更。

（一）采用成本模式进行后续计量

  采用成本模式进行后续计量的投资性房地产，对于投资性房地产中的建筑物，应按期（月）计提折旧，其折旧的计算方法与固定资产相同。计提折旧时，借记"主营业务成本""其他业务成本"等科目，贷记"投资性房地产累计折旧"科目；对于投资性房地产中的土地使用权，应按期（月）进行摊销，其摊销额的计算方法与无形资产相同，摊销时，借记"主营业务成本""其他业务成本"等科目，贷记"投资性房地产累计摊销"科目。投资性房地产取得的租金收入，借记"银行存款"等科目，贷记"主营业务收入""其他业务收入"等科目。

  企业应在资产负债表日，按照投资性房地产的成本与可收回金额孰低法计量其期末价值。在会计期末，当投资性房地产存在减值迹象的，经减值测试后确定发生减值的，应当将投资性房地产可收回金额低于其账面价值的差额计提减值准备，计提时，借记"资产减值损失"科目，贷记"投资性房地产减值准备"科目。已经计提减值准备的投资性房地产，其减值损失在以后的会计期间不得转回。

  【例7－11】粤龙公司将一栋办公楼出租给丙企业使用，采用成本模式进行后续计量。假定该栋办公楼的成本为2 400万元，按照直线法计提折旧，使用寿命为20年，预计净残值为零。租赁合同，规定丙企业每月支付粤龙公司租金12万元。当年末该栋办公楼发生减值迹象，经减值测试，其可回收金额为1 300万元，办公楼的账面价值为1 800万元，以前未计提减值准备。

  粤龙公司的会计处理如下：

(1) 计提折旧时：

每月计提的折旧：2 400÷20÷12＝10（万元）

  借：其他业务成本   100 000

    贷：投资性房地产累计折旧（摊销） 100 000

(2) 收到租金时：

  借：银行存款   120 000

    贷：其他业务收入   120 000

(3) 计提减值准备：

  借：资产减值损失   5 000 000

    贷：投资性房地产减值准备   5 000 000

（二）采用公允价值模式进行后续计量

  企业如果有确凿证据表明其投资性房地产的公允价值能够持续可靠取得的，可以对投资性房地产采用公允价值模式进行后续计量。采用公允价值模式计量的投资性房地产，应当同时满足下列条件：①投资性房地产所在地有活跃的房地产交易市场；②企业能够从活跃的房地产交易市场上取得同类或类似房地产的市场价格及其他相关信息，从而对投资性房地产的公允价值作出合理的估计。

  采用公允价值模式进行后续计量的投资性房地产，不计提折旧或摊销，会计期末应当以资产负债表日的公允价值为基础进行计量，调整其账面价值。投资性房地产的公允价值高于其账面余额的差额，借记"投资性房地产——公允价值变动"科目，贷记"公允价值变动损益"科目；公允价值低于其账面余额的差额作相反的账务处理。

  【例7-12】粤龙公司2018年6月，与甲公司签订租赁协议，约定将粤龙公司开发的一栋写字楼于开发完成的同时开始租赁给甲公司使用，租赁期为10年。当年12月1日，该写字楼开发完成并开始起租，写字楼的造价为2 000万元。2018年12月31日，该写字楼的公允价值为2 100万元。甲企业采用公允价值计量模式。

  粤龙公司的会计处理如下：

(1) 2018年12月1日，粤龙公司开发完成出租写字楼时：

  借：投资性房地产——成本   20 000 000

    贷：开发成本   20 000 000

(2) 2018年12月31日，按公允价值调整其账面价值时：

  借：投资性房地产——公允价值变动 1 000 000

    贷：公允价值变动损益   1 000 000

五、投资性房地产的处置

  企业因出售、转让、非货币性交易、报废、毁损等原因处置投资性房地产时，应当及时进行清理，并将处置收入扣除其账面价值和相关税费后的金额计入当期损益。

（一）采用成本模式计量的投资性房地产处置

  出售、转让按成本模式进行后续计量的投资性房地产时，应当按实际收到的金额，借记"银行存款"等科目,贷记"其他业务收入"科目;按该项投资性房地产的账面价值,借记"其他业务成本"科目,按其账面余额,贷记"投资性房地产"科目;按照已计提的折旧或摊销,借记"投资性房地产累计折旧(摊销)"科目;原已计提减值准备的,借记"投资性房地产减值准备"科目。

【例7-13】粤龙公司投资性房地产采用成本模式计量,现将确认为投资性房地产一栋写字楼出售给甲公司,合同价款为1 200万元,甲公司已用银行存款付清。出售时,该栋写字楼的成本为1 800万元,已计提折旧800万元。

粤龙公司的会计处理如下:

借:银行存款　　　　　　　　　　　　12 000 000
　　贷:其他业务收入　　　　　　　　　　　12 000 000
借:其他业务成本　　　　　　　　　　10 000 000
　　投资性房地产累计折旧(摊销)　　　　8 000 000
　　贷:投资性房地产——写字楼　　　　　 1 800 000

(二)采用公允价值模式计量的投资性房地产处置

出售、转让采用公允价值模式计量的投资性房地产,应当按实际收到的金额,借记"银行存款"等科目,贷记"其他业务收入"科目;按该项投资性房地产的账面余额,借记"其他业务成本"科目,按其成本,贷记"投资性房地产——成本"科目,按其累计公允价值变动,贷记或借记"投资性房地产——公允价值变动"科目。同时,将投资性房地产累计公允价值变动转入其他业务收入,借记或贷记"公允价值变动"科目,贷记或借记"其他业务收入"科目。

【例7-14】承【例7-12】假定粤龙公司2018年12月租赁期届满,收回写字楼,并以2 200万元出售,出售款项已收讫。

粤龙公司2018年12月出售写字楼,应作的会计处理如下:

借:银行存款　　　　　　　　　　　　22 000 000
　　贷:其他业务收入　　　　　　　　　　　22 000 000
借:其他业务成本　　　　　　　　　　21 000 000
　　贷:投资性房地产——成本　　　　　　20 000 000
　　　　　　　　　——公允价值变动　　　1 000 000

同时,将投资性房地产累计公允价值变动转入其他业务收入:

借:公允价值变动损益　　　　　　　　 1 000 000
　　贷:其他业务收入　　　　　　　　　　　 1 000 000

第三节　长期其他资产

长期其他资产是指不能包括在流动资产、可供出售金融资产、持有至到期投资、长期股权投资、固定资产、无形资产等以内的资产。主要有长期应收款、长期待摊费用、商誉、其他长期资产。本节主要介绍长期待摊费用与其他长期资产。

一、长期待摊费用

长期待摊费用是指企业当期发生的、应在1年以上的期间内分期摊销计入产品成本或期间费用的支出，主要包括开办费、以经营租赁方式租入固定资产改良支出及摊销期在一年以上的其他待摊费用等。

长期待摊费用与无形资产不同。它虽然也没有实物形态，也是一项长期资产，但其本身没有交换价值，不可转让。长期待摊费用是一种预付费用，一经发生，其消费过程就已结束，只是尚未计入产品成本和期间费用，因此长期待摊费用不具有抵偿债务的价值，更不具有转让价值。长期待摊费用应单独核算，通常在费用的受益期内按期平均摊销。

1. 开办费

开办费是指企业在筹建期间发生的不能计入各项资产价值的支出，主要包括筹建期间人员的工资、办公费、培训费、差旅费、印刷费、注册登记费，以及不计入固定资产价值的汇兑损益、利息支出等。企业发生各项开办费时，应通过"长期待摊费用"归集，在企业生产经营开始之日一次性的摊销，全部由企业生产经营开始的当月损益（管理费用）承担。

【例7-15】粤龙公司在筹建期间共发生注册费、验资费、人员培训费、差旅费、筹建人员的工资、办公费等共计80万元。假定均以银行存款支付，6个月后公司开始生产经营活动。

根据上述资料，粤龙公司会计处理如下：

（1）陆续支付各项开办费时：

  借：长期待摊费用——开办费 800 000
    贷：银行存款   800 000

（2）生产经营开始当月摊销时：

  借：管理费用——开办费摊销 800 000
    贷：长期待摊费用——开办费 800 000

2. 经营租入固定资产的改良支出

以经营租赁方式租入固定资产的改良支出，是指能增加经营租入固定资产的效用或延长其使用寿命的改装、翻修、改建等支出。这种改良支出作为长期待摊费用处理，是因为经营租入固定资产的所有权并未发生转移，承租人只获得在租赁有效期限内对改良工程的使用权利。因此，并不增加固定资产的价值。经营租入固定资产的改良支出，应在租赁期限与租赁资产预计尚可使用年限两者孰短的期限内平均摊销。

【例7-16】粤龙公司于2018年初向某房地产开发公司租入一幢办公用房，租期为4年。双方签订租赁协议规定，在租期内所有的装修等费用均由粤龙公司负担。从起租日开始，粤龙公司对租入的办公用房共支付各种装修费用150万元。均以银行存款支付。根据上述资料，粤龙公司的会计处理如下：

(1) 支付装修费用时：
借：长期待摊费用——租入固定资产改良支出　　1 500 000
　　贷：银行存款　　　　　　　　　　　　　　　　　1 500 000
(2) 每月摊销费用时：
借：管理费用　　　　　　　　　　　　　　　　　31 250
　　贷：长期待摊费用——租入固定资产改良支出　　　　31 250

二、其他长期资产

其他长期资产一般包括特种储备物资、银行冻结存款、冻结物资及涉及诉讼中的财产物资等。特种储备物资是指经国家批准的在正常范围以外储备的、具有专门用途、不参加生产周转的物资。银行冻结存款指因某种原因被银行冻结，不能正常支取的存款。冻结物资指因某种原因被冻结，不能进行正常处置的物资。诉讼中的财产指因发生经济（产权）纠纷，进入司法程序后被法院认定为涉及诉讼，尚未判定所有权归属的财产物资。企业对这部分财产物资不得转移、隐藏和毁损。

并不是所有企业都具有上述其他长期资产，只有一些企业在特殊的情况下才会发生相关的业务，而一般企业很少发生。我国企业会计准则中没有特别针对其他长期资产的核算设置通用的会计科目，企业可以根据实际需要增设相应的会计科目，进行相应会计处理。

其他长期资产一般不参加企业的正常生产经营周转，因而其价值不需要进行摊销。值得说明的是，纳入施工企业其他长期资产核算的临时设施是个例外。施工企业的临时设施用于企业的生产经营活动，为此应将其成本按预计使用年限摊入工程成本。

其他长期资产的报废清理与固定资产报废清理的处理相同。

思 考 与 练 习

一、思考题

1. 什么是无形资产？无形资产具有哪些基本特征？如何理解无形资产的确认条件？
2. 无形资产有哪些分类标准？具体如何分类？
3. 不同途径取得的无形资产，其初始入账价值如何确定？
4. 无形资产摊销与固定资产折旧在核算上有何区别？
5. 无形资产的摊销期限应如何确定？
6. 什么是无形资产的研究与开发？如何确定自行开发无形资产的成本？
7. 无形资产出租与出售的核算有何区别？
8. 判断无形资产减值的依据有哪些？如何进行无形资产减值的核算？
9. 投资性房地产采用成本模式进行后续计量和采用公允价值模式进行后续计量有何不同？

10. 什么是其他资产？主要包括哪些内容？

二、练习题

1. 甲公司 2018 年发生与无形资产有关的业务如下：

（1）1 月，用银行存款 750 000 购入一项专利权，根据相关法律规定，该专利权的剩余有效年限为 10 年。

（2）2 月，用银行存款 500 000 元购入一项商标权，摊销期限为 8 年。

（3）7 月，将一项初始成本为 600 000 元，预计有效使用年限为 8 年，已使用 3 年零 6 个月的专利权出售给急需该项技术的 A 公司，取得价款收入为 400 000 元。

（4）将一项无形资产的使用权有偿转让给 B 公司，一次性收取使用费 50 000 元，不提供后续服务。

（5）该公司曾于 2017 年初外购一项无形资产，支付价款及相关税费 960 000 元，预计使用年限和法律有效期限均为 10 年。2018 年末，由于与该无形资产相关的经济因素发生不利变化，致使其发生减值，估计其可收回金额为 660 000 元（假定暂不考虑所得税影响）。

（6）该公司 2018 年初开始进行一项新型技术的研制，研制成功后拟申请专利。本年度在研究过程中陆续发生职工薪酬 1 132 000 元，以存款支付各项费用 700 000 元；在开发过程中，发生职工薪酬 1 698 000 元，以存款支付各项费用为 1 300 000 元。假设开发过程中的职工薪酬及其他费用全部符合资本化条件。该项目本年度研制成功后并于年末申请专利，以存款支付律师费等共计 100 000 元。至 2018 年末已获得专利部门批准领取了专利证书。该专利权预计使用寿命为 10 年。

要求：

（1）根据上述资料，编制会计分录。

（2）假设甲公司无形资产摊销均采用直线法，完成上述无形资产 2019 年 1 月摊销的会计分录。

2. 2017 年 3 月 15 日，乙公司购入一栋写字楼，实际支付价款共计 1 200 万元。这栋写字楼共 6 层，乙企业计划购入后即将其全部出租给其他单位使用。3 月 10 日，乙公司与 A 企业签订了经营租赁合同，约定自 5 月 16 日起将这栋写字楼出租给 A 企业，为期 10 年。乙公司所在城市没有活跃的房地产交易市场。假设可以将实际支付的价款在土地使用权与建筑物之间进行分配，实际支付的价款 1 200 万元中，土地使用权的成本 240 万元，建筑物的成本 960 万元。土地使用权和建筑物均按照直线法计提折旧或摊销，使用寿命为 40 年，预计净残值为零。假设不考虑其他因素。

要求：

（1）根据上述经济业务，编制乙公司房地产取得时的会计分录。

（2）编制 3 月、4 月的相关会计分录。

3. A 企业为房地产经营开发的企业。2018 年 5 月，A 企业与 B 公司签订租赁协议，约定将 A 企业开发的一栋写字楼于开发完成的同时开始租赁给 B 公司使用，租赁期为 10 年。当年 8 月 30 日，该写字楼开发完成并开始起租，每月付一次租金 20 万元，写字楼的造价为 4 000 万元。由于该写字楼地处商业繁华区，所在城区有活跃的房地产交易市场,而且能够从房地产交易市场上取得同类房地产的市场报价,A 企业决定采用公允价值模式对该项出租的房地产进行后续计量。2018 年 12 月 31 日,该写字楼的公允价值为 8 100 万元。2019 年 12 月 31 日,该写字楼的公允价值为 8 200 万元。

要求:根据上述资料,完成 A 企业下列情况的会计处理。

(1) 2018 年 8 月 30 日的会计分录;

(2) 2018 年 9 月收到租金的会计分录;

(3) 2018 年 12 月 31 日相关的会计分录;

(4) 2019 年 12 月 31 日相关的会计分录。

4. 甲公司在 2018 年 1 月至 6 月的筹建期间陆续发生筹建人员薪酬 150 000 元、差旅费、办公费、注册登记费等 325 000 元。甲公司按有关规定将上述开办费在本年 7 月生产经营开始之日一次摊销。

要求:根据资料编制会计分录。

5. 丙公司 2018 年 9 月 1 日至 9 月 30 日将租入的数控机床进行改良,共领用原材料 35 000 元,分配职工薪酬 14 150 元。该数控机床的租赁期为 3 年,尚可使用年限为 5 年,丙公司按月摊销该数控机床的改良支出。

要求:根据资料编制会计分录。

第八章 流动负债

学习内容与目的

本章主要学习流动负债的概念、特点和分类,以及各种流动负债的会计核算。通过学习,旨在了解流动负债的概念、特点,内容;理解各种流动负债的会计确认和计量方法,掌握短期借款、应付票据、应付账款、应付职工薪酬、应交税金等流动负债的会计处理。

第一节 流动负债概述

一、流动负债及其特点

流动负债一般在1年或超过1年的一个营业周期内偿还,包括短期借款、应付账款、预收账款、应付票据、其他应付款、应交税金、应付利润、应付工资、预提费用等。流动负债是企业广泛存在的负债形式,具有偿还期限短、偿还方式灵活、筹资成本低的特点。

二、流动负债的分类

(一)按偿还金额确定分类

(1)确定性的流动负债,是指债务的到期日和偿还金额可以确定或估计的流动负债。主要包括:

①偿付金额、日期确定的流动负债,这类负债是指根据合同、契约或法律规定,到期日、应付金额是确定的负债,如短期借款、应付票据、应付账款等。

②应付金额视经营情况而定的流动负债。这类负债到期应付的金额要根据企业一

定时期的经营成果来计算确定,如应付工资、应交税金。

③应付金额、日期需要估计的流动负债。这类负债的到期日和金额都无法确定,但很可能发生,且支付的金额能合理地估计。如质量担保负债。

(2) 不确定性负债,也称或有负债,是企业现时存在的一种潜在负债,是基于法律、契约、承诺而引起的,其最终是否导致债务目前很难确定,属于不能确定或估计到期日和偿还金额的债务,如贴现的商业承兑汇票、未决诉讼等。

(二) 按偿付方式分类

(1) 以货币资产偿还的流动负债。这类负债的偿还以现金、银行存款支付,如应付账款、短期借款等。

(2) 以商品或劳务偿付的流动负债。如预收账款、产品质量担保负债等。

(三) 按形成原因分类

(1) 经营活动中形成的流动负债。如应付账款、应付工资、应交税金等。

(2) 收益分配中形成的流动负债。如应付股利等。

(3) 融资活动中形成的流动负债。如短期借款、应付利息等。

第二节 短期借款与交易性金融负债

一、短期借款

短期借款,指企业为了补充流动资金不足而向银行或其他金融机构借入的、期限在一年或一个营业周期以内的,用于企业业务经营的各种款项。目前我国企业短期借款主要有流动资金借款、临时借款、结算借款等。

为了核算企业的短期借款应设置"短期借款"科目,该科目的贷方登记借入的短期借款,借方登记归还的短期借款,期末余额在贷方,反映尚未归还的短期借款。该账户按债权人设置明细账,并按借款的种类进行明细分类核算。

企业借入各种短期借款时,应借记"银行存款"科目,贷记"短期借款"科目;归还借款时,借记"短期借款"科目,贷记"银行存款"科目。

短期借款发生的利息,通过"财务费用""应付利息"等科目核算。短期借款利息一律计入财务费用,采用计提利息方法,应在计提利息时,借记"财务费用"科目,贷记"应付利息"或"预提费用"科目;支付已计提的利息时,借记"应付利息"或"预提费用"科目,贷记"银行存款"科目;采用利息直接支付、不计提利息方法,应在付款时,借记"财务费用"科目,贷记"银行存款"科目。

【例8-1】企业2018年10月16日接银行通知,取得短期借款50 000元,年利率6%,三个月后还本付息。

(1) 10月16日取得短期借款时:

借：银行存款　　　　　　　　　　　　50 000
　　贷：短期借款　　　　　　　　　　　　　　50 000
（2）10月31日预提借款利息时：
借：财务费用　　　　　　　　　　　　125
　　贷：应付利息（预提费用）　　　　　　　　125
（3）11月30日、12月31日预提借款利息时：
借：财务费用　　　　　　　　　　　　250
　　贷：应付利息（预提费用）　　　　　　　　250
（4）2019年1月16日还本付息时：
借：应付利息（预提费用）　　　　　　625
　　财务费用　　　　　　　　　　　　125
　　短期借款　　　　　　　　　　　50 000
　　贷：银行存款　　　　　　　　　　　　　50 750

二、交易性金融负债

（一）交易性金融负债的确认与计量

交易性金融负债，指企业采用短期获利模式进行融资所形成的负债，如应付短期债券。金融负债作为企业负债的组成部分，包括短期借款、交易性金融负债、应付票据、应付账款、长期借款、应付债券等，符合以下条件之一的金融负债，企业应当划分为交易性金融负债：

①承担金融负债的目的，主要是为了近期内出售或回购；
②金融负债是企业采用短期获利模式进行管理的金融工具投资组合中的一部分；
③属于衍生金融工具。

交易性金融负债应当按照公允价值（以市场交易价格为基础确定）进行初始计量和后续计量，并将其公允价值的变动直接计入当期损益、即增减"公允价值变动损益"；相关交易费用应当在发生时直接计入当期损益。交易费用，是指可直接归属于购买、发行或处置金融负债的新增的外部费用，如支付给代理机构、咨询公司、券商的手续费和佣金等支出。

（二）交易性金融负债的会计处理

企业为了反映交易性金融负债增减和结余情况，应设置"交易性金融负债"科目进行核算，并在该科目下按交易性金融负债类别，分别设置"本金""公允价值变动"等明细科目进行明细核算。交易性金融负债科目期末余额，反映企业承担的交易性金融负债的公允价值。

企业承担的交易性金融负债，应按实际收到的金额，借记"银行存款"科目，按发生的交易费用，借记"投资收益"科目，按交易性金融负债的公允价值，贷记"交易性金融负债"科目（本金）。

资产负债表日，按交易性金融负债票面利率计算的利息，借记"投资收益"科目，贷记"应付利息"科目。资产负债表日，交易性金融负债的公允价值高于其账面余额的差额，借记"公允价值变动损益"科目，贷记"交易性金融负债"科目（公允价值变动）；公允价值低于其账面余额的差额做相反的会计分录。

处置交易性金融负债，应按该金融负债的账面余额，借记"交易性金融负债"科目，按实际支付的金额，贷记"银行存款"科目，按其差额，贷记或借记"投资收益"科目。同时，按该金融负债的公允价值变动，借记或贷记"公允价值变动损益"科目，贷记或借记"投资收益"科目。

【例8-2】粤龙公司2018年6月30日，经批准在债券市场公开按面值发行500 000元人民币短期融资券，期限为1年，票面利率为5%，每张面值为100元，半年计息，到期一次还本付息，支付给债券发行机构的手续费为5 000元。粤龙公司将该融资券指定为以公允价值计量且其变动计入当期损益的金融负债。2018年12月31日，该短期融资券的市场价格每张106元。2019年6月30日，该短期融资券到期支付款项完成兑付。

根据例题资料，粤龙公司应作如下会计处理：
(1) 2018年6月30日发行债券时
    借：银行存款　　　　　　　　　　　　　495 000
        投资收益　　　　　　　　　　　　　　5 000
      贷：交易性金融负债——本金　　　　　　　500 000
(2) 2018年12月31日，计提半年利息12 500元（500 000×5%×6÷12）时
    借：投资收益　　　　　　　　　　　　　12 500
      贷：应付利息　　　　　　　　　　　　　　12 500
(3) 2018年12月31日公允价值530 000＞账面余额500 000
    借：公允价值变动损益　　　　　　　　　30 000
      贷：交易性金融负债——公允价值变动　　　30 000
(4) 2019年6月30日到期兑付
    借：交易性金融负债——本金　　　　　　500 000
        交易性金融负债——公允价值变动　　30 000
      贷：银行存款　　　　　　　　　　　　　525 000
        投资收益　　　　　　　　　　　　　　5 000
    借：投资收益　　　　　　　　　　　　　30 000
      贷：公允价值变动损益　　　　　　　　　　30 000

第三节 应付及预收款项

一、应付票据

（一）应付票据的确认与计量

应付票据是由出票人签发，由承兑人许诺在一定时期内支付一定款项的书面证明，是企业在购买材料、商品、接受劳务供应等而开出、承兑的商业汇票。商业汇票未到期前，形成承兑企业的一项负债。

商业汇票按承兑人不同分为商业承兑汇票和银行承兑汇票。商业承兑汇票由收款人或付款人签发，由付款人承兑，到期无条件地支付确定金额给收款人或持票人。银行承兑汇票由在承兑银行开立存款账户的存款人签发，承兑人是银行，如到期付款人无款支付，承兑银行将无条件地支付确定的金额给收款人或持票人，但对付款方或承兑申请人来说，不会由于银行承兑而使这项负债消失，因此即使是银行承兑汇票，付款人的现有义务仍然存在，应将其作为负债。

商业汇票按是否带息可分为带息商业汇票和不带息商业汇票。无论商业汇票是否带息，由于票据期限较短，折现值与到期值相差很小，为简化会计核算，在签发或取得票据时，付款人应当按照票据的现值（即面值）入账。对于带息的商业汇票，付款人平时一般不需要计提利息，但在中期和年末，应根据权责发生制原则，提取应付未付的利息。

（二）应付票据的会计处理

为反映企业商业汇票的签发、偿付等情况，企业应设置"应付票据"科目进行核算。该科目贷方登记票面金额，借方登记商业汇票到期支付的票面金额，余额在贷方，表示已经开出并承兑但未到期的票据票面金额。企业还需设置应付票据备查登记簿，对每一票据的种类、号码、签发日期、到期日、票面金额、合同登记号码等事项进行记录，到期清偿后再予以注销。

1. 不带息的应付票据

不带息应付票据，是指付款人到期还款时，只支付票据面值的金额。如果签发的是银行承兑汇票，银行将按票面金额的1‰向申请开票企业收取承兑手续费。企业应将支付的手续费记入财务费用。

【例8-3】A公司2018年10月1日向B公司购买一批原材料，增值税专用发票上注明，价款100 000元，增值税16 000元，A公司开出一张期限为4个月、票面金额为116 000元的不带息商业承兑汇票交给B公司，材料验收入库。

A公司作如下会计分录：

2018年10月

借：原材料　　　　　　　　　　　　　　　　100 000
　　应交税费——应交增值税（进项税额）　　16 000
　　贷：应付票据　　　　　　　　　　　　　116 000
2019 年 2 月 1 日
借：应付票据　　　　　　　　　　　　　　　116 000
　　贷：银行存款　　　　　　　　　　　　　116 000

票据到期，如果 A 公司无款支付，应将应付票据转为应付账款，若与对方协商也可再重新开一张新的商业汇票，但均需在应付票据备查簿中进行记录。

2. 带息应付票据

带息应付票据，是指付款人到期还款时，除了支付票据面值金额外，还要支付按票面值和票面利率计算的利息。对带息应付票据的利息，应在期末计算提取自出票日起至期末止的应付未付的利息。应付票据到期，付款人无款或款项不足清偿票据款时：属于商业承兑汇票，应将应付票据的到期值转入应付账款科目核算；属于银行承兑汇票，则应将不能支付的那部分款项转为短期借款。

【例 8-4】A 公司于 2018 年 10 月 1 日从 C 公司购入一批材料，增值税专用发票上注明价款 200 000 元，增值税 32 000 元，材料验收入库，A 公司开出期限为 5 个月，票面利率为 3% 的商业承兑汇票一张给 C 公司。

该项业务 A 公司签发的是商业承兑汇票，应做如下会计处理：

① 2018 年 10 月 1 日
借：原材料　　　　　　　　　　　　　　　　200 000
　　应交税费——应交增值税（进项税额）　　32 000
　　贷：应付票据　　　　　　　　　　　　　232 000

② 2018 年 12 月 31 日，计提利息
借：财务费用　　　　　　　　　　　　　　　1 740
　　贷：应付利息　　　　　　　　　　　　　1 740

③ 2019 年 3 月 1 日支付本息时：
借：应付票据　　　　　　　　　　　　　　　232 000
　　应付利息　　　　　　　　　　　　　　　1 740
　　财务费用　　　　　　　　　　　　　　　1 160
　　贷：银行存款　　　　　　　　　　　　　234 900

④ 假定票据到期 A 公司无足够款项支付，其账面余额仅为 130 000 元，则将不足部分转为对 C 公司的应付账款。

借：应付票据　　　　　　　　　　　　　　　232 000
　　应付利息　　　　　　　　　　　　　　　1 740
　　财务费用　　　　　　　　　　　　　　　1 160
　　贷：银行存款　　　　　　　　　　　　　130 000
　　　　应付账款　　　　　　　　　　　　　104 900

如果上述商业汇票为银行承兑汇票（企业按 1‰ 向银行支付承兑手续费），A 公司

应做如下会计处理：

① 2018 年 10 月 1 日

借：财务费用——手续费　　　　　　　232
　　贷：银行存款　　　　　　　　　　　　　232
借：原材料　　　　　　　　　　　　200 000
　　应交税费——应交增值税（进项税额）　32 000
　　贷：应付票据　　　　　　　　　　　　　232 000

② 2018 年 12 月 31 日，计提利息

借：财务费用　　　　　　　　　　　1 740
　　贷：应付利息　　　　　　　　　　　　　1 740

③ 2019 年 3 月 1 日支付本息时：

借：应付票据——面值　　　　　　　232 000
　　应付利息　　　　　　　　　　　1 740
　　财务费用　　　　　　　　　　　1 160
　　贷：银行存款　　　　　　　　　　　　　234 900

④ 假定票据到期 A 公司无足够款项支付，其账面余额仅为 130 000 元，则将不足部分转为对银行的逾期借款。

借：应付票据——面值　　　　　　　232 000
　　应付利息（应付票据——利息）　1 740
　　财务费用　　　　　　　　　　　1 160
　　贷：银行存款　　　　　　　　　　　　　130 000
　　　　短期借款　　　　　　　　　　　　　104 900

该企业 30 天后将不足票款归还银行，银行按每日 0.5‰ 比例计算罚息。

借：短期借款　　　　　　　　　　　104 900
　　财务费用　　　　　　　　　　　15 735
　　贷：银行存款　　　　　　　　　　　　　89 165

二、应付账款

（一）应付账款的确认与计量

应付账款是指企业因购买商品、材料或接受劳务供应等而发生的债务。是买卖双方在购销活动中由于取得物资与支付货款在时间上不一致而产生的负债。

应付账款与上述的应付票据不同的是，应付票据是一种已结清而尚未支付的负债，是一种期票，一种延期付款的证明，有明确的付款期限；而应付账款属于尚未结清的债务，虽然有正常的结算期（一般不超过 60 天），但没有明确具体的付款期限。

应付账款的入账时间，一般应以取得货物所有权，或接受劳务已发生为标志。在实际工作中，应付账款的入账时间应分别不同情况进行处理：一是货物和发票账单同

时到达的情况下,应付账款一般待货物验收入库后,根据发票运单等所列金额登记入账。二是在货物已经验收入库,发票账单未到达的情况下,由于这时负债已经成立,应作为负债来反映;为了真实地在资产负债表上反映企业拥有的资产和承担的债务,月末可将所购货物和应付债务暂估入账,下个月月初再用红字冲回。

应付账款的入账价值,如存在商业折扣,按扣除折扣后的价值入账,如有现金折扣,我国会计准则规定,一般应采用总价法,即按发票上记载的应付账款的总价入账,企业如果在折扣期内支付了货款,得到现金折扣,可看作是企业取得的理财收益,应作为冲减财务费用处理;现金折扣的另一种处理方法是净价法,按发票上记载的全部应付金额扣除折扣后的净值记账。在净价法下,企业由于未在折扣期内付款而丧失的现金折扣,作为一项理财费用,应作为增加财务费用处理。

(二)应付账款的会计处理

为总括反映企业应付账款的发生、偿还和结欠情况,应设置"应付账款"科目;该科目贷方反映发生的应付账款。借方反映偿还的应付账款;余额一般在贷方,反映企业尚未偿还的应付账款。

【例8-5】甲企业月初购买一批材料,价款50 000元,增值税8 000元,材料已验收入库,货款暂未支付。对方给予的现金折扣条件是2/10,1/20,n/30,采用总价法核算。

① 材料入库时:
  借:原材料   50 000
    应交税费——应交增值税(进项税额) 8 000
   贷:应付账款   58 000
② 在10天内付款:
  借:应付账款   58 000
   贷:银行存款   57 000
    财务费用   1 000
③ 在20天内付款:
  借:应付账款   58 000
   贷:银行存款   57 500
    财务费用   500
④ 超过20天后付款:
  借:应付账款   58 000
   贷:银行存款   58 0000

三、预收账款

预收账款是企业按购销合同的规定,向购货单位或个人预先收取的购货定金或部分货款。由于收取定金或货款时企业并未向购买方提供商品或劳务,根据权责发生制原则，预收的货款不能作为收入，应作为负债。

企业如果预收的货款较多，应单独设置"预收账款"账户，收到定金或货款时记入该账户的贷方，交付商品或劳务抵偿负债时按结算金额记入该账户的借方；期末余额一般在借方，表示应向购买方收取的货款；如果期末余额在贷方，表示应退回给购买方的货款。

如果企业的预收货款业务不多，也可不单独设置"预收账款"账户，而是将预收的货款直接记入"应收账款"的贷方，商品或劳务的货款结算数记入"应收账款"的借方；期末编制资产负债表时，应根据应收账款各明细账户的余额方向分清资产和负债，分别列示。

【例8-6】A公司销售一批产品给B公司，共500件，每件1 000元，增值税率16%，B公司提前已预付了300 000元，其余款项在当月交付产品时结清。A公司如期交货和收款，开出增值税专用发票。

A公司收取货款时：
　　借：银行存款　　　　　　　　　　　　　300 000
　　　　贷：预收账款　　　　　　　　　　　　　300 000
A公司交货结算时：
　　借：预收账款　　　　　　　　　　　　　580 000
　　　　贷：主营业务收入　　　　　　　　　　　500 000
　　　　　　应交税费——应交增值税（销项税额）　80 000
　　借：银行存款　　　　　　　　　　　　　280 000
　　　　贷：预收账款　　　　　　　　　　　　　280 000

四、应付利息

（一）应付利息及内容

应付利息是指企业按照合同约定应支付的利息。应付利息的内容主要包括：企业短期借款当期计提应支付的利息；企业分期付息、到期还本的长期借款当期计提应支付的利息；企业应付债券当期计提应支付的利息。

（二）应付利息的会计处理

为了反映企业按照合同约定应支付的利息，应设置"应付利息"科目进行核算，并按债权人或投资人名称设置明细科目。企业短期借款当期计提应支付的利息时，应按合同利率计算确定利息费用，借记"财务费用"科目，贷记"应付利息"科目。

企业长期借款、应付债券当期计提应支付的利息，应在资产负债表日，按长期借款、应付债券的摊余账面价值和实际利率计算确定的利息费用，借记"在建工程""财务费用""研发支出"等科目，按合同利率计算确定的应付未付利息，贷记"应付利息"科目，按其差额，借记或贷记"长期借款（应付债券）——利息调整"等科目。

实际支付利息时，借记"应付利息"科目，贷记"银行存款"等科目。

五、应付股利

应付股利是企业实现的税后利润应分配给投资者但尚未支付的部分。企业分配给投资者的股利有两种，一种是现金股利，另一种是股票股利。由董事会制定分配预案，股东大会批准后，董事会宣告发放股利未支付前就形成了对投资者的债务。

为了核算企业应分配给投资者现金股利，应设置"应付股利"科目，并按投资人名称设置明细科目。企业决定宣布分配给投资者现金股利时，应借记"利润分配"科目，贷记"应付股利"科目；实际支付股利时，应借记"应付股利"科目，贷记"银行存款"科目。对于宣告的股票股利，只需办理变更登记，不会导致企业实际的货币资产流出，所以不通过"应付股利"科目核算。

六、其他应付款

其他应付款是指企业应付、暂收其他单位和个人的款项，其主要内容包括：①应付的各种赔款、罚款；②应付租入包装物的租金；③从企业职工工资中代扣代缴的各种款项；④存入保证金；⑤其他各种应付及暂收款项。

为了反映其他应付款的增减变动及结余情况，企业应当设置"其他应付款"账户进行核算。该账户贷方登记其他应付款项的发生数额，借方登记企业其他应付款项的偿还数额。余额一般在贷方，反映企业期末尚未支付的其他应付款项。

【例8-7】某企业对随产品出租的包装物收取押金5 000元，款项已存银行。

借：银行存款　　　　　　　　　　　5 000
　　贷：其他应付款　　　　　　　　　　　5 000

【例8-8】某企业9月份，根据应付职工薪酬数，从职工个人薪酬中代扣职工养老保险金30 000元，医疗保险金12 000元。

企业根据工资结算汇总表，计算代扣金额时：

借：应付职工薪酬——养老保险金　　30 000
　　　　　　　　——医疗保险金　　12 000
　　贷：其他应付款　　　　　　　　　　42 000

以银行存款上交养老保险金、医疗保险金时：

借：其他应付款　　　　　　　　　　42 000
　　贷：银行存款　　　　　　　　　　　42 000

第四节 应付职工薪酬

一、职工薪酬的含义与内容

职工薪酬,是指企业为获得职工提供的服务或解除劳动关系而给予的各种形式(货币性和非货币性)的报酬或补偿。企业支付职工的薪酬范围,包括职工在职期间和离职后提供给职工的全部货币性薪酬和非货币性福利,不仅包括企业提供给职工本人的薪酬和福利,而且包括提供给职工配偶、子女、受赡养人的福利等。

(一)职工的范围

职工,是指与企业订立劳动合同的所有人员,含全职、兼职和临时职工,也包括虽未与企业订立劳动合同但由企业正式任命的人员。其具体范围包括:

(1)与企业订立劳动合同的所有人员,含全职、兼职和临时职工。

(2)未与企业订立劳动合同但由企业正式任命的人员,如部分董事会成员、监事会成员等。

(3)在企业的计划和控制下,虽未与企业订立劳动合同或未由其正式任命,但为企业提供与职工类似服务的人员,也纳入职工的范畴,如企业劳务用工合同人员。

(二)职工薪酬内容

企业支付的职工薪酬,主要包括短期薪酬、离职后福利、辞退福利和其他长期职工福利等。

1. 短期薪酬

短期薪酬,是指企业预期在职工提供相关服务的年度报告期间结束后十二个月内将全部予以支付的职工薪酬,因解除与职工的劳动关系给予的补偿除外。短期薪酬主要包括:

(1)职工工资、奖金、津贴和补贴,是指企业按照构成工资总额的计时工资、计件工资、支付给职工的超额劳动工资等的劳动报酬,包括为了补偿职工特殊或额外的劳动消耗和因其他特殊原因支付给职工的津贴,以及为了保证职工工资水平不受物价影响支付给职工的物价补贴等。

(2)职工福利费,是指企业向职工提供的生活困难补助、丧葬补助费、抚恤费、职工异地安家费、防暑降温费等职工福利支出。

(3)医疗保险费、工伤保险费和生育保险费等社会保险费,是指企业按照国家规定的基准和比例计算,向社会保险经办机构缴存的医疗保险费、工伤保险费和生育保险费。

(4)住房公积金,是指企业按照国家规定的基准和比例计算,向住房公积金管理机构缴存的住房公积金。

(5) 工会经费和职工教育经费，是指企业为了改善职工文化生活、为职工学习先进技术和提高文化水平和业务素质，用于开展工会活动和职工教育及职业技能培训等相关支出。

(6) 短期带薪缺勤，是指职工虽然缺勤但企业仍向其支付报酬的安排，即企业按照国家法律、法规和政策规定，支付给职工缺勤（非工作）期间的薪酬和福利，包括职工年休假、病假、婚假、产假、丧假、探亲假等期间支付的各种工资和福利。

(7) 短期利润分享计划，是指因职工提供服务而与职工达成的基于利润或其他经营成果提供薪酬的协议。

(8) 其他短期薪酬，是指除上述薪酬以外的其他为获得职工提供的服务而给予的短期薪酬，如非货币性福利（即企业以非货币性资产支付职工劳动薪酬）。

2. 离职后福利

离职后福利，是指企业为获得职工提供的服务而在职工退休或与企业解除劳动关系后，提供的各种形式的报酬和福利（属于短期薪酬的除外）。

3. 辞退福利

辞退福利，是指企业在职工劳动合同到期之前解除与职工的劳动关系，或者为鼓励职工自愿接受裁减而给予职工的补偿。

4. 其他长期职工福利

其他长期职工福利是指除短期薪酬、离职后福利、辞退福利之外所有的职工薪酬，包括长期带薪缺勤、长期残疾福利、长期利润分享计划等。

5. 其他与获得职工提供的服务相关的支出

二、应付职工薪酬的确认和计量

企业应当在职工为其提供服务的会计期间，将应付（实际发生）的职工薪酬确认为负债，并应当根据职工提供服务的受益对象计入当期损益或相关资产成本，分别下列情况处理：

(1) 企业生产产品、提供劳务的职工发生的职工薪酬，计入产品成本或劳务成本；

(2) 企业日常行政管理，包括技术设计、财务管理等发生的职工薪酬，计入管理费用；

(3) 企业专设销售机构等发生的职工薪酬，计入销售费用；

(4) 企业在建工程的建造、无形资产的开发等发生的职工薪酬，计入建造固定资产或无形资产成本。

三、应付职工薪酬的会计处理

（一）职工工资、津贴和补贴

为了核算企业按规定应付给职工的工资、津贴和补贴等短期薪酬情况，应设置

"应付职工薪酬——工资"账户。企业发放的职工工资、津贴和补贴等短期薪酬时,应当根据职工提供服务情况和工资标准等计算应计入职工薪酬的工资总额,并按照受益对象计入当期损益或相关资产成本,借记"生产成本""制造费用""管理费用"等科目,贷记"应付职工薪酬——工资"科目。发放时,借记"应付职工薪酬——工资"科目,贷记"库存现金""银行存款"等科目。

【例8-9】粤龙公司月末计算并汇总各类人员的工资情况如下:基本生产车间生产人员工资70 000元(其中生产A产品的工人工资40 000元,生产B产品的工人工资30 000元),车间管理人员工资5 000元,厂部管理人员工资30 000元,医务福利人员工资3 000元,销售部门人员工资25 000元,短期病假人员工资2 000元。

根据工资结算单,粤龙公司应作如下会计处理:

借:生产成本——基本生产成本——A产品　　40 000
　　　　　　　　　　　　　　——B产品　　30 000
　　制造费用　　　　　　　　　　　　　　　5 000
　　管理费用　　　　　　　　　　　　　　　32 000
　　销售费用　　　　　　　　　　　　　　　25 000
　　贷:应付职工薪酬——工资　　　　　　　　　　135 000

【例8-10】粤龙公司根据工资结算汇总表,企业实发工资总额为120 000元,代房管部门、水电部门扣水电费和房租共计10 000元,代扣职工欠款4 000元,代扣个人所得税1 000元。根据工资结算单和代扣款凭证,粤龙公司应作如下会计处理:

借:应付职工薪酬——工资　　　　　　　　135 000
　　贷:银行存款　　　　　　　　　　　　　　　120 000
　　　　其他应付款　　　　　　　　　　　　　　10 000
　　　　其他应收款　　　　　　　　　　　　　　4 000
　　　　应交税费——代扣代交个人所得税　　　　1 000

(二)职工福利费

职工福利费,主要用于职工医疗卫生、困难补助以及医务福利部门的支出。为了核算职工福利费的增减变动情况,企业应设置"应付职工薪酬——职工福利"账户。企业发生的职工福利费,应当在实际发生时根据实际支付额,借记"应付职工薪酬——职工福利"科目,贷记"银行存款"等科目。期末将本期发生的职工福利费形成的费用,计入当期损益或相关资产成本,借记"生产成本""管理费用""销售费用""制造费用"等科目,贷记"应付职工薪酬——职工福利"科目。

【例8-11】粤龙公司当月支付职工医药费6 500元,职工困难补助1 000元。其中生产工人共计4 500元,生产车间管理人员共计1 800元,企业管理人员共计1 200元。粤龙公司应作如下会计处理:

借:应付职工薪酬——职工福利　　　　　　7 500
　　贷:银行存款　　　　　　　　　　　　　　　7 500
借:生产成本——××产品　　　　　　　　4 500
　　制造费用　　　　　　　　　　　　　　1 800

　　　　管理费用　　　　　　　　　　　　　　　1 200
　　　　　贷：应付职工薪酬——职工福利　　　　　7 500

（三）社会保险金与住房公积金

为了核算企业按规定为职工缴纳的医疗保险、工伤保险费等社会保险费的增减变动情况，应设置"应付职工薪酬——医疗保险费"等账户。企业为职工缴纳的医疗保险费、工伤保险费、生育保险费等社会保险费和住房公积金，应当在职工为其提供服务的会计期间，根据规定的计提基础和计提比例计算确定相应的职工薪酬金额，按照受益对象计入当期损益或相关资产成本，借记"生产成本""制造费用""管理费用"等科目，贷记"应付职工薪酬——医疗保险费"等科目。

【例8-12】粤龙公司2018年8月工资总额125 000元，其中生产工人工资为70 000元，在建工程人员工资为20 000元，管理人员工资为35 000元。该企业的住房公积金：企业按照职工工资总额的10%为职工交纳，职工个人负担部分按照职工工资总额的10%计算，由企业代扣代缴。

（1）职工个人负担的住房公积金部分：
①计算应付职工薪酬时：
　　借：生产成本　　　　　　　　　　　　　70 000
　　　　在建工程　　　　　　　　　　　　　20 000
　　　　管理费用　　　　　　　　　　　　　35 000
　　　　　贷：应付职工薪酬——工资　　　　　　125 000
②计算职工应交公积金并由企业从工资中代扣代缴时：
　　借：应付职工薪酬——工资　　　　　　　12 500
　　　　　贷：其他应付款——住房公积金　　　　12 500
（2）企业承担的住房公积金部分：
　　借：生产成本　　　　　　　　　　　　　7 000
　　　　在建工程　　　　　　　　　　　　　2 000
　　　　管理费用　　　　　　　　　　　　　3 500
　　　　　贷：应付职工薪酬——住房公积金　　　12 500

（四）职工教育经费、工会经费

职工教育经费是指企业为职工学习先进技术和提高文化水平而支付的费用，按列入成本费用的职工工资总额的1.5%提取。工会经费是指建立工会组织的全民和集体所有制企业、事业单位和机关，按上月全部职工工资总额的2%计提并拨交工会使用的经费。

企业为了核算按规定提取和使用工会经费、职工教育经费的增减变动情况，应设置"应付职工薪酬——工会经费（职工教育经费）"账户。企业按规定提取的工会经费和职工教育经费，应当在职工为其提供服务的会计期间，根据规定的计提基础和计提比例计算确定相应的职工薪酬金额，并确认相关负债，按照受益对象计入当期损益或相关资产成本，借记"生产成本""制造费用""管理费用"等科目，贷记"应付职工薪酬"科目。

【例8-13】承【例8-12】的工资资料，M企业按照工资总额提取工会经费和职工教育经费（合计比例为3.5%）共计4 375元，M企业应作如下会计处理：

  借：生产成本   2 450
    在建工程   700
    管理费用   1 225
    贷：应付职工薪酬——工会经费   2 500
        ——职工教育经费 1 875

企业支付工会经费和职工教育经费用于工会运作和职工培训，借记"应付职工薪酬——工会经费""应付职工薪酬——职工教育经费"科目，贷记"银行存款"等科目。

（五）带薪缺勤

带薪缺勤是企业按照国家法律、法规和政策规定，支付给职工缺勤（非工作）期间的薪酬和福利，包括累积带薪缺勤和非累积带薪缺勤。

1. 累积带薪缺勤

累积带薪缺勤，是指带薪权利可以结转下期的带薪缺勤，本期尚未用完的带薪缺勤权利可以在未来期间使用。企业应当在职工提供了服务从而增加了其未来享有的带薪缺勤权利时，确认与累积带薪缺勤相关的职工薪酬，并以累积未行使权利而增加的预期支付金额计量。

有些累积带薪缺勤在职工离开企业时，对未行使的权利职工有权获得现金支付。如果职工在离开企业时才能够获得现金支付，企业就应当确认必须支付的、职工全部累积未使用权利的金额。如果职工在离开企业时不能获得现金支付，则企业应当根据资产负债表日因累积未使用权利而导致的预期支付的追加金额，作为累积带薪缺勤费用进行预计。

【例8-14】甲公司共有1 000名职工，从2015年1月1日起，该公司实行累积带薪缺勤制度。该制度规定，每个职工每年可享受5个工作日带薪年休假，未使用的年休假只能向后结转一个日历年度，超过1年未使用的权利作废，不能在职工离开公司时获得现金支付；职工休年休假是以后进先出为基础，即首先从当年可享受的权利中扣除，再从上年结转的带薪年休假余额中扣除；职工离开公司时，公司对职工未使用的累积带薪年休假不支付现金。

2015年12月31日，每个职工当年平均未使用带薪年休假为2天。根据过去的经验并预期该经验将继续适用，甲公司预计2016年有950名职工将享受不超过5天的带薪年休假，剩余50名职工每人将平均享受6天年休假，假定这50名职工全部为总部各部门经理，该公司平均每名职工每个工作日工资为300元。

上例中甲公司在2015年12月31日应当预计由于职工累积未使用的带薪年休假权利而导致预期将支付的工资负债，即相当于75天（50×1.5天）的年休假工资22 500（75×300）元，作如下会计处理：

  借：管理费用   22 500

    贷：应付职工薪酬——累积带薪缺勤   22 500

  2019 年，如果甲公司 50 名职工均未享受累积未使用的带薪年休假，则冲回上年度确认的费用，作如下会计处理：

    借：应付职工薪酬——累积带薪缺勤   22 500

      贷：管理费用   22 500

  2019 年，如果甲公司 50 名职工均享受了累积未使用的带薪年休假，则 2019 年确认的工资费用应扣除上年度已确认的累积带薪缺勤费用。

  2. 非累积带薪缺勤

  非累积带薪缺勤，是指带薪权利不能结转下期的带薪缺勤，本期尚未用完的带薪缺勤权利将予以取消，并且职工离开企业时也无权获得现金支付。我国企业职工休婚假、产假、丧假、探亲假、病假期间的工资通常属于非累积带薪缺勤。由于职工提供服务本身不能增加其能够享受的福利金额，企业在职工未缺勤时不应当计提相关费用和负债；企业应在职工缺勤时确认职工享有的带薪权利，即视同职工出勤确认的相关资产成本或当期费用。企业应当在缺勤期间计提应付工资时一并处理。

  企业应当在职工实际发生缺勤的会计期间确认与非累积带薪缺勤相关的职工薪酬。

  （六）非货币性福利

  非货币性福利，指企业以非货币性资产支付给职工的薪酬，主要包括：企业以自己的产品或外购商品等有形资产发放给职工作为薪酬；向职工无偿提供自己拥有的资产供其使用；为职工无偿提供类似医疗保健服务等。

  企业向职工提供非货币性福利的，应当按照公允价值计量。如企业以自产的产品作为非货币性福利提供给职工的，应当按照该产品的公允价值和相关税费确定职工薪酬金额，并计入当期损益或相关资产成本。相关收入的确认、销售成本的结转以及相关税费的处理，与企业正常商品销售的会计处理相同。企业以外购的商品作为非货币性福利提供给职工的，应当按照该商品的公允价值和相关税费确定职工薪酬的金额，并计入当期损益或相关资产成本。

  【例 8－15】 丙公司是一家电脑生产企业，共有职工 1 000 名，2018 年 1 月 15 日，公司决定以其生产的电脑作为节日福利发放给公司每位职工。每台电脑售价 5 000 元，成本 3 500 元。该公司适用的增值税率为 16%，已开具了增值税专用发票。假定 1 000 名职工中 850 名为直接参加生产的职工，150 名为总部管理人员，公司当月将电脑发放给职工。

  根据上述资料，丙公司计算电脑的售价总额和增值税（销项税额）如下：

  电脑售价总额 = 5 000 × 850 + 5 000 × 150 = 4 250 000 + 750 000 = 5 000 000（元）

  电脑增值税（销项税额）= 5 000 × 850 × 16% + 5 000 × 150 × 16% = 680 000 + 120 000 = 800 000（元）

  应当计入生产成本的职工薪酬金额 = 4 250 000 + 680 000 = 4 930 000（元）

  应当计入管理费用的职工薪酬金额 = 750 000 + 120 000 = 870 000（元）

  丙公司有关账务处理如下：

    借：生产成本   4 930 000

```
    管理费用                                  870 000
      贷：应付职工薪酬——非货币福利            5 800 000
    借：应付职工薪酬——非货币性福利          5 800 000
      贷：主营业务收入                         5 000 000
        应交税费——应交增值税（销项税额）      800 000
    借：主营业务成本                          3 500 000
      贷：库存商品                             3 500 000
```

第五节 应交税费

一、应交税费的内容

　　企业在一定时期内取得的营业收入和实现的利润，以及某些特殊的经营项目、行为和所有权等，按税法规定应向国家交纳各种税金及附加费。

　　企业交纳的税金根据现行的税制和征税对象不同，主要分为流转税、所得税、资源税、财产税和行为税等。流转税，是指以商品生产流转额和非生产流转额为征税对象征收的一类税，包括增值税、消费税、关税等；所得税，又称收益税，是指以各种所得额为征税对象征收的一类税，包括企业所得税、个人所得税等；资源税，是指对在我国境内从事资源开发的单位和个人为征税对象征收的一类税，如资源税、土地增值税、耕地占用税和城镇土地使用税等；财产税，是指以纳税人所拥有或支配的财产为征税对象征收的一类税，包括遗产税、房产税、契税、车辆购置税和车船税等；行为税，是指以纳税人的某些特定行为为征税对象征收的一类税，包括城市维护建设税、印花税等。

　　企业应交纳的各种税费，一般通过"应交税费"科目核算。该科目的贷方登记各种应交纳的税金和附加费，借方登记实际交纳的各种税金和附加费，余额在贷方，表示尚未交纳的税费；如果余额在借方，则表示多交的税费。

二、应交增值税

　　增值税是以企业销售货物和提供加工、修理修配劳务而产生的增值额作为计税依据而征收的一种流转税，是一种价外税。按照纳税人的经营规模和会计核算的健全程度，增值税纳税人可分为一般纳税人和小规模纳税人。增值税一般纳税人销售或进口货物，提供加工修理修配劳务，适用的基本税率为16%，但销售或进口粮食、食用油、自来水、石油天然气、图书、化肥等，适用10%的低税率。小规模纳税人一般适用的增值税征收率为3%。

（一）一般纳税人增值税的会计处理

一般纳税人在销售货物或提供应税劳务时可以开具增值税专用发票，应纳税额为当期销项税额减去当期进项税额计算确定。

为了核算企业应交增值税的发生、抵扣、交纳、退税及转出等情况，在"应交税费"科目下应设置"应交增值税"和"未交增值税"两个二级科目，在"应交增值税"二级科目下再分别设置"进项税额、已交税金、出口退税、转出未交增值税、销项税额、转出多交增值税"等明细科目。企业期末应将应交而未交的增值税转入"应交税金——未交增值税"科目。

1. 进项税额的会计处理

进项税额是纳税人购进货物或接受应税劳务时所支付或者负担的增值税额，一般而言，购买方支付的进项税额就是销售方的销项税额，但准予从销项税额中抵扣的进项税额必须具备以下凭证：从销售方取得的增值税专用发票上注明的增值税额；从海关取得的进口物资的完税凭证上注明的增值税额；购进免税农产品或收购废旧物资的收购凭证，按照经税务机关批准的收购凭证上注明的价款或收购金额和规定的扣除率计算的进项税额；外购货物所支付的运输费用，根据运费结算单据所列运费金额按规定的扣除率计算的进项税额。

下列交易事项的进项税额不得从销项税额中抵扣：用于非应税项目的购进货物或应税劳务，如企业为建造房屋购入材料；用于免税项目的购进货物或应税劳务；用于集体福利或个人消费的购进货物或应税劳务；因自然灾害、管理不善等发生非正常损失的购进货物；非正常损失的在产品、产成品所耗用的购进货物或应税劳务。如果企业购入物资或接受加工、修理、修配劳务，没按规定取得并保存增值税扣税凭证的，或增值税扣税凭证上未注明增值税额及其他有关事项的，也不能抵扣进项税额。会计核算上，进项税额不能抵扣的不能列为进项税额核算，只能计入所购物资或接受劳务的成本。此外，若当期销项税额小于当期进项税额不足抵扣时，其不足部分可结转下期继续抵扣。

企业从国内采购物资或接受加工、修理修配劳务取得增值税专用发票的，进口物资取得完税凭证的，购进免税农产品按规定计算可抵扣增值税的，会计处理时，按不含税成本计入在途物资或物资采购、原材料等科目的借方，可抵扣的增值税计入"应交税金——应交增值税（进项税额）"科目的借方。

【例8-16】企业从农民手中收购一批苹果作为原材料，价款200 000元，款项用银行存款支付，增值税率为10%。

借：原材料　　　　　　　　　　　　　　　200 000
　　应交税费——应交增值税（进项税额）　 20 000
　　贷：银行存款　　　　　　　　　　　　　　220 000

【例8-17】2018年5月1日，某企业购入一台设备，当日开出的增值税专用发票上注明价款500 000元，增值税率为16%，款项用银行存款支付。

借：固定资产　　　　　　　　　　　　　　500 000
　　应交税费——应交增值税（进项税额）　 80 000

　　　　贷：银行存款　　　　　　　　　　　　　580 000

　2. 销项税额的会计处理

　　企业销售货物或提供加工修理修配劳务，按规定收取的增值税额，贷记"应交税金——应交增值税（销项税额）"科目。企业发生的销售退回，作相反的分录。

【例8-18】企业销售货物1 000件，每件80元，增值税率为16%，增值税专用发票已开出，货物已发运到目的地，货款暂未收到。

　　　借：应收账款　　　　　　　　　　　　　92 800
　　　　贷：主营业务收入　　　　　　　　　　　80 000
　　　　　　应交税费——应交增值税（销项税额）　12 800

　3. 视同销售的会计处理

　　按照增值税暂行条例的规定，对于企业将自产、委托加工或购进的货物用于集体福利、在建工程、投资、赠送他人等行为，应视同销售货物，计算交纳增值税。其会计处理应按成本和销项税额合计计入"在建工程、长期投资、营业外支出"等科目的借方，按成本计入"库存商品"科目的贷方，应交的增值税销项税额按产品的售价乘以规定的税率计算，计入"应交税费——应交增值税（销项税额）"科目的贷方。抵偿债务时如属于债务重组，借记有关负债减少，应按市场价或计税价，贷记"主营业务收入""应交税费——应交增值税（销项税额）"科目，同时按成本价，借记"主营业务成本"科目，贷记"库存商品"科目。

【例8-19】某企业以自产的库存商品1 000件对外投资，该批商品的售价为每件1 000元，成本价为每件600元，增值税率为16%。

　　　借：长期股权投资　　　　　　　　　　　760 000
　　　　贷：库存商品　　　　　　　　　　　　600 000
　　　　　　应交税费——应交增值税（销项税额）　160 000

【例8-20】某企业将自产的商品用于集体福利设施建设，如该批货物成本价格为50 000元，计税价格为70 000元。增值税率为16%。

　　　借：在建工程　　　　　　　　　　　　　61 200
　　　　贷：库存商品　　　　　　　　　　　　50 000
　　　　　　应交税费——应交增值税（销项税额）　11 200

　4. 进项税额转出的会计处理

　　企业购进的货物、在产品或产成品等发生非正常损失，以及购进货物改变用途等原因，其进项税额不能抵扣。当发生进项税额转出时，应分别具体情况，借记"待处理财产损溢""在建工程"等科目，贷记"应交税费——应交增值税（进项税额转出）"科目。

【例8-21】某企业购进原材料运输途中遭受火灾毁损，该材料的购进价格为30 000元，增值税率为16%。

　　　借：待处理财产损溢——待处理流动资产损益　34 800
　　　　贷：原材料　　　　　　　　　　　　　30 000
　　　　　　应交税费——应交增值税（进项税额转出）　4 800

```
借：营业外支出                                    34 800
    贷：待处理财产损溢——待处理流动资产损溢        34 800
```

5. 已交税金和未交税金的会计处理

企业交纳当月应交的增值税时，应借记"应交税费——应交增值税（已交税金）"科目，贷记"银行存款"科目，月末将应交而未交的增值税从"应交税费——应交增值税"科目转入"应交税费——未交增值税"科目。

【例8-22】某企业2018年8月初"应交税费——应交增值税"明细账有借方余额20 000元，本月发生的进项税额为450 000元，销项税额为920 000元，进项税额转出为200 000元，已交增值税为180 000元，本月应交未交的增值税为920 000 + 200 000 - 20 000 - 450 000 - 180 000 = 470 000（元）。

```
借：应交税费——应交增值税（转出未交增值税）   470 000
    贷：应交税费——未交增值税                   470 000
```

【例8-23】企业2018年9月交纳当月应交的增值税300 000元，此外还交纳上个月应交未交的增值税470 000元。

```
借：应交税费——应交增值税（已交税金）       300 000
    应交税费——未交增值税                   470 000
    贷：银行存款                             770 000
```

（二）小规模纳税人增值税的会计处理

小规模纳税人企业应交纳的增值税，将含税销售额换算为不含税销售额再乘以规定的征收率来计算。小规模纳税人企业不论是否取得增值税专用发票，其支付的进项税额都不能抵扣。

【例8-24】某小规模纳税人企业购入原材料，取得的增值税专用发票上的价款为200 000元，增值税额为32 000元，材料已经入库，货款尚未支付。该企业当月销售产品含税价格为927 000元，增值税率为3%，货款尚未收到。

```
借：原材料                          232 000
    贷：应付账款                    232 000
借：应收账款                        927 000
    贷：主营业务收入                900 000 [927 000 ÷（1 + 3%）]
        应交税费——应交增值税      27 000（900 000 × 3%）
```

三、应交消费税

消费税是对在我国境内生产、委托加工和进口应税消费品的单位和个人征收的一种税。条例规定的应税消费品包括：烟、酒及酒精、化妆品、首饰及珠宝玉石、鞭炮焰火、成品油、柴油、汽车轮胎、摩托车和小汽车、高档手表、高尔夫球及球具、木制一次性筷子、实木地板、游艇等消费品。消费税采用比例税率和定额税率两种税率计征，以适应不同消费品的实际情况。消费税为价内税，消费税的计税依据包括销售应税消费品向购买方收取的全部价款和价外费用（但不包括增值税）。

企业为了核算应交消费税的增减变动情况，应设置"应交税费——应交消费税"账户。当企业直接对外销售所生产的应税消费品时，应按计算出的应交消费税金，借记"税金及附加"科目，贷记"应交税费——应交消费税"科目。

（一）销售应税消费品的会计处理

【例8-25】企业某月销售化妆品，销售收入为500 000元，成本320 000元，适用增值税率16%，消费税率10%，货款未收。

（1）销售产品时：

借：应收账款　　　　　　　　　　　　　580 000
　　贷：主营业务收入　　　　　　　　　　　500 000
　　　　应交税费——应交增值税（销项税额）　80 000

（2）计算应交消费税时：

借：税金及附加　　　　　　　　　　　　 50 000
　　贷：应交税费——应交消费税　　　　　　 50 000

（3）结转销售成本时：

借：主营业务成本　　　　　　　　　　　320 000
　　贷：库存商品　　　　　　　　　　　　　320 000

（二）委托加工应税消费品的会计处理

如果委托加工的是应税消费品，按照税法规定：委托加工的应税消费品，在委托方提货时由受托方代扣代交消费税。对于受托方代扣代交的消费税，委托方应区别不同情况处理：

（1）如果委托方加工的应税消费品收回后直接用于销售的，委托方应将消费税计入委托加工物资的成本中；

（2）如果委托方加工的应税消费品收回后用于连续生产应税消费品而不是直接对外销售的，则已纳消费税款准予按规定抵扣的，将消费税计入"应交税费——应交消费税"账户的借方。

【例8-26】A企业委托B企业加工材料一批，材料实际成本500 000元，加工费40 000元，材料已加工完毕并验收入库。加工费以银行存款支付。适用增值税率16%，消费税率10%。

增值税：$40\,000 \times 16\% = 6\,400$（元）

消费税：$(500\,000 + 40\,000)/(1 - 10\%) \times 10\% = 60\,000$（元）

计入成本：$40\,000 + 60\,000 = 100\,000$（元）

A企业：

①如果材料收回后直接用于销售时：

借：委托加工物资　　　　　　　　　　　500 000
　　贷：原材料　　　　　　　　　　　　　　500 000

借：委托加工物资　　　　　　　　　　　100 000

```
                应交税费——应交增值税（进项税额）      6 400
            贷：银行存款                              106 400
        借：库存商品                    600 000
            贷：委托加工物资                          600 000
②如果材料收回后用于连续生产应税消费品时：
        借：委托加工物资                500 000
            贷：原材料                                500 000
        借：委托加工物资                 40 000
            应交税费——应交增值税        6 400
                    ——应交消费税        60 000
            贷：银行存款                              106 400
        借：原材料                      540 000
            贷：委托加工物资                          540 000
```

（三）其他情况下消费税的会计处理

（1）企业进口的应税消费品，应于报关进口时缴纳消费税，此时应计算组成计税价格：

组成计税价格 =（关税完税价格 + 关税）÷（1 – 消费税税率）

应纳税额 = 组成计税价格 × 消费税税率

（2）企业出口的应税消费品，免征消费税。

（3）纳税人以应税消费品对外投资时，其按规定应缴纳的消费税，记入长期股权投资成本；纳税人以自制的应税消费品换取生产资料、消费资料，或抵偿债务时，应视同销售，将按规定缴纳的消费税，借记"税金及附加"科目，贷记"应交税费——应交消费税"科目。

（4）纳税人将自制的应税消费品用于在建工程、非生产机构等方面时，按规定应缴纳的消费税额，借记"在建工程""营业外支出""销售费用"等科目，贷记"应交税费——应交消费税"科目。

五、应交其他税金

企业应交其他税金包括应交房产税、车船使用税、印花税、资源税、城市维护建设税、附加费等。

（一）房产税

房产税的计税依据是房产的计税价值或房产的租金收入。按房产计税价值计征的，称为从价计征，应交纳的房产税按照房产的原值一次性减除10%～30%，再乘以1.2%的税率计算缴纳。按照房产租金收入计征的，称为从租计征，应交纳的房产税按照房产租金收入和12%的税率计算缴纳。月末，计算企业应交的房产税时的会计处理：借记"管理费用"科目，贷记"应交税费——应交房产税"科目。

(二) 车船使用税

车船使用税是指国家对行驶于境内公共道路的车辆和航行于境内的河流、湖泊或领海的船舶,依法征收的一种税。纳税义务人为在我国境内拥有并且使用车船的单位和个人。车船使用税使用定额税率,如每辆乘人汽车每年税额为60～320元,150吨以下的机动船每吨每年1.2元。企业计算应交的车船使用税时的会计处理:借记"管理费用"科目,贷记"应交税费——车船使用税"科目。

(三) 印花税

印花税是对经济和经济交往中书立、使用、领受具有法律效力的凭证(如合同、契约、营业执照、许可证、账簿等)的单位和个人征收的一种行为税。印花税采用比例税率和定额税率两种形式。财产租赁合同采用1‰的税率。权利、许可证照由领受人按每件5元贴印花税票。企业交纳印花税,一般采取由纳税人根据规定自行计算应纳税额,购买并一次贴足印花税票的方式。因此,企业无须与税务部门结算,印花税不需要通过"应交税费"核算,交纳时,直接借记"管理费用或待摊费用"科目(一次购买数额较大时),贷记"银行存款"科目。

(四) 资源税

资源税是对在我国境内开采应税矿产品和生产盐的单位和个人征收的一种税。资源税按应税产品的数量定额征收。企业按规定计算出销售应税矿产品应交的资源税,借记"税金及附加"科目,贷记"应交税费——应交资源税"科目。计算出自用应税产品应交纳的资源税时,借记"生产成本""制造费用"科目,贷记"应交税费——应交资源税"科目。

【例8-27】某公司将其产品煤炭对外销售1 000吨,生产耗用500吨,每吨应交资源税5元(设不考虑增值税,只进行资源税核算)。

借:税金及附加　　　　　　　　　　　5 000
　　生产成本　　　　　　　　　　　　2 500
　　贷:应交税费——应交资源税　　　　　　　7 500

(五) 城市维护建设税

城市维护建设税是对在城镇从事工商经营,并负有交纳消费税、增值税的单位和个人征收的一种税。该税以纳税人实际交纳的流转税额为计征依据,按规定税率征收。税率为市区7%,县、镇5%,县、镇以外1%,计算公式为:

应纳税额 = 纳税人实际交纳的增值税、消费税额 × 税率

企业应交的城市维护建设税,通过"应交税金——应交城市维护建设税"科目核算。计算应交城市维护建设税时,借记"税金及附加"科目,贷记"应交税费——应交城市维护建设税"科目。

【例8-28】某企业本期销售商品实际应交纳增值税200 000元,应交消费税70 000元,兼营咨询服务应交营业税4 000元,该企业适用的城市维护建设税税率为3%。

借:税金及附加　　　　　　　　　　　8 100

  其他业务成本   120
   贷：应交税费——应交城市维护建设税   8 220

六、附加费

（一）教育费附加

  教育费附加是国家为了发展教育事业而征收的一种费。该费用按企业交纳的流转税的一定比例计算，按规定计提的教育费附加，借记"税金及附加""其他业务成本"等科目，贷记"应交税费——应交教育费附加"科目。

（二）矿产资源补偿费

  矿产资源补偿费是对在我国境内和海域内开发矿产资源的单位和个人征收的一种费。企业销售矿产品和对矿产品进行自行加工，应计提矿产资源补偿费，借记"管理费用"科目，贷记"其他应交款——应交矿产资源补偿费"科目。企业收购未交纳的矿产资源补偿费矿产品时，按实际支付的收购款和代扣代缴的矿产资源补偿费，借记"材料采购"科目，贷记"银行存款""应交税费——应交矿产资源补偿费"科目。

第六节 或有事项与预计负债

一、或有事项与或有负债

（一）或有事项及其确认

  或有事项，是指过去的交易或事项形成的，其结果须由某些未来事项的发生或不发生才能决定的不确定事项。或有事项可以划分为或有资产，或有负债和预计负债。企业只能确认计量和披露预计负债，不能确认或有资产和或有负债。

（二）或有负债及其内容

  1. 或有负债及其特点

  或有负债，是指过去的交易或事项形成的潜在义务，其存在须通过未来不确定事项的发生或不发生予以证实；或过去的交易或者事项形成的现时义务，履行该义务不是很可能导致经济利益流出企业或该义务的金额不能可靠计量。

  或有负债主要具有以下特点：

  （1）或有负债由过去的交易或事项产生。比如，A 企业于 2018 年 8 月 21 日被另一企业状告违反合同规定，至 2018 年 8 月底还没有开庭审理，A 企业是否败诉还难以预测。对于 A 企业而言，已经存在一项或有负债，它是由过去双方的交易（合同执行纠纷）形成的。

（2）其结果具有不确定性。或有负债包括两类义务：一类是潜在义务；另一类是特殊的现时义务。如上述案例，该案件由于现行法律法规难以直接判定，诉讼结果难以判断，A 企业的义务就是潜在的义务。如果是特殊的现时义务，表现于该义务的履行不是很可能导致经济利益流出企业（指可能性不超过 50%）或者该现时义务的金额不能够可靠地计量。

2. 或有负债的内容

常见的或有负债，主要包括：已贴现的商业承兑汇票、未决诉讼、未决仲裁、对外提供的担保、应收账款抵借等。其中已贴现的商业承兑汇票，如汇票到期付款人无款支付，贴现申请人承担还款责任；未决诉讼和未决仲裁的当事人可能面临败诉，要赔偿对方可能会有一笔债务；对外提供各种担保，使得担保人企业承担了连带责任，有潜在的债务。应收账款抵借是指企业用应收账款向金融机构作抵押，以借入现款，抵借后如在规定期限内金融机构无法向原债务人收回账款，抵借者则负有连带偿还责任。

二、预计负债

（一）预计负债的确认

1. 一般情况下预计负债的确认条件

预计负债是指对符合一定的或有事项进行确认的负债。根据《企业会计准则第 13 号——或有事项》第四条的规定，与或有事项相关的义务同时满足下列条件的，应当确认为预计负债。

（1）该义务是企业承担的现时义务。这种义务已经不是潜在的义务了。如某企业在经济纠纷案中成为被告，此时有证据证明该企业确实违反了有关法规，该企业很可能败诉，因此可以认为该企业的现时义务已经产生。

（2）履行该义务很可能导致经济利益流出企业。或有事项准则规定，有几种可能的结果：基本确定是指大于 95% 但小于 100%；很可能是指大于 50% 但小于或等于 95%；可能是指大于 5% 但小于或等于 50%；极小可能是大于 0 但小于或等于 5%。因此，这个条件指的是履行因或有事项产生的现时义务时，导致经济利益流出企业的可能性超过 50% 但小于 95%。

（3）该义务的金额能够可靠地计量。是指企业因或有事项产生的现时义务能够合理地估计。如某企业涉及一项诉讼案，根据法律和诉讼案的实际情况，并结合以往的案例，律师认为企业很可能败诉，并可以估计一个赔偿的数额，此时该企业的未决诉讼就满足预计负债的确认条件；但如果没有案例可供比照，有关的法律条文无明确解释，即使该企业可能败诉，在正式判决没有下达之前，不应当确认预计负债。

2. 特殊情况下预计负债的确认条件

对于待执行合同变成亏损合同所涉及的预计负债，该亏损合同产生的义务只要满足准则第四条的规定条件，可以确认为预计负债。待执行合同，是指合同各方尚未履

行任何合同义务，或部分地履行了同等义务的合同。亏损合同，是指履行合同义务不可避免会发生的成本超过预期经济利益的合同。

关于企业重组所涉及的预计负债，在满足或有事项准则第四条规定的前提下，企业同时承担以下重组义务的应当确认为预计负债：①有详细、正式的重组计划，包括重组涉及的业务、主要地点、需要补偿的员工人数及其岗位性质、预计重组支出、计划实施时间等；②该重组计划已经对外公告。如某企业已经制定了详细的裁员重组计划，为该裁员计划企业需要直接支出350万元，则应确认350万元的预计负债，但这种直接支出不包括留用员工岗前培训、市场推广、新系统和营销网络投入等支出。

关于辞退福利产生的预计负债问题。根据《企业会计准则第9号——职工薪酬》，所谓辞退福利是企业可能出现提前终止劳务合同、辞退员工的情况，根据劳动协议，企业需要提供的补偿资金。这里的辞退指的是企业主动提出解除劳动合同，一种是企业在职工劳动合同到期前就提出解除劳动关系；另一种是企业提出自愿裁减建议并给予补偿的建议，但两种情况下确认预计负债都需要满足以下两个条件：

（1）企业已经制定正式的解除劳动关系计划或提出自愿裁减建议，并即将实施。该计划或建议的内容具体、有可操作性。

（2）企业不能单方面撤回解除劳动关系计划或裁减建议。表明该计划或建议具有不可撤销性。

（二）预计负债的计量

1. 预计负债的初始计量

预计负债的初始计量，是指当与或有事项有关的义务符合确认为负债的条件时应当将其确认为预计负债并进行计量，预计负债应当按照履行相关现时义务所需支出的最佳估计数进行初始计量。此外，企业清偿预计负债所需支出还可能从第三方或其他方获得补偿。因此，或有事项（预计负债）的计量主要涉及两个问题，一是最佳估计数的确定；二是预期可获得补偿的处理。

（1）最佳估计数的确定。

预计负债应当按照履行相关现时义务所需支出的最佳估计数进行初始计量。最佳估计数的确定应当分别按以下两种情况处理：

①所需支出存在一个连续范围（或区间，下同），且该范围内各种结果发生的可能性相同，则最佳估计数应当按照该范围内的中间值，即上下限金额的平均数确定。

【例8-29】2018年12月27日，粤龙公司因合同违约而涉及一桩诉讼案。根据企业的法律顾问判断，最终的判决很可能对粤龙公司不利。2018年12月31日，粤龙公司尚未接到法院的判决，因诉讼须承担的赔偿金额也无法准确地确定。不过，据专业人士估计，赔偿金额可能是80万元至100万元之间的某一金额，而且这个区间内每个金额的可能性都大致相同。

此例中，粤龙公司应在2018年12月31日的资产负债表中确认一项负债，金额为：(80 + 100) ÷ 2 = 90（万元）

②所需支出不存在一个连续范围，或者虽然存在一个连续范围，但该范围内各种结果发生的可能性不相同，那么，如果或有事项涉及单个项目，最佳估计数按照最可

能发生金额确定；如果或有事项涉及多个项目，最佳估计数按照各种可能结果及相关概率计算确定。"涉及单个项目"指或有事项涉及的项目只有一个，如一项未决诉讼、一项未决仲裁或一项债务担保等。"涉及多个项目"指或有事项涉及的项目不止一个，如产品质量保证。在产品质量保证中，提出产品保修要求的可能有许多客户，相应地，企业对这些客户负有保修义务。

【例8-30】2018年10月2日，粤龙公司涉及一起诉讼案。2018年12月31日，粤龙公司尚未接到法院的判决。在咨询了公司的法律顾问后，公司认为：胜诉的可能性为40%，败诉的可能性为60%。如果败诉，需要赔偿2 000 000元。此时，粤龙公司在资产负债表中确认的负债金额应为最可能发生的金额，即2 000 000元。

【例8-31】粤龙公司2018年第一季度，共销售A产品60 000件，销售收入为360 000 000元。根据公司的产品质量保证条款，该产品售出后一年内，如发生正常质量问题，公司将负责免费维修。根据以前年度的维修记录，如果发生较小的质量问题，发生的维修费用为销售收入的1%；如果发生较大的质量问题，发生的维修费用为销售收入的2%。根据公司技术部门的预测，本季度销售的产品中，80%不会发生质量问题；15%可能发生较小质量问题；5%可能发生较大质量问题。据此，2018年第一季度末，粤龙公司应在资产负债表中确认的负债金额为：

360 000 000 × (0 × 80% + 1% × 15% + 2% × 5%) = 900 000（元）

（2）预期可获得补偿的处理。

如果企业清偿因或有事项而确认的负债所需支出全部或部分预期由第三方或其他方补偿，则此补偿金额只有在基本确定能收到时，才能作为资产单独确认，确认的补偿金额不能超过所确认负债的账面价值。预期可能获得补偿的情况通常有：发生交通事故等情况时，企业通常可从保险公司获得合理的赔偿；在某些索赔诉讼中，企业可对索赔人或第三方另行提出赔偿要求；在债务担保业务中，企业在履行担保义务的同时，通常可向被担保企业提出追偿要求。

企业预期从第三方获得的补偿，是一种潜在资产，其最终是否真的会转化为企业真正的资产（即企业是否能够收到这项补偿）具有较大的不确定性，企业只能在基本确定能够收到补偿时才能对其进行确认。根据资产和负债不能随意抵销的原则，预期可获得的补偿在基本确定能够收到时应当确认为一项资产，而不能作为预计负债金额的扣减。

【例8-32】2018年12月31日，粤龙公司因或有事项而确认了一笔金额为1 000 000元的负债；同时，公司因该或有事项，基本确定可从甲股份有限公司获得400 000元的赔偿。

本例中，粤龙公司应分别确认一项金额为1 000 000元的负债和一项金额为400 000元的资产，而不能只确认一项金额为600 000（1 000 000 - 400 000）元的负债。同时，公司所确认的补偿金额400 000元不能超过所确认的负债的账面价值1 000 000元。

2. 预计负债的后续计量

预计负债的后续计量，是指企业应当在资产负债表日对预计负债的账面价值进行复核，如有客观证据表明该账面价值不能真实反映当前的最佳估计数，应当按照当前

最佳估计数对该账面价值进行调整。如某公司涉及一起跨年度的诉讼,上年度预计负债为 200 万元,本年末由于该诉讼发生重大变化,法院已经判决由该公司赔偿 150 万元,这时,应将预计负债金额调整为 150 万元。

(三)预计负债的会计处理

1. 未决诉讼

企业在生产经营活动中经常会涉及经济诉讼、仲裁等案件。虽然这些诉讼、仲裁将对企业的财务状况和经营成果会产生多大影响,企业因此需承担多大风险具有不确定性,但若这些事件引起的相关义务符合预计负债确认条件,则应通过"预计负债"核算。预计时,借记"营业外支出"、"管理费用"等科目,贷记"预计负债"科目;因败诉而实际支付诉讼费等费用时,借记"预计负债"科目,贷记"银行存款"科目。

【例 8-33】2017 年 11 月 20 日,A 公司从 Y 银行取得一笔信用贷款 500 000 元,期限一年,年利率 7.2%。2018 年 11 月 20 日,A 公司的借款到期。A 公司虽具还款能力,但因与 Y 银行存在其他经济纠纷,而未按时归还 Y 银行的贷款。Y 银行遂与 A 公司协商,但未达成协议,于 2018 年 12 月 20 日向法院提起诉讼。截至 2018 年 12 月 31 日,法院尚未对 Y 银行提起的诉讼进行审理。当日,A 公司对此诉讼案件进行分析,认为如无特殊情况,A 公司很可能败诉,为此不仅要偿还贷款本息,还需要支付罚息和承担诉讼费等费用。假设 A 公司预计要支付的费用在 50 万元至 60 万元之间,包括对方支付的诉讼费 50 000 元,则 2018 年 12 月 31 日应确认的负债为 (50+60)/2+5=60(万元)。

A 公司会计处理如下::

借:管理费用——诉讼费 50 000
　　营业外支出——罚息支出 550 000
　　贷:预计负债——未决诉讼 600 000

2. 产品质量保证

产品质量保证是企业为了树立信誉、扩大销售、提高市场竞争能力所采取的对于出售的产品附有各种各样的质量保证,如对售出产品"实行三包",即包退、包换和包修等措施。由于伴随企业对出售产品的质量保证而发生的费用,其金额往往可以根据以往经验合理预计,所以,产品质量担保通常可以确认为一项预计负债。确认时,借记"销售费用"科目,贷记"预计负债"科目;实际发生产品质量保证费用时,借记"预计负债"科目,贷记"银行存款"科目。

【例 8-34】A 公司是生产和销售洗衣机的企业。2018 年第一季度销售某型号洗衣机 5 000 台,每台售价 4 000 元。A 公司质量保证条款规定:产品在售出两年内如出现非意外事件造成的故障和质量问题,公司免费负责保修。根据以往经验,发生保修费一般为销售额的 1% 至 3% 之间。根据上述业务,A 公司在第一季度应确认的产品质量保证负债金额为 400 000 元。

预计负债金额 = [(5 000 × 4 000) × (1% + 3%)/2] = 400 000(元)

借:销售费用——产品质量担保费用 400 000
　　贷:预计负债——产品质量担保 400 000

若 A 公司第一季度实际以银行存款支出的该型号洗衣机维修费为 80 000 元，则：

　　借：预计负债——产品质量担保　　　　　80 000
　　　　贷：银行存款　　　　　　　　　　　　　　　　80 000

3. 债务担保

债务担保在企业中是较为普遍的现象。作为提供担保的一方，在被担保方无法履行合同的情况下，常常承担连带责任。从保护投资者、债权人的利益出发，客观、充分地反映企业因担保义务而承担的潜在风险是十分必要的。

【例 8-35】 2017 年 10 月，B 公司从银行贷款人民币 20 000 000 元，期限 2 年，由 A 公司全额担保；2019 年 4 月，C 公司从银行贷款美元 1 000 000 元，期限 1 年，由 A 公司担保 50%；2019 年 6 月，D 公司通过银行从 G 公司贷款人民币 10 000 000 元，期限 2 年，由 A 公司全额担保；2019 年 3 月，E 公司从银行贷款人民币 40 000 000 元，期限 1 年，由 A 公司全额担保。

截至 2019 年 12 月 31 日，各贷款单位的情况如下：B 公司贷款逾期未还，银行已起诉 B 公司和 A 公司，A 公司因连带责任需赔偿多少金额尚无法确定；C 公司由于受政策影响和内部管理不善等原因，经营效益不如以往，可能不能偿还到期美元债务；D 公司经营情况良好，预期不存在还款困难；E 公司受金融危机冲击，导致产品滞销，预计贷款到期时很可能无法全额偿还，A 公司因承担连带责任，估计须代 E 公司还款 30 000 000 元。

本例中，对 B 公司而言，A 公司很可能需履行连带责任，但损失金额是多少，目前还难以预计；就 C 公司而言，A 公司可能需履行连带责任；就 D 公司而言，A 公司履行连带责任的可能性极小。这三项债务担保形成 A 公司的或有负债，不符合预计负债的确认条件。对 E 公司而言，A 公司很可能需履行连带责任，估计的连带还款责任为 30 000 000 元，A 公司应做如下会计分录：

　　借：营业外支出——债务担保连带支出　　30 000 000
　　　　贷：预计负债——债务担保　　　　　　　　　30 000 000

同时，A 公司在 2019 年 12 月 31 日编制财务报表时，应当在附注中作相应披露。

4. 亏损合同

待执行合同变为亏损合同，同时该亏损合同产生的义务满足预计负债的确认条件的，应当确认为预计负债。其中，待执行合同，是指合同各方未履行任何合同义务，或部分履行了同等义务的合同。企业与其他企业签订的商品销售合同、劳务提供合同、租赁合同等，均属于待执行合同，待执行合同不属于或有事项。但是，待执行合同变为亏损合同的，应当作为或有事项。亏损合同，是指履行合同义务不可避免发生的成本超过预期经济利益的合同。预计负债的计量应当反映退出该合同的最低净成本，即履行该合同的成本与未能履行该合同而发生的补偿或处罚两者之中的较低者。企业与其他单位签订的商品销售合同、劳务合同、租赁合同等，均可能变为亏损合同。

企业对亏损合同进行会计处理，需要遵循以下两点原则：

首先，如果与亏损合同相关的义务不需支付任何补偿即可撤销，企业通常就不存在现时义务，不应确认预计负债；如果与亏损合同相关的义务不可撤销，企业就存在现时义务,同时满足该义务很可能导致经济利益流出企业且金额能够可靠地计量的,应当确认预计负债。

其次,待执行合同变为亏损合同时,合同存在标的资产的,应当对标的资产进行减值测试并按规定确认减值损失,在这种情况下,企业通常不需确认预计负债,如果预计亏损超过该减值损失,应将超过部分确认为预计负债;合同不存在标的资产的,亏损合同相关义务满足预计负债确认条件时,应当确认预计负债。

【例8-36】乙企业2018年1月1日与某外贸公司签订了一项产品销售合同,约定在2018年2月15日以每件产品100元的价格向外贸公司提供10 000件A产品,若不能按期交货,乙企业需要交纳300 000元的违约金。这批产品在签订合同时尚未开始生产,但企业开始筹备原材料以生产这批产品时,原材料价格突然上涨,预计生产每件产品的成本升至125元。

此例中,乙企业生产产品的成本为每件125元,而售价为每件100元,每销售1件产品亏损25元,共计损失250 000元。因此,这项销售合同是一项亏损合同。如果撤销合同,乙企业需要交纳300 000元的违约金。

(1) 由于该合同变为亏损合同时不存在标的资产,乙企业应当按照履行合同造成的损失与违约金两者中的较低者确认一项预计负债:

  借:营业外支出   250 000
    贷:预计负债   250 000

(2) 待相关产品生产完成后,将已确认的预计负债冲减产品成本:

  借:预计负债   250 000
    贷:库存商品   250 000

思考与练习

一、复习思考题

1. 什么是流动负债?它有哪些分类方法?
2. 应付账款和应付票据有什么区别?
3. 职工薪酬的内容有哪些?如何对各种职工薪酬进行会计核算?
4. 应交增值税如何计算?如何进行会计处理?
5. 应交消费税如何计算?如何进行会计处理?
6. 应交营业税如何计算?如何进行会计处理?
7. 应交城市建设维护税及教育费附加如何计算?如何进行会计处理?
8. 或有事项确认为预计负债的条件是什么?

二、练习题

1. A公司计算本月应付职工工资总额219 000元,当月应支付生产工人工资150 000元、车间管理人员工资30 000元、厂部管理部门人员工资33 000元、销售人员工资6 000元,代扣代缴个人所得税2 800元。

要求：根据上述资料，编制A公司职工工资的发放、代扣款项、工资费用分配以及公司承担"五险一金"的会计分录。职工个人和公司"五险一金"的计算比例按现行规定。

2. B企业2018年10月1日向银行申请借入期限三个月的人民币借款50 000元，借款年利率12%，到期一次还本付息。

要求：根据资料，分别按"分月预提利息"和"一次支付利息"的办法编制会计分录。

3. C企业2018年5月6日购入材料一批，专用发票列明全部价款为80 000元，另支付增值税17%，合同约定付款条件为货到后按3/10，1/20，n/30进行付款，现已将货物验收入库。

要求：根据上述资料，在下列条件下：①货到后10天内付款；②货到后第25天付款，分别采用"总价法"和"净价法"编制有关的会计分录。

4. 某企业购入商品一批，专用发票列明货款金额为60 000元，另支付增值税（税率10%），企业开出商业汇票一张，并向银行办妥承兑手续，以银行存款向银行支付按票面金额1‰的承兑手续费，该票据期限为6个月。

要求：根据上述资料，编制在下列条件下的有关会计分录。
（1）该汇票为无息票据，且到期时无力偿还。
（2）该汇票为年利率12%的有息票据，到期时一并偿还本息。

5. A公司为增值税一般纳税企业，材料按实际成本核算，适用的增值税率为16%，2019年3月份发生如下经济业务：

（1）购入一批原材料，增值税专用发票上注明的材料价款为100万元（不含增值税），增值税为16万元。货款已付，材料已验收入库。

（2）自建办公楼工程领用原购入打算投入生产用的原材料一批，购入成本为9万元。

（3）出售一项商标权，转让收入5万元已存入银行，该项商标权的账面余额为6万元，已累计摊销4万元。

（4）购入一台生产设备，增值税专用发票上记载的设备价款300万元，支付的增值税额为48万元，款项已由银行存款支付。

（5）销售产品一批，销售收入为200万元（不含税），货款尚未收到。

（6）销售应交增值税产品给小规模纳税企业，应收取款项（价税合计）为58万元，已由银行收妥。

（7）从某小规模纳税人企业购入一批原材料，取得的发票上记载的金额为232万元，材料已经验收入库，款项尚未支付。

（8）出售厂房一栋，原价1 000万元，已提折旧760万元，出售所得收到700万元，清理费用支出3万元，厂房已清理完毕，款项均已由银行存款收付。A公司适用的营业税税率为5%。

要求：根据资料，编制A公司有关经济业务的会计分录（不考虑城市维护建设税和教育费附加）。

第九章 非流动负债

学习内容与目的

本章主要学习非流动负债的概念、特点和分类,以及各种非流动负债的会计核算方法。通过学习,旨在了解非流动负债的概念、特点,内容;理解各种非流动负债的会计确认和计量;掌握长期借款、应付债券、长期应付款、专项应付款等非流动负债的会计处理。

第一节 非流动负债概述

一、非流动负债及其特点

非流动负债是指偿还期在1年或超过1年的一个营业周期以上的负债。企业需要扩大生产经营规模时往往举借非流动负债。企业的非流动负债主要有长期借款、应付债券、长期应付款、专项应付款等。

非流动负债具有以下特点:

(1) 偿还期限长,金额大。考虑到货币的时间价值,非流动负债的现值与终值之间将存在较大的差异。

(2) 利率较高,风险较大。一般而言,由于举借债务时间长,所以风险较大,债权人要求的风险报酬高,非流动债务资金的利率比流动债务资金要高,利息费用比较大。非流动负债的利息是企业根据合同必须要承担的固定支出,如果企业经营不善,这笔支出将会成为企业沉重的财务负担,不能按期偿还债务的企业可能会面临破产;如果经营得当,所有者可以享有超过利息部分的资本投资报酬。因此是否以债务形式筹集长期资本,如何筹集,企业应慎重决策。

（3）举借非流动负债时限制性条款较多。从保护债权人角度出发，企业往往需要与债权人签订相关保护性条款，如要求企业提供担保，规定举债的最高限额，设置偿债基金等。因此企业对资金的灵活运用受到限制。

二、非流动负债的计价

（1）非流动负债一般按到期偿还债务的现值入账。

（2）非流动负债的利息费用需要分期确认和计量。因为非流动负债的利息费用较大，非流动负债及其利息费用的确认和计量对企业的财务状况和经营成果有较大影响，所以需要分期确认和计量。利息费用中除了允许资本化的部分，其余应计入财务费用。

第二节　借款费用

一、借款费用的定义及范围

借款费用是企业因借入资金所付出的代价，包括借款利息、折价或者溢价的摊销、辅助费用以及因外币借款而发生的汇兑差额等。融资租赁固定资产承租人承担的融资费用属于借款费用，而对于企业发生的权益性融资费用，不包括在借款费用中。

（1）借款利息，是指因借款而发生的利息，包括企业向银行或者其他金融机构等借入资金发生的利息、发行公司债券或企业债券发生的利息，以及为购建或者生产符合资本化条件的资产而发生的带息债务所承担的利息等。

（2）因借款而发生的折价或者溢价，是指发行债券等发生的折价或者溢价，发行债券中的折价或者溢价，其实质是对债券票面利息的调整（即将债券票面利率调整为实际利率），属于借款费用的范畴。例如，XYZ公司发行公司债券，每张公司债券票面价值为100元，票面年利率为6%，期限为4年，而同期市场利率为8%，由于公司债券的票面利率低于市场利率，为成功发行公司债券，XYZ公司采取了折价发行的方式，折价金额在实质上是用于补偿投资者在购入债券后所受到的名义利息上的损失，应当作为以后各期利息费用的调整额。

（3）辅助费用，是指企业在借款过程中发生的诸如手续费、佣金等费用，由于这些费用是因安排借款而发生的，也属于借入资金所付出的代价，是借款费用的构成部分。

（4）因外币借款而发生的汇兑差额，是指由于汇率变动导致市场汇率与账面汇率出现差异，从而对外币借款本金及其利息的记账本位币金额所产生的影响金额。

二、借款费用的确认

(一) 确认原则

借款费用的确认主要解决的是将每期发生的借款费用资本化、计入相关资产的成本,还是将有关借款费用费用化、计入当期损益的问题。借款费用确认的基本原则是:企业发生的借款费用可直接归属于符合资本化条件的资产购建或者生产的,应当予以资本化,计入相关资产成本;其他借款费用应当在发生时根据其发生额确认为费用,计入当期损益。

符合资本化条件的资产是指需要经过相当长时间的购建或者生产活动才能达到预定可使用状态或者可销售状态的固定资产、投资性房地产和存货等资产。建造合同成本、无形资产的开发支出等在符合条件的情况下,也可以认定为符合资本化条件的资产。其中,"相当长时间"是指资产的购建或者生产所必需的时间,通常为1年以上(含1年)。

在实务中,如果由于人为或者故意等非正常因素导致资产的购建或者生产时间相当长的,该资产不属于符合资本化条件的资产。购入即可使用的资产,或者购入后需要安装但所需安装时间较短的资产,或者需要建造或生产但建造或生产时间较短的资产,均不属于符合资本化条件的资产。

(二) 借款费用应予资本化的借款范围

借款包括专门借款和一般借款。专门借款是指为购建或者生产符合资本化条件的资产而专门借入的款项。专门借款通常应当有明确的用途,即为购建或者生产某项符合资本化条件的资产而专门借入,一般应当具有标明该用途的借款合同。例如,某企业为了建造一条生产线向某银行专门贷款 50 000 000 元,某房地产开发企业为了开发某住宅小区向某银行专门贷款 2 亿元等,均属于专门借款,其使用目的明确,而且其使用受到相关合同的限制。一般借款是指除专门借款之外的借款,相对于专门借款而言,一般借款在借入时,其用途通常没有特别指定是用于符合资本化条件的资产的购建或者生产。

借款费用应予资本化的借款范围,既包括专门借款,也可包括一般借款。其中,对于一般借款,只有在购建或者生产某项符合资本化条件的资产占用了一般借款时,才应将与该部分一般借款相关的借款费用资本化;否则,所发生的借款费用应当计入当期损益。

(三) 借款费用资本化期间的确定

只有发生在资本化期间内的有关借款费用才允许资本化,资本化期间的确定是借款费用确认和计量的重要前提。借款费用资本化期间是指从借款费用开始资本化时点到停止资本化时点的期间,但不包括借款费用暂停资本化的期间。

1. 借款费用开始资本化的时点

借款费用允许开始资本化必须同时满足三个条件,即资产支出已经发生、借款费用已经发生、为使资产达到预定可使用或者可销售状态所必要的购建或者生产活动已经开始。企业只有在上述三个条件同时满足的情况下，有关借款费用才可以开始资本化；只要其中有一个条件没有满足，借款费用就不能资本化，而应计入当期损益。

如果某企业专门借入款项建造某项符合资本化条件的固定资产，相关借款费用已经发生，同时固定资产的实体建造工作也已开始，但为固定资产建造所需物资等都是赊购或者客户垫付的（且所形成的负债均为不带息负债），发生的相关薪酬等费用也尚未形成现金流出。在这种情况下，固定资产建造本身并没有占用借款资金，没有发生资产支出，该事项只满足借款费用开始资本化的第二个和第三个条件，但是不满足第一个条件，所以，所发生的借款费用不应予以资本化。

如果某企业为了建造一项符合资本化条件的固定资产，使用自有资金购置了工程物资，该固定资产已经开始动工兴建，但专门借款资金尚未到位，也没有占用一般借款资金。在这种情况下，企业尽管满足了借款费用开始资本化的第一个和第三个条件，但是不符合借款费用开始资本化的第二个条件，因此不允许开始借款费用的资本化。

如果某企业为了建造某一项符合资本化条件的厂房，已经使用银行存款购置了水泥、钢材等，发生了资产支出，相关借款也已开始计息，但是厂房因各种原因迟迟未能开工兴建。在这种情况下，企业尽管满足了借款费用开始资本化的第一个和第二个条件，但不符合借款费用开始资本化的第三个条件，因此所发生的借款费用不允许资本化。

2. 借款费用暂停资本化的时间

符合资本化条件的资产在购建或者生产过程中发生非正常中断且中断时间连续超过 3 个月的，应当暂停借款费用的资本化。中断的原因必须是非正常中断，属于正常中断的，相关借款费用仍可资本化。在实务中，企业应当遵循"实质重于形式"等原则来判断借款费用暂停资本化的时间，如果相关资产购建或者生产的中断时间较长而且满足其他规定条件的，相关借款费用应当暂停资本化。

非正常中断，通常指由于企业管理决策上的原因或者其他不可预见的原因等所导致的中断。例如，企业因与施工方发生了质量纠纷，或者工程、生产用料没有及时供应，或者资金周转发生了困难，或者施工、生产发生了安全事故，或者发生了与资产购建、生产有关的劳动纠纷等原因，导致资产购建或者生产活动发生中断，均属于非正常中断。

例如，某企业于 2018 年 1 月 1 日利用专门借款开工兴建一幢厂房，支出已经发生，因此借款费用从当日起开始资本化。工程预计于 2019 年 3 月完工。2018 年 5 月 15 日，由于工程施工发生了安全事故，导致工程中断，直到 2018 年 9 月 10 日才复工。

本例中的工程中断属于非正常中断，因此，上述专门借款在 5 月 15 日至 9 月 10 日间所发生的借款费用不应资本化，而应作为财务费用计入当期损益。

正常中断，一般指因购建或者生产符合资本化条件的资产达到预定可使用或者可销售状态所必要的程序，或者事先可预见的不可抗力因素导致的中断。某些工程建造到一定阶段必须暂停下来进行质量或者安全检查，检查通过后才可继续下一阶段的建造工作，这类中断是在施工前可以预见的，而且是工程建造必须经过的程序，属于正常中断。某些地区的工程在建造过程中，由于可预见的不可抗力因素（如雨季或冰冻季节等）导致施工出现停顿，也属于正常中断。

例如，某企业在北方某地建造某工程期间，遇上冰冷季节（通常为6个月），工程施工因此中断，待冰冻季节过后方能继续施工。由于该地区在施工期间出现较长时间的冰冻为正常情况，由此导致的施工中断是可预见的不可抗力因素导致的中断，属于正常中断。在正常中断期间所发生的借款费用可以继续资本化，计入相关资产的成本。

3. 借款费用停止资本化的时点

购建或者生产符合资本化条件的资产达到预定可使用或者可销售状态时，借款费用应当停止资本化。在符合资本化条件的资产达到预定可使用或者可销售状态之后所发生的借款费用，应当在发生时根据其发生额确认为费用，计入当期损益。

资产达到预定可使用或者可销售状态，是指所购建或者生产的符合资本化条件的资产已经达到建造方、购买方或者企业自身等预先设计、计划或者合同约定的可以使用或者可以销售的状态。企业在确定借款费用停止资本化的时点需要运用职业判断，应当遵循"实质重于形式"原则，针对具体情况，依据经济实质判断所购建或者生产的符合资本化条件的资产达到预定可使用或者可销售状态的时点，具体可从以下几个方面进行判断：

（1）符合资本化条件的资产的实体建造（包括安装）或者生产活动已经全部完成或者实质上已经完成。

（2）所购建或者生产的符合资本化条件的资产与设计要求、合同规定或者生产要求相符或者基本相符，即使有极个别与设计、合同或者生产要求不相符的地方，也不影响其正常使用或者销售。

（3）继续发生在所购建或生产的符合资本化条件的资产上的支出金额很少或者几乎不再发生。

购建或者生产符合资本化条件的资产需要试生产或者试运行的，在试生产结果表明资产能够正常生产出合格产品，或者试运行结果表明资产能够正常运转或者营业时，应当认为该资产已经达到预定可使用或者可销售状态。

例如ABC公司借入一笔款项，于2010年2月1日采用出包方式开工兴建一幢厂房。2011年10月10日工程全部完工，达到合同要求。10月30日工程验收合格，11月15日办理工程竣工结算，11月20日完成全部资产移交手续，12月1日厂房正式投入使用。ABC公司应当将2011年10月10日确定为工程达到预定可使用状态的时点，作为借款费用停止资本化的时点。后续的工程验收日、竣工结算日、资产移交日和投入使用日均不应作为借款费用停止资本化的时点，否则会导致资产价值和利润的高估。

在符合资本化条件的资产的实际购建或者生产过程中，如果所购建或者生产的符合资本化条件的资产分别建造、分别完工，企业也应当遵循"实质重于形式"原则，区别不同情况，界定借款费用停止资本化的时点。

如果所购建或者生产符合资本化条件的资产的各部分分别完工，且每部分在其他部分继续建造或者生产过程中可供使用或者可对外销售，且为使该部分资产达到预定可使用或可销售状态所必要的购建或者生产活动实质上已经完成的，应当停止与该部分资产相关的借款费用的资本化,因为该部分资产已经达到了预定可使用或者可销售状态。

如果企业购建或者生产的资产的各部分分别完工,但必须等到整体完工后才可使用或者对外销售的,应当在该资产整体完工时停止借款费用的资本化。在这种情况下,即使各部分资产已经完工,也不能够认为该部分资产已经达到预定可使用或者可销售状态,企业只能在所购建固定资产整体完工时,才能认为资产已经达到了预定可使用或者可销售状态,借款费用方可停止资本化。

例如,某企业在建设某一涉及数项工程的钢铁冶炼项目时,每个单项工程都是根据各道冶炼工序涉及建造的,因此只有在每项工程都建造完毕后,整个冶炼项目才能正式运转,达到生产和设计要求,所以每一个单项工程完工后不应认为资产已经达到了预定可使用状态,企业只有等到整个冶炼项目全部完工,达到预定可使用状态时,才停止借款费用的资本化。

三、借款费用的计量

(一)借款利息资本化金额的确定

在借款费用资本化期间内,每一会计期间的利息(包括折价或溢价的摊销,下同)的资本化金额,应当按照下列方法确定:

1. 专门借款利息资本化金额的确定

为购建或者生产符合资本化条件的资产而借入专门借款的,应当以专门借款当期实际发生的利息费用减去尚未动用的借款资金存入银行取得的利息收入或进行暂时性投资取得的投资收益后的金额,确定专门借款应予资本化的利息金额。

【例9-1】某公司为建造一项固定资产于2018年1月1日发行5年期债券,面值20 000万元,票面利率为6%,发行时市场利率为5%,发行价格为20 800万元,每年付息一次。建造工程于2018年1月1日开始动工,年末尚未完工。该工程2018年度发生资产支出如下:1月1日支出4 800万元;6月1日支出6 000万元;12月1日支出6 000万元。期间闲置资金用于固定收益债券的短期投资,月收益率为0.3%,该公司按年计提该笔专门借款的利息。

(1) 当年应付利息费用 = 20 000 × 6% = 1 200(万元)

当年实际利息费用 = 20 800 × 5% = 1 040(万元)

当年应摊销的溢价 = 1 200 - 1 040 = 160(万元)

(2) 闲置资金取得的收入 = (20 800 - 4 800) × 5 × 0.3% + (16 000 - 6 000) × 6 × 0.3% + (10 000 - 6 000) × 1 × 0.3% = 432(万元)

(3) 当年应予资本化的利息费用 = 1 040 - 432 = 608(万元)

2018年末,该公司应编制如下会计分录:

①该公司计提债券利息费用时:

借:在建工程 10 400 000

　　　应付债券——利息调整　　　　　　　　　　1 600 000
　　贷：应付利息　　　　　　　　　　　　　　　12 000 000

②该公司预计闲置资金投资取得收入时。
　　借：应收利息　　　　　　　　　　　　　　　4 320 000
　　贷：在建工程　　　　　　　　　　　　　　　4 320 000

2. 一般借款利息资本化金额的确定

为购建或者生产符合资本化条件的资产而占用了一般借款的，企业应当根据累计资产支出超过专门借款部分的资产支出加权平均数乘以所占用的一般借款的资本化率，计算确定一般借款应予以资本化的利息金额。资本化率应当根据一般借款的加权平均利率计算确定。资本化期间，是指从借款费用开始资本化时点到停止资本化时点的期间，借款费用暂停资本化的期间不包括在内。一般借款应予资本化的利息金额应当按照下列公式计算：

一般借款利息费用资本化金额 = 累计资产支出超过专门借款部分的资产支出加权平均数 × 所占用一般借款的资本化率

所占用一般借款的资本化率 = 所占用一般借款加权平均利率

所占用一般借款加权平均利率 = 所占用一般借款当期实际发生的利息之和 ÷ 所占用一般借款本金加权平均数

所占用一般借款本金加权平均数 = $\sum$（所占用每笔一般借款本金 × 每笔一般借款在当期所占用的天数/当期天数）

【例9-2】某公司借入两笔一般借款：第一笔为2018年1月1日借入的800万元，借款利率为8%，期限为2年；第二笔为2018年7月1日借入的500万元，借款利率为6%，期限为3年。该公司2018年为构建固定资产而占有了这两笔借款。该公司借款费用在2018年的资本化率是多少？

资本化率 = (800 × 8% + 500 × 6% × 6/12) ÷ (800 × 12/12 + 500 × 6/12) = 7.52%

【例9-3】甲公司2018年1月1日开始建造一项固定资产，占用以下两笔一般借款（无专门借款）：

(1) 2018年1月1日借入三年期借款200万元，年利率为6%，按年支付利息；

(2) 2018年4月1日发行三年期债券面值300万元，票面利率为6%，实际利率为8%，分期付息，到期还本，发行价格为285万元。

2018年有关资产支出如下：1月1日支出100万元；2月1日支出50万元；3月1日支出50万元；4月1日支出200万元；5月1日支出60万元。假定资产建造从1月1日开始，工程项目于2019年6月30日达到预定可使用状态，甲公司按季度计提借款利息。

甲公司2018年各个季度与上述资料相关的借款费用的会计处理如下：

(1) 计算各个季度占用一般借款的资本化率：

①第一季度资本化率 = 6% × 3/12 = 1.5%

②第二季度资本化率 = (200 × 6% × 3/12 + 285 × 8% × 3/12) ÷ (200 × 3/3 + 285 × 3/3) = 1.79%

③第三、四季度资本化率同第二季度。

(2) 第一季度的会计处理：

①第一季度所占用一般借款的累计资产支出加权平均数

= 100×3/3 + 50×2/3 + 50×1/3 = 150（万元）

②第一季度应予以资本化的借款费用金额 = 150×1.5% = 2.25（万元）

③第一季度实际发生的借款利息 = 200×6%×3/12 = 3（万元）

第一季度的会计分录：

借：在建工程　　　　　　　　　22 500
　　财务费用　　　　　　　　　 7 500
　　贷：应付利息　　　　　　　　　　30 000

(3) 第二季度的会计处理：

①第二季度所占用一般借款的累计资产支出加权平均数

= (100 + 50 + 50)×3÷3 + 200×3÷3 + 60×2÷3 = 440（万元）

②第二季度应予以资本化的借款费用金额 = 440×1.79% = 7.876（万元）

③第二季度实际发生的借款利息 = 200×6%×3/12 + 285×8%×3/12 = 8.7（万元）

第二季度的会计分录：

借：在建工程　　　　　　　　　78 760
　　财务费用　　　　　　　　　 8 240　（8.7万元 - 7.876万元）
　　贷：应付利息　　　　　　　　　　75 000（200×6%×3/12 + 300×6%×3/12）
　　　　应付债券——利息调整　　12 000（285×8%×3/12 - 300×6%×3/12）

(4) 第三季度的会计处理：

①第三季度所占用一般借款的累计资产支出加权平均数

= (100 + 50 + 50 + 200 + 60)×3÷3 = 460（万元）

②第三季度应予以资本化的借款费用金额

= 460×1.79% = 8.234（万元）

③第三季度实际发生的借款利息 = 200×6%×3/12 + 285×8%×3/12 = 8.7万元

第三季度的会计分录：

借：在建工程　　　　　　　　　82 340
　　财务费用　　　　　　　　　 4 660　（8.7万元 - 7.876万元）
　　贷：应付利息　　　　　　　　　　75 000（200×6%×3/12 + 300×6%×3/12）
　　　　应付债券——利息调整　　12 000（285×8%×3/12 - 300×6%×3/12）

(5) 第四季度的会计处理：与第三季度相同。

【例9-4】 某企业采用出包方式建造一条生产线，每半年支付一次工程进度款。工程于2018年1月1日动工，2019年6月30日完工达到预定可使用状态，建造工程的有关资产支出如下（假设支出全部以银行存款支付）：

2018年1月1日，支出3 000万元；2018年7月1日，支出5 000万元；2019年1月1日，支出3 000万元。

该企业为建造生产线于2018年1月1日从银行借入专门借款4 000万元，借款期

限3年,年利率为8%,利息按年支付。该生产线在建造过程中还占有了两笔一般借款:

(1) 2017年12月1日向银行借入4 000万元,期限3年,年利率6%,按年支付利息;

(2) 2017年1月1日按面值发行公司债券20 000万元,期限5年,年利率为8%,按年支付利息;该公司的闲置专门借款资金用于固定收益的短期债券投资,月收益率0.5%。

该企业2018年度与上述资料相关的借款费用的会计处理如下:

(1) 计算各种借款费用的资本化金额:

2018年专门借款利息支出资本化的金额 = 4 000×8% - 1 000×0.5%×6 = 290(万元)

2018年一般借款利息资本化率 = (4 000×6% + 20 000×8%)÷(4 000 + 20 000) = 7.67%

2018年占用一般借款的资产支出加权平均数 = 4 000×6/12 = 2 000(万元)

2018年一般借款利息资本化的金额 = 2 000×7.67% = 153.4(万元)

(2) 编制2018年各种借款费用相关的会计分录:

专门借款部分的会计处理

①计提利息时:

| 借:在建工程 | 2 900 000 |
| 贷:应付利息 | 3 200 000 |

②支付利息时:

| 借:应付利息 | 3 200 000 |
| 贷:银行存款 | 3 200 000 |

③计提投资收益时:

| 借:应收利息 | 300 000 |
| 贷:财务费用 | 300 000 |

④收取投资收益时:

| 借:银行存款 | 300 000 |
| 贷:应收利息 | 300 000 |

一般借款部分的会计处理

①计提利息时:

借:在建工程	1 534 000
财务费用	16 866 000
贷:应付利息	18 400 000

②支付利息时:

| 借:应付利息 | 18 400 000 |
| 贷:银行存款 | 18 400 000 |

在确定借款利息资本化金额时,需要注意每一会计期间的利息资本化金额不应当超

过当期相关借款实际发生的利息金额。

(二) 借款辅助费用资本化金额的确定

辅助费用是企业为了安排借款而发生的必要费用,包括借款手续费(如发行债券手续费)、佣金等。如果企业不发生这些费用,就无法取得借款,因此,辅助费用是企业借入款项所付出的一种代价,是借款费用的有机组成部分。

对于企业发生的专门借款辅助费用,在所购建或者生产的符合资本化条件的资产达到预定可使用或者可销售状态之前发生的,应当在发生时根据其发生额予以资本化;在所购建或者生产的符合资本化条件的资产达到预定可使用或者可销售状态之后所发生的,应当在发生时根据其发生额确认为费用,计入当期损益。

对于企业发生的一般借款辅助费用,在发生时直接确认为费用并计入当期损益。

(三) 外币专门借款汇兑差额资本化金额的确定

对于企业发生的外币专门借款汇兑差额,如果在符合资本化条件的资产达到预定可使用或者可销售状态之前发生的,应当在发生时根据其发生额予以资本化;如果在符合资本化条件的资产达到预定可使用或者可销售状态之后所发生的,应当在发生时根据其发生额确认为费用,计入当期损益。

四、借款费用的信息披露

企业应当在附注中披露与借款费用有关的下列信息:

(1) 当期资本化的借款费用金额。即企业已经按企业会计准则计算的、当期已经计入应予以资本化资产成本中的各项借款费用之和。

(2) 当期用于确定资本化金额的资本化率。如果有两项或两项以上的固定资产,且各项资产适用的资本化率不同,应按资产项目分别披露。

第三节 长期借款

一、长期借款的定义及分类

长期借款是指企业从银行或者其他金融机构借入的期限在1年以上的款项。企业的长期借款,可以按照不同的标准进行分类。长期借款按借款的条件分类,可以分为抵押借款、信用借款和担保借款。抵押借款是指以企业的动产或不动产作为抵押以保证按期还款而取得的借款,信用借款是指不以特定的抵押财产作保证,仅凭企业的良好信誉而取得的借款。担保借款,是指企业通过其他具有法人资格的单位的担保而取得的借款。按偿还方式分定期偿还和分期偿还的借款。按借款的币种分类,可以分为人民币借款和外币借款。

二、长期借款的会计处理

为了反映企业长期借款的增减变动情况,应设置"长期借款"账户进行核算。该账户贷方登记借入长期借款的本金和按期计提的利息;借方登记偿还的本息;期末贷方余额反映尚未偿还的长期借款本息。该账户应按贷款单位设置二级账户,并设置"本金"、"利息调整"和"应计利息"账户进行明细核算。

长期借款的有关会计处理如下:

(1) 企业借入各种长期借款,按实际收到的款项,借记"银行存款"科目,贷记"长期借款——本金"科目;按其差额,借记"长期借款——利息调整"科目。

(2) 企业因长期借款发生的利息支出,在固定资产达到预定可使用状态前按规定应予以资本化的,计入相关资产的成本;属于生产经营期间的应予费用化,计入当期损益。

在资产负债表日,企业应按长期借款的摊余账面价值和实际利率计算确定的长期借款的利息费用,借记"在建工程"、"财务费用"、"制造费用"等科目,按借款本金和合同利率计算确定的应付未付利息,贷记"应付利息"科目或"长期借款——应计利息"科目,按其差额,贷记"长期借款——利息调整"科目。

(3) 企业归还长期借款,按归还的长期借款本金,借记"长期借款——本金"科目,按转销的利息调整金额,贷记"长期借款——利息调整"科目,按实际归还的款项,贷记"银行存款"科目,按其差额,借记"在建工程"、"财务费用"、"制造费用"等科目。

【例9-5】企业于2018年1月1日从工商银行取得3年期人民币借款1 500 000元,用于某项建筑工程,合同年利率5%(合同利率与实际利率基本一致),每年计息一次,复利计算,到期一次还本付息,假若该款项于2018年年初全部投入,工程项目于2019年末完工交付使用。作出相关账务处理。

(1) 2018年1月1日取得借款时:

借:银行存款　　　　　　　　　　　　　1 500 000
　　贷:长期借款　　　　　　　　　　　　1 500 000

(2) 2018年末预提利息时:

借:在建工程　　　　　　　　　　　　　75 000
　　贷:长期借款　　　　　　　　　　　　75 000

若该款项于2018年1月1日投入一半用于工程建设,7月1日再投入另一半用于工程建设,则2018年应资本化的利息费用计算和账务处理如下:

累计支出加权平均数 = 1 500 000 × 50% + 1 500 000 × 50% × 6/12 = 1 125 000

利息资本化金额 = 1 125 000 × 5% = 56 250

借:在建工程　　　　　　　　　　　　　56 250
　　财务费用　　　　　　　　　　　　　18 750
　　贷:长期借款　　　　　　　　　　　　75 000

(3) 2019年末预提利息〔(1500 000+75 000)×5%〕时：
    借：在建工程   78 750
        贷：长期借款   78 750
(4) 2020年末还本付息〔(1 500 000+75 000+78 750)×5%〕时：
    借：长期借款   1 653 750
        财务费用   82 687.5
        贷：银行存款   1 736 437.5

第四节 应付债券

一、企业债券及其发行价格

企业债券是企业为了筹集长期资金，依照法定程序对外发行的，约定在一定期限内还本付息的有价证券。通过发行公司债券，使一笔巨额的借款分割成许多可转让的单位，债券出售给投资者，使许多个别的投资者能参与贷款。应付债券作为企业的非流动负债，与长期借款相比，筹措资金的范围更广，可以向非银行金融机构的企业、单位、个人筹借，并可以在金融市场上流通转让。债券的流动性、相对于股票的低风险性以及稳定的收益性使其对投资者具有一定的吸引力。

（一）债券的分类

债券按有无抵押担保，可分为抵押债券和信用债券。债券用特定的资产抵押或提供担保的称为抵押债券，无需抵押担保的债券称为信用债券。一般而言，实力雄厚的大公司发行的信用债券，比一些财务状况一般的公司发行的有担保债券具有更高的信用等级。债券按偿还本金的方式不同，可分为到期还本、分期还本和通知还本的债券；债券按支付利息的方式不同，可分为到期付息债券和分期付息债券；债券按债券包含的特殊权利，可分为可赎回债券、可转换债券。可赎回债券是发行债券的公司有权在到期日之前，以一个规定的价格赎回债券。为了补偿债券持有人，通常赎回价格稍高于债券的面值。可转换债券是一种可以根据债券持有人的自由选择，换成一个特定数量公司普通股股票的债券。因此可转换债券的市价随着与之等量的普通股股票的市价而波动。

为了使债券的发行更吸引那些稳健的投资者，一些公司建立债券的偿债基金，用于到期偿付债券本息。

（二）债券的发行价格

发行债券需要确定债券的发行价格，债券的发行价格是根据债券实际发行日的市场利率，把将来应支付的面值与利息折算为现值来确定的。市场利率是资本市场上资金所有者要求的平均报酬率，一般可以银行利率为参照。其计算公式如下：

债券发行价格 = 债券面值按市场利率折算的现值 + 每期利息按市场利率折算的现值

债券面值按市场利率折算的现值 = 债券面值 × 复利现值系数

因为债券的面值和票面利率是固定的，因此可将债券每期应付的利息看作一项年金

每期利息按市场利率折算的现值 = 债券面值 × 票面利率 × 年金现值系数

由于企业发行债券时的票面利率可能等于、高于或低于市场利率，因此债券的发行可能出现以下三种情况：

1. 面值发行

当企业债券的票面利率等于发行时的市场利率时，债券发行价格等于债券面值，即按面值发行。债券购买者以面值付出的金额，与其未来可收回的本金及收取的各期利息的金额的现值相等。

2. 溢价发行

当企业债券的票面利率高于发行时的市场利率时，债券发行价格高于债券面值，即溢价发行。溢价发行时，发行方因溢价多收的部分实质是债券到期前对企业各期多付利息的一种补偿。

3. 折价发行

当企业债券的票面利率低于发行时的市场利率时，债券发行价格低于债券面值，即折价发行。折价发行时，发行方因折价少收的部分实质是预先支付给购买者的利息，在企业各期少付利息中得以补偿。

【例9-6】某公司于2018年1月1日发行公司债券：面值为1 000 000元，期限为3年，票面利率为6%，每年付息一次，到期一次还本。当发行时市场利率为6%、8%、5%时，计算其发行价格。

有关的复利现值系数和年金现值系数可以通过查表取得。

当时发行的市场利率为6%时，

债券的发行价格 = 1 000 000 × (P/F, 6%, 3) + 1 000 000 × 6% × (P/A, 6%, 3)
= 1 000 000 × 0.839 62 + 1 000 000 × 6% × 2.673 01
= 1 000 000（元）

当时发行的市场利率为8%时，

债券的发行价格 = 1 000 000 × (P/F, 8%, 3) + 1 000 000 × 6% × (P/A, 8%, 3)
= 1 000 000 × 0.793 83 + 1 000 000 × 6% × 2.577 10 = 948 456（元）

当时发行的市场利率为5%时，

债券的发行价格 = 1 000 000 × (P/F, 5%, 3) + 1 000 000 × 6% × (P/A, 5%, 3)
= 1 000 000 × 0.863 84 + 1 000 000 × 6% × 2.723 25 = 1 027 235（元）

二、应付债券的会计处理

(一) 债券发行至到期偿还的会计处理

为了反映企业债券的发行与偿还情况,应设置"应付债券"账户进行核算。该账户贷方登记应付债券的本金、溢价、应计利息及折价摊销,借方登记债券折价、溢价摊销和偿还的本息,期末贷方余额反映尚未偿还的债券本息。该账户下应设置"面值"、"利息调整"、"应计利息"等明细账户。

1. 债券发行

企业发行债券,无论是面值发行,还是溢价发行或折价发行,企业均应按债券面值记入"应付债券——面值"科目,实际收到的款项与面值的差额,记入"应付债券——利息调整"科目。企业发行债券时,按实际收到的款项,借记"银行存款"等科目,按债券票面价值,贷记"应付债券——面值"科目,按实际收到的款项与票面价值之间的差额,贷记或借记"应付债券——利息调整"科目。

2. 债券溢折价摊销和存续期间利息

债券溢价和折价应在债券存续期间内进行摊销,以调整发行债券企业承担的实际利息费用。债券溢价和折价摊销方法有直线法和实际利率法两种。

(1) 直线法,在债券各计息期以相等的金额将债券溢价和折价平均摊销的一种方法。

溢价发行时:利息费用=票面利息-溢价摊销额

折价发行时:利息费用=票面利息+折价摊销额

(2) 实际利率法,根据企业发行债券时的市场利率乘以期初应付债券的账面价值来计算每期利息费用,再与实际应付利息(票面利息)相比较,以求得各期应摊销的溢价或折价的一种摊销方法。按这种方法,每期的利息费用随着债券账面价值的变化而变化,能合理反映债券与利息的关系,比直线法合理、精确。

实际利率法下每期摊销额的计算公式:

本期利息费用=债券期初账面价值×实际利率

本期应计利息=债券面值×票面利率

本期溢价摊销额=本期应付利息-本期利息费用

本期折价摊销额=本期利息费用-本期应计利息

债券溢价和折价摊销结果:在溢价发行的情况下,每期债券的账面价值(净值)在逐渐减少的,利息费用随之逐渐减少,由于应计利息是固定的,所以每期溢价的摊销额递增;在折价发行的情况下,每期债券的账面价值(净值)在逐渐增加,利息费用随之逐渐增加,由于应计利息是固定的,所以每期折价的摊销额也是递增的。

在每个会计期末(即资产负债表日)时,应按直线法或实际利率法计算确定长期债券的利息费用,借记"财务费用"、"在建工程"、"研发支出"科目,贷记"应付债券——应计利息"科目(如为分期付息,到期还本债券则记入"应付利息"科目),

按其差额，借记或贷记"应付债券——利息调整"科目。每期支付利息时，借记"应付债券——应计利息"或"应付利息"科目，贷记"银行存款"科目。

我国企业会计准则规定，长期债券的溢价和折价应采用实际利率法进行摊销。

3. 债券到期偿还

企业发行的债券到期偿还时，采用到期还本付息方式的，企业应于债券到期支付债券本息时，借记"应付债券——面值""应付债券——应计利息"科目，贷记"银行存款"科目。采用分期付息、到期还本方式的，企业应于债券到期偿还本金并支付最后一期利息时，借记"应付债券——面值""在建工程""财务费用""制造费用"等科目，贷记"银行存款"科目，按其差额，借记或贷记"应付债券——利息调整"科目。

（二）应付债券的会计处理实例

1. 债券的面值发行

【例9-7】企业于2019年1月1日按面值发行为期3年的长期债券10 000份，用于经营周转，每份债券面值为100元，年利率为7%，每年计息一次，到期一次还本付息，假若无发行费，债券款项已收存入银行。

根据有关原始凭证，应作如下会计分录：

(1) 收到债券款时：

  借：银行存款　　　　　　　　　　　　1 000 000
    贷：应付债券——面值　　　　　　　　　　1 000 000

(2) 每一计息日计算应计利息时：

  借：财务费用——利息支出　　　　　　　70 000
    贷：应付债券——应计利息　　　　　　　　70 000

(3) 到期清偿时：

  借：应付债券——面值　　　　　　　　1000 000
    应付债券——应计利息　　　　　　210 000
    贷：银行存款　　　　　　　　　　　　　1 210 000

2. 债券的溢价发行

【例9-8】企业于2018年1月1日发行为期4年的长期债券1 000 000元，用于生产经营。票面利率为10%，市场利率为8%，每半年计息一次，到期一次还本付息，假若无发行费，债券款已存入银行。企业应作出如下会计处理。

查8期利率为4%的1元复利现值系数为0.73069，1元年金现值系数为6.73274。

债券的发行价格 = 1 000 000 × 0.73069 + 1 000 000 × 5% × 6.73274 = 1 067 327（元）

(1) 收到债券款时：

  借：银行存款　　　　　　　　　　　　1 067 327
    贷：应付债券——面值　　　　　　　　　1 000 000
      应付债券——利息调整　　　　　　　67 327

(2) 债券每期期末（采用实际利率法）的会计处理。

实际利率法下债券溢价的摊销见表9-1。

表9-1 债券溢价摊销表（实际利率法） 单位：元

期次	应计利息 (1)=面值×5%	利息费用 (2)=(5)×4%	溢价摊销 (3)=(1)-(2)	未摊销溢价 (4)=上期(4)-(3)	债券账面价值 (5)=面值+(4)
0				67 327	1 067 327
1	50 000	42 693.08	7 306.92	60 020.08	1 060 020.08
2	50 000	42 400.80	7 599.20	52 420.88	1 052 420.88
3	50 000	42 096.84	7 903.16	44 517.72	1 044 517.72
4	50 000	41 780.71	8 219.29	36 298.43	1 036 298.43
5	50 000	41 451.94	8 548.06	27 750.37	1 027 750.37
6	50 000	41 110.01	8 889.99	18 860.38	1 018 860.38
7	50 000	40 754.42	9 245.58	9 614.80	1 009 614.80
8	50 000	40 385.20	9 614.80	0	1 000 000.00

第一期期末计提利息费用并摊销溢价时，

借：财务费用——利息支出 42 693.08
　　应付债券——利息调整 7 306.92
　　贷：应付债券——应计利息 50 000.00

其余七个计息期依此类推。

（3）到期清偿时。

借：应付债券——面值 1 000 000
　　应付债券——应计利息 400 000
　　贷：银行存款 1 400 000

3. 债券的折价发行

【例9-9】企业于2019年1月1日发行为期4年的长期债券1 000 000元，用于工程建设。票面利率为10%，市场利率为12%，每半年计息一次，到期一次还本付息，假若无发行费，债券款已存入银行。该工程于2020年6月30日完工交付使用。作出相应处理。

查8期利率为6%的1元复利现值系数为0.62471，1元年金现值系数为6.20979。

债券的发行价格 = 1 000 000 × 0.62741 + 1 000 000 × 5% × 6.20979 = 937 899.50（元）

（1）收到债券款时：

借：银行存款 937 899.50
　　应付债券——利息调整 62 100.50
　　贷：应付债券——面值 1 000 000.00

（2）债券每期期末（采用实际利率法）的会计处理。

实际利率法下债券折价的摊销见表9-2。

表9-2 债券折价摊销表（实际利率法） 单位：元

期次	应计利息 (1)=面值×5%	利息费用 (2)=(5)×6%	折价摊销 (3)=(2)-(1)	未摊销折价 (4)=上期(4)-(3)	债券账面价值 (5)=面值-(4)
0				62 100.50	937 899.50
1	50 000	56 273.97	6 273.97	55 826.53	944 173.47
2	50 000	56 650.41	6 650.41	49 176.12	950 823.88
3	50 000	57 049.43	7 049.43	42 126.69	957 873.31
4	50 000	57 472.40	7 472.4	34 654.29	965 345.71
5	50 000	57 920.74	7 920.74	26 733.55	973 266.45
6	50 000	58 395.99	8 395.99	18 337.56	981 662.44
7	50 000	58 899.75	8 899.75	9 437.81	990 562.19
8	50 000	59 437.81	9 437.81	0	1 000 000.00

①第一期计提利息并摊销折价时：

借：在建工程——利息支出　　　　　56 273.97
　　贷：应付债券——应计利息　　　　　　50 000.00
　　　　应付债券——利息调整　　　　　　　6 273.97

②第二、三期计息期依此类推。

③第四期计提利息并摊销折价：

借：财务费用——利息支出　　　　　57 472.40
　　贷：应付债券——应计利息　　　　　　50 000.00
　　　　应付债券——利息调整　　　　　　　7 472.40

第五期以后各期依此类推。

（3）到期清偿时。

借：应付债券——面值　　　　　　1 000 000
　　应付债券——应计利息　　　　　400 000
　　贷：银行存款　　　　　　　　　　　1 400 000

（三）债券到期前清偿的会计处理

债券提前清偿时，若提前清偿日不是债券规定的付息日，必须将上次付息日至提前清偿日的利息付清，并在注销债券面值的同时，注销相关的未摊销溢折价。

【例9-10】某股份制企业2019年1月1日以1 040 000元价格发行为期4年的长期债券，债券面值为1 000 000元，年利率为6%，每半年计息一次，到期一次还本付息，溢价为40 000元，假定采用直线法摊销溢价。该企业于2020年1月1日按1 120 000元的价格全部购回。购回时根据有关原始凭证，作如下会计分录：

借：应付债券——面值　　　　　　1 000 000

应付债券——应计利息	60 000 (1 000 000×6%)
应付债券——利息调整	30 000 (40 000 – 10 000)
财务费用	30 000
贷：银行存款	1 120 000

三、可转换公司债券的会计处理

可转换债券是指企业依照法定程序发行、在一定期限内依据约定条件可以转换成股份的公司债券，投资者有自由选择的权利，可转换债券在转换为股份之前，应按一般债券处理，即按期计提利息，并摊销溢价或折价。对可转换债券应设置"应付债券——可转换公司债券"进行核算。对债券面值不足以转换股份份额的部分，企业应当以现金偿还。

我国发行可转换公司债券采取记名式无纸化发行方式。企业发行的可转换公司债券，既含有负债成分又含有权益成分，根据《企业会计准则第37号——金融工具列报》的规定，应当在初始确认时将负债和权益成分进行分拆，分别进行处理。企业在进行分拆时，应当先确定负债成分的公允价值并以此作为其初始确认金额，确认为应付债券；再按照该可转换公司债券整体的发行价格扣除负债成分初始确认金额后的金额，确认为其他权益工具。负债成分的公允价值是合同规定的未来现金流量按一定利率折现的现值。其中，利率根据市场上具有可比信用等级并在相同条件下提供几乎相同现金流量，但不具有转换权的工具的适用利率确定。发行该可转换公司债券发生的交易费用，应当在负债成分和权益成分之间按照其初始确认金额的相对比例进行分摊。

企业发行可转换公司债券的有关会计处理如下：

企业发行的可转换公司债券在"应付债券"科目下设置"可转换公司债券"明细科目核算。企业应按实际收到的款项，借记"银行存款"等科目，按可转换公司债券包含的负债成分面值，贷记"应付债券——可转换公司债券——面值"科目，按权益成分的公允价值，贷记"资本公积——其他资本公积"科目，按其差额，借记或贷记"应付债券——可转换公司债券——利息调整"科目。

对于可转换公司债券的负债成分，在转换为股份前，其会计处理与一般公司债券相同，即按照实际利率和摊余账面价值确认利息费用，按照面值和票面利率确认应付债券或应付利息，差额作为利息调整。

可转换公司债券持有人行使转换权利，将其持有的债券转换为股票的，按可转换公司债券的余额，借记"应付债券——可转换公司债券——面值"科目，借记或贷记"应付债券——可转换公司债券——利息调整"科目，按其权益成分的金额，借记"资本公积——其他资本公积"科目，按股票面值和转换的股数计算的股票面值总额，贷记"股本"科目，按其差额，贷记"资本公积——股本溢价"科目。如用现金支付不可转换股票的部分，还应贷记"库存现金""银行存款"等科目。

【例9-11】甲公司经批准于2018年1月1日按面值发行5年期一次还本付息的可转换公司债券400 000 000元，款项已收存银行，债券票面年利率为6%。债券发行1

年后可转换为普通股股票，初始转股价为每股 10 元，股票面值为每股 1 元。假定按转换日的账面价值转股，假定 2019 年 1 月 1 日债券持有人将持有的可转换公司债券全部转换为普通股股票，甲公司发行可转换公司债券时二级市场上与之类似的没有附带转换权的债券市场利率为 9%，甲公司的账务处理如下。

(1) 2018 年 1 月 1 日发行可转换公司债券时：

借：银行存款　　　　　　　　　　　　　　　　400 000 000
　　应付债券——可转换公司债券（利息调整）　　46 687 200
　　贷：应付债券——可转换公司债券（面值）　　400 000 000
　　　　资本公积——其他资本公积　　　　　　　46 687 200

可转换公司债券负债成分的公允价值为：
400 000 000 × 0.6499 + 400 000 000 × 6% × 3.8897 = 353 312 800（元）

可转换公司债券权益成分的公允价值为：
400 000 000 − 353 312 800 = 46 687 200（元）

(2) 2018 年 12 月 31 日确认利息费用时：

借：财务费用等　　　　　　　　　　　　　　　31 798 152
　　贷：应付债券——可转换公司债券（应计利息）　24 000 000
　　　　　　　——可转换公司债券（利息调整）　　7 798 152

(3) 2019 年 1 月 1 日债券持有人行使转换权时

转换的股份数为：(400 000 000 + 24 000 000) ÷ 10 = 42 400 000（股）

借：应付债券——可转换公司债券（面值）　　　400 000 000
　　　　　　——可转换公司债券（应计利息）　 24 000 000
　　资本公积——其他资本公积　　　　　　　　 46 687 200
　　贷：股本　　　　　　　　　　　　　　　　 42 400 000
　　　　应付债券——可转换公司债券（利息调整）38 889 048
　　　　资本公积——资本溢价　　　　　　　　389 398 152

第五节　长期应付款及专项应付款

一、长期应付款

长期应付款，是企业除长期借款和应付债券以外的其他各种长期应付款项，包括应付融资租入固定资产的租赁费、具有融资性质的延期付款购买资产发生的应付款项等。

（一）应付融资租入固定资产的租赁费

企业采用融资租赁方式租入的固定资产，应在租赁期开始日，将租赁开始日租赁资产公允价值与最低租赁付款额现值两者中较低者，加上初始直接费用，作为租入资产的入账价值，借记"固定资产"等科目，按最低租赁付款额，贷记"长期应付款"科目，按发生的初始直接费用，贷记"银行存款"等科目，按其差额，借记"未确认融资费用"科目。

在融资租入固定资产期间，承租人向出租人支付的租金中，包含了本金和利息两部分，承租人支付租金时，一方面应减少长期应付款，另一方面应将未确认的融资费用按合理的方法分期摊销确认为当期融资费用。未确认融资费用在租赁期内各个期间的分摊方法主要有实际利率法、直线法等，我国会计准则规定，承租人分摊未确认的融资费用时，应当采用实际利率法。

企业每期支付融资租入固定资产的租赁欠款时，借记"长期应付款"科目，贷记"银行存款"等科目；每期分摊未确认融资费用时，借记"财务费用"科目，贷记"未确认融资费用"科目。

融资租入固定资产租赁期届满时，如果承租人向出租人返还租赁资产的，通常借记"长期应付款——应付融资租赁款""累计折旧"科目，贷记"固定资产——融资租入固定资产"科目；如果承租人向出租人购买租赁资产的，在支付购买价款时，借记"长期应付款——应付融资租赁款"科目，贷记"银行存款"等科目；同时，借记"固定资产——××固定资产"科目；贷记"固定资产——融资租入固定资产"科目。

在融资租赁中，由于与固定资产有关的全部风险和报酬已经发生实质转移，因此，承租方实质上已取得了该项固定资产，应将其视同自有固定资产核算与管理，并采用与自有固定资产相一致的折旧政策计提折旧。

融资租入固定资产的会计处理实例已在固定资产第六章介绍。

（二）具有融资性质的延期付款购买资产

企业购买资产有可能延期支付有关价款。如果延期支付的购买价款超过正常信用条件，实质上具有融资性质的，所购资产的成本应当以延期支付购买价款的现值为基础确定。实际支付的价款与购买价款的现值之间的差额，应当在信用期间内采用实际利率法进行摊销，符合资本化条件的，计入相关资产成本，否则计入当期损益。

企业购入资产超过正常信用条件延期付款实质上具有融资性质时，应按购买价款的现值，借记"固定资产""在建工程"等科目，按应支付的价款总额，贷记"长期应付款"科目，按其差额，借记"未确认融资费用"科目。按期支付价款，借记"长期应付款"科目，贷记"银行存款"科目。

二、专项应付款

专项应付款，是指企业取得国家（政府）作为企业所有者投入的具有专项或特定用途的款项，如属于工程项目的资本性拨款等。企业为了核算取得各级政府投入的具有专项或特定用途款项的增减变动情况，应设置"专项应付款"科目，并在该科目应当按照拨入的投资项目种类设置明细科目进行明细核算。

企业收到资本性拨款时，借记"银行存款"科目，贷记"专项应付款"科目。

将专项或特定用途的拨款用于工程项目，借记"在建工程""公益性生物资产"等科目，贷记"银行存款"、"应付职工薪酬"等科目。

工程项目完工，形成固定资产或公益性生物资产的部分，借记"专项应付款"科目，贷记"资本公积——资本溢价"科目；对未形成固定资产需要核销的部分，借记"专项应付款"科目，贷记"在建工程"等科目；拨款结余需要返还的，借记"专项应付款"科目，贷记"银行存款"科目。

思考与练习

一、复习思考题

1. 长期借款计算确定的利息费用，应当怎样记入有关成本、费用？
2. 发行公司债券实际收到的款项与发行债券的面值之间的差额，应当如何处理？
3. 发行的可转换公司债券，在初始确认时应如何将其包含的负债成分和权益成分进行分拆？
4. 借款费用的确认原则是什么？借款费用资本化的条件是什么？
5. 如何确定借款费用资本化的金额？

二、练习题

1. A公司为补充流动资金不足，于2018年1月1日发行3年期面值为500万元的分期付息，到期一次还本的债券，票面利率为12%，企业按照理论上计算的发行价格出售（不考虑发行费用），并收到发行债券款。上述3年期债券在2021年年初通过银行一次还本，债券溢价采用实际利率法摊销，市场利率为10%。

要求：（1）根据上述资料计算债券发行价格；

（2）计算债券各年的溢价摊销额、债券各年的利息费用；

（3）编制A公司相关债券事项的会计分录。

2. 甲公司是上市公司，经批准于2018年1月1日按每份面值100元发行了1 000 000份5年期一次还本付息的可转换公司债券，共计100 000 000元，款项已收存银行，债券票面年利率为6%，债券发行1年后可转换为甲公司普通股股票，转股时每份债券可转10股，股票面值为每股1元。假定2019年1月1日债券持有人将持有的可转换公司债券全部转换为甲公司普通股股票。甲公司发行可转换公司债券时二级市场上与之类似的没有转换权的债券市场利率为9%，该可转换公司债券发生的利息费用不符合资本化条件。

要求：根据上述资料编制甲公司的相关会计分录。

3. 红星公司发生下列有关经济业务：

（1）2018年3月31日，为建造厂房向银行借入专门借款700 000元，转入银行存款户。借款合同规定借款期限为2年，年利率为8%，单利计息，到期一次还本付息。

（2）2018年4月1日，建造厂房由市建公司承建，签发转账支票支付第一期工程款 400 000 元。

(3) 2018 年 4 月 30 日,预提本月专门借款利息。

(4) 2018 年 12 月 31 日,收到尚未动用专门借款资金存入银行的利息收入 1 620 元。

(5) 2018 年 12 月 31 日,签发转账支票 360 000 元支付第二期工程款。

(6) 2019 年 1 月 31 日,预提本月专门借款和一般借款的利息费用,本月份起建造厂房动用一般借款 60 000 元,一般借款的资本化率为 7.8%。

(7) 2019 年 3 月 31 日,建造的厂房达到预定可使用状态,签发转账支票 40 000 元支付市建公司建造厂房的剩余工程款项。

(8) 2019 年 3 月 31 日,建造厂房的全部工程决算包括造价和建造期间的利息费用,2019 年 2、3 月份的利息费用已经与 1 月份做了相同的会计处理,结转建造成本。

(9) 2019 年 4 月 30 日,预提本月份与建造厂房工程有关的借款利息,一般借款的资本化率为 7.8%。

(10) 2020 年 3 月 31 日,签发转账支票归还建造厂房的专门借款本金及利息。

要求:编制红星公司相关事项的会计分录。

4. 2018 年 12 月 31 日,A 公司与 B 公司签订了一份租赁合同。合同主要条款如下:

(1) 租赁标的物:数控生产线。

(2) 租赁期开始日:租赁物运抵 A 公司生产车间之日(即 2019 年 1 月 1 日)。

(3) 租赁期:从租赁期开始日算起 36 个月(即 2019 年 1 月 1 日—2021 年 12 月 31 日)。

(4) 租金支付方式:自租赁期开始日起每年年末支付租金 900 000 元。

(5) 该机床在 2019 年 1 月 1 日的公允价值为 2 500 000 元。

(6) 租赁合同规定的利率为 8%(年利率)。

(7) 该机床为全新设备,估计使用年限为 5 年,不需要安装调试。

(8) A 公司在租赁谈判和签订租赁合同过程中发生可归属于租赁项目的手续费、差旅费 9 800 元。

要求:根据上述业务,编制 A 公司从 2019—2021 年相关会计分录。

第十章 所有者权益

学习内容与目的

本章主要学习所有者权益的概念、内容以及所有者权益的核算。通过学习，旨在了解所有者权益的概念、特点、内容；理解所有者权益的确认与计量；掌握投入资本、资本公积、盈余公积、未分配利润的会计处理。

第一节 所有者权益概述

一、所有者权益及其特点

所有者权益，又称股东权益（或净资产），是指所有者在企业资产中享有的经济利益。所有者权益的金额取决于资产和负债的计量，在数量上表现为企业的全部资产减去全部负债后的净额。

所有者权益相对于债权人权益而言其区别表现为：

（1）偿还不同。所有者权益是所有者对企业的投资，是企业得以存在的基础，因此所有者权益不需要偿还，除非按法律程序发生减资、企业停业清算或破产清算才可能返还给投资者。而负债则具有一定的偿还期，必须在规定的时间内偿还，并且大部分负债还规定了确切的偿还金额，而债权人能凭借其债权按固定比率向企业收取利息，并到期收回本金。在企业清算时，负债往往先清偿，而所有者权益只有在清偿所有的负债之后才返还给所有者。

（2）权利不同。所有者可通过股东大会对企业的生产经营或盈利分配政策施加影响，享有企业的产权，所以所有者凭借拥有权益能够参与企业经营决策以及收益的分配，并承担了企业债务、经营亏损和破产的风险责任，而负债则不能，根据法律规定，债权人能凭借其债权按固定比率向企业收取利息，并到期收回本金，但无权过问企业的生产经营决策，无权分享企业的盈利。

(3) 计量不同。企业的负债不管是采用历史成本属性或是按照公允价值属性计量，一般按实际发生额记账，而所有者权益是企业总资产与总负债的差额，其计量和金额都依赖于资产和负债的计量。

二、所有者权益的内容

从实质上看，所有者权益是一种权利，这种权利来自投资者投入的可供企业长期使用的资源。所有者权益包括企业投资者对企业的投入资本，直接计入所有者权益的利得和损失以及留存收益等。直接计入所有者权益的利得和损失，是指不应计入当期损益、会导致所有者权益发生增减变动的、与所有者投入资本或者向所有者分配利润无关的利得或者损失。利得是指由企业非日常活动所形成的、会导致所有者权益增加的、与所有者投入资本无关的经济利益的流入。损失是指由企业非日常活动所发生的、会导致所有者权益减少的、与向所有者分配利润无关的经济利益的流出。

企业所有者权益按形成来源分类，可以分为投入资本和留存收益。

投入资本是指所有者初始和追加投入的资本以及其他集团和个人投入的不属于负债的资本。根据公司法的要求，任何企业在设立时都必须由投资者投入一定的资本金，而且这部分资本在企业终止营业前都不得任意抽回，因此，投资者投入的资本金构成了企业长期性的资本来源。投资者投入资本还包括投入资本超过注册资本或股本所占份额部分的金额，即资本溢价或股本溢价，称为资本公积。

留存收益是指企业从历年生产经营活动取得的净利润留存于企业的部分，主要包括提取的盈余公积和未分配利润。盈余公积是指企业按照规定从净利润中提取的各种积累资金，一般分为法定盈余公积和任意盈余公积。未分配利润是留存在企业的、留待以后年度进行分配的利润。

第二节 投入资本

企业是以盈利为目的的经济组织，企业按照出资人的不同，分为独资企业、合伙企业和公司制企业。独资企业是指由单个自然人出资设立的企业，这种企业不具备法人资格。合伙企业是指由两个或两个以上的投资者按照协议共同出资、共同经营、共负盈亏的企业，同样不具备法人资格，这两种企业的出资人均需要对企业的债务承担无限连带清偿责任，统称为非公司的企业组织。公司制企业是指依照法定程序登记并设立的以盈利为目的的组织，属于企业法人，有独立的法人财产，享有法人财产权；公司以其全部财产对公司的债务承担责任。企业按照出资人所负责任不同，又分为有限责任公司和股份有限公司两种。

一、有限责任公司投入资本的会计处理

（一）有限责任公司的特点

有限责任公司，是指依法由股东出资设立，每个股东以其认缴的出资额为限对公司承担责任，公司以其全部财产对公司的债务承担责任的经济组织。有限责任公司的注册资本为在公司登记机关注册登记的全体股东认缴的出资额。公司全体股东的首次出资额不得低于注册资本的20%，也不得低于法定的注册资本最低限额，其余部分由股东自公司成立之日起2年内缴足；其中，投资公司可以在5年内缴足。有限责任公司注册资本的最低限额为人民币3万元。法律、行政法规对有限责任公司注册资本的最低限额有较高规定的，从其规定。

股东可以用货币出资，也可以用实物、知识产权、土地使用权等依法转让的非货币财产作价出资；但是，法律、行政法规规定不得作为出资的财产除外。全体股东的货币出资金额不得低于有限责任公司注册资本的30%。

按投资主体不同，投入资本可分为国家资本、法人资本、个人资本以及外商资本等。国家资本是指有权代表国家投资的政府部门或机构以国有资产投入企业而形成的资本。法人资本是指企业法人以其依法可支配的资产投入企业形成的资本。个人资本是指社会个人或本企业内部职工以个人合法财产投入企业形成的资本。外商资本是指外国和我国香港、澳门、台湾地区投资者投入企业形成的资本。

股东应当按期足额缴纳公司章程中规定的各自所认缴的出资额。股东以货币出资的，应当将货币出资足额存入有限责任公司在银行开设的账户；以非货币财产出资的，应当依法办理其财产权的转移手续。公司成立后，股东不得抽逃出资。公司财务不必公开，但编制的财务报表必须按期送达各投资者。

（二）有限责任公司投入资本的会计处理

1. 账户设置

有限责任公司对投入资本进行核算，应设置"实收资本"账户，该账户属所有者权益账户。企业收到的各种资本金额，记入该科目贷方，依法批准减少的资本额记入该科目借方。期末贷方余额反映投资者实际投入企业资本额。对企业的投入资本应按投资主体设置明细账进行明细分类核算，并设置备查簿详细记录企业的注册资本总额，以及各投资者的出资比例和认缴的股份。

2. 有限责任公司的投入资本

（1）企业接受现金资产投资。有限责任公司收到投资者作为资本投入的货币资产时，按照实际收到的金额，借记"库存现金""银行存款"科目，贷记"实收资本"科目。对于不同投资者投入的货币资金，企业应分别按投资人名称设置明细科目进行明细核算。对于实际收到或者存入企业开户银行的金额超过投资者在企业注册资本中所占份额的部分，应当计入资本公积。

【例10-1】甲、乙、丙共同投资设立红星有限责任公司，注册资本为2 000 000元，甲、乙、丙持股比例分别为60%、25%和15%，按照章程规定，甲、乙、丙投入资本分别为1 200 000元、500 000元和300 000元。红星公司已如期收到各投资者一次缴足的款项。红星有限责任公司在进行会计处理时，应编制会计分录如下：

借：银行存款　　　　　　　　　　　2 000 000
　　贷：实收资本——甲　　　　　　　　　1 200 000
　　　　　　　　——乙　　　　　　　　　　500 000
　　　　　　　　——丙　　　　　　　　　　300 000

（2）企业接受非现金资产投资。有限责任公司收到投资人投入的固定资产、无形资产等非现金资产时，应按投资合同或协议约定的价值（不是公允价值的除外），借记"固定资产""无形资产"科目；按投资合同或协议约定的投资者在企业注册资本中所占份额的部分（投资合同或协议约定的价值不公允的除外），贷记"实收资本"科目，按超过投资者在企业注册资本中所占份额的部分，贷记"资本公积"科目。

【例10-2】红星有限责任公司设立时收到丁公司作为资本投入1台不需要安装的设备，合同约定该设备价值为90 000元，该有限责任公司的注册资本总额为500 000元，丁公司所占的投资比例为15%。则红星公司编制会计分录如下：

借：固定资产　　　　　　　　　　　　90 000
　　贷：实收资本——法人资本金（丁公司）　75 000
　　　　资本公积——资本溢价　　　　　　15 000

以无形资产形式投入资本，有限责任公司收到投资者投入无形资产，应按投资合同或协议约定的价值入账。

【例10-3】红星有限责任公司收到某一专利发明人的投资，双方评估确认该专利权的价值为70 000元，专利发明人的出资额占红星有限责任公司注册资本的10%。作会计分录如下：

借：无形资产——专利权　　　　　　　70 000
　　贷：实收资本——个人资本金　　　　　　50 000
　　　　资本公积——资本溢价　　　　　　　20 000

二、股份有限责任公司投入资本的会计处理

（一）股份有限责任公司的特点

股份有限责任公司，是指依法将全部资本划分为金额相等股份，通过发行股票筹集资金设立，股东以其所认购股份对公司承担有限责任，公司以其全部资产对公司债务承担责任的经济组织。股份有限责任公司的实收资本通常称为股本。

股份有限公司的设立，可以采取发起设立或者募集设立的方式。发起设立，是指由发起人认购公司应发行的全部股份而设立公司。募集设立，是指由发起人认购公司应发行股份的一部分，其余股份向社会公开募集或者向特定对象募集而设立公司。设立

股份有限公司,应当有 2 人以上 200 人以下为发起人,其中须有半数以上的发起人在中国境内有住所。股份有限公司发起人承担公司筹办事务。发起人应当签订发起人协议,明确各自在公司设立过程中的权利和义务。

股份有限公司采取发起设立方式设立的,注册资本为在公司登记机关注册登记的全体发起人认购的股本总额。公司全体发起人的首次出资额不得低于注册资本的 20%,其余部分由发起人自公司成立之日起两年内缴足;其中,投资公司可以在 5 年内缴足。在缴足前,不得向他人募集股份。

股份有限公司采取募集方式设立的,注册资本为在公司登记机关注册登记的实收股本总额。股份有限公司注册资本的最低限额为人民币 500 万元。法律、行政法规对股份有限公司注册资本的最低限额有较高规定的,从其规定。上市公司注册资本的最低限额为人民币 5 000 万元。

以发起设立方式设立股份有限公司的,发起人应当书面认足公司章程规定其认购的股份;一次缴纳的,应在规定时间缴纳全部出资;分期缴纳的,应在规定时间缴纳首期出资。以非货币财产出资的,应当依法办理其财产权的转移手续。以募集设立方式设立股份有限公司的,发起人认购的股份不得少于公司股份总数的 35%;但是,法律、行政法规另有规定的,从其规定。

股份有限公司的资本划分为股份,每一股的金额相等。公司的股份采取股票的形式,股票是公司签发的证明股东所持股份的凭证。股份的发行,实行公平、公正的原则,同种类的每一股份应当具有同等权利。股票采用纸面形式或者国务院证券监督管理机构规定的其他形式。

(二) 股份有限责任公司的投入资本核算

1. 账户设置

股份有限责任公司对投入资本进行核算,应设置"股本"账户,该账户属所有者权益账户。企业按发行的股数与股票面值的乘积计入"股本"账户贷方,为提供公司股份的构成情况,应按股东单位或姓名设置"股本"明细账进行明细分类核算,并设置股本备查簿详细记录公司核定的股本总额、股份总数、每股面值。

按照我国《公司法》的规定,股票发行价格可以按票面金额,也可以超过票面金额,但不得低于票面金额。公司发行股票取得的收入与股本总额往往不一致,公司发行股票取得的收入大于股本总额的称为溢价发行;公司发行股票取得的收入等于股本总额的称为面值发行;公司发行股票取得的收入小于股本总额的称为折价发行。出于对公司原有股东利益的保护,在我国不允许公司股票折价发行。

股份有限公司在发行股票的过程中会发生一系列费用支出,如股票印刷费、鉴证费、支付给券商的承销或包销费等,这些费用统称为股票发行费用或股份募集费用。支付的这些发行费用,减去发行股票冻结期间产生的利息收入后的金额,如果股票是溢价发行的,则从发行股票的溢价中抵扣;如果股票发行没有溢价或溢价金额不足以支付发行费用的部分,应将不足支付的发行费用计入长期待摊费用,分期摊销。

股份有限公司发行股票收到现金资产时,按实际收到的金额,借记"银行存款"科目;按发行的股份总数与股票面值的乘积,贷记"股本"科目;按实际收到的金额和股本之间的差额（股本溢价），贷记"资本公积"科目。

2. 股份有限责任公司的投入资本

（1）股份有限责任公司现金交易发行股票。

【例10-4】ABC股份有限公司委托某证券公司代理向社会公开发行普通股10 000 000股，每股面值1元，按面值发行，证券公司按发行收入的1%收取手续费，另外发生其他发行费用10 000元，所有费用均从发行收入中扣除。假定股票发行成功，股款已全部收到，存入银行。

根据上述资料，ABC股份有限公司应作如下账务处理：

实际收到的股款 = 10 000 000 - 100 000 - 10 000 = 9 890 000（元）

借：银行存款　　　　　　　　　　　9 890 000
　　长期待摊费用　　　　　　　　　　110 000
　　贷：股本　　　　　　　　　　　　　　　10 000 000

【例10-5】ABC股份有限公司委托某证券公司代理向社会公开发行普通股10 000 000股，每股面值1元，每股发行价格5元，证券公司按发行收入的1%收取手续费，另外发生其他发行费用10 000元，所有费用均从发行收入中扣除。假定股票发行成功，股款已全部收到存入银行。

根据上述资料，ABC股份有限公司应作如下账务处理：

实际收到的股款 = 50 000 000 - 500 000 - 10 000 = 49 490 000（元）

记入"资本公积"科目的金额 = 49 490 000 - 10 000 000 = 39 390 000（元）

编制会计分录如下：

借：银行存款　　　　　　　　　　　49 490 000
　　贷：股本　　　　　　　　　　　　　　　10 000 000
　　　　资本公积——股本溢价　　　　　　　39 490 000

（2）股份有限责任公司非现金交易发行股票。

股份有限责任公司有时会通过发行股票换取非现金资产或劳务，即股东以非现金资产，如实物资产、无形资产等作价投资。在收到非现金资产时，按评估确定的价值，借记相关资产科目；按股票面值和换取股份总数的乘积，贷记"股本"科目，按其差额，贷记"资本公积"科目。

【例10-6】ABC股份有限公司于设立时，收到乙公司以不需要安装的机器设备一台折股进行投资，合同约定该机器设备的价值为1 000 000元，所换取的股份为普通股900 000股，每股面值1元。ABC股份有限公司进行会计处理时，应编制会计分录如下：

借：固定资产　　　　　　　　　　　1 000 000
　　贷：股本——乙公司　　　　　　　　　　900 000
　　　　资本公积——股本溢价　　　　　　　100 000

【例10-7】红星股份有限公司是由甲、乙两个发起人共同发起，依法设立的股份有限公司，经核定的股本总额为6 000万元，划分为6 000万股，每股面值1元。公司章程规定甲的出资比例占60%，以固定资产和土地使用权出资，固定资产评估确认的

价值为 2 700 万元，土地使用权评估确认价值为 1 850 万元，上述财产已依法转入红星股份有限公司；乙的出资比例占 40%，于设立时投入原材料一批，该批原材料投资合同或协议约定价值（不含可抵扣的增值税进项税额部分）为 2 100 万元，增值税进项税额为 357 万元，已开具了增值税专用发票。

假设合同约定的价值与公允价值相符，该进项税额允许抵扣。不考虑其他因素。红星股份有限公司在进行会计处理时，应编制会计分录如下：

借：固定资产	27 000 000
无形资产——土地使用权	18 500 000
原材料	21 000 000
应交税费——应交增值税（进项税额）	3 570 000
贷：股本——甲公司	36 000 000
股本——乙公司	24 000 000
资本公积——股本溢价	10 070 000

三、资本减持的会计处理

按照公司法的规定，公司的实收资本（或股本）不能随意减少，股东在经营持续期内不能抽回资本。我国《公司法》第一百四十三条规定：公司不得收购本公司股份。但是，有下列情形之一的除外：①减少公司注册资本；②与持有本公司股份的其他公司合并；③将股份奖励给本公司职工；④股东因对股东大会作出的公司合并、分立决议持异议，要求公司收购其股份的。

公司由于缩小经营规模、资本过剩或重大亏损等原因需要减少注册资本时，应通知公司所有债权人；并经股东大会批准，报请有关部门批准，减资后的注册资本不得低于法定注册资本的最低限额；同时公司减资应修订公司章程，并向工商行政管理部门办理注册资本变更手续，予以公告。公司按法定程序报经批准减少注册资本时，应注销股本并将有关减资情况在股本明细账及有关备查簿中进行详细记录。

企业按法定程序报经批准减少注册资本的，借记"实收资本"科目，贷记"库存现金"、"银行存款"等科目。股份有限公司按照《公司法》第一百四十三条中规定的4 种情形采用收购本公司股票方式减资的，按股票面值和注销股数计算的股票面值总额，借记"股本"科目，按所注销库存股的账面余额，贷记"库存股"科目，按其差额，借记"资本公积——股本溢价"科目，股本溢价不足冲减的，应借记"盈余公积"、"利润分配——未分配利润"科目；购回股票支付的价款低于面值总额的，应按股票面值总额，借记"股本"科目，按所注销库存股的账面余额，贷记"库存股"科目，按其差额，贷记"资本公积——股本溢价"科目。"库存股"科目核算企业收购、转让或注销的本公司股份金额。

企业（中外合作经营）根据合同规定在合作期间归还投资者的投资，借记"实收资本"科目（或已归还投资），贷记"银行存款"等科目；同时，借记"利润分配——利润归还投资"科目，贷记"盈余公积——利润归还投资"科目。

【例10-8】红星股份有限公司由于经营规模缩小,资本过剩,经批准于2018年12月31日采用收购本公司发行在外股票的方式减资300万元。公司原发行股票600万股,每股面值1元,每股发行价2.50元,该公司提取的盈余公积为250万元,未分配利润为270万元。

(1) 假设该公司以每股3.50元的价格收购本公司股票,则红星股份有限公司在进行会计处理时,应编制会计分录如下:

① 回购本公司股票:

借:库存股 (3.5×3 000 000=10 050 000)　　10 500 000
　　贷:银行存款　　　　　　　　　　　　　　　　10 500 000

② 注销本公司股票:

借:股本 (1×3 000 000)　　　　　　　　　　3 000 000
　　资本公积——股本溢价　　　　　　　　　　7 500 000
　　贷:库存股 (3.5×3 000 000=10 050000)　　10 500 000

(2) 假设该公司以每股5.50元的价格收购本公司股票,则红星股份有限公司在进行会计处理时,应编制会计分录如下:

① 回购本公司股票:

借:库存股 (5.5×3 000 000=16 500 000)　　16 500 000
　　贷:银行存款　　　　　　　　　　　　　　　　16 500 000

② 注销本公司股票:

借:股本 (1×3 000 000)　　　　　　　　　　3 000 000
　　资本公积——股本溢价　　　　　　　　　　9 000 000
　　盈余公积　　　　　　　　　　　　　　　　2 500 000
　　未分配利润　　　　　　　　　　　　　　　　200 000
　　贷:库存股 (3.5×3 000 000=10 050000)　　10 500 000

第三节　资本公积

一、资本公积及其内容

(一) 资本公积的概念与用途

资本公积是指投资者投入的构成实收资本,且所有权归属于投资者的那部分资本或资产,包括企业收到投资者出资额超出其在注册资本或股本中所占份额的那部分资本,以及直接计入所有者权益的利得和损失。资本公积不是由企业实现的净利润转化而来的,从本质上讲是属于投入资本的范畴,其主要用途是:按法定程序转化为实收资本。

（二）资本公积的内容

资本公积包括资本溢价或股本溢价、直接计入所有者权益的利得和损失等内容。资本溢价或股本溢价是指企业收到投资者出资额超出其在注册资本或股本中所占份额的那部分金额，如企业公开发行股票时，股票发行价格与股票面值之间的差额。

直接计入所有者权益的利得和损失，是指不应计入当期损益、会导致所有者权益发生增减变动的、与所有者投入资本或者向所有者分配利润无关的利得或者损失。利得是指由企业非日常活动所形成的、会导致所有者权益增加的、与所有者投入资本无关的经济利益的流入。损失是指由企业非日常活动所发生的、会导致所有者权益减少的、与向所有者分配利润无关的经济利益的流出。如企业的长期股权投资采用权益法核算时，在持股比例不变的情况下，被投资单位除净损益以外所有者权益的其他变动，企业应按持股比例计算应享有的份额，就属于直接计入所有者权益的利得和损失。

二、资本公积的会计处理

企业应设置"资本公积"账户，核算企业收到投资者出资额超出其在注册资本或股本中所占份额的那部分资本，以及直接计入所有者权益的利得和损失。该账户属于所有者权益账户，贷方记录因各种原因增加的资本公积，借方记录因转增资本或弥补亏损而减少的资本公积。该账户应当分别设置"资本溢价（股本溢价）"和"其他资本公积"两个明细账户进行明细核算。

（一）资本溢价或股本溢价

【例10-9】某有限责任公司由两位投资者投资200 000元设立，每人各出资100 000元。一年后，为扩大经营规模，经批准，该有限责任公司注册资本增加到300 000元，并引入第三位投资者加入。按照投资协议，新投资者需缴入现金110 000元，同时享有该公司三分之一的股份。有限责任公司已收到该现金投资。假定不考虑其他因素，该有限责任公司的会计分录如下：

借：银行存款　　　　　　　　　　　　　110 000
　　贷：实收资本　　　　　　　　　　　　100 000
　　　　资本公积——资本溢价　　　　　　10 000

【例10-10】B股份有限公司首次公开发行了普通股50 000 000股，每股面值1元，每股发行价格为4元。B公司以银行存款支付发行手续费、咨询费等费用共计6 000 000元。假定发行收入已全部收到，发行费用已全部支付，不考虑其他因素，B公司的会计处理如下：

借：银行存款　　　　　　　　　　　　　194 000 000
　　贷：股本　　　　　　　　　　　　　　50 000 000
　　　　资本公积——股本溢价　　　　　　144 000 000

应增加的资本公积 = 50 000 000 × (4 - 1) - 6 000 000 = 144 000 000（元）

(二) 其他资本公积

1. 长期股权投资权益法核算引起的资本公积

长期股权投资采用权益法核算的,在持股比例不变的情况下,被投资单位除净损益以外所有者权益的其他变动,企业按持股比例计算应享有的份额,借记或贷记"长期股权投资——其他权益变动"科目,贷记或借记"资本公积——其他资本公积"科目。

2. 权益结算的股份支付引起的资本公积

股份支付,是"以股份为基础的支付"的简称,指企业为获取职工和其他方提供服务而授予权益工具或者承担以权益工具为基础确定的负债的交易。

如果是可立即行权的换取职工服务的以权益结算的股份支付,应当在授予日,即股份支付协议获得批准的日期,按照权益工具的公允价值计入相关成本或费用,相应增加资本公积,即借记"有关成本费用"科目,贷记"资本公积——其他资本公积"科目。

如果是等待行权的换取职工服务的以权益结算的股份支付,在等待期内的每个资产负债表日,应当以对可行权权益工具数量的最佳估计为基础,按照权益工具授予日的公允价值,将当期取得的服务计入相关成本或费用和资本公积,即借记"有关成本费用"科目,贷记"资本公积——其他资本公积"科目。

(三) 资本公积的使用

经企业股东大会或类似机构决议,可以用资本公积转增资本。企业按法定程序将资本公积转增资本时,不会改变所有者权益总额,也不会改变每位投资者在所有者权益中所占的份额。资本公积转增资本时,借记"资本公积"科目,贷记"实收资本"、"股本"科目。

【例10-11】某股份有限公司将资本公积40万元(其中股本溢价30万元,其他资本公积10万元)转增资本,该公司按法定程序办理增资手续后,编制如下会计分录:

借:资本公积——股本溢价　　　　　300 000
　　资本公积——其他资本公积　　　100 000
　贷:股本　　　　　　　　　　　　400 000

第四节　留存收益

留存收益是指企业从历年实现的利润中提取或形成的留存于企业的内部积累。留存收益包括企业的盈余公积和未分配利润两个部分。

一、盈余公积

（一）盈余公积的形成和使用

盈余公积是指企业按照规定从净利润中提取的积累资金。公司制企业的盈余公积包括法定盈余公积和任意盈余公积。公司分配当年税后利润时，应当提取税后利润的10%列入公司法定盈余公积金。公司法定盈余公积金累计额达到公司注册资本的50%以上的，可以不再提取。公司从税后利润中提取法定盈余公积金后，经股东会或者股东大会决议，还可以从税后利润中提取任意公积金。

外商投资企业的盈余公积包括储备基金、企业发展基金和利润归还投资。储备基金是指按照法律、行政法规规定从净利润中提取的、经批准用于弥补亏损和增加资本的储备基金；企业发展基金是指按照法律、行政法规规定从净利润中提取的、用于企业生产发展和经批准用于增加资本的基金；利润归还投资是指中外合作经营企业按照规定在合作期内以利润归还投资者的投资。

企业提取的盈余公积经批准可用于：

（1）盈余公积补亏。用盈余公积弥补亏损的时候，没有特殊的限制，只要金额足够就可以弥补；

（2）盈余公积转增资本。用盈余公积转增资本时，转增之后盈余公积不得低于注册资本的25%；

（3）用盈余公积发放现金股利或利润。

（二）盈余公积的会计处理

企业应设置"盈余公积"账户，核算盈余公积的提取和使用情况等增减变动情况。该账户属所有者权益账户，其贷方登记企业本年提取的盈余公积数额，借方登记盈余公积的使用数。在"盈余公积"科目下还可以设置"法定盈余公积""任意盈余公积"、"盈余公积补亏"等明细科目，分别核算企业从净利润中提取的各项盈余公积及其使用情况。

【例10-12】红星股份有限公司年初未分配利润为0，本年实现净利润2 000 000元，本年按净利润的10%提取法定盈余公积200 000元。假定不考虑其他因素，红星股份有限公司会计处理如下：

借：利润分配——提取法定盈余公积　　　200 000
　　贷：盈余公积——法定盈余公积　　　　　　200 000

【例10-13】红星股份有限公司因扩大经营规模需要，经股东大会批准，将盈余公积500 000元转增资本。假定不考虑其他因素，红星股份有限公司会计处理如下：

借：盈余公积——法定盈余公积　　　　500 000
　　贷：实收资本（股本）　　　　　　　　　　500 000

【例10-14】红星股份有限公司经股东大会批准，用以前年度提取盈余公积600 000元弥补当年亏损200 000元。假定不考虑其他因素，红星股份有限公司会计处理如下：

借：盈余公积——法定盈余公积　　　　　600 000
　　贷：利润分配——盈余公积补亏　　　　　　600 000

二、未分配利润

未分配利润是指企业实现的净利润经过弥补亏损、提取盈余公积和向投资者分配利润后留存在企业的、历年结存的利润。

企业应设置"利润分配——未分配利润"科目，核算企业未分配利润的增减变动情况。企业当年形成的未分配利润，会计处理时无需单独编制会计分录。企业在期末（年终），一方面将"本年利润"科目金额转入"利润分配——未分配利润"科目，另一方面将"利润分配——（各个分配项目）"明细科目转入"利润分配——未分配利润"科目，经计算即可获得未分配利润（未弥补亏损）数额。

年终，如果"利润分配——未分配利润"科目有贷方余额，即为历年累计未分配利润数额；如果"利润分配——未分配利润"科目有借方余额，即为历年累计未弥补亏损数额。

思考与练习

一、思考题

1. 简述企业有哪些组织形式。
2. 什么是所有者权益？所有者权益与债权人权益有何不同？
3. 什么是投入资本？投入资本方式有哪些？各种投入资本方式如何计价和核算？
4. 简述实收资本（股本）减少的原因。
5. 什么是资本公积？资本公积包括哪些内容？
6. 分别叙述留存收益的组成部分及其各自的特点。
7. 什么是盈余公积？盈余公积的形成和使用如何核算？
8. 股票股利和现金股利的异同点是什么？

二、练习题

1. 甲公司 2019 年发生下列经济业务：

（1）1 月 3 日，国家投资拨付不需要安装设备已验收使用，该设备造价为 800 000 元。

（2）2 月 20 日，收到外商 N 公司投入 100 000 美元，存入银行。当日汇率为 6.80 元。

（3）3 月 10 日，收到 A 企业投入的铣床 1 台，已验收使用，其账面原值 400 000 元，已提折旧 30 000 元，双方投资合同约定按其账面净值作价。

（4）3 月 20 日，收到 B 公司投入原材料一批，投资合同约定货款 200 000 元，增值税额 34 000 元，原材料已验收入库。

要求：根据上述资料甲公司编制相关业务的会计分录。

2. 乙公司注册资本 300 万元，2019 年发生下列投入资本业务：

（1）1 月 5 日，收到 A 公司投入土地使用权，投资合同约定其价值为 600 000 元，该投入资金占乙公司注册资本的 18%。

（2）1 月 20 日，收到外商 K 公司投入设备一套，价款 60 000 美元，运杂费 1 000 美元，设备已验收使用。当日美元汇率为 6.72 元，该投入资金占乙公司注册资本的 16%。

（3）2 月 1 日，收到 B 公司以某项非专利权作为投资，投资各方协商价值为 350 000 元，投入资金占注册资本的 10%。

要求：根据上述资料为乙公司编制相关业务的会计分录。

3. 丙公司注册资本 800 万元，2018 年 11—12 月发生下列经济业务：

（1）11 月 5 日，收到 A 公司出资的支票 1 250 000 元，存入银行。该项投入资金占丙公司注册资本的 15%。

（2）12 月 31 日，按净利润 560 000 元的 10% 计提法定盈余公积，6% 计提任意盈余公积。

（3）12 月 31 日，经批准将资本公积 360 000 元、法定盈余公积 320 000 元转增资本。

要求：根据上述资料为丙公司编制相关业务的会计分录。

第十一章 收入和费用

学习内容与目的

本章主要学习收入与费用的概念、内容以及各种收入、费用的会计核算。通过学习，旨在了解收入与费用的概念、特点、内容；理解收入、费用的确认与计量；掌握主营业务收入、其他业务收入与主营业务成本、其他业务成本以及期间费用等收入、费用的会计处理。

第一节 收入

一、收入及其分类

（一）收入及其特点

收入是指企业在日常活动中形成、会导致所有者权益增加的、与所有者投入资本无关的经济利益的总流入。收入具有以下特点：

（1）收入是企业在日常活动中形成的经济利益的总流入。日常活动是指企业为完成其经营目标而从事的经常性活动以及与之相关的活动。工业企业销售产品、商品流通企业销售商品、安装公司提供安装服务、商业银行对外贷款等活动，均属于企业为完成其经营目标所从事的经常性活动，由此形成的经济利益的总流入构成收入。工业企业对外出售不需用的原材料、对外转让无形资产使用权、对外进行权益性投资（取得现金股利）或债权性投资（取得利息）等活动，虽不属于企业的经常性活动，但属于企业为完成其经营目标所从事的与经常性活动相关的活动，由此形成的经济利益的总流入也构成收入。

收入形成于企业日常活动的特征使其与产生非日常活动的利得相区分。如工业企业处置固定资产或无形资产，因其他企业违约收取的罚款等，这些流入企业的经济利益属于利得而不是收入。例如出售固定资产，因固定资产是为使用而不是为出售而购入的，将固定资产出售并不是企业的经营目标，也不属于企业的日常活动，出售固定资产取得的收益不作为收入核算。

(2) 收入会导致企业所有者权益的增加。收入形成的经济利益的总流入，既可能表现为资产的增加，也可能表现为负债的减少，还可能表现为两者兼而有之。因此，根据"资产－负债＝所有者权益"的等式，企业所取得的收入一定能增加其企业的所有者权益。这里所说的收入能增加企业的所有者权益，仅指收入本身的影响，而收入扣除与之相配比的费用后的净额，既可能增加所有者权益，也可能减少所有者权益。

企业为第三方或客户代收的款项，如企业代国家收取的增值税、代客户收取的受托代销商品款等，一方面增加企业的资产，另一方面增加企业的负债，因此不增加企业的所有者权益，也不属于本企业经济利益的总流入，因此不构成本企业的收入。

(3) 收入与所有者投入资本无关。所有者投入资本主要是为谋求享有企业资产的剩余权益，由此形成的经济利益的总流入不构成收入，而应确认为企业的所有者权益。

(二) 收入的分类

根据不同的标准可以对收入进行不同的分类。

(1) 收入按企业从事日常活动的性质不同，可以分为销售商品收入、提供劳务收入和让渡资产使用权收入。

①销售商品收入是指企业通过销售商品实现的收入。这里的商品包括企业为销售而生产的产品和为转售而购进的商品。企业销售的其他存货如原材料、包装物等也视同商品。

②提供劳务收入是指企业通过提供劳务实现的收入。如企业通过提供旅游、运输、饮食、广告、咨询、代理、培训、产品安装等劳务所实现的收入。

③让渡资产使用权收入是指企业通过让渡资产使用权实现的收入。包括利息收入和使用费收入。利息收入主要是指金融企业对外贷款形成以及同业之间发生往来形成的利息收入。使用费收入主要是指企业转让无形资产等资产的使用权形成的使用费收入。企业对外出租固定资产收取的租金、进行股权投资取得的现金股利、进行债权投资收取的利息等，也构成让渡资产使用权收入。

(2) 收入按企业经营业务的主次不同，可以分为主营业务收入和其他业务收入。

①主营业务收入是指企业为完成其经营目标而从事的经常性活动所实现的收入。主营业务收入一般占企业总收入的比重较大，对企业的经济效益产生较大的影响。不同行业企业的主营业务收入所包括的内容不同，如工业企业的主营业务收入主要包括销售商品、自制半成品、代制品、代修品，提供工业性劳务等实现的收入；商品流通企业的主营业务收入主要包括销售商品所取得的收入；安装公司的主营业务收入主要包括提供安装服务实现的收入。

主营业务收入通过"主营业务收入"科目核算，并通过"主营业务成本"科目核算其相关成本。

②其他业务收入是指企业为完成其经营目标所从事的与经常性活动相关的活动实现的收入。其他业务收入属于企业日常活动中次要交易实现的收入，一般占企业总收入的比重较小。不同行业企业的其他业务收入所包括的内容不同，如工业企业的其他业务收入主要包括对外销售材料、对外出租包装物、商品或固定资产、对外转让无形资产使用权等实现的收入。

企业实现的原材料销售收入、包装物租金收入、固定资产租金收入、无形资产使用费收入等，通过"其他业务收入"科目核算，并通过"其他业务成本"科目核算其相关成本。

二、收入的确认与计量

（一）收入的确认

根据我国2017年《企业会计准则第14号——收入》的规定，企业销售商品时，只有同时符合下列条件，才能予以确认收入。

1. 收入确认的原则

企业应当在履行了合同中的履约义务，在客户取得相关商品控制权时确认收入。取得相关商品控制权，是指能够主导该商品的使用并从中获得几乎全部的经济利益，也包括有能力阻止其他方主导该商品的使用并从中获得经济利益。

取得商品控制权包括以下三个要素：

（1）能力。即客户必须拥有现时权利，能够主导该商品的使用并从中获得几乎全部经济利益。如果客户只能在未来的某一期间主导该商品的使用并从中获益，则表明其尚未取得该商品的控制权。

（2）主导该商品的使用。客户有能力主导该商品的使用，是指客户有权使用该商品或者能够允许、阻止其他方使用该商品。

（3）能够获得几乎全部的经济利益。商品的经济利益，是指该商品的潜在现金流量，既包括现金流入的增加，也包括现金流出的减少。客户可以通过很多方式直接或间接地获得商品的经济利益，例如使用、消耗、出售或持有该商品、使用该商品提升其他资产的价值，以及将该商品用于清偿债务、支付费用或抵押等。

2. 收入确认的前提条件

企业与客户之间的合同同时满足下列条件的，企业应当在客户取得相关商品控制权时确认收入：

（1）合同各方已批准该合同并承诺将履行各自义务。合同约定的权利和义务是否具有法律约束力，需要根据企业所处的法律环境和实务操作进行判断，包括合同订立的方式和流程、具有法律约束力的权利和义务的时间等；

（2）该合同明确了合同各方与所转让的商品或提供的服务相关的权利和义务；

（3）该合同有明确的与所转让的商品相关的支付条款；

（4）该合同具有商业实质，即履行该合同将改变企业未来现金流量的风险、时间

分布或金额;

(5) 企业因向客户转让商品而有权取得的对价很可能收回。在评估取得的对价是否很可能收回时,仅应考虑客户到期时支付对价的能力和意图(即客户的信用风险)。企业在进行具体判断时,应当考虑是否存在价格折让。

对于不能同时满足上述收入确认的五个条件的合同,企业只有在不再负有向客户转让商品的剩余义务(例如,合同已完成或取消),且已向客户收取的对价(包括全部或部分对价)无需退回时,才能将已收取的对价确认为收入,否则,应当将已收取的对价作为负债进行会计处理。其中,企业向客户收取无需退回的对价,应当在已经将该部分对价所对应的商品的控制权转移给客户,并且已不再向客户转让额外的商品且不再负有此类义务时,将该部分对价确认为收入,或者,在相关合同已经终止时,将该部分对价确认为收入。

(二) 收入的计量

根据 2017 年修订的我国《企业会计准则——收入》规定,企业应当按照单项或分摊至各单项履约义务的交易价格计量收入。

交易价格,是指企业因向客户转让商品而预期有权收取的对价金额,企业代第三方收取的款项(例如增值税)以及企业预期将退还给客户的款项,应当作为负债进行会计处理,不计入交易价格。企业在确定交易价格时,应当考虑可变对价、合同中存在的重大融资成分、非现金对价、应付客户对价等因素的影响。

如果交易合同中包含两项或多项履约义务的,企业应当在合同开始日,按照各单项履约义务所承诺商品的单独售价或单独售价的相对比例(单独售价无法直接观察时),将交易价格分摊至各单项履约义务(可采用市场调整法、成本加成法、余值法等方法合理估计单独售价)。企业不得因合同开始日之后单独售价的变动而重新分摊交易价格。

三、收入的会计处理

(一) 一般销售业务

企业售出的商品符合销售收入确认的原则和条件,应当及时确认收入并结转相关的销售成本。通常情况下,销售商品采用托收承付方式的,在办妥托收手续时确认收入;交款提货销售商品的,在收到货款开出发票账单时确认收入。企业应设置"主营业务收入"科目核算商品销售收入的增减变化及其结果情况。

【例 11-1】甲公司于 2019 年 3 月 5 日采用托收承付方式销售给乙公司一批商品,增值税专用发票上注明售价 600 000 元,增值税 96 000 元,商品已经发出,款项已向银行办妥托收手续;该批商品的成本为 420 000 元。符合销售商品收入确认条件。编制会计分录如下:

借:应收账款——乙公司　　　　　　　　696 000
　　贷:主营业务收入　　　　　　　　　　　　600 000

　　　　应交税费——应交增值税（销项税额）　　　96 000
　同时结转成本：
　　借：主营业务成本　　　　　　　　　　　　420 000
　　　贷：库存商品　　　　　　　　　　　　　　　　　420 000

（二）特殊销售业务

1. 已经发出但不符合销售商品收入确认条件的销售

　　企业售出的商品如果不符合销售收入确认的原则和条件，均不应确认为收入。为了单独反映已经发出但尚未确认销售收入的商品成本，企业应增设"发出商品"等科目进行核算。"发出商品"科目核算已经发出但尚未确认销售收入的商品成本。

　　【例11-2】甲公司于2019年3月6日向B企业销售一批商品，成本为60 000元，增值税专用发票上注明售价100 000元，增值税16 000元。公司在销售时已知B企业资金周转发生暂时困难，但为了减少存货积压，同时也为了维持与B企业长期以来建立的商业关系，公司仍将商品销售给B企业。该批商品已发出，并已向银行办妥托收手续。假定公司销售该批商品的纳税义务已经发生。编制会计分录如下：

　　借：发出商品——B企业　　　　　　　　　　60 000
　　　贷：库存商品　　　　　　　　　　　　　　　　　60 000

　　同时，因公司销售该批商品的纳税义务已经发生，应确认应交的增值销项税额。编制会计分录如下：

　　借：应收账款——B企业（应收销项税额）　　16 000
　　　贷：应交税费——应交增值税（销项税额）　　　　16 000

　　假定2019年10月5日公司得知B企业经营情况逐渐好转，B企业承诺近期付款，公司可以确认收入。编制会计分录如下：

　　借：应收账款——B企业　　　　　　　　　　100 000
　　　贷：主营业务收入　　　　　　　　　　　　　　　100 000

　同时结转成本：
　　借：主营业务成本　　　　　　　　　　　　60 000
　　　贷：发出商品——B企业　　　　　　　　　　　　60 000

　　假定公司于2019年11月5日收到B企业支付的货款。编制会计分录如下：

　　借：银行存款　　　　　　　　　　　　　　116 000
　　　贷：应收账款——B企业　　　　　　　　　　　　100 000
　　　　　　　——B企业（应收销项税额）　　　　　　16 000

2. 委托代销商品业务

　　委托代销是指委托方和受托方签订协议，委托方将商品交付给受托方，受托方代委托方销售商品，委托方按协议价收取代销商品款的一种销售方式。企业应设置"委托代销商品""受托代销商品""受托代销商品款"等科目核算委托（受托）代销商品业务的情况。

　　委托代销商品主要有视同买断（自购自销）和收取手续费两种方式。

　　（1）视同买断方式，是指委托方按合同或协议价格收取代销商品的货款，代销商

品的实际售价可由受托方自定,实际售价与协议价之间的差额归受托方所有的代销方式。在视同买断方式下,由于委托方将商品交付给受托方时,商品控制权并未转移给受托方,因此,委托方在交付商品时不确认收入,受托方也不作购进商品处理。受托方将商品销售后,应按实际售价确认销售收入,并向委托方开具代销清单。委托方收到代销清单时,再确认本企业的销售收入。

【例11-3】2019年3月1日,甲公司与B企业签订代销协议,委托B企业销售乙商品300件,协议价为200元/件,该商品成本140元/件,增值税税率16%。9月1日,甲公司收到B企业开来的代销清单时开具增值税专用发票,发票上注明:售价60 000元,增值税9 600元。B企业实际销售时开具的增值税专用发票上注明:售价72 000元,增值税11 520元。9月6日,甲公司收到B企业按合同协议价支付的款项。

甲公司应编制会计分录如下:

① 3月1日将乙商品交付B企业时:
    借:发出商品(或委托代销商品)——B企业   42 000
        贷:库存商品   42 000

② 9月1日收到代销清单时:
    借:应收账款——B企业   69 600
        贷:主营业务收入   60 000
            应交税费——应交增值税(销项税额)   9 600

同时结转成本:
    借:主营业务成本   42 000
        贷:发出商品(或委托代销商品)——B企业   42 000

③ 9月6日收到货款时:
    借:银行存款   69 600
        贷:应收账款——B企业   69 600

B企业应编制会计分录如下:

① 3月1日收到乙商品时:
    借:受托代销商品   60 000
        贷:代销商品款   60 000

实际销售时:
    借:银行存款   83 520
        贷:主营业务收入   72 000
            应交税费——应交增值税(销项税额)   11 520

同时结转成本:
    借:主营业务成本   60 000
        贷:受托代销商品   60 000
    借:代销商品款   60 000
        贷:应付账款——甲公司   60 000

② 9月6日,按合同协议价将款项付给甲公司时:

借：应付账款——甲公司	60 000	
应交税费——应交增值税（进项税额）	9 600	
贷：银行存款		69 600

（2）收取手续费方式，是指委托方根据代销商品的数量向受托方支付手续费的代销方式。在收取手续费方式下，受托方通常按照委托方规定的价格销售，不得自行改变售价，但受托方要根据所代销的商品数量向委托方收取一定的手续费。对受托方来讲，收取的手续费实际上是一种劳务收入。委托方应在收到受托方交付的商品代销清单时确认销售商品收入；受托方则在商品销售后，按合同或协议约定的方法计算确定的手续费确认收入。

【例11-4】沿用上例的资料，并假定甲公司与B企业签订的代销协议规定：B企业应按每件200元的价格售给顾客，甲公司按售价的10%向B企业支付手续费。B企业实际销售时，向买方开具的增值税专用发票上注明乙商品售价60 000元，增值税9 600元。9月1日，甲公司收到B企业交来的代销清单，并向B企业开出一张金额相同的增值税专用发票。9月6日，甲公司收到B企业支付的商品代销款（已扣手续费）。

甲公司应编制会计分录如下：
① 3月1日将乙商品交付B企业时：
　借：发出商品——B企业　　　　　　　　　　　42 000
　　贷：库存商品　　　　　　　　　　　　　　　　　　42 000
② 9月1日收到代销清单时：
　借：应收账款——B企业　　　　　　　　　　　69 600
　　贷：主营业务收入　　　　　　　　　　　　　　　　60 000
　　　　应交税费——应交增值税（销项税额）　　　　　 9 600
　借：销售费用——代销手续费　　　　　　　　 6 000
　　贷：应收账款——B企业　　　　　　　　　　　　　 6 000
同时结转成本：
　借：主营业务成本　　　　　　　　　　　　　42 000
　　贷：发出商品——B企业　　　　　　　　　　　　　42 000
③ 9月6日收到B企业汇来的货款净额63 600元（即69 600－6 000）时：
　借：银行存款　　　　　　　　　　　　　　　63 600
　　贷：应收账款——B企业　　　　　　　　　　　　　63 600

B企业应编制会计分录如下：
① 3月1日收到乙商品时：
　借：受托代销商品　　　　　　　　　　　　　60 000
　　贷：代销商品款　　　　　　　　　　　　　　　　60 000
② 实际销售乙商品时：
　借：银行存款　　　　　　　　　　　　　　　69 600
　　贷：应付账款——甲公司　　　　　　　　　　　　60 000

   应交税费——应交增值税（销项税额） 9 600

③ 收到增值税专用发票时：

  借：应交税费——应交增值税（进项税额） 9 600

   贷：应付账款——甲公司 9 600

  借：代销商品款 60 000

   贷：受托代销商品 60 000

④ 9月6日支付甲公司货款并计算代销手续费时：

  借：应付账款——甲公司 69 600

   贷：银行存款 63 600

    其他业务收入 6 000

3. 采用递延方式分期收款销售业务

  通常情况下，企业应按从购货方已收或应收的合同或协议交易价格确定销售商品收入的金额。但是，合同或协议价款的收取采用递延方式（通常为3年以上），实质上具有融资性质的，应当按照应收的合同或协议价款的公允价值（通常为合同或协议价款的现值）确定销售商品收入金额。应收的合同或协议价款与其公允价值之间的差额，应当在合同或协议期间内采用实际利率法或直线法进行摊销，计入当期损益（冲减财务费用）。

  对于采用递延方式分期收款、具有融资性质的销售商品满足收入确认条件的，企业按应收合同或协议价款，借记"长期应收款"科目，按应收合同或协议价款的公允价值（折现值），贷记"主营业务收入"科目，按其差额，贷记"未实现融资收益"科目。

  【例11-5】2017年1月1日，A公司采用分期收款方式向乙公司销售一套大型设备，合同约定的销售价格为2 000万元，分5次于每年12月31日等额收回。该大型设备成本为1 560万元。在现销方式下该大型设备的销售价格为1 600万元。假定A公司发出商品时开出增值税专用发票，注明的增值税额为320万元，并于当天收取增值税额320万元存入银行。A公司的会计处理如下：

  A公司未来5年收款额的现值 = 现销方式下应收款项金额 = 1 600 + 320 = 1 920（万元）

  其中：$400 \times (P/A, r, 5) = 1\ 600$（万元）

  在多次测试的基础上，用插值法计算折现率 $r = 7.93\%$。

  按照实际利率法计算每期应计入财务费用的金额如表11-1所示。

表11-1 按实际利率计算的每期财务费用

单位：万元

日期	未收本金	财务费用 = 未收本金×折现率	收现总额	已收本金 = 收现总额 – 财务费用
2017.01.01	1 600.00			
2017.12.31	1 600.00	126.88	400	273.12

续上表

日期	未收本金	财务费用 =未收本金×折现率	收现总额	已收本金 =收现总额－财务费用
2018.12.31	1 326.88	105.22	400	294.78
2019.12.31	1 032.10	81.85	400	318.15
2020.12.31	713.95	56.62	400	343.38
2021.12.31	370.57	29.43	400	370.57
总额		400.00	2 000	1 600.00

A公司每年所作的会计处理如下：
① 2017年1月1日，销售实现时：

借：长期应收款　　　　　　　　　　　　　　　20 000 000
　　银行存款　　　　　　　　　　　　　　　　　3 200 000
　　贷：主营业务收入　　　　　　　　　　　　　16 000 000
　　　　应交税费——应交增值税（销项税额）　　3 200 000
　　　　未实现融资收益　　　　　　　　　　　　4 000 000

同时结转成本：

借：主营业务成本　　　　　　　　　　　　　　15 600 000
　　贷：库存商品　　　　　　　　　　　　　　　15 600 000

② 2017年12月31日，收取等额货款时：

借：银行存款　　　　　　　　　　　　　　　　4 000 000
　　贷：长期应收款　　　　　　　　　　　　　　4 000 000
借：未实现融资收益　　　　　　　　　　　　　1 268 800
　　贷：财务费用　　　　　　　　　　　　　　　1 268 800

③ 2018年末至2020年末的会计处理以此类推。
④ 2021年12月31日，收取等额货款时：

借：银行存款　　　　　　　　　　　　　　　　4 000 000
　　贷：长期应收款　　　　　　　　　　　　　　4 000 000
借：未实现融资收益　　　　　　　　　　　　　　294 300
　　贷：财务费用　　　　　　　　　　　　　　　　294 300

4. 采用预收款方式销售商品业务

预收款销售方式下，销售方直到收到最后一笔款项才将商品交付购货方，表明商品控制权只有在收到最后一笔款项时才转移给购货方，企业通常应在发出商品时确认收入，在此之前预收的货款应确认为预收账款。

【例11-6】甲公司2018年3月20日与乙公司签订协议，采用预收款方式向乙公司销售一批商品。该批商品实际成本为700 000元。协议约定，该批商品销售价格为1 000 000元，增值税额为160 000元；乙公司应在协议签订时预付60%的货款（按销

售价格计算),剩余货款于 2 个月后交付商品时支付。编制会计分录如下:

① 3 月 20 日收到 60% 货款时:
借:银行存款　　　　　　　　　　　　600 000
　　贷:预收账款——乙公司　　　　　　　　600 000

② 2 个月后交付商品收到剩余货款及增值税税额时:
借:预收账款——乙公司　　　　　　　　600 000
　　银行存款　　　　　　　　　　　　560 000
　　贷:主营业务收入　　　　　　　　　　1 000 000
　　　　应交税费——应交增值税(销项税额)　160 000

同时结转成本:
借:主营业务成本　　　　　　　　　　700 000
　　贷:库存商品　　　　　　　　　　　　700 000

另外,销售商品需要安装和检验的,在购买方接受商品以及安装和检验完毕前,不确认收入,待安装和检验完毕时确认收入。如果安装程序比较简单,可在发出商品时确认收入。

(三)销售折扣与折让

商业折扣是企业为促进商品销售而在商品标价上给予的价格扣除,因而不影响销售商品收入的计量。

现金折扣是在销售商品收入金额确定的情况下,债权人为鼓励债务人在规定的期限内付款而向债务人提供的债务扣除。也就是说,如果债务人愿意提前付款,则可以比合同约定的总价款"少"付一部分款项。对此,会计核算中有两种处理方法:一是按合同总价款全额计量收入(总价法),二是按合同总价款扣除现金折扣后的净额计量收入(净价法)。我国企业会计准则采用总价法核算,当现金折扣以后实际发生时,直接计入当期损益。

销售折让是指企业因售出商品的质量不合格等原因而在售价上给予的减让。企业将商品销售给买方之后,如果买方发现商品在质量、规格等方面不符合要求,可能要求卖方在价格上给予一定的减让。

销售折让如果发生在确认销售收入之前,则应在确认销售收入时直接按扣除销售折让后的金额确认;企业在销售收入确认之后发生的销售折让,且不属于资产负债表日后事项的,应在实际发生时冲减当期销售商品收入,如按规定允许扣减当期销项税额的,还应冲减已确认的应交增值税销项税额。

【例 11-7】甲公司在 2018 年 5 月 1 日向乙公司销售一批商品,增值税专用发票上注明售价 10 000 元,增值税额 1 600 元。为及早收回货款,甲公司给予乙公司的现金折扣条件为:2/10,1/20,n/30。假定计算现金折扣时不考虑增值税税额及其他因素。编制会计分录如下:

① 5 月 1 日销售实现时,按销售总价确认收入。
借:应收账款——乙公司　　　　　　　11 600
　　贷:主营业务收入　　　　　　　　　　10 000

  应交税费——应交增值税（销项税额）　　1 600

  ② 如果乙公司在 5 月 9 日付清货款，则按销售总价的 2%享受现金折扣 200 元（10 000×2%），实际付款 11 400 元（11 600 - 200）。

  借：银行存款　　11 400
    财务费用　　200
    贷：应收账款——乙公司　　11 600

  ③ 如果乙公司在 5 月 18 日付清货款，则按销售总价的 1%享受现金折扣 100 元（10 000×1%），实际付款 11 500 元（11 600 - 100）。

  借：银行存款　　11 500
    财务费用　　100
    贷：应收账款——乙公司　　11 600

  ④ 如果乙公司在 5 月底才付清货款，则按全额付款。

  借：银行存款　　11 600
    贷：应收账款——乙公司　　11 600

【例 11 -8】 甲公司销售一批商品给 C 企业，增值税专用发票上注明售价 200 000 元，增值税额 32 000 元。该批商品的成本为 140 000 元。货到后 C 企业发现商品质量不合格，要求在价格上给予 5%的折让。经查明，C 企业提出的销售折让要求符合原合同的约定，公司同意并办妥了相关手续，开具了增值税专用发票（红字）。假定此前公司已确认该批商品的销售收入，但货款尚未收到。编制会计分录如下：

  ① 销售实现时：

  借：应收账款——C 企业　　232 000
    贷：主营业务收入　　200 000
      应交税费——应交增值税（销项税额）　　32 000

同时结转成本：

  借：主营业务成本　　140 000
    贷：库存商品　　140 000

  ② 发生销售折让时：

  借：主营业务收入　　10 000
    应交税费——应交增值税（销项税额）　　1 600
    贷：应收账款——C 企业　　11 600

  ③ 实际收到款项时：

  借：银行存款　　220 400
    贷：应收账款——C 企业　　220 400

  注意上述分录中因为折让而冲减的销项税额应用红字金额记录在"应交税费——应交增值税"明细科目的销项税额栏内，下同。

  本例中，假定发生销售折让前，因该项销售在货款回收上存在不确定性，公司未确认该批商品的销售收入，纳税义务也没发生。发生销售折让后，C 企业承诺近期付款。则应编制会计分录如下：

① 发出商品时：
   借：发出商品——C 企业　　　　　　　　　140 000
       贷：库存商品　　　　　　　　　　　　　　　140 000
② 确认销售收入时（直接按扣除销售折让后的金额确认收入）：
   借：应收账款——C 企业　　　　　　　　　220 400
       贷：主营业务收入　　　　　　　　　　　　　190 000
           应交税费——应交增值税（销项税额）　　30 400
   同时结转成本：
   借：主营业务成本　　　　　　　　　　　　140 000
       贷：发出商品——C 企业　　　　　　　　　　140 000
③ 实际收到款项时：
   借：银行存款　　　　　　　　　　　　　　220 400
       贷：应收账款——C 企业　　　　　　　　　　220 400

（四）销售退回

企业销售商品除了可能发生销售折让外，还有可能发生销售退回。销售退回是指企业售出的商品由于质量、品种不符合要求等原因而发生的退货。企业发生销售商品退回时，应当分别按不同情况进行会计处理：一是销售退回的商品如果尚未确认销售收入的，应当冲减"发出商品"，增加"库存商品"；二是销售退回的商品如果已确认销售收入的，除属于资产负债表日后事项外，一般应在发生时冲减当期销售收入，销售成本。企业发生销售退回时，如按规定允许扣减当期销项税额的，应同时冲减已确认的应交增值税销项税额。如该项销售已发生现金折扣的，应同时调整相关财务费用的金额。

【例 11-9】甲公司 2007 年 3 月 10 日销售给乙企业商品一批，成本为 182 000 元，增值税专用发票上注明售价 350 000 元，增值税 56 000 元。商品已发出，购货方于 3 月 27 日付款。5 月 20 日乙企业发现该批商品质量出现严重问题，按合同约定将该批商品全部退回给甲公司，公司验收入库后将所收货款退回，并按规定向对方开具了增值税专用发票（红字）。编制会计分录如下：

① 3 月 10 日销售实现时：
   借：应收账款——乙企业　　　　　　　　　406 000
       贷：主营业务收入　　　　　　　　　　　　　350 000
           应交税费——应交增值税（销项税额）　　56 000
   同时结转成本：
   借：主营业务成本　　　　　　　　　　　　182 000
       贷：库存商品　　　　　　　　　　　　　　　182 000
② 3 月 27 日收到货款时：
   借：银行存款　　　　　　　　　　　　　　406 000
       贷：应收账款——乙企业　　　　　　　　　　406 000
③ 5 月 20 日销售退回时：
   借：主营业务收入　　　　　　　　　　　　350 000

　　　　应交税费——应交增值税（销项税额）　　56 000
　　　　　贷：银行存款　　　　　　　　　　　　406 000
　　同时转销成本：
　　　　借：库存商品　　　　　　　　　　　　　182 000
　　　　　贷：主营业务成本　　　　　　　　　　182 000

四、提供劳务收入

企业提供劳务的种类很多，如旅游、运输、饮食、广告、咨询、代理、培训、产品安装等。有的劳务一次就能完成，且一般为现金交易，如饮食、理发、照相等；有的劳务需要花费一段较长的时间才能完成，如安装、旅游、培训、远洋运输等。

（一）提供劳务收入的确认原则

企业提供劳务收入的确认原则因劳务完成时间的不同而不同。

1. 在同一会计期内开始并完成的劳务

对于一次就能完成的劳务，或在同一会计期内开始并完成的劳务，应在提供劳务交易完成时确认收入，确认的金额通常为从接受劳务方已收或应收的合同或协议价款，确认原则可参照销售商品收入的确认原则。

2. 劳务的开始和完成分属不同的会计期间

（1）提供劳务交易结果能够可靠估计。

如果劳务的开始和完成分属不同的会计期间，且企业在资产负债表日提供劳务交易的结果能够可靠估计的，应采用完工百分比法确认劳务收入。

同时满足下列条件的，提供劳务交易的结果能够可靠估计：

①收入的金额能够可靠地计量。收入的金额能够可靠地计量，是指提供劳务收入的总额能够合理地估计。通常情况下，企业应当按照从接受劳务方已收或应收的合同或协议价款确定提供劳务收入总额。随着劳务的不断提供，可能会根据实际情况增加减少已收或应收的合同或协议价款，此时，企业应及时调整提供劳务收入总额。

②相关的经济利益很可能流入企业。相关的经济利益很可能流入企业，是指提供劳务收入总额收回的可能性大于不能收回的可能性。企业在确定提供劳务收入总额能否收回时，应当结合接受劳务方的信誉、以前的经验以及双方就结算方式和期限达成合同或协议条款等因素，综合进行判断。通常情况下，企业提供的劳务符合合同或协议要求，接受劳务方承诺付款，就表明提供劳务收入总额收回的可能性大于不能收回的可能性。

③交易的完工进度能够可靠地确定。企业可以根据提供劳务的特点，选用下列方法确定提供劳务交易的完工进度：

A. 已完工作的测量，这是一种比较专业的测量方法，由专业测量师对已经提供的劳务进行测量，并按一定方法计算确定提供劳务交易的完工程度。

B. 已经提供的劳务占应提供劳务总量的比例，这种方法主要以劳务量为标准确定提供劳务交易的完工程度。

C. 已经提供的劳务占估计总成本的比例，这种方法主要以成本为标准确定提供劳务交易的完工程度。只有反映已提供劳务的成本才能包括在已经发生的成本中，只有反映已提供或将提供劳务的成本才能包括在估计总成本中。

④交易中已发生和将发生的成本能够可靠地计量。交易中已发生和将发生的成本能够可靠地计量，是指交易中已经发生和将要发生的成本能够合理地估计。企业应当建立完善的内部成本核算制度和有效的内部财务预算及报告制度，准确地提供每期发生的成本，并对完成剩余劳务将要发生的成本作出科学、合理的估计。同时应随着劳务的不断提供或外部情况的不断变化，随时对将要发生的成本进行修订。

(2) 提供劳务交易结果不能可靠估计。

如劳务的开始和完成分属不同的会计期间，且企业在资产负债表日提供劳务交易结果不能可靠估计的，即不能同时满足上述4个条件的，不能采用完工百分比法确认提供劳务收入。此时，企业应当正确预计已经发生的劳务成本能否得到补偿，分别按下列情况处理：

①已经发生的劳务成本预计全部能够得到补偿的，应按已收或预计能够收回的金额确认提供劳务收入，并结转已经发生的劳务成本。

②已经发生的劳务成本预计部分能够得到补偿，应按能够得到补偿的劳务成本金额确认提供劳务收入，并结转已经发生的劳务成本。

③已经发生的劳务成本预计全部不能得到补偿的，应将已经发生的劳务成本计入当期损益（主营业务成本或其他业务成本），不确认提供劳务收入。

【例11-10】甲公司于2017年12月1日接受B公司委托，为其培训一批学员，培训期为6个月，2018年1月1日开学。协议约定，B公司应向甲公司支付培训费总额60 000元，分三次等额支付，第一次在开学时预付，第二次在2018年3月1日支付，第三次在培训结束时支付。2018年1月1日，B公司预付第一次培训费，到2018年2月28日，甲公司发生培训成本30 000元（假定均为培训人员薪酬），2018年3月1日，甲公司得知B公司经营发生困难，后两次培训费能否收回难以确定。编制会计分录如下：

① 2018年1月1日收到B公司预付的培训费：

  借：银行存款   20 000
    贷：预收账款——B公司   20 000

② 实际发生培训成本30 000元：

  借：劳务成本   30 000
    贷：应付职工薪酬   30 000

③ 2018年2月28日确认提供劳务收入并结转劳务成本：

  借：预收账款——B公司   20 000
    贷：主营业务收入   20 000

同时结转成本：

  借：主营业务成本   30 000
    贷：劳务成本   30 000

本例中，甲公司已经发生的劳务成本 30 000 元预计只能部分得到补偿，即只能按预收款项得到补偿，应按预收账款 20 000 元确认劳务收入，并将已经发生的劳务成本 30 000 元结转入当期损益。

（二）提供劳务收入的会计处理

1. 劳务完成时确认收入的核算

对于一次就能完成的劳务，或在同一会计期间内开始并完成的劳务，应在提供劳务交易完成时确认收入。

企业对外提供劳务，如属于企业的主营业务，所实现的收入应作为主营业务收入处理，结转的相关成本应作为主营业务成本处理；如属于主营业务以外的其他经营活动，所实现的收入应作为其他业务收入处理，结转的相关成本应作为其他业务成本处理。企业对外提供劳务发生的支出一般先通过"劳务成本"科目予以归集，待确认为费用时，再由"劳务成本"科目转入"主营业务成本"或"其他业务成本"科目。

对于一次就能完成的劳务，企业应在提供劳务完成时确认收入及相关成本。对于持续一段时间但在同一会计期间内开始并完成劳务，企业应在为提供劳务发生相关支出时确认劳务成本，劳务完成时再确认劳务收入，并结转相关劳务成本。

【例 11 - 11】甲公司于 2018 年 3 月 1 日接受一项设备安装任务，该安装任务可一次完成，合同总价款为 90 000 元，实际发生安装成本 50 000 元。假定安装业务属于甲公司的主营业务。甲公司应在安装完成时编制会计分录如下：

借：应收账款（或银行存款） 90 000
　　贷：主营业务收入 90 000

同时结转成本：

借：主营业务成本 50 000
　　贷：银行存款等 50 000

若上述安装任务需花费一段时间（不超过本会计期间）才能完成，则应在为提供劳务发生有关支出时编制会计分录如下：

借：劳务成本 50 000
　　贷：银行存款等 50 000

待安装完成确认所提供劳务收入并结转该项劳务总成本时：

借：应收账款（或银行存款） 90 000
　　贷：主营业务收入 90 000

同时结转成本：

借：主营业务成本 50 000
　　贷：劳务成本 50 000

2. 按完工百分比法确认收入的会计处理

完工百分比法是指按照提供劳务交易的完工进度确认收入与费用的方法。在完工百分比法下，本期应确认的劳务收入及费用的计算公式如下：

本期确认的收入 = 劳务总收入 × 本期末止劳务的完工进度 - 以前期间已确认的收入

本期确认的费用 = 劳务总成本 × 本期末止劳务的完工进度 - 以前期间已确认的费用

上述公式中的劳务总收入通常按照从接受劳务方已收或应收的合同或协议价款确定。在劳务总收入和总成本能够可靠计量的情况下，关键是确定劳务的完工进度，企业根据所提供劳务的特点，选择确定劳务完工进度的方法。

【例11-12】甲公司于2018年12月1日接受乙公司一项设备安装任务，安装期为3个月，合同总收入300 000元，至年底已预收安装费220 000元，实际发生安装费用140 000元（假定均为安装人员薪酬），估计完成安装任务还需发生安装费用60 000元。假定甲公司按实际发生的成本占估计总成本的比例确定劳务的完工进度。则应确认的收入和费用计算如下：

实际发生的成本占估计总成本的比例 = 140 000 ÷ (140 000 + 60 000) = 70%
2018年12月31日确认的劳务收入 = 300 000 × 70% - 0 = 210 000（元）
2018年12月31日确认的费用 = (140 000 + 60 000) × 70% - 0 = 140 000（元）
编制会计分录如下：

①实际发生劳务成本140 000元：

  借：劳务成本   140 000
    贷：应付职工薪酬   140 000

②预收劳务款220 000元：

  借：银行存款   220 000
    贷：预收账款   220 000

③2018年12月31日确认提供劳务收入并结转劳务成本：

  借：预收账款——乙公司   210 000
    贷：主营业务收入   210 000

同时结转成本：

  借：主营业务成本   140 000
    贷：劳务成本   140 000

【例11-13】甲公司于2018年10月1日为乙公司研制一项软件，合同规定的研制开发期为5个月，合同总收入500 000元，至2008年12月31日已发生成本225 000元，预收账款300 000元。预计开发完成该软件的总成本为300 000元，2018年12月31日，经专业测量师测量，软件的开发程度为70%。假定合同收入能够可靠收回，研制开发属于甲公司的主营业务。编制会计分录如下：

发生成本时：

  借：劳务成本   225 000
    贷：银行存款（应付职工薪酬等） 225 000

预收款项时：

  借：银行存款   300 000
    贷：预收账款——乙公司   300 000

2018年12月31日确认该项劳务的本期收入和费用时，若该企业按软件的开发程度（70%）确定该劳务的完工程度，则2018年应确认的收入为：500 000 × 70% - 0 = 350 000（元）；应确认的费用为：300 000 × 70% - 0 = 210 000（元）。

借：预收账款——乙公司	350 000	
贷：主营业务收入		350 000

同时结转成本：

借：主营业务成本	210 000	
贷：劳务成本		210 000

若该企业按已提供的劳务量占应提供劳务总量的百分比确定完工程度（假定研制开发期内劳务量均衡发生），则至 2018 年 12 月 31 日的完工程度为 60%（该项软件研制开发已完成的工作时间为 3 个月，占完成此项劳务所需总工作时间 5 个月的 60%）。因此，2018 年应确认的收入为：500 000 × 60% - 0 = 300 000（元）；应确认的费用为：300 000 × 60% - 0 = 180 000（元）。

借：预收账款——乙公司	300 000	
贷：主营业务收入		300 000

同时结转成本：

借：主营业务成本	180 000	
贷：劳务成本		180 000

若该企业按已发生的成本占估计总成本的百分比确定该劳务的完工程度，则至 2018 年 12 月 31 日的完工程度为 75%（225 000 ÷ 300 000）。因此，2018 年应确认的收入为：500 000 × 75% - 0 = 375 000（元）；应确认的费用为：300 000 × 75% - 0 = 225 000（元）。

借：预收账款——乙公司	375 000	
贷：主营业务收入		375 000

同时结转成本：

借：主营业务成本	225 000	
贷：劳务成本		225 000

五、让渡资产使用权收入

让渡资产使用权收入主要指让渡无形资产等资产使用权的使用费收入，出租固定资产取得的租金，进行债权投资收取的利息，进行股权投资取得的现金股利等，也构成让渡资产使用权收入。这里主要介绍让渡无形资产使用权的使用费收入的会计处理。

（一）让渡资产使用权的使用费收入的确认和计量

让渡资产使用权的使用费收入同时满足下列条件的，才能予以确认：

（1）相关的经济利益很可能流入企业。企业在确定让渡资产使用权的使用费收入金额是否很可能收回时，应当根据对方企业的信誉和生产经营情况、双方就结算方式和期限等达成的合同或协议条款等因素，综合进行判断。如果企业估计使用费收入金额收回的可能性不大，就不能确认收入。

（2）收入的金额能够可靠地计量。当让渡资产使用权的使用费收入金额能够可靠估计时,企业才能确认收入。

让渡资产使用权的使用费收入金额,应按照相关合同协议约定的收费时间和方法计算确定。不同的使用费收入,收费时间和方法各不相同。有一次性收取一笔固定金额的,如一次收取10年的场地使用费;有在合同或协议规定的有效期内分期等额收取的,如合同或协议规定在使用期内每期收取一笔固定的金额;也有分期不等额收取的,如合同或协议规定按资产使用方每期销售额的百分比收取使用费等。

如果合同或协议规定一次性收取使用费,且不提供后续服务的,应当视同销售该项资产一次性确认收入;提供后续服务的,应在合同或协议的有效期内分期确认收入。如果合同或协议规定分期收取使用费的,应按合同或协议规定的收款时间和金额或规定的收费方法计算确定的金额分期确认收入。

(二)让渡资产使用权的使用费收入的会计处理

企业让渡资产使用权的使用费收入,作为其他业务收入处理;让渡资产所计提的摊销额等,作为其他业务成本处理。

【例11-14】甲公司向W公司转让某软件的使用权,一次性收取使用费60 000元,不提供后续服务,款项已经收回。编制会计分录如下:

借:银行存款　　　　　　　　　　　　60 000
　　贷:其他业务收入　　　　　　　　　　60 000

【例11-15】甲公司于2018年1月1日向N公司转让某专利权的使用权,协议约定转让期为5年,每年年末收取使用费200 000元。2018年该专利权计提的摊销额为120 000元,每月计提金额为10 000元。假定不考虑其他因素。编制会计分录如下:

① 2018年年末确认使用费收入:

借:应收账款(或银行存款)　　　　　200 000
　　贷:其他业务收入　　　　　　　　　　200 000

② 2018年每月计提专利权摊销额:

借:其他业务成本　　　　　　　　　　10 000
　　贷:累计摊销　　　　　　　　　　　　10 000

第二节　费用

一、费用及其确认

(一)费用的概念与内容

1. 费用的概念与特点

费用是指企业在日常活动中发生的、会导致所有者权益减少的、与向所有者分配利润无关的经济利益的总流出。费用具有以下特点:

（1）费用是企业在日常活动中发生的经济利益的总流出。

如前所述，日常活动是指企业为完成其经营目标所从事的经常性活动以及与之相关的其他活动。如工业企业制造并销售产品、商业企业购买并销售商品等活动。这些活动中发生的经济利益的总流出构成费用。工业企业对外出售不需用的原材料结转的材料成本等，也构成费用。

（2）费用形成于企业的日常经营活动。

企业从事或发生的某些活动或事项也能导致经济利益流出企业，但不属于企业的日常活动。例如，企业处置固定资产、无形资产等非流动资产，因违约支付罚款，对外捐赠，因自然灾害等非常原因造成财产毁损等，这些活动或事项形成的经济利益的总流出属于企业的损失而不是费用。

（3）费用会导致企业所有者权益的减少。

费用既可能表现为资产的减少，如减少银行存款、库存商品等；也可能表现为负债的增加，如增加应付职工薪酬、应交税费（如应交营业税、消费税等）等。根据"资产－负债＝所有者权益"的会计等式，费用一定会导致企业所有者权益的减少。

企业经营管理中的某些支出并不减少企业的所有者权益，也就不构成费用。例如，企业以银行存款偿还一项负债，只是一项资产和一项负债的等额减少，对所有者权益没有影响，所以，不构成企业的费用；向所有者分配利润或股利属于企业利润分配的内容，也不构成企业的费用。

2. 费用的内容

企业的费用主要包括营业成本、税金及附加、销售费用、管理费用和财务费用等。

营业成本包括主营业务成本和其他业务成本。主营业务成本是指企业销售商品、提供劳务等经常性活动所发生的成本。企业一般在确认销售商品提供劳务等主营业务收入时，或在月末，将已销售商品、已提供劳务的成本结转入主营业务成本。其他业务成本是指企业除主营业务活动以外的其他经营活动所发生的成本。

税金及附加是指企业经营活动应负担的相关税费。

销售费用是指企业在销售商品和材料、提供劳务过程中发生的各项费用，包括企业在销售商品过程中发生的包装费、保险费、展览费和广告费、商品维修费、预计产品质量保证损失、运输费、装卸费等费用，以及企业发生的为销售本企业商品而专设的销售机构的职工薪酬、业务费、折旧费、固定资产修理费等费用。

管理费用是指企业为组织和管理生产经营活动而发生的各种费用，包括企业在筹建期间发生的开办费、董事会和行政管理部门在企业的经营管理中发生的或应由企业统一负担的公司经费（包括行政管理部门职工薪酬、物料消耗、低值易耗品摊销、办公费和差旅费等）、工会经费、董事会费（包括董事会成员津贴、会议费和差旅费等）、聘请中介机构费、咨询费（含顾问费）、诉讼费、业务招待费、房产税、车船使用税、土地使用税、印花税、技术转让费、矿产资源补偿费、研究费用、排污费以及企业生产车间（部门）和行政管理部门发生的固定资产修理费等。

财务费用是指企业为筹集生产经营所需用的资金等而发生的各项筹资费用，包括利息支出（减利息收入）、汇兑损益以及相关的手续费、企业发生的现金折扣或收到的现金折扣等。

（二）费用的确认

企业发生的各项费用，除了应当符合费用的定义外，还应当同时满足以下费用的确认条件，才能够进行确认。

（1）与费用有关的经济利益很可能流出企业。

（2）经济利益的流出会导致资产的减少或负债的增加。

（3）经济利益流出的金额能够可靠计量。

企业在确认费用时应注意以下问题：

首先，为生产产品、提供劳务等发生的可以归属于产品成本、劳务成本的费用，应当在确认产品销售收入、劳务收入的同时，将已销产品、已提供劳务的成本计入当期损益，来实现收入与相关费用在同一会计期间的配比。

其次，发生的支出不能产生直接经济利益的，或是能够产生经济利益但不符合资产确认条件的，应当在发生费用时将其确认为期间费用，计入当期损益。

二、营业成本

（一）生产成本及其核算

1. 成本的概念

企业在一定时期内发生的、用货币表现的生产耗费，为企业的生产费用；而企业为生产一定种类、一定数量的产品所支出的各种生产费用之和，为产品的成本。企业生产费用通常与一定期间相联系，而产品成本与特定产品相联系。生产费用是形成产品成本的基础，产品成本则是生产费用的对象化。

2. 成本核算的一般程序

成本核算的一般程序是指对企业在生产经营过程中发生的各项生产费用和期间费用，按照成本核算的要求，逐步进行归集和分配，最后计算出各种产品的生产成本和各项期间费用的基本过程。根据前述的成本核算要求和生产费用、期间费用的分类，可将成本核算的一般程序归纳如下：

（1）对企业的各项支出、费用进行严格的审核和控制，并按照国家统一会计制度确定其应否计入生产费用、期间费用，以及应计入生产费用还是期间费用。

（2）正确处理支出、费用的跨期摊提工作。

（3）将应计入本月产品的各项生产费用，在各种产品之间按照成本项目进行分配和归集，计算出按成本项目反映的各种产品的成本。

（4）对于月末既有完工产品又有未完工产品，将该种产品的生产费用（月初在产品生产费用与本月生产费用之和），在完工产品与月末未完工产品之间进行分配，计算出该种产品的完工产品成本和月末未完工产品成本。

3. 成本核算的主要会计账户

为了进行成本核算，企业一般应设置"生产成本"和"制造费用"等账户。

"生产成本"账户核算企业进行工业性生产发生的各项生产成本，包括生产各种产品（产成品、自制半成品等）、自制材料、自制工具、自制设备等。

企业发生的各项直接生产成本，借记"生产成本"账户（基本生产成本、辅助生产成本），贷记"原材料""库存现金""银行存款""应付职工薪酬"等科目。各生产车间应负担的制造费用，借记"生产成本"账户（基本生产成本、辅助生产成本），贷记"制造费用"科目。辅助生产车间为基本生产车间、企业管理部门和其他部门提供的劳务和产品，期（月）末按照一定的分配标准分配给各受益对象，借记"生产成本（基本生产成本）""管理费用""销售费用""其他业务成本""在建工程"等科目，贷记"生产成本"账户（辅助生产成本）。

企业已经生产完成并已验收入库的产成品以及入库的自制半成品，应于期末，借记"库存商品"等科目，贷记"生产成本（基本生产成本）"账户。

（二）销售成本及其核算

销售成本是企业在确认销售商品、提供劳务等经营业务时，应当结转的相应成本，包括主营业务成本和其他业务成本。其中，主营业务成本是企业在经营主营业务活动时所发生的成本，包括工商企业已经销售商品的成本，服务业提供劳务的成本等；其他业务成本则是指除主营业务活动以外的其他经营活动所发生的成本和支出，如销售材料的成本，出租固定资产的折旧额、出租无形资产的摊销额、出租包装物的成本摊销额等。

企业一般在期末，根据本期已经销售的各种商品、提供的各种劳务，计算并结转其相应成本，借记"主营业务成本""其他业务成本"账户，贷记"库存商品""劳务成本""原材料""累计折旧""累计摊销""应付职工薪酬"等账户。

【例11-16】期末，甲公司结转本期已经销售商品成本，销售数量为5 000件，单位成本为125元，同时结转工业性劳务成本，本期发生劳务成本6 000元，已记入"劳务成本"账户。

```
借：主营业务成本                    631 000
    贷：库存商品                    625 000
        劳务成本                      6 000
```

【例11-17】甲公司本期出租设备1台，应计提的折旧额为2 000元；出租专利技术1项，应摊销的价值为3 200元。期末计算并编制会计分录如下：

```
借：其他业务成本                      5 200
    贷：累计折旧                      2 000
        累计摊销                      3 200
```

三、期间费用

(一) 销售费用的核算

企业发生的销售费用,应通过"销售费用"科目核算销售费用的发生和结转情况。该科目借方登记企业所发生的各项销售费用,贷方登记期末转入"本年利润"科目的销售费用,结转后该科目应无余额。该科目应按销售费用的费用项目进行明细核算。

【例11-18】甲公司为宣传新产品发生广告费80 000元,均用银行存款支付。编制会计分录如下:

借:销售费用　　　　　　　　　　　　　80 000
　　贷:银行存款　　　　　　　　　　　　　　80 000

【例11-19】甲公司销售部8月份共发生费用220 000元,其中:销售人员薪酬100 000元,业务费用70 000元,均用银行存款支付,销售部专用办公设备折旧费50 000元。编制会计分录如下:

借:销售费用　　　　　　　　　　　　　220 000
　　贷:应付职工薪酬　　　　　　　　　　　100 000
　　　　累计折旧　　　　　　　　　　　　　50 000
　　　　银行存款　　　　　　　　　　　　　70 000

【例11-20】甲公司销售一批产品,销售过程中共发生运输费5 000元、装卸费2 000元,均用银行存款支付。编制会计分录如下:

借:销售费用　　　　　　　　　　　　　7 000
　　贷:银行存款　　　　　　　　　　　　　　7 000

(二) 管理费用的核算

企业发生的管理费用,应通过"管理费用"科目核算管理费用的发生和结转情况。该科目借方登记企业发生的各项管理费用,贷方登记期末转入"本年利润"科目的管理费用,结转后该科目应无余额。该科目应按管理费用的费用项目进行明细核算。

【例11-21】甲公司筹建期间发生办公费、差旅费等开办费50 000元,用银行存款支付。编制会计分录如下:

借:管理费用　　　　　　　　　　　　　50 000
　　贷:银行存款　　　　　　　　　　　　　　50 000

【例11-22】甲公司为拓展产品销售市场发生业务招待费100 000元,用银行存款支付。编制会计分录如下:

借:管理费用　　　　　　　　　　　　　100 000
　　贷:银行存款　　　　　　　　　　　　　　100 000

【例11-23】甲公司就一项产品的设计方案向有关专家进行咨询,以现金支付咨询费3 000元。编制会计分录如下:

借:管理费用　　　　　　　　　　　　　3 000

    贷：库存现金　　　　　　　　　　　　　　　　　　3 000

【例11-24】 甲公司当月按规定计算确定的应交房产税为5 000元、应交车船使用税为4 000元、应交土地使用税为3 000元。编制会计分录如下：

    借：管理费用　　　　　　　　　　　　　　　12 000
      贷：应交税费——应交房产税　　　　　　　　　5 000
               ——应交车船使用税　　　　　　　4 000
               ——应交土地使用税　　　　　　　3 000

（三）财务费用的核算

企业发生的财务费用，应通过"财务费用"科目核算财务费用的发生和结转情况。该科目借方登记企业发生的各项财务费用，贷方登记期末转入"本年利润"科目的财务费用。结转后该科目应无余额。该科目应按财务费用的费用项目进行明细核算。

【例11-25】 甲公司于2018年1月1日向银行借入生产经营用短期借款360 000元，期限6个月，年利率5%，该借款本金到期后一次归还，利息分月预提，按季支付。假定1月份其中120 000元暂时作为闲置资金存入银行，并获得利息收入400元。假定所有利息均不符合利息资本化条件。编制会计分录如下：

1月末预提当月份应计利息：360 000×5%÷12=1 500（元）

    借：财务费用　　　　　　　　　　　　　　　　1 500
      贷：应付利息　　　　　　　　　　　　　　　　1 500

同时，当月取得的利息收入400元应作为冲减财务费用处理。

    借：银行存款　　　　　　　　　　　　　　　　　400
      贷：财务费用　　　　　　　　　　　　　　　　　400

思 考 与 练 习

一、思考题

1. 什么是收入？收入具有哪些特点？收入与利得应如何区分？
2. 销售商品收入确认条件是什么？销售商品收入的金额如何确定？
3. 一般商品销售业务、不满足收入确认条件的销售业务、商业折扣、现金折扣、销售折让、销售退回应如何进行会计处理？
4. 采用预收款方式、支付手续费代销方式销售商品时，如何确认销售商品收入，如何进行会计处理？
5. 在同一会计期间内开始并完成的提供劳务如何确认收入，如何进行具体会计处理？
6. 采用完工百分比法确认劳务收入的条件是什么？完工百分比法下，本期确认的收入和费用如何计算，如何进行会计处理？
7. 让渡资产使用权的使用费收入如何确认和计量，如何进行会计处理？
8. 什么是费用？费用具有哪些特点？费用与损失应如何区分？

9. 费用的主要内容有哪些？如何分别进行核算？

二、练习题

1. M 公司 2019 年发生下列有关的经济业务：

（1）2 月 2 日，采用分期收款销售方式，将甲产品 400 件，每件 100 元，成本 75 元，销售给 D 企业，甲产品增值税率为 17%，合同规定分三期结算货款，交货时先收取货款 40%，以后每个月分别收取货款 30%。

（2）2 月 2 日，收到 D 企业转账支票一张已存入银行，系第一期甲产品货款。

（3）2 月 15 日，签发转账支票 300 元，垫付售给 B 公司 200 件乙产品的运杂费。

（4）3 月 2 日，收到 D 企业转账支票一张已存入银行，系第二期甲产品货款。

（5）3 月 10 日，销售给 B 公司乙产品 200 件，每件 320 元，增值税率 17%，今同垫付的运杂费 300 元一起向银行办妥托收手续。但 B 公司以前信誉较差，预计该笔货款收回的可能性不大，乙产品的单位成本为 236 元。

（6）4 月 2 日，收到 D 企业转账支票一张已存入银行，系第三期甲产品货款。

要求：根据上述资料编制相关的会计分录。

2. B 公司 2018 年 10 月份发生下列有关的经济业务：

（1）2 日，销售 N 公司甲产品 100 台，每台 80 元，增值税率为 17%，当即收到转账支票存入银行。

（2）7 日，N 公司发现 2 日所购甲产品中，有 20 台质量不符要求，销售部门同意作退货处理，产品已退回验收入库，并签发转账支票支付退货款和增值税额。

（3）11 日，签发转账支票 400 元，为 M 公司垫付售给其 120 台甲产品的运杂费。

（4）16 日，销售给 M 公司甲产品 120 台，每台价格 80 元，增值税率为 17%，今连同垫付的运杂费一并向银行办妥托收手续。

（5）26 日，银行转来 M 公司支付款项的收账通知，同时转来拒绝付款理由书，拒付 20 台不合格甲产品货款和增值税额。销售部门同意对方拒付并作销货退回处理。

要求：根据上述资料编制相关的会计分录。

3. A 公司对代销商品采取作商品购销业务处理的核算方法，合同规定每月末结算一次货款，发生下列有关的经济业务：

（1）2 月 2 日，将甲商品 250 件，委托 N 公司代销，甲商品购进单价为 48 元，销售单价为 70 元，增值税率为 17%。

（2）2 月 8 日，收到 M 公司发来委托代销的 2 000 件乙商品，每件 60 元，增值税税率 17%，商品已验收入库。

（3）2 月 20 日，销售 M 公司委托代销的乙商品 200 件，每件 80 元，增值税率为 17%。收到商业汇票，并结转代销商品成本和代销商品款。

（4）2 月 26 日，收到 N 公司报来代销商品清单及转账支票各一张，系支付已售代销的 250 件甲商品货款，并结转代销商品成本。

（5）2 月 28 日，开出代销商品清单，并签发转账支票支付 200 件已售代销的乙商品货款和增值税额。

要求：根据上述资料编制相关的会计分录。

4. C公司发生下列有关的经济业务：
(1) 签发支票支付咨询机构技术咨询费2 500元。
(2) 签发支票支付本年度财产保险费40 000元。
(3) 签发支票支付生产车间委托外单位设计图纸费3 600元。
(4) 签发支票支付电视台推销产品的广告费用3 200元。
(5) 以银行存款支付银行办理结算的手续费820元。
(6) 提取本月份固定资产折旧费12 000元。其中生产车间10 000元，管理部门2 000元。
(7) 生产车间主任出差回来，报销差旅费2 600元，并交回多余现金400元，已结清其预支款。
(8) 签发支票2 600元，支付本公司特约维修单位售后服务的费用。
(9) 签发现金支票2 360元，支付招待客户费用。
(10) 摊销应由本月份负担的修理财产保险费（与第2笔业务相关），其中生产车间负担60%，行政管理部门负担40%。
(11) 银行开来短期借款计息单，系支付本季度短期借款利息17 240元，查前两个月已预提短期借款利息12 560元。
(12) 银行开来银行存款计息单，收到第2季度存款利息3 100元，前两个月已预提存款利息2 000元。
(13) 签发支票支付汽车修理费用4 680元，其中增值税额680元，该汽车系管理部门使用。
(14) 签发支票2 500元，支付生产车间办公用品费2 100元，电话费400元。
(15) 签发支票支付生产车间产品实验费1 600元。
要求：根据上述资料编制相关的会计分录。

第十二章 利润和利润分配

学习内容与目的

本章主要学习利润的含义、构成内容、利润分配的顺序以及利润、所得税与利润分配的会计核算。通过学习,旨在了解利润与利润分配的含义、内容;理解利润、所得税、利润分配的确认与计量;掌握利润、所得税、利润分配的会计处理。

第一节 利润

一、利润及其构成

(一) 利润的概念

利润是指企业在一定会计期间的经营成果。利润包括收入减去费用后的净额,以及直接计入当期利润的利得和损失等。

直接计入当期的利得和损失,是指应当计入当期损益、会导致所有者权益发生增减变动的、与所有者投入资本或者向所有者分配利润无关的利得或者损失。

(二) 利润的构成

利润由营业利润、利润总额、净利润等构成。利润相关计算公式如下:

1. 营业利润

营业利润 = 营业收入 – 营业成本 – 营业税金及附加 – 销售费用 – 管理费用 – 财务

费用 - 资产减值损失 + 公允价值变动收益（ - 公允价值变动损失） + 投资收益（ - 投资损失）

其中，营业收入是指企业经营业务所确认的收入总额，包括主营业务收入和其他业务收入。

营业成本是指企业经营业务所发生的实际成本总额，包括主营业务成本和其他业务成本。

资产减值损失是指企业计提各项资产减值准备所形成的损失。

公允价值变动收益（或损失）是指企业交易性金融资产等公允价值变动形成的应计入当期损益的利得（或损失）。

投资收益（或损失）是指企业以各种方式对外投资所取得的收益（或发生的损失）。

2. 利润总额

利润总额 = 营业利润 + 营业外收入 - 营业外支出

其中，营业外收入是指企业发生的与其日常活动无直接关系的各项利得。
营业外支出是指企业发生的与其日常活动无直接关系的各项损失。

3. 净利润

净利润 = 利润总额 - 所得税费用

其中，所得税费用是指企业确认的应从当期利润总额中扣除的所得税费用。

二、利润的会计处理

（一）营业外收入

1. 营业外收入的内容

营业外收入是指企业发生的与其日常活动无直接关系的各项利得。营业外收入并不是企业经营资金耗费所产生的，不需要企业付出代价，实际上是经济利益的净流入，不可能也不需要与有关的费用进行配比。营业外收入主要包括非流动资产处置利得、盘盈利得、罚没利得、捐赠利得、确实无法支付而按规定程序经批准后转作营业外收入的应付款项等。

（1）非流动资产处置利得，包括固定资产处置利得和无形资产出售利得。固定资产处置利得，指企业出售固定资产所取得价款或报废固定资产的材料价值和变价收入等，扣除处置固定资产的账面价值、清理费用、处置相关税费后的净收益；无形资产出售利得，指企业出售无形资产所取得价款，扣除出售无形资产的账面价值、出售相关税费后的净收益。

（2）盘盈利得，主要指对于现金等清查盘点中盘盈的现金等，报经批准后计入营业外收入的金额。

（3）罚没利得，指企业取得的各项罚款，在弥补由于对违反合同或协议而造成的经济损失后的罚款净收益。

(4) 捐赠利得，指企业接受捐赠所产生的利得。

(5) 政府补助利得，指企业从政府无偿取得货币性资产或非货币性资产形成的利得。

(6) 债务重组利得，指重组债务的账面价值超过清偿债务的现金、非现金资产的公允价值、所转股份的公允价值，或者重组后债务账面价值之间的差额所形成的利得。

(7) 非货币性资产交换利得，指在非货币性资产交换中换出固定资产、无形资产的公允价值大于其账面价值的差额，扣除相关费用后的净收益。

(8) 无法支付的应付款项，指由于债权单位撤销或其他原因而确实无法支付、按规定程序经批准后转入当期收益（营业外收入）的应付款项。

2. 营业外收入的会计处理

企业应通过"营业外收入"科目核算营业外收入的取得及结转情况。该科目贷方登记企业确认的各项营业外收入，借方登记期末转入"本年利润"科目的营业外收入，结转后该科目应无余额。该科目应按照营业外收入的项目进行明细核算。

企业确认营业外收入，借记"固定资产清理"、"银行存款"、"库存现金"、"应付账款"等科目。贷记"营业外收入"科目。期末，应将"营业外收入"科目余额转入"本年利润"科目，借记"营业外收入"科目，贷记"本年利润"科目。

【例 12-1】甲公司将固定资产报废清理的净收益 15 000 元转作营业外收入。编制会计分录如下：

借：固定资产清理　　　　　　　　　15 000
　　贷：营业外收入　　　　　　　　　　　　　15 000

【例 12-2】甲公司本期营业外收入总额为 200 000 元，期末结转本年利润。会计分录如下：

借：营业外收入　　　　　　　　　200 000
　　贷：本年利润　　　　　　　　　　　　　200 000

（二）营业外支出

1. 营业外支出的内容

营业外支出是指企业发生的与其日常活动无直接关系的各项损失，主要包括非流动资产处置损失、盘亏损失、罚款支出、公益性捐赠支出、非常损失等。

(1) 非流动资产损失，包括固定资产处置损失和无形资产出售损失。固定资产处置损失，指企业出售固定资产所取得价款或报废固定资产的材料价值和变价收入等，不足以抵补处置固定资产的账面价值、清理费用、处置相关税费所发生的净损失；无形资产出售损失，指企业出售无形资产所取得价款，不足以抵补出售无形资产的账面价值、出售相关税费后所发生的净损失。

(2) 盘亏损失，主要指对于固定资产清查盘点中盘亏的固定资产发生的净损失。

(3) 罚款支出，指企业由于违反税收法规、经济合同等而支付的各种滞纳金和罚款等支出。

(4) 公益性捐赠支出，指企业对外进行公益性捐赠发生的支出。

(5) 非常损失，指企业对于因客观因素（如自然灾害等）造成的损失，在扣除保险公司赔偿后应计入营业外支出的净损失。

（6）债务重组损失，指重组债权的账面价值超过受让资产的公允价值、所转股份的公允价值，或者重组后债权的账面价值之间的差额所形成的损失。

（7）非货币性资产交换损失，指在非货币性资产交换中换出资产为固定资产、无形资产的，换入资产公允价值小于换出资产账面价值的差额，扣除相关费用后的净损失。

2. 营业外支出的会计处理

企业应通过"营业外支出"科目核算营业外支出的发生及结转情况。该科目借方登记企业发生的各项营业外支出，贷方登记期末转入"本年利润"科目的营业外支出，结转后该科目应无余额。该科目应按照营业外支出的项目进行明细核算。

企业发生营业外支出时，借记"营业外支出"科目，贷记"固定资产清理""待处理财产损溢""库存现金""银行存款"等科目，期末，应将"营业外支出"科目余额转入"本年利润"科目，借记"本年利润"科目，贷记"营业外支出"科目。

【例12-3】甲公司将已经发生的原材料意外灾害损失 300 000 元转作营业外支出。编制会计分录如下：

借：营业外支出　　　　　　　　　　　300 000
　　贷：待处理财产损溢　　　　　　　　　　　300 000

【例12-4】甲公司用银行存款支付税款滞纳金 20 000 元。编制会计分录如下：

借：营业外支出　　　　　　　　　　　20 000
　　贷：银行存款　　　　　　　　　　　　　　20 000

【例12-5】甲公司本期营业外支出总额为 340 000 元，期末结转本年利润。编制会计分录如下：

借：本年利润　　　　　　　　　　　　340 000
　　贷：营业外支出　　　　　　　　　　　　　340 000

（三）本年利润形成的会计处理

1. 本年利润的结转方法

会计期末结转本年利润的方法有表结法和账结法两种。

（1）表结法。

在表结法下，各损益类科目每月月末只需结计出本月发生额和月末累计余额，不结转到"本年利润"科目，只有在年末时才将全年累计余额结转入"本年利润"科目。但每月月末要将损益类科目的本月发生额合计数填入利润表的本月数栏，同时将本月末累计余额填入利润表的本年累计数栏，通过利润表计算反映各期的利润（或亏损）。表结法下年中损益类科目无需结转入"本年利润"科目，从而减少了转账环节和工作量，同时并不影响利润表的编制及有关损益指标的利用。

（2）账结法。

在账结法下，每月月末均需编制转账凭证，将在账上结计出的各损益类科目的余额结转入"本年利润"科目。结转后"本年利润"科目的本月合计数反映当月实现的利润或发生的亏损，"本年利润"科目的本年累计数反映本年累计实现的利润或发生的亏损。账结法在各月均可通过"本年利润"科目提供当月及本年累计的利润（或亏损）额，但增加了转账环节和工作量。

2. 本年利润结转的会计处理

企业应设置"本年利润"科目，核算企业本年度实现的净利润（或发生的净亏损）。会计期末，企业应将各损益类收入科目的余额转入"本年利润"科目的贷方。借记有关损益类收入科目，贷记"本年利润"科目；将各成本类或损益类费用科目的余额转入"本年利润"科目的借方，借记"本年利润"科目，贷记各有关成本类或损益类费用科目。结转后"本年利润"科目如为贷方余额，表示当年实现的净利润；如为借方余额，表示当年发生的净亏损。

年度终了，企业还应将"本年利润"科目的本年累计余额转入"利润分配——未分配利润"科目。如为贷方余额，借记"本年利润"科目，贷记"利润分配——未分配利润"科目。如为借方余额，作相反的会计分录。结转后"本年利润"科目应无余额。

【例12-6】甲公司2017年有关损益类科目的年末余额如下（该企业采用表结法年末一次结转损益类科目，所得税税率25%）：

科目名称	结账前余额
主营业务收入	6 000 000元（贷）
其他业务收入	700 000元（贷）
公允价值变动损益	150 000元（贷）
投资收益	600 000元（贷）
营业外收入	50 000元（贷）
主营业务成本	4 000 000元（借）
其他业务成本	400 000元（借）
税金及附加	80 000元（借）
销售费用	500 000元（借）
管理费用	770 000元（借）
财务费用	200 000元（借）
资产减值损失	100 000元（借）
营业外支出	250 000元（借）

编制会计分录如下：

（1）2017年年末，将各项损益类科目余额结转入"本年利润"科目：

①结转各项收入、利得类科目：

```
借：主营业务收入              6 000 000
    其他业务收入                700 000
    公允价值变动损益            150 000
    投资收益                    600 000
    营业外收入                   50 000
    贷：本年利润              7 500 000
```

②结转各项费用、损失类科目：
借：本年利润　　　　　　　　　　　6 300 000
　　贷：主营业务成本　　　　　　　　　　　4 000 000
　　　　其他业务成本　　　　　　　　　　　　400 000
　　　　税金及附加　　　　　　　　　　　　　 80 000
　　　　销售费用　　　　　　　　　　　　　　500 000
　　　　管理费用　　　　　　　　　　　　　　770 000
　　　　财务费用　　　　　　　　　　　　　　200 000
　　　　资产减值损失　　　　　　　　　　　　100 000
　　　　营业外支出　　　　　　　　　　　　　250 000

（2）经过上述结转后，"本年利润"科目的贷方发生额合计 7 500 000 元减去借方发生额合计 6 300 000 元，即为税前会计利润 1 200 000 元。假定将该税前会计利润进行纳税调整后，应纳税所得额为 1 000 000 元，则应交所得税税额 = 1 000 000 × 25% = 250 000 元。假定将该应交所得税按照会计准则进行调整后计算确认的所得税费用为 250 000 元。编制会计分录如下：

①确认所得税费用：
借：所得税费用　　　　　　　　　　　250 000
　　贷：应交税费——应交所得税　　　　　　　250 000

②将所得税费用结转入"本年利润"科目：
借：本年利润　　　　　　　　　　　　250 000
　　贷：所得税费用　　　　　　　　　　　　　250 000

（3）将"本年利润"科目年末余额 950 000（7 500 000 - 6 300 000 - 250 000）元转入"利润分配——未分配利润"科目：

借：本年利润　　　　　　　　　　　　950 000
　　贷：利润分配——未分配利润　　　　　　　950 000

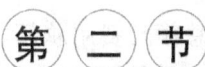 所得税费用

一、所得税费用概述

所得税是指企业就其全年的生产经营所得和其他所得征收的税款，它以企业全年的所得额为纳税依据。所得税费用是指作为一项费用，应在企业会计税前利润中扣除的所得税金额。

所得税会计需要对企业有关的所得税业务进行相应会计处理。包括确定企业一个会计期间应纳所得税额，并根据应纳税所得额和适用税率计算所得税费用，以及这项数据在财务报表上的列示方法。如何确认、计量、报告所得税费用，是所得税会计中

要解决的主要问题。

在经济领域中，会计和税收是两个不同的分支，分别实现不同的目标、规范不同的对象、遵循不同的原则。因此，在各国会计准则与税收法规中，大多体现了会计和税收各自相对独立和适当分离的原则。为了合理调节国家与企业的利益分配关系、有效利用社会资源、公平税负、促进竞争，我国现行税法对企业的各项资产、负债、收入、费用都有严格的界定或限制，企业必须依从税法规定正确计算应纳税所得额。另一方面，目前我国由财政部制定的会计准则，虽然体现了国家宏观管理的需要，但企业根据会计准则的规范与要求、按会计核算原则和方法确认、计量的资产、负债、收入、费用等会计信息，其主要目标是反映企业管理层受托责任履行情况，有助于会计信息使用者作出经济决策。因此，从会计核算的角度反映的资产、负债，以及年度利润总额与按税法规定计算的应纳税所得额往往有所不同。实务中，企业的应纳税所得额通常来自企业的财务会计记录，但并不完全等于企业的税前会计利润。

所得税费用的确认有应付税款法和债务法两类方法。采用应付税款法只确认当期所得税费用，不确认递延所得税费用。债务法又分为利润表债务法与资产负债表债务法。我国现行会计准则规定，所得税费用的确认应采用资产负债表债务法。资产负债表债务法既要确认当期所得税费用，也要确认递延所得税费用。

资产负债表债务法是从资产负债表出发，通过比较资产负债表上列示的资产、负债按照会计准则确定的账面价值与按税法规定确定的计税基础，对于两者的差额分别应纳税暂时性差异与可抵减暂时性差异，确认相关的递延所得税负债与递延所得税资产。

递延所得税资产和递延所得税负债的确认，体现了交易或事项发生后对未来期间计税的影响，即会增加未来期间的应交所得税或是减少未来期间的应交所得税。在所得税会计核算方面，贯彻了资产、负债等基本会计要素的界定。

二、会计利润与应纳税所得额的差异

企业按照会计准则确认一定期间的经营成果，是一定期间收入总额与费用总额之间的差额，称为会计利润（或会计税前利润）。会计利润与按税法规定计算的应纳税所得额之间存在差异。究其原因和性质不同，二者间的差异可分为两大类：永久性差异和暂时性差异。

（一）永久性差异

1. 永久性差异含义

永久性差异是由于会计准则与税法在确认收入、收益、费用或损失的口径或范围不同产生的会计利润与应纳税所得额之间的差异。概括起来有以下 4 种类型：

（1）按照会计准则规定计入收益，但按照现行税法不计入纳税所得；

（2）按照会计准则规定不计入收益，但按照现行税法计入纳税所得；

（3）按会计准则计入费用损失，但按照现行税法不准予作为费用损失扣除；

（4）按会计准则不计入费用损失，但按照现行税法准予作为费用损失扣除。

2. 永久性差异的主要内容

（1）超出规定的利息支出。会计准则规定，借款利息（符合资本化条件，将借款费用资本化的除外）按实际发生数通过财务费用计入利润总额。但现行税法规定，企业从非金融机构借款的利息支出，高于金融机构同类、同期贷款利率的部分，不得计入纳税所得，不得扣除。

（2）超出标准的职工薪酬。会计准则规定，企业发生的职工薪酬全部通过成本、费用计入利润总额。但税法规定，企业发生的职工薪酬超过计税薪酬的部分不得计入纳税所得，不得扣除。（如税法规定，企业发生的合理工资薪酬在计算纳税所得时准予扣除；企业发生的职工福利费、职工教育经费、职工工会经费分别按照工资薪金总额的14%、2%、1.5%准予扣除；企业在规定范围和标准为职工缴纳的基本社会保险费和补充社会保险费及住房公积金准予扣除。）

（3）超出标准的业务招待费、捐赠支出。会计准则规定，业务招待费按实际发生的数额通过管理费用计入利润总额。但税法将业务招待费的开支标准与营业收入挂钩，发生的与企业经营活动有关的业务招待费按发生额的60%扣除，最高不超过当年销售（营业）收入的5‰；企业发生的公益性捐赠支出在年度利润总额12%以内的部分准予扣除，非公益性的捐赠以及超过标准的公益性捐赠不得扣除。

（4）违法经营的罚款和被没收财物的损失、支付各项税收的滞纳金、罚金、罚款等。

会计准则规定，企业将上述罚款、滞纳金等通过营业外支出计入利润总额。但税法规定这些支出均不得扣除，不得计入纳税所得。

（5）赞助支出。赞助支出是指企业发生的与生产经营活动无关的各种非广告性支出。会计准则规定，赞助支出通过营业外支出计入利润总额。但税法规定赞助支出不得扣除，不得计入纳税所得。但企业发生的符合条件的广告费、业务宣传费除国务院、税务主管部门另有规定外，不超过当年销售（营业）收入15%部分，准予扣除，超过部分准予在以后纳税年度扣除。

（6）对外投资分回的利润。会计准则规定，企业从其他单位分回已经交纳所得税的利润，通过投资收益计入利润总额。但税法规定，企业直接投资于其他企业取得的股息、红利等权益性投资收益属于免税收入，不计入纳税所得。

（7）国债利息收入。会计准则规定，国债利息收入通过投资收益计入利润总额，但税法规定，企业的国债利息收入属于企业的免税收入，不计入纳税所得。

（二）暂时性差异

暂时性差异是指资产或负债的账面价值与其计税基础之间的差额。按照暂时性差异对未来期间应税金额的影响不同，可分为应纳税暂时性差异和可抵扣暂时性差异。应纳税暂时性差异将导致未来期间应税所得和应交所得税的增加。可抵扣暂时性差异将导致未来期间应税所得和应交所得税的减少。

资产的计税基础是指企业收回资产账面价值过程中，计算应纳税所得额时按税法规定可以自应税经济利益中抵扣的金额（即未来不需要交税的资产价值）。

通常情况下，资产初始确认时，其计税基础一般为取得成本。因为从所得税角度来看，某一单项资产产生的所得是指该项资产产生的未来经济利益流入扣除其取得成本之后的金额。

（1）当资产的账面价值大于其计税基础时，产生应纳税暂时性差异。即该项资产未来期间产生的经济利益不能全部税前抵扣，两者之间的差额需要交纳所得税。

（2）当资产的账面价值小于其计税基础时，产生可抵扣暂时性差异。从经济含义来看，资产在未来期间产生的经济利益少，按税法规定允许税前扣除的金额多，则在未来期间可以减少应纳税所得额，减少所得税。

举例如下：

（1）应收账款账面价值100万元，相关的收入已包括在本期应税利润中，未来收回100万元不构成应税利润，该应收账款的计税基础就是其账面价值100万元，不产生差异。

（2）一项存货的账面余额为100万元，已计提存货跌价准备40万元，账面价值60万元，在未来销售过程中，可以抵扣应税经济利益的成本是100万元，存货的计税基础是100万元，产生可抵减暂时性差异40万元，应确认相应的递延所得税资产。

（3）一项无形资产账面价值为200万元，计税基础为150万元，差额50万元。会造成未来期间应交所得税的增加，在产生当期，企业应确认相关的递延所得税负债。

（4）设备原值150万元，已计提折旧50万元，账面价值100万元，计税累计折旧90万元，该资产的计税基础为60万元（150－90），产生应纳税暂时性差异40万元。企业应确认一项递延所得税负债。

负债的计税基础是指负债的账面价值减去未来期间计算应税所得时按税法规定可予抵扣的金额（即未来不可以扣税的负债价值）。

通常情况下，负债的确认与偿还不会对当期损益和应纳税所得额产生影响，其计税基础即为账面价值。但在某些情况下，负债的确认可能会影响损益，进而影响不同时期的应纳税所得额，使得其计税基础与账面价值之间产生差异。例如，企业根据会计准则规定，将因或有事项确认的预计负债，按照最佳估计数确认、计量；而税法规定，与确认预计负债有关的费用在实际发生时准予税前抵扣，该负债的计税基础为零，形成了负债的账面价值与计税基础之间的暂时性差异。

负债产生的暂时性差异，实际上是税法规定就该项负债可以在未来期间税前扣除的金额。

（1）当负债的账面价值大于计税基础，产生可抵扣暂时性差异。

（2）当负债的账面价值小于计税基础，产生应纳税暂时性差异。

举例如下：

（1）账面金额为10万元的应付职工薪酬，本期计税时，相关费用已抵扣，未来期间支付时，不得从应税所得中抵扣，该负债的计税基础是10万元，二者无差异。

（2）账面金额为10万元的应付罚款，假设计税时，该罚款不可抵扣，该应付罚款的计税基础是10万元，二者无差异。

（3）账面金额为10万元的预计产品保修费用（预计负债），相关费用按收付实现制予以征税,该预计负债的账面价值是 10 万元,在未来保修时可以抵扣应税利润 10 万元,计税基础 0,可抵扣暂时性差异 10 万元。

(4) 账面金额为 100 万元的预收房地产业务收入（预收账款）,相关收入按收付实现制予以征税已经完税,未来结转时可以抵扣应税利润 100 万元,计税基础为 0,产生可抵扣暂时性差异 100 万元。

在企业的实际工作中,资产的账面价值与其计税基础可能存在暂时性差异的情况,一般有如下资产项目：交易性金融资产、可供出售金融资产、长期股权投资、投资性房地产、固定资产、无形资产,以及其他计提减值准备的资产等。负债的账面价值与其计税基础可能存在暂时性差异的主要是预计负债。

另外,按现行税法规定,允许抵减各年度利润的可抵扣亏损,也视同可抵扣暂时性差异。

未作为资产和负债确认的项目,按税法规定可以确定其计税基础的,该计税基础与账面价值之间的差额也属于暂时性差异。

三、递延所得税资产与递延所得税负债的确认与转回

递延所得税资产是指企业当期和以前期间已支付的所得税超过应支付的所得税部分,属于预付的税款,在未来期间抵扣应纳税款。递延所得税负债是指企业当期和以前期间应交未交的所得税部分,属于应付的税款,在未来期间转为应纳税款。企业应当按照暂时性差异与适用所得税税率计算的结果,确认递延所得税资产、递延所得税负债以及相应的递延所得税费用。

递延所得税资产和递延所得税负债确认后,相关的可抵扣暂时性差异或应纳税暂时性差异于以后转回的,应当调整原已确认的递延所得税资产、递延所得税负债以及相应的递延所得税费用。

需要说明的是,企业确认由可抵扣暂时性差异产生的递延所得税资产,应当以未来期间很可能取得用来抵扣暂时性差异的应纳税所得额为限。该应纳税所得额为未来期间企业正常经营活动实现的应纳税所得额,以及因应纳税暂时性差异在未来期间转回相应增加的应税所得。企业无法产生足够的应纳税所得额,或者无法提供相关证据,该部分递延所得税资产不应确认。

四、所得税费用的会计处理

如前所述,在计算应交所得税时,企业应纳税所得额通常来自于财务会计记录,需要将利润总额调整为应纳税所得额。我国现行会计准则规定,所得税费用的确认采用资产负债表债务法。所得税费用包括当期所得税费用和递延所得税费用。用公式表示即：

$$应纳税所得额 = 法定应税收入额 - 准予扣除项目$$

$$= 利润总额 \pm 纳税调整金额$$
$$= 利润总额 + 永久性差异 + 暂时性差异$$
$$应交所得税 = 应纳税所得额 \times 适用税率$$
$$所得税费用 = 当期所得税费用 + 递延所得税费用（或递延所得税收益）$$

（一）当期所得税费用

当期所得税费用是指按照当期应缴纳的所得税确认的费用。从上述公式中可看出，当期应交纳的所得税，以利润表中的利润总额为基础，需要考虑的包括永久性差异和暂时性差异，以及现行税率。

【例12-7】 粤龙公司2018年12月份的应纳税所得额即应交所得税计算如下（所得税税率为25%）：

会计税前利润	650 000 元
加：非公益性捐赠支出	30 000 元
减：国债利息收入	75 000 元
加：超过税法计提折旧	20 000 元
加：资产减值损失	30 000 元
减：公允价值变动收益	100 000 元
应纳税所得额	555 000 元

应交所得税 = 555 000 × 25% = 138 750（元）

  借：所得税费用——当期所得税费用 138 750
    贷：应交税费——应交所得税   138 750

（二）递延所得税费用（或收益）

递延所得税费用（或收益）是由于暂时性差异的发生或转回而确认的所得税费用（或收益）。其中，暂时性差异以资产负债表为基础，需要考虑各项资产、负债的账面价值与计税基础的差异。

【例12-8】 粤龙公司2017年12月25日购入一台固定资产，原值为15万元。假定无预计净残值。税法规定采用直线法计提折旧，折旧年限为5年。该公司也采用直线法计提折旧，但折旧年限为3年。假定该公司2018年初没有递延所得税资产，预计未来5年所得税税率均为25%，且无其他暂时性差异。则该公司2018至2022各年递延所得税资产及递延所得税收益计算，如表12-1所示。

表12-1 递延所得税资产及递延所得税收益计算表

单位：元

年度	账面价值	计税基础	期末可抵扣暂时性差异	期末递延所得税资产	期初递延所得税资产	递延所得税收益
2018 年末	100 000	120 000	20 000	5 000	0	5 000
2019 年末	50 000	90 000	40 000	10 000	5 000	5 000
2020 年末	0	60 000	60 000	15 000	10 000	5 000

续上表

年度	账面价值	计税基础	期末可抵扣暂时性差异	期末递延所得税资产	期初递延所得税资产	递延所得税收益
2021年末	0	30 000	30 000	7 500	15 000	−7 500
2022年末	0	0	0	0	7 500	−7 500

（1）2018—2020年每年末编制会计分录如下：
　　借：递延所得税资产　　　　　　　　　　　　5 000
　　　　贷：所得税费用——递延所得税费用　　　　　　5 000
（2）2021—2022年每年末编制会计分录如下：
　　借：所得税费用——递延所得税费用　　　　　7 500
　　　　贷：递延所得税资产　　　　　　　　　　　　7 500

【例12-9】如上述粤龙公司2017年12月25日购入的固定资产，按税法规定采用直线法计提折旧，折旧年限为3年。该公司也采用直线法计提折旧，但折旧年限为5年。其他资料不变。则该公司2018—2022年各年递延所得税负债及递延所得税费用计算，如表12-2所示：

表12-2　递延所得税负债及递延所得税费用计算表

单位：元

年度	账面价值	计税基础	期末应纳税暂时性差异	期末递延所得税负债	期初递延所得税负债	递延所得税费用
2018年末	120 000	100 000	20 000	5 000	0	5 000
2019年末	90 000	50 000	40 000	10 000	5 000	5 000
2020年末	60 000	0	60 000	15 000	10 000	5 000
2021年末	30 000	0	30 000	7 500	15 000	−7 500
2022年末	0	0	0	0	7 500	−7 500

（1）2018—2020年每年末编制会计分录如下：
　　借：所得税费用——递延所得税费用　　　　　5 000
　　　　贷：递延所得税负债　　　　　　　　　　　　5 000
（2）2021—2022年每年末编制会计分录如下：
　　借：递延所得税负债　　　　　　　　　　　　7 500
　　　　贷：所得税费用——递延所得税费用　　　　　7 500

实际工作中，为简化起见，企业可以在资产负债表日按资产、负债项目汇总其账面价值与计税基础，计算暂时性差异，确认递延所得税资产或递延所得税负债，并对所得税费用（或收益）进行综合处理。

【例12-10】甲公司适用所得税税率为25%，2018年按税法规定计算确定的应纳税所得额为160万元。预计该公司将持续盈利，能够获得足够的应纳税所得额。2018年12月31日起资产负债表中有关项目金额和计税基础及暂时性差异计算，如表12-3所示。

表 12-3 2018年暂时性差异计算表

单位：元

项 目	账面价值	计税基础	暂时性差异	
			应纳税暂时性差异	可抵扣暂时性差异
交易性金融资产	200 000	160 000	40 000	
应收账款	180 000	250 000		70 000
存货	450 000	480 000		30 000
长期股权投资	150 000	160 000		10 000
固定资产	1 200 000	1 050 000	150 000	
无形资产	120 000	0	120 000	
预计负债	50 000	0		50 000
合计			310 000	160 000

（1）根据上述资料，该公司2018年计算确认的递延所得税负债、递延所得税资产、应交所得以及所得税费用如下：

递延所得税负债 = 310 000 × 25% = 77 500（元）

递延所得税资产 = 160 000 × 25% = 40 000（元）

应交所得税 = 1 600 000 × 25% = 400 000（元）

所得税费用 = 400 000 + 77 500 − 40 000 = 437 500（元）

（2）2018年末会计处理如下：

　　借：所得税费用——当期所得税费用　　　400 000
　　　　贷：应交税费——应交所得税　　　　　　　400 000
　　借：递延所得税资产　　　　　　　　　　40 000
　　　　贷：所得税费用——递延所得税费用　　　　40 000
　　借：所得税费用——递延所得税费用　　　77 500
　　　　贷：递延所得税负债　　　　　　　　　　　77 500

或者合并处理为：

　　借：所得税费用——当期所得税费用　　　400 000
　　　　　　　　——递延所得税费用　　　　37 500
　　　　递延所得税资产　　　　　　　　　　40 000
　　　　贷：应交税费——应交所得税　　　　　　　400 000
　　　　　　递延所得税负债　　　　　　　　　　　77 500

后续年度确认递延所得税费用时，还应考虑"递延所得税资产"和"递延所得税负债"账户的原有余额。

【例12-11】设上述甲公司2019年按税法规定计算确定的应纳税所得额为230万元。预计该公司未来期间能够获得足够的应纳税所得额用来抵扣暂时性差异。2019年12月31日其资产负债表中有关项目金额和计税基础及暂时性差异计算如表12-4所示。

表12-4 2019年暂时性差异计算表

单位：元

项目	账面价值	计税基础	暂时性差异	
			应纳税暂时性差异	可抵扣暂时性差异
交易性金融资产	550 000	460 000	90 000	
应收账款	360 000	450 000		90 000
存货	850 000	920 000		70 000
长期股权投资	350 000	380 000		30 000
固定资产	1 460 000	1 350 000	110 000	
无形资产	235 000	180 000	55 000	
预计负债	80 000	0		80 000
合计			255 000	270 000

(1) 根据上述资料，该公司2019年计算确认的递延所得税负债、递延所得税资产、应交所得以及所得税费用如下：

递延所得税负债年末余额 = 255 000 × 25% = 63 750（元）
递延所得税负债本期发生额 = 递延所得税负债（年末余额 - 年初余额）
$$= 63\,750 - 77\,500$$
$$= -13\,750（元）$$
递延所得税资产年末余额 = 270 000 × 25% = 67 500（元）
递延所得税资产本期发生额 = 递延所得税资产（年末余额 - 年初余额）
$$= 67\,500 - 40\,000$$
$$= 27\,500（元）$$
应交所得税 = 2 300 000 × 25% = 575 000（元）
所得税费用 = 575 000 + (-13 750) - 27 500 = 533 750（元）

(2) 2019年末会计处理如下：

借：所得税费用　　　　　　　　　　　533 750
　　递延所得税负债　　　　　　　　　 13 750
　　递延所得税资产　　　　　　　　　 27 500
　　贷：应交税费——应交所得税　　　　　　575 000

五、所得税会计处理中应注意的几个问题

（1）当企业适用税率发生变化时，应对已确认的递延所得税资产和递延所得税负债进行重新计算。除直接在所有者权益中确认的交易或事项产生的递延所得税资产和递延所得税负债外，应当将其影响数计入变化当期的所得税费用。

（2）应纳税暂时性差异与可抵扣暂时性差异两者不可互相抵消，也就是说相关业务对递延所得税资产与递延所得税负债的确认与计量不可抵消。

（3）企业应当在资产负债表日对递延所得税资产的账面价值进行复核。如果未来期间很可能无法获得足够的应纳税所得额用以抵扣递延所得税资产利益的，应当减记递延所得税资产的账面价值。以后，在很可能获得足够的应纳税所得额时，减记的金额应当转回。

（4）不影响所得税费用的递延所得税问题

在某些情况下，企业发生的递延所得税产生于直接计入所有者权益的交易或事项，或者产生于企业合并中资产、负债的账面价值与计税基础的差异。这类交易或事项中产生的递延所得税不影响利润表中的所得税费用。

①直接计入所有者权益的交易或事项产生的递延所得税。如其他债权投资公允价值的变动，相关资产、负债的账面价值与计税基础之间形成的暂时性差异，按会计准则规定，确认递延所得税资产或所得税负债，计入资本公积（其他资本公积）。

②企业合并中产生的递延所得税。由于会计准则与税法规定对企业合并的处理不同，可能会产生企业合并中取得资产、负债的入账价值与计税基础的差异。如在非同一控制下企业合并产生的暂时性差异，会计准则规定在确认递延所得税资产或递延所得税负债的同时，相应的递延所得税费用（或收益），通常应调整企业合并中所确认的商誉。

第三节 利润分配

一、利润分配的程序

利润分配是指企业按照国家有关规定和企业章程、投资者协议等，对企业当年可供分配的利润所进行的分配。

可供分配的利润 = 当年实现的净利润 + 年初未分配利润（−年初未弥补亏损）+ 其他转入

利润分配的顺序依次是：①提取法定盈余公积；②提取任意盈余公积；③向投资者分配利润。

盈余公积是指企业按规定从净利润中提取的企业积累资金。公司制企业的盈余公积包括法定盈余公积和任意盈余公积。

按照《公司法》有关规定，公司制企业应按照净利润（减弥补以前年度亏损）的10%提取法定盈余公积。非公司制企业法定盈余公积的提取比例可超过净利润的10%。法定盈余公积累计额已达到注册资本的50%时可不再提取。但在计算提取法定盈余公积的基数时，不包括企业年初未分配利润。

公司制企业可根据股东大会的决议提取任意盈余公积。非公司制企业经类似权力机构批准，也可提取任意盈余公积。

未分配利润是经过弥补亏损、提取法定盈余公积、提取任意盈余公积和向投资者分配利润等利润分配后剩余的利润，是企业留待以后年度进行分配的历年结存的利润。

二、利润（股利）分配的会计处理

企业应设置"利润分配"科目，进行利润分配的核算。该科目核算企业利润的分配（或亏损的弥补）和历年分配（或弥补）后的余额。该科目的贷方反映年末从"本年利润"科目转入的本年净利润以及用盈余公积补亏的数额；借方反映按规定提取的盈余公积、公益金、向投资者分配的利润数额以及年末从"本年利润"科目转入的本年亏损数额。该科目年末余额，反映企业历年积存的未分配利润（或未弥补的亏损）。

在"利润分配"科目下应设置以下明细科目：①提取法定盈余公积；②提取任意盈余公积；③应付现金股利或利润；④转作股本的股利；⑤盈余公积补亏；⑥未分配利润。

企业按规定提取的盈余公积，借记"利润分配——提取法定盈余公积、提取任意盈余公积"，贷记"盈余公积——法定盈余公积、任意盈余公积"科目。

外商投资企业按规定提取的储备基金、企业发展基金、职工奖励及福利基金，借记"利润分配——提取储备基金、提取企业发展基金、提取职工奖励及福利基金"，贷记"盈余公积——储备基金、企业发展基金""应付职工薪酬"等科目。

经股东大会或类似机构批准的年度利润分配方案应当分配给股东的现金股利或利润，借记"利润分配——应付现金股利或利润"科目，贷记"应付股利"科目。

经股东大会或类似机构决议，分配给股东的股票股利，应在办理增资手续后，借记"利润分配——转作股本的股利"科目，贷记"股本"科目

企业用盈余公积弥补亏损时，借记"盈余公积——法定盈余公积或任意盈余公积"科目，贷记"利润分配——盈余公积补亏"科目。

（一）利润分配

利润分配是有限责任公司向投资者分派利润（收益）的形式，企业决定向投资者分配利润时，一般通过"利润分配——应付利润"账户核算。

【例12-12】甲公司2018年度实现净利润950 000元，按本年实现净利润的10%和5%分别提取法定盈余公积和任意盈余公积。经董事会决议，按本期可分配利润的

80%向投资者分配利润。假设无年初未分配利润。年末进行利润分配时,应编制会计分录如下:

提取法定盈余公积 = 950 000 × 10% = 95 000(元)
提取任意盈余公积 = 950 000 × 5% = 47 500(元)
本期可向投资者分配的利润 = 950 000 - 142 500 = 807 500(元)
应向投资者分配的利润 = 807 500 × 80% = 646 000(元)

借:利润分配——提取法定盈余公积　　　95 000
　　　　　——提取任意盈余公积　　　47 500
　　　　　——应付利润　　　　　　　646 000
　贷:盈余公积——法定盈余公积　　　　95 000
　　　　　——任意盈余公积　　　　　47 500
　　　应付利润　　　　　　　　　　　646 000

(二) 股利分配

股利分配是股份公司向股东分派利润(收益)常见的形式,股利分配的具体形式有现金股利、股票股利、财产股利、负债股利和清算股利等。目前我国企业主要采用现金股利和股票股利两种形式。企业决定向股东分配现金股利时,一般通过"利润分配——应付现金股利"账户核算。

1. 现金股利

现金股利是最常见的一种股利发放形式,是企业以支付现金的方式向股东分派留存收益,它直接导致留存收益和现金的减少。与现金股利相关的重要日期有股利宣告日、股权登记日、股利发放日。股利宣告日是指公司董事会正式对外宣布向某一特定日期登记在册的股东支付股利的日期,在股利宣告日后,公司就产生一项负债,因此需要进行会计处理,一方面增加应付股利的流动负债,另一方面减少留存收益。股权登记日是指登记可以参与当年股利分配股东的日期,只有股权登记日在册的股东才能参与当年的股利分配,股权登记日无需进行会计处理。股利发放日是指实际向股东支付股利的日期,公司向股东支付股利时,应编制会计分录进行核算,一方面减少现金,另一方面减少应付股利的流动负债。

【例 12-13】红星股份有限公司 2018 年 2 月 15 日宣告发放现金股利,每股 0.20元,流通在外的普通股为 2 000 万股。股权登记日为 2018 年 3 月 20 日,股利实际支付日为 2018 年 4 月 25 日。该公司应编制会计分录:

(1) 2018 年 2 月 15 日,宣告发放现金股利时:

借:利润分配——应付现金股利　　　4 000 000
　贷:应付股利　　　　　　　　　　4 000 000

(2) 2018 年 3 月 20 日,股权登记日不需要编制会计分录。

(3) 2018 年 4 月 25 日,实际支付股利时:

借:应付股利　　　　　　　　　　　4 000 000
　贷:银行存款　　　　　　　　　　4 000 000

2. 股票股利

股票股利是除现金股利之外最常见的一种股利分配方式,是将留存收益转作股本。发放股票股利并不影响公司所有者权益总额以及股东所持股份的比例,只是将留存收益资本化,增加股本总额。由于股票股利不需要支付资产,在公司宣告股票股利时会计上不确认负债,只在财务报表附注中进行说明。在股票股利的支付日,经股东大会或类似机构决议,分配给股东的股票股利,应在办理增资手续后,借记"利润分配——转作股本的股利"科目,贷记"股本"科目。

【例12-14】红星股份有限公司董事会2018年12月15日宣告发放10%的股票股利,流通在外的普通股为2 000万股,每股面值为1元。股利实际支付日为2019年4月5日。股利宣告日不需要进行账务处理,股利实际支付日该公司应编制会计分录:

借:利润分配——转作股本的股利　　2 000 000
　　贷:股本　　　　　　　　　　　　　　　　2 000 000

三、亏损弥补的会计处理

企业发生经营亏损,应由企业以后年度实现的利润或提取的盈余公积金自行弥补,主要有三条渠道弥补:

(1) 税前利润弥补,指企业用以后年度实现的税前利润弥补以前年度亏损,但弥补期限不得超过5年;

(2) 税后利润弥补,指企业对超过税收规定的税前利润弥补期限而未予弥补的以前年度亏损,可以用税后利润进行弥补;

(3) 盈余公积金弥补,指企业用提取的盈余公积金弥补以前年度亏损。

企业发生经营亏损时,如果用税前利润或税后利润弥补亏损,由于以前年度亏损表现为"利润分配——未分配利润"明细科目的年初借方余额,无论是税前利润补亏还是税后利润补亏都可以通过当年税后利润抵减年初未分配利润的借方余额,因此,税前利润补亏和税后利润补亏,一般不需要进行账务处理;如果用盈余公积弥补,在动用盈余公积实际弥补时,借记"盈余公积"科目,贷记"利润分配——盈余公积补亏"科目。

四、利润与利润分配年终结转的会计处理

年度终了,企业应将全年实现的净利润,自"本年利润"科目转入"利润分配"科目,借记"本年利润"科目,贷记"利润分配——未分配利润"科目,如为净亏损,作相反的会计分录。同时,将"利润分配"科目下的其他明细科目的余额转入"利润分配"科目的"未分配利润"明细科目。结转后,除"未分配利润"明细科目外,"利润分配"科目的其他明细科目应无余额。

【例12-15】接【例12-12】2018年末结转利润与利润分配。

(1) 将"本年利润"科目年末余额转入"利润分配——未分配利润"科目时：
借：本年利润　　　　　　　　　　　　950 000
　　贷：利润分配——未分配利润　　　　　　950 000
(2) 将"利润分配"其他明细科目金额结转至"未分配利润"明细科目时：
借：利润分配——未分配利润　　　　　788 500
　　贷：利润分配——提取法定盈余公积　　　95 000
　　　　　　　　——提取任意盈余公积　　　47 500
　　　　　　　　——应付利润　　　　　　　646 000

经过年末结转后，该企业2018年"本年利润"科目及"利润分配"的其他明细科目均无余额，只有"利润分配——未分配利润"科目有贷方余额161 500元。

思考与练习

一、思考题

1. 什么是利润？利润应如何计算和核算？
2. 营业外收入和营业外支出包括哪些内容？应如何核算？
3. 会计利润与应纳税所得额有何不同？如何认识所得税会计中的两种差异？
4. 什么是资产负债表债务法？
5. 如何理解资产、负债的账面价值与计税基础？
6. 什么是暂时性差异？目前会计实务中存在暂时性差异的资产、负债项目主要有哪些？
7. 什么是应纳税暂时性差异与可抵扣暂时性差异？
8. 企业应如何确认与计量递延所得税费用和递延所得税资产？如何确认所得税费用？
9. 试述利润分配的顺序。
10. 利润分配（或亏损的弥补）应如何核算？

二、练习题

1. 甲公司12月份发生有关经济业务如下：

（1）销售原材料一批，货款20 000元，增值税额3 400元，款项当即收到转账支票，存入银行，该批原材料成本为9 200元，结转其销售成本。

（2）以现金支付销售原材料的费用120元。

（3）收到转账支票一张存入银行，金额3 000元，系固定资产出租收入。

（4）收到转账支票一张存入银行，金额为1 600元，系提供运输服务收入。

（5）根据出租固定资产收入和运输收入的6%计提本月份营业税额。

（6）因遭受火灾，仓库转来商品毁损报告单，计毁损商品3 000元，经计算该部分商品购进时支付的进项税额为510元，予以转账。

要求：根据上述资料编制相关的会计分录。

2. AB 公司所得税税率为 25%，2018 年利润总额为 850 000 元，该年实际发生职工薪酬超过计税标准 67 000 元，业务招待费支出超过税法标准 13 500 元，取得国债利息收入 98 000 元。影响计税基础的有关账户余额为：坏账准备 6 500 元，存货跌价准备 12 000 元，固定资产减值准备 23 000 元，长期投资股权减值准备 5 000 元，预计负债 50 000 元。累计折旧当年超过税法规定多计提折旧 30 000 元。（预计该公司未来期间能够获得足够的应纳税所得额用来抵扣暂时性差异。）

要求：计算 2018 年应交所得税，当期所得税费用，并作相应的会计分录。

3. 假设上述 AB 公司 2019 年利润总额为 1 050 000 元，该年实际发生职工薪酬超过计税标准 65 000 元，业务招待费支出超过税法标准 10 000 元，取得国债利息收入 110 000 元。影响计税基础的有关账户余额为：坏账准备 5 500 元，存货跌价准备 9 800 元，固定资产减值准备 21 000 元，长期投资股权减值准备 15 000 元，预计负债 30 000 元；累计折旧当年超过税法规定多计提折旧 40 000 元；无形资产 100 000 元，为当年 7 月确认的自行开发的专利权，摊销期限为 10 年。（预计该公司未来期间能够获得足够的应纳税所得额用来抵扣暂时性差异。）

要求：计算 2019 年应交所得税，当期所得税费用，并作相应的会计分录。

第十三章 债务重组和非货币性资产交换

> 学习内容与目的
>
> 本章主要学习债务重组和非货币性资产交换的定义、方式,以及债务重组和非货币性资产交换的会计核算。通过学习,旨在了解债务重组的定义、方式,以及非货币性资产交换的含义、条件。理解债务重组和非货币性资产交换的会计的确认和计量;掌握债务重组和非货币性资产交换的会计处理。

第一节 债务重组

一、债务重组的定义和方式

(一)债务重组的定义

债务重组,是指在债务人发生财务困难的情况下,债权人按照其与债务人达成的协议或者法院的裁定做出让步,同意债务人修改债务条件的事项。

债务人发生财务困难是指因债务人出现资金周转困难、经营陷入困境或者其他原因,导致其无法或者没有能力按原定条件偿还债务。

债权人作出让步是指债权人同意发生财务困难的债务人现在或者将来以低于重组

债务账面价值的金额或者价值偿还债务。债权人作出让步的情形主要包括：债权人减免债务人部分债务本金或者利息，降低债务人应付债务的利率等。

在市场经济环境下，企业间竞争日趋激烈，债务人由于经营决策失误、管理不善，或受外部不利因素影响，出现资金周转困难、盈利能力下降或经营发生亏损，导致企业发生财务困难，无力偿付到期的债务。解决债务人与债权人债务纠纷的途径一般有两种：一种是债权人申请债务人破产，即债权人为了维护自己的利益，可以法律程序向法院申请债务人破产，从其破产清算的财产中获得债务的清偿，另一种是双方协商进行债务重组，即债权人与债务人协商或通过法院裁定，债权人作出让步、修改债务条件，以缓解债务纠纷。如果通过法律程序申请债务人破产，由于相关的时间持续较长，债权人不可能立即收回债权，即使收回也不一定能够如数收回。因此，债权人往往选择比较实际的方法，与债务人协商或通过法院进行债务重组，一方面可以缓解债务人暂时的财务困难，避免由于采取立即求偿的措施，导致债权上的更大损失；另一方面可以使债权人最大限度地收回债权。

（二）债务重组的方式

债务重组主要有以下几种方式：

1. 以资产清偿债务

以资产清偿债务，是指债务人转让其资产给债权人以清偿债务的重组方式，包括以现金资产和以非现金资产清偿债务两种方式。

（1）以现金清偿债务，是指债务人以低于债务账面价值的现金（包括库存现金、银行存款和其他货币资金）清偿债务，如果以等量的现金偿还所欠债务，则不属于本节指的债务重组。

（2）以非现金资产清偿债务，是指债务人转让其非现金资产给债权人以清偿债务。债务人常用于偿债的非现金资产主要有：存货、固定资产、无形资产以及股票、债券、基金等金融资产。

2. 将债务转为资本

将债务转为资本，是指债务人将其所承担的债务转换为资本以清偿债务的重组方式，从债权人的角度看，则将债权转为股权。

债务转为资本实质上是增加债务人的资本。在债务人债务转为资本方式进行债务重组时，必须严格遵照国家有关法律的规定。债务转为资本的结果：债务人因此而增加实收资本（或股本），债权人因此而增加股权投资。

3. 修改其他债务条件

修改其他债务条件，是指修改不包括以现金、非现金资产清偿债务和以债务转为资本三种方式在内的债务条件以清偿债务的重组方式，如延长债务偿还期限、降低利率、减少债务本金或者利息等。

4. 多种方式的组合

多种方式的组合，是指采用以现金、非现金资产清偿债务、将债务转为资本和修改其他债务条件等多种组合形式共同清偿债务的重组方式，即债务人将其所承担的债务一部分以资产或转换为资本方式清偿、另一部分以修改其他债务条件方式清偿的债务重组方式。

二、债务重组的会计处理

（一）以低于债务账面价值的现金清偿债务

债务人以低于债务账面价值的现金清偿债务时，债务人在债务重组日，应当终止确认重组债务，并将重组债务的账面价值与实际支付的现金之间的差额，确认为债务重组利得，计入当期损益。重组债务的账面价值是指债务的面值或本金、原值；对带息的应付票据、应付债券等含有利息的，还应加上应计未付的利息和尚未摊销的利息调整额；

债权人接受以低于债务账面价值的现金清偿债权时，债权人在债权重组日，应当终止确认重组债权，并将重组债权的账面价值与实际收到的现金之间的差额，确认为债权重组损失，计入当期损益；如果债权人已对债权计提了减值准备，则应将差额冲减减值准备后的余额，确认为债务重组利得或损失，计入当期损益。重组债权的账面价值是指债权的面值或本金、原值；对带息的应收票据、或持有至到期投资等含有利息的，还应加上应计未收的利息和尚未摊销的利息调整额。

【例13-1】2019年4月1日，粤龙公司向A工厂采购材料一批，含税价格为300 000元，当即签发并承兑带息商业承兑汇票300 000元付讫，汇票的付款期为3个月，月利率为6‰，7月1日粤龙公司因发生财务困难，无法兑现票款，经双方协议，A工厂同意减免粤龙公司30 000元债务，并要求其立即付款，经查A工厂对该笔债权已提坏账准备3 000元，粤龙公司今签发转账支票275 400元，清偿A工厂债务。

在债务重组日，双方对此项债务重组事项所作的会计分录如下：

（1）粤龙公司

借：应付票据	300 000
应付利息——票据利息（300 000×6‰×3）	5 400
贷：银行存款	275 400
营业外收入——债务重组利得	30 000

（2）A工厂

借：银行存款	275 400
营业外支出——债务重组损失	27 000
坏账准备	3 000
贷：应收票据	300 000
应收利息——票据利息（300 000×6‰×3）	5 400

（二）以非现金资产清偿债务

债务人以非现金资产清偿债务时，债务人在重组日，应当终止确认重组债务，并将重组债务的账面价值与转让的非现金资产公允价值和相关税费之间的差额，确认为债务重组损失或利得，计入当期损益；转让的非现金资产公允价值与其账面价值之间

的差额,确认为转让资产损益,计入当期损益,具体应根据转让非现金资产情况分别进行处理:

(1) 非现金资产为存货的,应当作为销售处理,以其公允价值确认收入,同时结转相应的成本。

(2) 非现金资产为固定资产、无形资产的,其公允价值与账面价值的差额,计入营业外收入或营业外支出。

(3) 非现金资产为长期股权投资的,其公允价值与账面价值的差额,计入投资损益。

非现金资产的账面价值是指非现金资产的账面余额扣除有关损失准备后的金额,如存货的账面价值就是其账面余额扣除有关存货跌价准备后的金额;固定资产的账面价值就是其账面余额扣除累计折旧和有关固定资产减值准备后的金额;长期股权投资的账面价值就是其账面余额扣除长期股权投资减值准备后的金额。

债权人接受以非现金资产清偿债务时,债权人在重组日,应当终止确认重组债权,并将重组债权的账面价值与受让的非现金资产公允价值之间的差额,确认为债权重组利得或损失,计入当期损益;债权人已对债权计提了减值准备,则应将差额冲减减值准备后的余额,确认为债权重组损失或利得,计入当期损益。

【例13-2】粤龙公司2018年6月8日向甲公司购进材料一批,含税价格为351 000元,当时签发并承兑不带息的商业承兑汇票付讫,汇票的付款期为2个月。8月8日甲公司因发生财务困难,无法兑现票款,经双方协议,8月12日,粤龙公司同意甲公司用M产品一批抵偿债务,该批M产品的账面价值260 000元,公允价值为290 000元,增值税税率为16%,粤龙公司对该笔债权已提坏账准备5 000元。

在债务重组日,双方对此项债务重组事项所作的会计分录如下:

(1) 甲公司

①作销售收入入账,分录如下:

借:应付票据　　　　　　　　　　　　　351 000
　　贷:主营业务收入　　　　　　　　　　　　290 000
　　　　应交税费——应交增值税——销项税额　46 400
　　　　营业外收入——债务重组利得　　　　　14 600

②结转成本,分录如下:

借:主营业务成本　　　　　　　　　　　260 000
　　贷:库存商品　　　　　　　　　　　　　　260 000

(2) 粤龙公司。

借:原材料　　　　　　　　　　　　　　290 000
　　应交税费——应交增值税——进项税额　46 400
　　坏账准备　　　　　　　　　　　　　　 5 000
　　营业外支出——债务重组损失　　　　　 9 600
　　贷:应收票据　　　　　　　　　　　　　　351 000

【例13-3】2018年3月10日,粤龙公司向乙公司赊购数控机床一台,价值

600 000元，合同规定6月10日付清价款。6月10日因粤龙公司发生财务困难，无法按合同规定偿还债务，经双方协商，乙公司同意粤龙公司以一座旧仓库抵偿债务。该仓库原始价值为900 000元，已提折旧330 000元，已计提减值准备30 000元，该仓库经评估机构评估公允价值528 000。另支付评估机构评估费用7 500元，增值税5 280元。乙公司对该笔债权已提坏账准备6 000元。

在债务重组日，双方对此项债务重组事项所作的会计分录如下：

（1）粤龙公司。

① 将清偿债务的仓库注销，作分录如下：

 借：固定资产清理——处置旧仓库 540 000
  累计折旧——处置旧仓库 330 000
  固定资产减值准备 30 000
  贷：固定资产——旧仓库 900 000

② 支付评估费用，作分录如下：

 借：固定资产清理——处置旧仓库 7 500
  贷：银行存款 7 500

③ 偿债仓库增值税额5 280元，作分录如下：

 借：固定资产清理——处置旧仓库 5 280
  贷：应交税费——应交增值税 5 280

④ 将旧仓库交付乙公司以清偿前欠数控机床款，作分录如下：

 借：应付账款 600 000
  营业外支出——处置非流动资产损失 24 780（528 000－552 780）
  贷：固定资产清理——处置旧仓库 552 780
  营业外收入——债务重组利得 72 000（600 000－528 000）

（2）乙公司。

 借：固定资产——旧仓库 528 000
  坏账准备 6 000
  营业外支出——债务重组损失 66 000
  贷：应收账款 600 000

（三）以债务转为资本清偿债务

债务人以债务转为资本清偿债务时，债务人应当在重组日，终止确认重组债务，并按照债权人放弃债权而享有股权份额的面值总额确认为实收资本或者股本，将重组债务的账面价值与债权人放弃债权而享有股权份额的公允价值之间的差额，确认为债务重组利得，计入当期损益。将享有股权份额的公允价值与实收资本或者股本之间的差额确认为股本溢价，计入资本公积。

债权人接受债权转为股权清偿债务时，债权人应当在重组日，终止确认重组债权，并按照享有股权份额的公允价确认为对债务人的投资，将重组债权的账面价值与享有股权份额的公允价值之间的差额，确认为债务重组利得或损失，计入当期损益。债权人已对债权计提了减值准备，则应将差额冲减减值准备后的余额，确认为债权重组损失或利得,计入当期损益。

【例13-4】2018年2月1日,粤龙公司向丙公司赊购载重汽车2辆,每辆200 000元,计价款400 000元,合同规定5月1日付清账款,5月1日,粤龙公司因发生财务困难,无力支付账款,经双方协议,丙公司同意粤龙公司以公司5%的股权抵偿债务,5%股权的公允价值为380 000元。粤龙公司的所有者权益为6 000 000元。

在债务重组日,双方对此项债务重组事项所作的会计分录如下:

(1) 粤龙公司

  借:应付账款   400 000
    贷:实收资本(6 000 000×5%)   300 000
      资本公积——资本溢价   80 000
      营业外收入——债务重组利得   20 000

(2) 丙公司

  借:长期股权投资   380 000
    营业外支出——债务重组损失   20 000
    贷:应收账款   400 000

(四) 以修改其他债务条件清偿债务

1. 修改其他债务条件中不涉及或有条件的债务清偿

债务人以修改其他债务条件清偿债务,并且修改后的债务条款不涉及或有条件(或者有应付金额)时,债务人应当在重组日,终止确认重组债务,按照修改其他债务条件后债务的公允价值作为重组后债务的入账价值。重组债务的账面价值与重组后债务的入账价值之间的差额,确认为债权重组利得,计入当期损益。或有应付金额(或者或有应收金额)是指需要根据未来某种事项出现而发生的应付(或者应收)金额,而且该未来事项的出现具有不确定性。

债权人接受修改其他债务条件清偿债务,并且修改后的债务条款不涉及或有条件(或者有应收金额)时,债权人应当在重组日,终止确认重组债权,按照修改其他债权条件后债权的公允价值作为重组后债权的入账价值。重组债权的账面价值与重组后债权的入账价值之间的差额,确认为债权重组损失,计入当期损益。

【例13-5】2018年3月15日,粤龙公司为支付材料采购货款及增值税额,签发并承兑了带息的商业承兑汇票240 000元给B公司,汇票的付款期为3个月,月利率为6‰。6月15日,粤龙公司因发生财务困难,无法兑现票款,经双方协议,B公司要求粤龙公司先偿付汇票利息,然后同意其推迟6个月付款,并减少其本金40 000元。

在债务重组日,双方对此项债务重组事项所作的会计分录如下:

(1) 粤龙公司。

①签发转账支票4 320元,支付商业承兑汇票利息,作分录如下:

  借:应付利息——票据利息——B公司   4 320
    贷:银行存款   4 320

②将应付票据进行债务重组转账,作分录如下:

  借:应付票据——B公司   240 000

  贷：应付账款——B 公司　　　　　　　200 000
    营业外收入——债务重组利得　　　 40 000

（2）B 公司

①收到商业承兑汇票利息支票 4 320 元，作分录如下：

  借：银行存款　　　　　　　　　　　　4 320
    贷：应收利息——票据利息——粤龙公司　　 4 320

②将应收票据进行债权重组转账，作分录如下：

  借：应收账款——粤龙公司　　　　　　200 000
    营业外支出——债务重组损失　　　 40 000
    贷：应收票据——粤龙公司　　　　　　240 000

2. 修改其他债务条件清偿债务涉及或有条件的债务清偿

  债务人以修改其他债务条件清偿债务的，如果修改后的债务条款如涉及或有条件（或者有应付金额）时，如果该或有应付金额符合预计负债确认条件的，债务人应当在重组日，终止确认重组债务，将该或有应付金额确认为预计负债。重组债务的账面价值与重组后债务的入账价值和预计负债金额之和的差额，计入当期损益。或有应付金额，是指需要根据未来某种事项出现而发生的应付金额，而且该未来事项的出现具有不确定性。如果或有应付金额在未来会计期间没有发生，企业一方面应冲减已确认的预计负债，另一方面应将未付的或有应付金额计入当期损益，即借记"预计负债"科目；贷记"营业外收入——债务重组利得"科目。

  债权人接受债务人以修改其他债务条件清偿债务的，如修改后的债务条款中涉及或有条件（或者有应收金额）的，债权人应当在重组日，终止确认重组债权，但对或有应收金额，不计入重组后债权的账面价值。

  【例 13-6】2016 年 1 月 1 日，粤龙公司购进 C 公司发行 3 年期的债券 400 000 元，年利率为 7.2%，到期一次还本付息，作为债权投资入账，并已计提减值准备 10 000 元。2019 年 1 月 1 日，C 公司因发生财务困难，无法兑付本息，经双方协议，免除积欠利息 86 400 元，粤龙公司同意延长到期日至 2021 年 1 月 1 日，年利率降至 6%，本息到期 C 公司一次支付，但附有一条件，债务重组后，如债务人自第二年起有盈利，则延长期间的年利率回复至 7.2%；若无盈利，仍维持在 6%（假定或有应付利息符合预计负债确认条件）。

  在债务重组日，双方对此项债务重组事项所作的会计分录如下：

（1）粤龙公司

①2019 年 1 月 1 日，债务重组完毕，作分录如下：

  借：债权投资——债务重组　　　　　　400 000
    债权投资减值准备　　　　　　　　 10 000
    营业外支出——债务重组损失　　　 76 400
    贷：债权投资——成本　　　　　　　　400 000
      债权投资——应计利息　　　　　 86 400

②假定 2021 年 1 月 1 日，C 公司因债务重组后第二年起就有盈利，收到其偿还的

本金 400 000 元，利息 57 600 元的转账支票，存入银行，作分录如下：

  借：银行存款   457 600
   贷：债权投资——成本——债务重组 400 000
     投资收益   57 600

（2）C 公司。

①2019 年 1 月 1 日，债权重组完毕，作分录如下

  借：应付债券——面值   400 000
    应付债券——应计利息   86 400
   贷：应付债券——面值——债务重组 400 000
     营业外收入——债务重组利得 76 800
     预计负债   9 600

②假定 2021 年 1 月 1 日，C 公司重组后第二年起有盈利，支付本金 400 000 元，利息 57 600 元，作分录如下：

  借：应付债券——面值——债务重组 400 000
    预计负债   9 600
    财务费用（或在建工程）   48 000
   贷：银行存款   457 600

（五）多种方式的组合清偿债务

多种方式的组合清偿债务是指以现金清偿债务、非现金资产清偿债务、将债务转为资本、修改其他债务条件等方式组合进行的债务重组。

债务人以多种方式的组合清偿债务，应当在重组日，终止确认重组债务，依次以支付的现金、转让的非现金资产公允价值、债权人放弃债权而享有股权份额的公允价值、修改其他债务条件后债务的公允价值作为重组后的债务入账价值。重组债务的账面价值与公允价值之间的差额，确认为债权重组利得或损失，计入当期损益。

债权人接受以多种方式的组合清偿债务，应当依次以收到现金、接受的非现金资产公允价值、债权人享有股权份额的公允价值和修改其他债务条件后的债权的公允价值作为重组后的债权的账面价值入账。重组债权的账面余额与重组后债权的账面价值之间的差额，确认为债权重组利得或损失，计入当期损益。

【例 13-7】2018 年 2 月 15 日，粤龙公司签发并承兑不带息的商业承兑汇票 440 000 元给 H 公司，汇票的付款期为 6 个月，8 月 15 日到期日，粤龙公司因发生财务困难，无力清偿，经法院裁定，粤龙公司以一辆大客车抵偿债务，该大客车原值为 240 000 元，累计折旧为 90 000 元，已提减值准备 20 000 元，其公允价值为 120 000 元，并将其余的债务转为 5% 的股权，其公允价值为 240 000 元，粤龙公司的重新注册资本为 4 000 000 元，还规定 6 个月后再支付现金 50 000 元，以清偿剩余债务。

在债务重组日，双方对此项债务重组事项所作的会计分录如下：

（1）粤龙公司。

①先转销清偿大客车的账面价值，作分录如下

  借：固定资产清理——处置大客车 130 000

```
    累计折旧                              90 000
    固定资产减值准备                      20 000
    贷：固定资产                          240 000
```

②以大客车抵偿部分债务、部分债务转作资本，剩余债务 6 个月后清偿，作分录如下：

```
  借：应付票据                            440 000
      营业外支出——非流动资产处置损失    10 000
    贷：固定资产清理——处置大客车       130 000
        实收资本                          200 000
        资本公积——资本溢价              40 000
        应付账款                          50 000
        营业外收入——债务重组利得        30 000
```

（2）H 公司。

```
  借：应收账款                            50 000
      固定资产                            120 000
      长期股权投资                        240 000
      营业外支出——债务重组损失          30 000
    贷：应收票据                          440 000
```

第二节 非货币性资产交换

一、非货币性资产交换的定义

企业在生产经营过程中进行的各类资产交易，按照交易对象的属性，可分为货币性交易和非货币性交易。货币性交易表现为交易双方以货币性资产（如现金）与非货币性资产（如存货、固定资产、无形资产等）相交换；非货币性交易则表现为交易双方以非货币性资产与非货币性资产相交换，在资产交换中一般不涉及货币性资产（有时在非货币性资产交换中，也可能涉及少量的货币性资产）。

货币性资产，是指企业持有的货币资金和将以固定或可确定的金额收取的资产，包括库存现金、银行存款、应收账款和应收票据以及准备持有至到期的债券投资等。非货币性资产，是指货币性资产以外的资产，包括存货、固定资产、无形资产、股权投资以及不准备持有至到期的债券投资等。

我国的《企业会计准则第 7 号——非货币性资产交换》中，将非货币性资产交换定义为：交易双方主要以存货、固定资产、无形资产和长期股权投资等非货币性资产进行的交换，这种交换不涉及或只涉及少量的货币性资产（即补价）。

二、非货币性资产交换的界定

由于非货币性资产交换双方参与交换的非货币性资产的价值有时会不相等,因此,企业在进行非货币性资产交换过程中,也有可能在换出非货币性资产的同时,支付一定金额的货币性资产;或者在换入非货币性资产的同时,收到一定金额的货币性资产。此时所收到或支付的货币性资产,称为补价。资产交易是属于货币性交换还是属于非货币性交换,通常要依照补价占整个交易金额的比例来进行判断。如果交易中仅仅涉及少量的货币性资产,则仍属于非货币性资产交换。

判断涉及补价的交易是否属于非货币性资产交换,我国将非货币性资产交换中涉及少量的货币性资产的比例确定为低于25%,即收到补价的企业,按收到的货币性资产占换出资产公允价值(或占换入资产公允价值和收到的货币性资产之和)的比例,或支付补价的企业,按支付的货币性资产占换入资产公允价值(或占换出资产公允价值与支付的货币性资产之和)的比例低于25%,则属于非货币性资产交换;如果该比例高于25%(含25%),则属于货币性资产交换。

其计算公式如下:
收到补价的企业:　　收到的补价÷换出资产的公允价值<25%
或　　　　　　　　　收到的补价÷(收到的补价+换入资产的公允价值)<25%
支付补价的企业:　　支付的补价÷换入资产的公允价值<25%
或　　　　　　　　　支付的补价÷(支付的补价+换出资产的公允价值)<25%

【例13-8】粤龙公司以D产品与甲公司交换M机器设备一台,D产品的账面价值为100 000元,公允价值为120 000元,M机器设备的原值为200 000元,已提折旧70 000元,公允价值为140 000元;粤龙公司另行签发转账支票支付甲公司20 000元,确定其是否属于非货币性资产交换如下:

根据资料计算显示,甲公司收到的货币性资产(20 000元)占换出资产公允价值(140 000元)比例的14.29%,粤龙公司支付的货币性资产(20 000元)占换出资产公允价值加上支付的补价之和(120 000元+20 000元)比例的14.29%。该交易双方涉及的补价占整个交易的比例均小于25%,属于非货币性资产交换。

三、非货币性资产交换的确认与计量的原则

根据我国企业会计准则,在非货币性资产交换中,企业换入资产的成本及换出资产的损益应视交易的不同情况而分别采用不同的方法确定。

(一)以公允价值为基础确认计量换入资产的成本

企业发生的非货币性资产交换同时满足下列两个条件,应当以公允价值为基础确认计量换入资产成本,即以换出资产的公允价值和应支付的相关税费作为换入资产的成本。

(1) 该项非货币资产交换具有商业实质。如果换入资产与换入企业其他现有资产相结合能够产生更大的效用，从而导致换入企业受该换入资产影响产生的现金流量与换出资产明显不同，表明该项资产交换具有商业实质。企业可根据是否满足下列条件判断非货币性资产交换是否具有商业实质：①换入资产的未来现金流量在风险、时间和金额方面与换出资产显著不同；②换入资产与换出资产的预计未来现金流量现值不同，且其差额与换入资产和换出资产的公允价值相比是重大的。

(2) 换入资产或换出资产的公允价值能够可靠地计量。在确定换入资产成本时，如果换入和换出资产的公允价值均能够可靠计量的，应当以换出资产的公允价值作为确定换入资产成本的基础，但有确凿证据表明换入资产的公允价值更加可靠的除外。

（二）以换出资产的账面价值为基础确认计量换入资产的成本

企业发生的非货币性资产交换，如果不具有商业实质和换入资产或换出资产的公允价值无法可靠地计量，则应当以账面价值为基础确认计量换入资产成本，即以换出资产的账面价值和应支付的相关税费作为换入资产的成本。

四、以公允价值计量的非货币性资产交换的会计处理

（一）以公允价值计量不涉及补价的会计处理

一项非货币资产交换如果具有商业实质，换入或换出资产的公允价值能够可靠地计量，且该交换不涉及补价的，应当以换出资产的公允价值和应支付的相关税费作为换入资产的成本，但有确凿证据表明换入资产的公允价值更加可靠的，则以换入资产的公允价值和应支付的相关税费作为换入资产的成本；换出资产的公允价值与账面价值的差额计入当期损益，根据换出不同的非货币性资产，该差额应分别下列情况处理：

(1) 企业换出资产为存货的，应当作为销售处理，即以其公允价值确认销售收入，并以其账面价值确认销售成本。

(2) 企业换出资产为固定资产、无形资产的，换出资产的公允价值与账面价值之间的差额，计入营业外收入或营业外支出。

(3) 企业换出资产为长期股权投资的，换出资产的公允价值与账面价值的差额，计入投资收益。

【例13-9】粤龙公司以生产的H产品2 000件，每件公允价值为100元，增值税税率为17%，H产品的账面单位成本为70元，与乙公司交换工具车1辆，该工具车账面原值为270 000元，已提折旧30 000元，公允价值为234 000元，假定没有发生其他相关税费。

(1) 粤龙公司的会计处理。

①交付H产品换入工具车，并已验收使用，作分录如下：

　　借：固定资产　　　　　　　　　　　　　234 000
　　　　贷：主营业务收入　　　　　　　　　　　200 000
　　　　　　应交税费——应交增值税（销项税额）　34 000

②同时按账面价值结转 H 产品的销售成本，作分录如下：

　　借：主营业务成本　　　　　　　　　140 000
　　　　贷：库存商品　　　　　　　　　　　　140 000

(2) 乙公司的会计处理

①注销工具车，作分录如下：

　　借：固定资产清理——处置工具车　　240 000
　　　　累计折旧　　　　　　　　　　　 30 000
　　　　贷：固定资产　　　　　　　　　　　　270 000

②收到粤龙公司专用发票，H 产品作材料已验收入库，作分录如下：

　　借：原材料　　　　　　　　　　　　200 000
　　　　应交税费——应交增值税——进项税额　34 000
　　　　营业外支出——非货币性资产交换损失　 6 000
　　　　贷：固定资产清理——处置工具车　　　240 000

(二) 以公允价值计量涉及补价的会计处理

一项非货币资产交换如果具有商业实质，换入或换出资产的公允价值能够可靠地计量，且该交换涉及补价的，应分别以下情况处理：

(1) 企业支付补价的，应当以换出资产的公允价值加上支付的补价和应支付的相关税费，作为换入资产的成本。

(2) 企业收到补价的，应当以换出资产的公允价值减去收到的补价（或换入资产的公允价值）加上应支付的相关税费，作为换入资产的成本。

(3) 换出资产公允价值与其账面价值的差额，与涉及补价产生差额的会计处理方法相同。

【例 13-10】粤龙公司以 A 产品 2 000 千克，每千克公允价值 100 元（A 产品账面单位成本为 80 元），增值税税率为 16%，与 K 公司换入小汽车 1 辆（原价 230 000 元，已提折旧 30 000 元，公允价值 190 000 元），另收取对方补价 10 000 元。

(1) 粤龙公司的会计处理。

①换入的小汽车已验收使用，收到对方付来的补价 10 000 元，存入银行，作分录如下：

　　借：固定资产　　　　　　　　　　　222 000　[2000×10 - 10000 + 32 000]
　　　　银行存款　　　　　　　　　　　 10 000
　　　　贷：主营业务收入　　　　　　　　　　　200 000
　　　　　　应交税费——应交增值税（销项税额）　32 000

②计算结转 A 产品销售成本，作分录如下：

　　借：主营业务成本　　　　　　　　　180 000
　　　　贷：库存商品　　　　　　　　　　　　180 000

(2) K 公司的会计处理。

①注销小汽车，作分录如下：

　　借：固定资产清理——小汽车　　　　200 000

累计折旧　　　　　　　　　　　　　　　　30 000
　　　贷：固定资产　　　　　　　　　　　　　230 000
②收到粤龙公司专用发票，A产品作材料已验收入库，作分录如下：
　　借：原材料　　　　　　　　　　200 000（190 000 + 10 000）
　　　应交税费——应交增值税——进项税额　32 000
　　　贷：固定资产清理——小汽车　　　　　　200 000
　　　　银行存款　　　　　　　　　　　　　　10 000
　　　　营业外收入——非货币性资产交换收益　22 000

（三）涉及多项资产交换的会计处理

在具有商业实质，且换入或换出资产的公允价值能够可靠地计量的非货币性资产交换中，可能出现以一项非货币性资产同时换入另一企业的多项非货币性资产，或同时以多项非货币性资产换入另一企业的一项非货币性资产，或多项非货币性资产交换另一企业的多项非货币性资产的情况。当一项非货币性资产交换涉及多项资产时，应按换入各项资产的公允价值占换入资产公允价值总额的比例，对换入资产的成本总额进行分配，以确定各项换入资产的入账价值。

【例13-11】粤龙公司以一台机床和一项专利权与N公司交换一台设备和一辆小轿车。粤龙公司机床的账面原值为40 000元，累计折旧为11 000元，公允价值为30 000元；专利权的账面原值为120 000元，累计摊销16 000元，公允价值为100 000元，交换时发生相关税费5 000元。N公司设备的账面原值为120 000元，累计折旧为40 000元，公允价值为80 000元；小轿车的账面原值为160 000元，累计折旧为110 000元，公允价值为56 000元。粤龙公司另外向N公司支付补价6 000元，交换时用现金支付相关税费600元。

(1) 粤龙公司的会计处理：

设备的公允价占换入资产公允价总额的比例 = 80 000 ÷ (80 000 + 56 000) = 0.588 235

小汽车的公允价占换入资产公允价总额的比例 = 56 000 ÷ (80 000 + 56000) = 0.411 765

换入资产的成本总额 = 30 000 + 100 000 + 6 000 + 5 000 = 141 000（元）
设备的入账价值 = 141 000 × 0.588235 ≈ 82 941（元）
小汽车的入账价值 = 141 000 × 0.411765 ≈ 58 059（元）
根据计算结果，编制会计分录如下：
①注销机床时：
　　借：固定资产清理　　　　　　　　　　　29 000
　　　累计折旧　　　　　　　　　　　　　　11 000
　　　贷：固定资产——机床　　　　　　　　　40 000
②换入、换出资产办理移交时：
　　借：固定资产——设备　　　　　　　　　82 941
　　　　　　——小轿车　　　　　　　　　　58 059

累计摊销		16 000
营业外支出——非货币性资产交换损失		3 000
贷：固定资产清理		29 000
无形资产——专利权		120 000
银行存款		6 000
应交税费——应交××税		5 000

(2) N公司的会计处理：

机床的公允价占换入资产公允价总额的比例 = 30 000 ÷ (30 000 + 100 000) = 0.230 769

专利权的公允价占换入资产公允价总额的比例 = 100 000 ÷ (30 000 + 100 000) = 0.769 231

换入资产的成本总额 = 80 000 + 56 000 - 6 000 + 500 = 130 500（元）

机床的入账价值 = 130 500 × 0.230 769 ≈ 30 115（元）

专利权的入账价值 = 130 500 × 0.769 231 ≈ 100 385（元）

根据计算结果，编制会计分录如下：

① 注销设备、小汽车时：

借：固定资产清理		130 000
累计折旧		150 000
贷：固定资产——设备		120 000
——小轿车		160 000

② 换入、换出资产办理移交时：

借：固定资产——机床		30 115
无形资产——专利权		100 385
银行存款		6 000
贷：固定资产清理		130 000
库存现金		500
营业外收入——非货币性资产交换收益		6 000

五、以账面价值计量的非货币性资产交换的会计处理

（一）以账面价值计量不涉及补价的会计处理

一项非货币资产交换如果不具有商业实质，或者虽具有商业实质，但换入或换出资产的公允价值不能可靠计量，且该交换不涉及补价的，应当以换出资产的账面价值加上应支付的相关税费作为换入资产的成本。

【例13-12】粤龙公司以甲材料与M公司的乙材料进行交换，粤龙公司换出甲材料800千克，每千克账面价值40元，增值税税率为16%，M公司换出乙材料1 000千克，每千克账面价值34元，增值税税率为16%。M公司支付乙材料的运费400元，粤

龙公司支付甲材料的运费 500 元。
（1）粤龙公司的会计处理

借：原材料——乙材料　　　　　　　　32 5000
　　贷：原材料——甲材料　　　　　　　32 000
　　　　银行存款　　　　　　　　　　　500

（2）M 公司的会计处理

借：原材料——甲材料　　　　　　　　34 400
　　贷：原材料——乙材料　　　　　　　34 000
　　　　银行存款　　　　　　　　　　　400

（二）以账面价值计量涉及补价的会计处理

一项非货币资产交换如果不具有商业实质，或者虽具有商业实质，但换入或换出资产的公允价值不能够可靠计量，且该交换涉及补价的，应分别以下情况处理：

（1）企业支付补价的，应当以换出资产的账面价值加上支付的补价和应支付的相关税费，作为换入资产的成本，不确认损益。

（2）企业收到补价的，应当以换出资产的账面价值减去收到的补价（或换入资产的公允价值）加上应支付的相关税费，作为换入资产的成本，不确认损益。

【例 13-13】粤龙公司以一台机床与龙粤公司交换 1 台铣床，粤龙公司机床的账面原值 400 000 元，已提折旧 40 000 元，已提减值准备 2 000 元。粤龙公司铣床的账面原值 600 000 元，已提折旧 200 000 元，已提减值准备 1 000 元。此项交换粤龙公司支付龙粤公司 20 000 元补价。

（1）粤龙公司的会计处理

①将换出机床注销，作会计分录如下：

借：固定资产清理——处置机床　　　　358 000
　　累计折旧　　　　　　　　　　　　 40 000
　　固定资产减值准备　　　　　　　　 2 000
　　贷：固定资产——机床　　　　　　　400 000

②支付补价，铣床验收使用，作会计分录如下：

借：固定资产——铣床　　　　　　　　378 000（358 000 + 20 000）
　　贷：固定资产清理——处置机床　　　358 000
　　　　银行存款　　　　　　　　　　　20 000

（2）粤龙公司的会计处理

①将换出铣床注销，作会计分录如下；

借：固定资产清理——处置铣床　　　　399 000
　　累计折旧　　　　　　　　　　　　 200 000
　　固定资产减值准备　　　　　　　　 1 000
　　贷：固定资产——铣床　　　　　　　600 000

②收到补价，机床验收使用，作会计分录如下：

借：固定资产——机床　　　　379 000（399 000 - 20 000）

银行存款　　　　　　　　　　　　　　　　　　20 000
　　　贷：固定资产清理——处置铣床　　　　　　　399 000

（三）涉及多项资产交换的会计处理

在不具有商业实质，且换入或换出资产的公允价值不能可靠计量的非货币性资产交换中，如果换入或换出的是多项资产，应当按照换入各项资产的原账面价值占换入资产原账面价值总额的比例，对换入资产的成本总额进行分配，确定各项换入资产的成本。

【例13-14】 承【例13-11】，假定交换双方无法确定换入或换出资产的公允价值。

（1）粤龙公司的会计处理：

设备的账面价占换入资产账面价总额的比例 = 80 000 ÷ (80 000 + 50 000) = 0.615 385

小汽车的账面价占换入资产账面价总额的比例 = 50 000 ÷ (80 000 + 50 000) = 0.384 615

换入资产的成本总额 = 29 000 + 104 000 + 6 000 + 5 000 = 144 000（元）

设备的入账价值 = 144 000 × 0.615385 ≈ 88 615（元）

小汽车的入账价值 = 144 000 × 0.384615 ≈ 55 385（元）

根据计算结果，编制会计分录如下：

①注销机床时：
　　借：固定资产清理　　　　　　　　　　　　　　29 000
　　　　累计折旧　　　　　　　　　　　　　　　　11 000
　　　贷：固定资产——机床　　　　　　　　　　　40 000

②换入、换出资产办理移交时：
　　借：固定资产——设备　　　　　　　　　　　　88 615
　　　　　　　　——小轿车　　　　　　　　　　　55 385
　　　　累计摊销　　　　　　　　　　　　　　　　16 000
　　　贷：固定资产清理　　　　　　　　　　　　　29 000
　　　　　无形资产——专利权　　　　　　　　　　120 000
　　　　　银行存款　　　　　　　　　　　　　　　6 000
　　　　　应交税费——应交××税　　　　　　　　5 000

（2）N公司的会计处理：

机床的账面价占换入资产账面价总额的比例 = 29 000 ÷ (29 000 + 104 000) = 0.218 045

专利权的账面价占换入资产账面价总额的比例 = 104 000 ÷ (29 000 + 104 000) = 0.781 955

换入资产的成本总额 = 80 000 + 50 000 − 6 000 + 500 = 124 500（元）

机床的入账价值 = 124 500 × 0.218 045 ≈ 27 147（元）

专利权的入账价值 = 124 500 × 0.781 955 ≈ 97 353

根据计算结果，编制会计分录如下：
① 注销设备、小汽车时：

借：固定资产清理　　　　　　　　　130 000
　　累计折旧　　　　　　　　　　　150 000
　　贷：固定资产——设备　　　　　　120 000
　　　　　　　　——小轿车　　　　　160 000

② 换入、换出资产办理移交时：

借：固定资产——机床　　　　　　　 27 147
　　无形资产——专利权　　　　　　 97 353
　　银行存款　　　　　　　　　　　　6 000
　　贷：固定资产清理　　　　　　　　130 000
　　　　库存现金　　　　　　　　　　　 500

思考与练习

一、思考题

1. 什么是债务重组？债务重组方式有哪些？
2. 以低于债务账面价值的现金清偿债务时，债务人和债权人应如何核算？
3. 以非现金资产清偿债务时，债务人和债权人应如何核算？
4. 将债务转为资本清偿债务时，债务人和债权人应如何核算？
5. 什么是或有应付金额？以修改其他债务条件清偿债务涉及或有应付金额时，债务人和债权人应如何核算？
6. 什么是非货币性资产交换？如何界定非货币性资产交换？
7. 非货币性资产交换如何进行确认和计量？
8. 非货币性资产交换不涉及补价时如何核算？
9. 非货币性资产交换涉及补价时如何核算？
10. 如果非货币性资产交换涉及多项资产，如何确定换入资产的入账价值？

二、练习题

1. A 公司 2017 年 5 月 20 日因赊销商品，应向 B 公司收取带息票据款项共计 327 000 元，其中 27 000 元为累计未付的利息。由于 B 公司亏损，出现财务困难，不能偿付应于 2017 年 11 月 20 日到期的款项。经协商，于 2017 年 12 月 31 日进行债务重组。A 公司同意将债务本金减至 250 000 元；免去 B 公司积欠利息，将利率从 8% 降低至 4%，并将债务到期日延至 2019 年 12 月 31 日，利息按年支付。A 公司已对该项应收票据款计提了 10 000 元的坏账准备。

要求：根据上述资料分别作 A 公司和 B 公司相关业务的会计分录。

2. 甲公司于 2018 年 2 月 1 日，将一批商品销售给丙公司，货款及增值税共计 468 000 元。2018 年 8 月 1 日，丙公司发生财务困难，无法按合同规定偿还债务。经双方协议，甲公司同意丙公司用 M 原材料抵偿该笔账款。M 材料市价为 300 000 元，增值税税率为 16%，成本为 240 000 元。甲公司未对该应收账款计提坏账准备。假定不考虑其他税费。要求：作出 2018 年 8 月 1 日甲公司和丙公司相关的会计分录。

3. A 公司 2016 年 6 月 30 日，持有甲公司 3 年期的债券 240 000 元已到期，该债券年利率为 9%，到期一次还本付息，已计提减值准备 12 000 元。因甲公司发生财务困难，无法兑付本息，经双方协议，免除其积欠利息，并延长到期日至 2019 年 6 月 30 日，年利率降至 6%，但附有条件，债务重组后，如甲公司自第 2 年起有盈利，则延长期年利率恢复至 9%，若无盈利，维持 6%。

要求：

（1）编制 2016 年 6 月 30 日，A 公司和甲公司双方债务重组的会计分录

（2）编制 A 公司 2019 年 6 月 30 日，收到甲公司清偿债券本息（假定甲公司 2018 年起有盈利）的会计分录。

（3）编制 A 公司 2019 年 6 月 30 日，收到甲公司清偿债券本息（假定甲公司 2018 年起无盈利）的会计分录。

4. A、B 两公司均为增值税一般纳税人。2018 年 10 月 12 日，A 公司以一批甲商品换入 B 公司的一台机车，并收到对方支付的补价 8 万元。该批库存商品的账面价值为 60 万元，公允价值为 75 万元，适用的增值税税率为 16%；B 公司机车的账面原值为 90 万元，累计折旧为 1 万元，公允价值为 68 万元。A 公司对换入的机车用于生产，B 公司对换入的甲商品作为原材料使用。假定不考虑除增值税以外的其他相关税费。

要求：根据上述资料分别作出 A 公司和 B 公司相关业务的会计分录。

5. 丙公司以其账面价值和公允价值均为 210 万元的长期股权投资换入丁公司的账面价值和公允价值均为 230 万元的专利权，并支付补价 20 万元。在交换过程中丁公司发生相关税费 12 万元；丙公司支付相关税费 5 万元。假定双方均未对所交换的资产项目计提减值准备。

要求：根据上述资料分别作出丙公司和丁公司相关业务的会计分录。

第十四章 财务报告

学习内容与目的

本章主要学习企业财务报告的含义、构成内容,以及各种财务报表的列报要求和编制方法。通过学习,旨在了解企业财务报告的含义、内容、作用;理解各种财务报表的编表基础、结构内容和列报要求;掌握资产负债表、利润表、所有者权益变动表、现金流量表等财务报表及其填列方法。

第一节 财务报告概述

一、财务报告的构成

财务报告也称会计报告或财务会计报告。我国2006《企业会计准则——基本准则》指出:财务会计报告是指企业对外提供的反映企业某一特定日期财务状况和某一会计期间的经营成果、现金流量等信息的文件。包括会计报表及附注和其他应当在财务报告中披露的相关信息和资料。

2006发布及2014年修订的《企业会计准则第30号——财务报表列报》指出:财务报表是对企业财务状况、经营成果和现金流量的结构性表述。财务报表至少应当包括下列组成部分:①资产负债表;②利润表;③现金流量表;④所有者权益(或股东权益)变动表;⑤附注。财务报表上述组成部分具有同等的重要程度。在我国,会计人员习惯将财务报表称为会计报表,《企业会计准则——基本准则》也用到了会计报表一词,本教材有时也采用这种惯例。

二、财务报告的作用

财务报告是会计核算工作的最终产品。编制财务报告是企业会计核算的一个重要环节,是会计核算工作的总结。

在日常的会计核算中,企业所发生的各项经济业务已经按照一定的会计程序和方法,在有关会计账簿中进行了全面、连续、分类、系统地记录和计算。企业的财务状况和经营成果在日常记录中得到了一定程度地反映。但是,这些日常核算资料数量庞大,而且分散,不能集中、概括地反映企业特定日期的财务状况和一定时期的经营成果。企业利害关系人及其他会计信息使用者如果直接使用这些分散、繁杂的会计记录,来评价、分析企业的财务状况和经营成果,试图做出科学、正确的决策是不可能的。因此,企业有必要按照会计准则的要求,定期将日常会计核算资料进行再处理,包括对日常会计核算资料的分类汇总、加工整理,按照一定形式和要求编制出各种会计报表,并对会计报表中列示的项目作进一步说明。可见,相对于会计凭证及账簿等日常核算资料而言,财务报告资料总括、综合地反映了企业的经济活动全过程及其结果,能为企业内外有关信息使用者的管理与经营决策提供所需要的会计信息。

《企业会计准则——基本准则》第四条规定:企业应当编制财务会计报告。财务报告的使用者包括投资者、债权人、政府及其有关部门和社会公众。财务会计的目标是:向财务报告使用者提供与企业财务状况、经营成果和现金流量等有关的会计信息,反映企业管理层受托责任履行情况,有助于财务会计报告使用者做出经济决策。由此,企业编制的财务报告,对于改善企业的内部经营管理,满足财务报告使用者的决策需要,以及加强国家宏观管理都具有重要的影响和作用。一般来说,会计报告的作用主要体现在:利用财务报告资料,有助于投资者和债权人进行正确的投资和信贷决策;有助于了解与评价企业管理当局履行受托经营管理责任情况;有助于企业管理当局进一步改善经营管理;有助于国家经济管理部门进行宏观调控和监督。

三、财务报表的列报要求

根据《企业会计准则第 30 号——财务报表列报》的规定,企业财务报表的列报必须遵循以下基本要求:

1. 关于列报基础

企业应当以持续经营为基础,根据实际发生的交易或事项,按照会计准则的规定进行确认与计量,在此基础上编制财务报表。企业不应以附注披露代替确认和计量,不恰当的确认和计量也不能通过充分披露相关会计政策加以纠正。

企业管理层应当利用所有可获得信息对企业自报告期末起至少 12 个月的持续经营能力进行评价。评价时需考虑宏观政策风险、市场经营风险、企业目前和长期的盈利能力、偿债能力、财务弹性以及企业管理层改变经营政策的意向等。评价结果表明对

企业持续经营能力产生重大怀疑的,应当在附注中披露导致持续经营能力产生重大怀疑的因素以及拟采取的改善措施。

企业如有近期获利经营的历史,且有财务资源支持,则通常表明以持续经营基础编制的财务报表是合理的。如果企业正式决定或被迫在当期或下一个会计期间进行清算或停止营业的,表明以持续经营基础编制财务报表不再合理,这种情况下,应当采用其他基础编制财务报表,并在附注中声明财务报表未以持续经营为基础编报的事实,披露未以持续经营为基础的原因和财务报表的编制基础。

除现金流量表按照收付实现制原则编制外,企业应当按照权责发生制编制财务报表。

2. 关于列报的一致性

财务报表的列报应当在各个会计期间保持一致,不得随意变更。同一项目在不同会计期间的列报应当采用一致的会计政策,这样才能确保财务报表提供的会计信息口径一致、相互可比,便于报表信息使用者正确了解和评价企业的财务状况、经营成果及现金流动情况。但是,如果出现下列情况,可以改变财务报表项目的列报:一是会计准则要求改变财务报表项目的列报;二是企业经营业务的性质发生重大变化或对企业经营影响较大的交易或事项发生后,变更财务报表项目的列报能够提供更可靠、更相关的会计信息。

3. 关于重要性和项目列报

重要性是指在合理预期下,如果财务报表某项目的省略或错报会影响信息使用者作出经营决策的,则该项目具有重要性。重要性应当根据企业所处环境,从项目的性质和金额大小两方面予以判断。判断项目性质的重要性,应当考虑该项目是否属于日常活动,是否对企业的财务状况、经营成果和现金流量具有显著影响等因素。判断项目金额大小的重要性,应当考虑该项目金额占资产总额、负债总额、所有者权益总额、营业收入总额、营业成本总额、净利润、综合收益总额等直接相关项目金额的比重或所属报表单列项目金额的比重。根据重要性原则,财务报表的项目应遵循以下几点进行单独列报:

(1)性质或功能不同的项目,应当在财务报表中单独列报;但不具有重要性的项目除外;

(2)性质或功能类似的项目,可以合并列报。即所属类别具有重要性的,应按其类别在财务报表中单独列报。

4. 关于报表中各项目金额是否相互抵销

财务报表项目应当以总额列报,资产和负债、收入和费用、直接计入当期利润的利得和损失项目的金额不得相互抵销。即不得以净额反映。如果相互抵销,财务报表提供的则是不完整的信息,容易误导报表使用者,从而作出错误的经营决策。

但值得注意的是,下列 3 种情况不属于抵销,可以以净额反映:一组类似交易形成的利得和损失以净额反映,不属于抵销,如汇兑损益应当以净额反映;资产或负债项目按扣除备抵项目后的净额反映,不属于抵销;非日常活动产生的利得或损失损益,以同一交易形成的收益扣除费用后的净额列示更能反映交易实质的,不属于抵销,如处置非流动资产形成的利得或损失。

5. 关于比较信息的列报

当期财务报表的列报，至少应当提供所有列报项目上一个可比会计期间的比较数据，以及与理解当期财务报表相关的说明。即财务报表除列报本期数据外，还要列报前期可比的数据。例如，资产负债表除列示本期期末数据外，还应列出上期期末数据；利润表除列示本期金额外，还应列出上期金额等等，便于报表使用者获得比较会计信息。

财务报表项目的列报发生变更的，应当至少对可比期间数据按照当期的列报要求进行调整，并在附注中披露调整的原因和性质，以及调整的各项目金额。对可比数据进行调整不切实可行的，应当在附注中披露不能调整的原因。

6. 关于显著信息的披露

企业应在财务报表的显著位置至少披露以下信息：编报企业名称、资产负债表日或财务报表涵盖的会计期间、人民币金额单位。财务报表是合并报表的，应当予以标明。

7. 关于编报期间的说明

企业至少应按年编制财务报表；年度财务报表涵盖期间短于一年的，应披露年报所涵盖的期间、短于一年的原因以及报表数据不具可比性的事实。

第二节 资产负债表

一、资产负债表的性质与作用

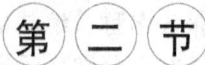

资产负债表，是指反映企业在某一特定日期财务状况的报表。它反映企业在某一特定日期所拥有或控制的经济资源、所承担的现时义务和所有者对净资产的要求权。资产负债表以"资产＝负债＋所有者权益"这一平衡关系式为基础，按照一定的分类标准和一定的排列次序全面揭示企业在特定时点的财务状况，所以也称为财务状况表。由于在任何时点（月末、季末、年末）企业资产等于负债与所有者权益之和，并且，资产负债表仅反映这些特定时点上的财务状况，所以，资产负债表又属于静态要素报表。

编制资产负债表的主要目的是将企业财务状况信息提供给财务报告信息使用者，为他们的经营决策提供参考和依据。资产负债表的具体作用有：

（1）反映企业拥有或控制的经济资源及其分布情况。资产负债表将企业拥有或控制的经济资源按流动性进行分类并予以列示，财务信息使用者可以从报表中一目了然地了解到企业在特定日期拥有或控制的经济资源的总量及其结构。

（2）反映企业资本结构情况。资本结构是指企业权益总额中负债（债权人权益）和所有者权益（业主权益）的相对比例。通过资产负债表中负债及所有者权益的分项列示，报表信息使用者可以清楚地了解到企业在特定日期的资金来源及其构成情况。

(3) 反映企业资产及负债的流动性和财务实力。流动性，也称变现能力，资产或负债的流动性是指资产转换成现金或负债到期清偿所需要的时间。时间越短，表明其流动性越强。所谓财务实力，是指运用其财务资源以适用经济环境的能力。企业的财务实力取决于其资产结构和其资本结构。保持资产与负债合理的流动性以及合理的资产和资本结构，可以增强企业偿债能力和抵抗财务风险的能力，增强企业的应变能力。而资产负债表所显示的资产、负债及所有者权益情况，有助于帮助信息使用者评估企业的财务实力。

(4) 提供企业进行财务分析的基本资料，揭示企业未来财务状况的发展趋势。

二、资产负债表的格式与结构

1. 格式

资产负债表有两种基本格式，即账户式与报告式。账户式是我国企业资产负债表的惯用格式。该报表分为左右两方，习惯上，左方列示资产各项目，反映全部资产的分布及其存在形态；右方列示负债及所有者权益各项目，反映全部负债及所有者权益的内容及其构成情况。报表左右双方平衡，即资产总计等于负债与所有者权益总计。

2. 结构

我国资产负债表的结构通常由两部分组成，其一是表头，包括报表名称、编制单位、编制所涵盖时间及金额单位四要素；其二是表体（正表）部分，左右分别列示资产、负债及所有者权益的总额及其项目构成。按照企业会计准则的要求，资产负债表反映的是比较数据，至少包含两个会计期间的比较数据，无论是中期报表（月末、季末、半年末），还是年度报表均必须提供报表各项目的年初（或期初）数与年末（或期末）数进行比较。

一般企业资产负债表的基本格式与结构见表 14-1。

三、资产负债表的分类与排列

为了帮助报表信息使用者阅读、分析、评价资产负债表所提供的信息，需要对资产负债表上的项目，按照它们的共同特征进行适当的分类与排列。资产和负债应当按照流动性分别分为流动资产和非流动资产、流动负债和非流动负债列示。流动性，通常按资产的变现或耗用时间长短或者负债的偿还时间长短来确定。企业应先列报流动性强的资产或负债，再列报流动性弱的资产或负债。所有者权益一般按照净资产的不同来源和特定用途分类，即按照实收资本（股本）、资本公积，其他综合收益、盈余公积、未分配利润等项目分项列示。

满足下列条件之一的资产，应当归类为流动资产：
(1) 预计在一个正常营业周期中变现、出售或耗用。

(2) 主要为交易目的而持有。

(3) 预计在资产负债表日起一年内（含一年）变现。

(4) 自资产负债日起一年内，交换其他资产或者清偿负债的能力不受限制的现金或现金等价物。

正常营业周期，通常是指企业从购买用于加工的资产起至实现现金或现金等价物的期间。正常营业周期通常短于一年，在一年内有几个营业周期。但是，也存在正常营业周期长于一年的情况，如房地产开发企业开发用于出售的开发产品，造船企业制造用于出售的大型船舶等等，往往超过一年才变现、出售或耗用，仍应划分为流动资产。正常营业周期不能确定的，应当以一年（12个月）作为正常营业周期。

流动资产以外的资产应当归为非流动资产，并按其性质分类列示。被划分为持有待售的非流动资产，应当归类为流动资产。

满足下列条件之一的负债，应当归类为流动负债：

(1) 预计在一个正常营业周期中清偿。

(2) 主要为交易目的而持有。

(3) 预计在资产负债表日起一年内到期应予清偿。

(4) 企业无权自主地将清偿推迟至资产负债表日后一年以上。

流动负债以外的负债应当归为非流动负债。

企业对资产和负债进行流动性分类时，应当采用相同的正常营业周期。企业正常营业周期的经营性负债项目即使在资产负债表日后超过一年才予清偿的，仍应当划分为流动负债。经营性负债项目包括应付账款、应付职工薪酬等。这些项目属于企业正常营业周期中使用的营运资金的一部分。

四、资产负债表的编制方法

为了如实地反映企业的财务状况，更好地满足报表使用者的决策需要，企业应当以日常核算资料记录的数据为基础，进行归类、整理和汇总，加工成资产负债表项目的数据，形成资产负债表。资产负债表的项目数据原则上依据有关科目期末余额填列，但由于资产负债表中有些项目名称与总账科目的名称及涵盖的内容并不完全一致，所以大多数报表项目需要依据总账科目和明细科目的记录分析、计算后填列。

（一）"年初余额"的填列方法

"年初余额"栏内各项目数字，应根据上年末资产负债表"期末余额"栏有关项目数字填列。如果企业发生了会计政策变更、前期差错更正，应当对"年初余额"栏中的有关项目进行相应调整；如果企业上年度资产负债表规定的项目名称和内容与本年度不一致，应当对上年年末资产负债表相关项目的名称和金额按照本年度的规定进行调整，填入"年初余额"栏。

（二）"期末余额"的填列方法

归纳起来具体包括如下情况：

(1) 根据总账科目的余额直接填列。

如"以公允价值计量且其变动计入当期损益的金融资产（交易性金融资产）""工程物资""固定资产清理""递延所得税资产""短期借款""以公允价值计量且其变动计入当期损益的金融负债（交易性金融负债）""应付票据""应交税费""应付利息""应付股利""其他应付款""专项应付款""预计负债""递延收益""递延所得税负债""实收资本（或股本）""库存股""资本公积""其他综合收益""盈余公积"等项目，应根据有关总账科目的余额填列。

(2) 根据几个总账科目的余额计算填列。

例如"货币资金""其他流动资产""其他流动负债"项目，应根据有关科目的期末余额分析填列。

(3) 根据总账科目和明细账科目的余额分析计算填列。

例如"一年内到期的非流动资产"、"开发支出"、"长期待摊费用"、"其他非流动资产"、"应付账款"、"一年内到期的非流动负债"、"应付职工薪酬"、"长期借款"、"应付债券"、"其他非流动负债"、"未分配利润"等项目应根据相应总账科目及所属明细科目期末余额计算填列。

(4) 根据有关科目余额减去其备抵科目余额后的净额填列。

例如"债权投资""其他债权投资""长期应收款""长期股权投资""在建工程""固定资产""投资性房地产""生产性生物资产""油气资产""无形资产""商誉""长期应付款"等项目，应根据相应科目减去其备抵科目（累计折旧、摊销、减值准备等）期末余额后的净额填列。

(5) 综合运用上述填列方法分析填列。

例如"应收票据""应收账款""应收利息""应收股利""其他应收款""预付款项""存货""划分为持有待售的资产""划分为持有待售的负债"等项目，应根据相关科目的期末余额分析填列等。

以下举例说明资产负债表的编制。

【例 14-1】A 股份有限公司 2017 年 12 月 31 日的资产负债表（年初余额略）及 2018 年 12 月 31 日的科目余额表分别如表 14-1 和表 14-2 所示。假定公司适用的所得税税率为 25%，不考虑其他因素。

表 14-1 资产负债表

会企 01 表

编制单位：A 股份有限公司　　　　　2017 年 12 月 31 日　　　　　单位：元

资产	期末余额	年初余额	负债和所有者权益（或股东权益）	期末余额	年初余额
流动资产：			流动负债：		
货币资金	1 161 300		短期借款	302 500	

续上表

资　产	期末余额	年初余额	负债和所有者权益（或股东权益）	期末余额	年初余额
以公允价值计量且其变动计入当期损益的金融资产	15 000		以公允价值计量且其变动计入当期损益的金融负债	0	
应收票据	246 000		应付票据	200 000	
应收账款	299 100		应付账款	953 800	
预付款项	100 000		预收款项	0	
应收利息	0		应付职工薪酬	110 000	
应收股利	0		应交税费	36 600	
其他应收款	5 000		应付利息	1 000	
存货	2 580 000		应付股利	0	
一年内到期的非流动资产	0		其他应付款	50 000	
其他流动资产	100 000		一年内到期的非流动负债	1 000 000	
流动资产合计	4 506 400		其他流动负债	0	
非流动资产：			流动负债合计	2 653 900	
债权投资	200 000		非流动负债：		
其他债权投资	55 000		长期借款	600 000	
长期应收款	0		应付债券	0	
长期股权投资	424 000		长期应付款	0	
投资性房地产	0		专项应付款	0	
固定资产	1 100 000		预计负债	0	
在建工程	1 500 000		递延收益	0	
工程物资	0		递延所得税负债	2500	
固定资产清理	0		其他非流动负债	0	
生产性生物资产	0		非流动负债合计	602 500	
油气资产	0		负债合计	3 256 400	
无形资产	600 000		所有者权益（或股东权益）：		
开发支出	0		实收资本（或股本）	5 000 000	
商誉	0		资本公积	0	
长期待摊费用	0		减：库存股	0	

续上表

资产	期末余额	年初余额	负债和所有者权益（或股东权益）	期末余额	年初余额
递延所得税资产	0		其他综合收益	31 500	
其他非流动资产	202 500		盈余公积	100 000	
非流动资产合计	40 815 000		未分配利润	200 000	
			所有者权益（或股东权益）合计	5 331 500	
资产总计	8 587 900		负债和所有者权益（或股东权益）总计	8 587 900	

表14-2 科目余额表

单位：元

科目名称	借方余额	科目名称	贷方余额
库存现金	2 000	短期借款	105 150
银行存款	529 831	应付票据	100 000
其他货币资金	7 300	应付账款	953 800
交易性金融资产	0	其他应付款	50 000
应收票据	66 000	应付职工薪酬	180 000
应收账款	600 000	应交税费	226 731
坏账准备	-1 800	应付利息	0
预付账款	100 000	应付股利	20 026.25
其他应收款	5 000	递延所得税负债	0
材料采购	275 000	长期借款	1 160 000
原材料	45 000	股本	5 000 000
周转材料	38 050	资本公积	0
库存商品	2 122 400	其他综合收益	64 500
材料成本差异	4 250	盈余公积	136 960
其他流动资产	100 000	利润分配（未分配利润）	512 613.75
债权投资	0		
其他债权投资	286 000		
长期股权投资	652 000		
固定资产	2 401 000		
累计折旧	-170 000		

续上表

科目名称	借方余额	科目名称	贷方余额
固定资产减值准备	-30 000		
工程物资	300 000		
在建工程	428 000		
无形资产	600 000		
累计摊销	-60 000		
递延所得税资产	9 750		
其他长期资产	200 000		
合计	8 509 781	合计	8 509 781

根据上述资料，编制A股份有限公司2018年12月31日的资产负债表，如表14-3所示。

表14-3 资产负债表

会企01表

编制单位：A股份有限公司　　　　2018年12月31日　　　　　　　单位：元

资产	期末余额	年初余额	负债和所有者权益（或股东权益）	期末余额	年初余额
流动资产：			流动负债：		
货币资金	539 131	1 161 300	短期借款	105 150	302 500
以公允价值计量且其变动计入当期损益的金融资产	0	15 000	以公允价值计量且其变动计入当期损益的金融负债	0	0
应收票据	66 000	246 000	应付票据	100 000	200 000
应收账款	598 200	299 100	应付账款	953 800	953 800
预付款项	100 000	100 000	预收款项	0	0
应收利息	0	0	应付职工薪酬	180 000	110 000
应收股利	0	0	应交税费	226 731	36 600
其他应收款	5 000	5 000	应付利息	0	1 000
存货	2 484 700	2 580 000	应付股利	20 026.25	0
一年内到期的非流动资产	0	0	其他应付款	50 000	50 000
其他流动资产	100 000	100 000	一年内到期的非流动负债	0	1 000 000
流动资产合计	3 893 031	4 506 400	其他流动负债	0	0

续上表

资产	期末余额	年初余额	负债和所有者权益（或股东权益）	期末余额	年初余额
非流动资产：			流动负债合计	1 635 707.25	2 653 900
债权投资	0	200 000	非流动负债：		
其他债权投资	286 000	55 000	长期借款	1 160 000	600 000
长期应收款	0	0	应付债券	0	0
长期股权投资	652 000	424 000	长期应付款	0	0
投资性房地产	0	0	专项应付款	0	0
固定资产	2 201 000	1 100 000	预计负债	0	0
在建工程	428 000	1 500 000	递延收益	0	0
工程物资	300 000	0	递延所得税负债	0	2 500
固定资产清理	0	0	其他非流动负债	0	0
生产性生物资产	0	0	非流动负债合计	1 160 000	602 500
油气资产	0	0	负债合计	2 795 707.25	3 256 400
无形资产	540 000	600 000	所有者权益（或股东权益）：		
开发支出	0	0	实收资本（或股本）	5 000 000	5 000 000
商誉	0	0	资本公积	0	0
长期待摊费用	0	0	减：库存股	0	0
递延所得税资产	9 750	0	其他综合收益	64 500	31 500
其他非流动资产	200 000	202 500	盈余公积	136 960	100 000
非流动资产合计	4 616 750	4 081 500	未分配利润	512 613.75	200 000
			所有者（或股东）权益合计	5 714 073.75	5 331 500
资产总计	8 509 781	8 587 900	负债和所有者（或股东）权益总计	8 509 781	8 587 900

第三节　利润表

一、利润表的性质和作用

利润表又称损益表、收益表，用来反映企业在某一会计期间（月份、季度、年度）的经营成果的财务报表。利润表以"收入－费用＝利润"这一会计方程式为理论依据，反映企业在某一时期内的累计经营成果。表中按照一定的分类标准和一定的次序，列示企业在某一时期的收入和费用，通过计算确定企业的净利润或净亏损。利润表属于动态会计要素报表。

利润表反映企业经营业绩的主要来源和构成。其作用表现在以下几个方面：

1. 有助于分析、评价企业的经营成果和盈利能力

经营成果通常是一组绝对数指标，是企业一定期间各种收入扣除相关成本费用及税金的差额。体现着企业资本增值的数额。盈利能力是一组相对数指标，是企业运用其经济资源取得经营成果的能力。利润表直接反映了企业一定会计期间经营成果的形成情况；而根据利润表及其他会计报表提供的相关信息，还可以了解、评价企业的盈利能力与水平。信息使用者通过比较同一企业在不同时期及相同时期不同企业的有关指标，可以评价过去会计期间的盈利能力，还能据此预测企业未来的利润发展趋势，并以此作出相关决策。

2. 有助于分析、评价和预测企业偿债能力

偿债能力是指企业以其资产清偿其债务的能力。企业偿债能力并不仅仅取决于资产的流动性和资本结构，同时还取决于企业的获利能力。企业在个别时期资产流动性不够，但有一定的盈利能力，资产的流动性会逐步得到改善，从而增强企业的偿债能力；相反，企业如果长期没有盈利，则资产的流动性必然不会太好，资本结构也会受到影响，甚至陷于资不抵债的困境，此时，其偿债能力必定较弱。

由此看来，利润表本身并不直接提供这些指标。但企业债权人和管理当局仍可以通过利润表信息，间接地解释、评价企业当前及未来一段时期的偿债能力，并了解其偿债能力的发展趋势，进而作出相应决策；企业管理当局据此可以找原因、适时采取措施，改善管理，提高企业的偿债能力，维护和改善企业的形象。

3. 有助于评价和考核企业经营管理人员的经营管理水平与经营业绩

考核经营管理人员管理受托资源的绩效，是现代企业需要解决的重大且重要的问题。利润表中提供的经营成果及盈利能力信息，是一项综合性指标，是企业生产、经营、投资、理财等各项活动管理效益与效率的直接表现，也是企业经营过程中投入与产出配比的结果，一定程度上反映管理当局的经营管理水平。因此，通过利润表一方面可以考核与评价经营管理人员的经营业绩与效率；经营管理人员又可以依据利润表的信息，发现工作中存在的问题，揭露缺点，找出差距，适时采取相应措施，改善经

营管理。这也说明，利润表的信息有助于企业管理人员的未来决策。

二、利润表的结构与格式

1. 结构

利润表由两部分构成：其一是表头，包括报表名称、编制单位、编报时期及金额单位四要素。其二是表体（正表），主要列示收入、费用、利润、综合收益、每股收益各项目的金额及相互关系。

2. 格式

利润表主体部分反映了企业经营业绩的主要来源和构成情况。由于不同国家和地区对会计报表的信息要求不完全相同，利润表的格式也不完全相同。其列报有两种基本格式：即单步式与多步式。我国企业长期以来采用多步式格式。

利润表采用多步式的格式，即通过对当期的收入、费用、支出项目按性质加以归类，按利润形成的主要环节列示一些中间性利润指标，便于使用者了解企业经营成果的不同来源。

我国会计准则要求企业在利润表中对费用按照功能分类，分为从事经营业务发生的成本、管理费用、销售费用和财务费用等。企业的活动通常可以划分为生产、销售、管理、融资等，每一种活动上发生的费用所发挥的功能并不相同，因此，按照费用功能法将其分开列报，有助于使用者了解费用发生的活动领域。

另外，企业应当在附注中披露费用按照性质分类的利润表补充资料，可将费用分为耗用的原材料、职工薪酬费用、折旧费用、摊销费用等，以有助于报表使用者预测企业的未来现金流量。

一般企业利润表的格式如表14-6所示。

三、利润表的编制方法

多步式利润表反映企业一定会计期间实现利润（或发生亏损）的实际情况，其主要资料来源是各损益类账户的本期发生额（或净发生额）。一般说来，各收入类项目应根据相应的收入类会计科目的贷方净发生额填列；各费用类项目应根据相应的费用类会计科目的借方净发生额填列。有些项目尚需要分析、计算填列。

（1）利润表中各项目主要根据损益类科目净发生额以及"其他综合收益"科目及其所属明细科目的本期发生额分析填列。

（2）"本期金额"栏反映各项目的本期实际发生数。编制年度利润表时，"本期金额"填列各项目本年度累计发生额。

（3）"上期金额"反映上年度累计发生金额。若上年度的项目名称、内容与本年度不一致，应对其按本年度的规定进行调整。编制中期财务报表时，"上期金额"应填列上年同期累计实际发生数。

四、关于综合收益的列报

综合收益,是指企业在某一期间除与所有者以其所有者身份进行的交易之外的其他交易或事项所引起的所有者权益变动。综合收益总额项目反映净利润和其他综合收益扣除所得税影响后的净额相加后的合计金额。其他综合收益,是指企业根据其他会计准则规定未在当期损益中确认的各项利得和损失。

会计准则规定,企业应当以扣除相关所得税影响后的净额在利润表上单独列示各项其他综合收益项目,并且其他综合收益项目应当根据其他相关会计准则的规定分为下列两类列报:

(一)以后会计期间不能重分类进损益的其他综合收益项目

(1)重新计量设定受益计划净负债或净资产导致的变动。

(2)按照权益法核算的在被投资单位不能重分类进损益的其他综合收益变动中所享有的份额。

(二)以后会计期间在满足规定条件时将重分类进损益的其他综合收益项目

(1)按照权益法核算的在被投资单位可重分类进损益的其他综合收益变动中所享有的份额。

(2)债权投资重分类为其他债权投资形成的利得或损失,其他债权投资公允价值变动形成的利得或损失。

(3)现金流量套期工具产生的利得或损失中属于有效套期的部分。

(4)外币财务报表折算差额。

(5)根据相关会计准则规定的其他项目。

五、关于每股收益的列报

据《企业会计准则第34号——每股收益》及指南:基本每股收益按照归属于普通股股东当期净利润,除以发行在外普通股的加权平均数计算确定。计算公式为:

$$基本每股收益 = \frac{净利润 - 优先股股利}{发行在外普通股股加权平均数}$$

其中:

发行在外普通股加权平均数 = 期初发行在外普通股股数 + 当期新发行普通股股数 × 已发行天数 ÷ 报告期天数 - 当期回购普通股股数 × 已回购天数 ÷ 报告期天数

稀释每股收益是以基本每股收益为基础,假设企业所有发行在外的稀释性潜在普通股已转化为普通股,从而分别调整归属于普通股股东的本期净利润和发行在外的普通股加权平均数计算的每股收益。

所谓稀释性潜在普通股,是指假设当期转换为普通股会减少每股收益的潜在普通股。

潜在普通股,是指赋予其持有者在报告期内或以后期间享有取得普通股权利的一种金融工具或其他合同。包括可转换公司债券、认股权证、股份期权等。

会计准则规定，凡是有稀释性潜在普通股的企业，不仅要计算和列报基本每股收益，而且要根据稀释性潜在普通股的影响，计算和列报稀释每股收益。计算公式为：

$$稀释每股收益 = \frac{净利润 - 优先股股利 \pm 本期已确认为费用的稀释性潜在普通股利息及转换时的收益或费用}{发行在外普通股加权平均数 + 稀释性潜在普通股加权平均数}$$

以下举例说明利润表的编制。

【例14-2】沿用【例14-1】的资料，A股份有限公司2018年度有关损益类科目和"其他综合收益"明细科目的本年累计发生净额分别如表14-4和表14-5所示。

表14-4　A股份有限公司损益类科目2018年度累计发生净额

单位：元

科目名称	借方发生额	贷方发生额
主营业务收入		1 250 000
主营业务成本	750 000	
税金及附加	2 000	
销售费用	20 000	
管理费用	157 100	
财务费用	41 500	
资产减值损失	30 900	
投资收益		227 500
营业外收入		50 000
营业外支出	19 700	
所得税费用	136 700	

表14-5　A股份有限公司"其他综合收益"明细科目2018年度累计发生净额

单位：元

明细科目名称	借方发生额	贷方发生额
权益法下在被投资单位以后将重分类进损益的其他综合收益中享有的份额		36 000
其他债权投资公允价值变动		3 750
债权投资重分类为其他债权投资	6 750	
合计	6 750	39 750

根据上述资料，编制A股份有限公司2018年度利润表，如表14-6所示。

表 14-6 利润表

会企 02 表

编制单位：A 股份有限公司　　　　2018 年度　　　　　　　　　　　　单位：元

项目	本期金额	上期金额（略）
一、营业收入	1 250 000	
减：营业成本	750 000	
税金及附加	2 000	
销售费用	20 000	
管理费用	157 100	
财务费用	41 500	
资产减值损失	30 900	
加：公允价值变动收益（损失以"-"号填列）	0	
投资收益（损失以"-"号填列）	227 500	
其中：对联营企业和合营企业的投资收益	（略）	
二、营业利润（亏损以"-"号填列）	476 000	
减：营业外收入	50 000	
其中：非流动资产处置利得	（略）	
减：营业外支出	19 700	
其中：非流动资产处置损失	（略）	
三、利润总额（亏损总额以"-"号填列）	506 300	
减：所得税费用	136 700	
四、净利润（净亏损以"-"号填列）	369 600	
五、其他综合收益的税后净额	33 000	
（一）以后不能重分类进损益的其他综合收益	0	
（二）以后将重分类进损益的其他综合收益	33 000	
1. 权益法下在被投资单位以后将重分类进损益的其他综合收益中享有的份额	36 000	
2. 其他债权投资公允价值变动损益	3 750	
3. 债权投资重分类为其他债权投资损益	-6 750	
六、综合收益总额	402 600	
七、每股收益		
（一）基本每股收益	（略）	
（二）稀释每股收益	（略）	

第四节 现金流量表

一、现金流量表的性质

现金流量表是以现金为基础编制的财务状况变动表。它是反映企业一定会计期间现金和现金等价物流入和流出情况的报表。

现金流量表是从财务状况表发展演变而来的。其演变的原因是由于社会经济环境的不断变化,某一期间企业财务活动的资金流量、流动资产的运用、营运资金、现金的流转等信息逐步被人们重视和利用。财务状况变动表也逐步衍变成以现金为基础,反映其流入、流出及净增减变化信息的报表。

我国 2006 年修订发布的《企业会计准则第 31 号——现金流量表》规定,企业应在中期期末、年末编制现金流量表,至少在年末编制现金流量表,及时反映企业现金流量状况,满足各方面对现金信息的需求。

二、现金流量表的作用

市场经济条件下,现金流转情况对一个企业的生存和发展起着决定性的影响作用。即使是一个暂时亏损的企业,如果现金充裕,就可以及时购入必需的材料物资和固定资产、支付职工的薪酬、支付股利和利息、偿还债务,使企业走上正常的经营轨道;反过来,即使是一个盈利的企业,如果缺乏现金,轻则影响正常的生产经营活动,重则危及企业的生存或导致破产清算。因此,现金管理是财务管理的重要内容。编制现金流量表的主要目的,是为会计信息使用者提供企业一定期间现金流量的信息,以便信息使用者了解和评估企业获取现金及现金等价物的能力,并据此预测企业未来的现金流量。现金流量表在评价企业经营业绩、衡量企业财务资源和财务风险以及预测企业未来前景方面,有着十分重要的作用。现金流量表的具体作用可以概括为以下几个方面:

(1) 提供企业现金流量的具体信息,有助于报表信息使用者对企业整体财务状况作出客观的评价。

如前所述,资产负债表反映企业特定日期的财务状况,利润表动态反映企业一定时期经营成果的形成过程和结果,但二者都不能直接揭示影响财务状况和经营成果变动的具体原因。现金流量表以收付实现制为基础,反映现金流入、流出的具体信息,及其对财务状况及经营成果的影响,可以排除权责发生制下不同标准确定和调整收入、费用导致的对企业净利润的影响。现金流量表的信息可以使报表信息使用者更加客观地评价企业经营业绩、财务资源和财务风险情况;从而进一步了解企业的经营活动能否顺利开展，经营资金的周转是否顺利通畅等；了解企业现金流转效率及其效果等。通过现金流量表信息，信息使用者对企业整体财务状况做出客观评价，将帮助其做出有效的投资、信贷、经营决策。

（2）提供企业现金流量变动及其变动原因的信息，有助于报表信息使用者预测企业未来获取现金的能力。

现金流量表虽然反映的是企业过去一定时期的现金流量信息，但依此可以了解企业现金的来源和用途是否合理，经营活动自身产生的现金流量如何，企业在多大程度上依赖外部资金；据此可以预测企业未来获取现金的能力。这些信息既为企业内部管理者编制现金流量计划、组织现金调度、合理使用现金提供依据；同时也为企业外部信息使用者评价企业未来现金流量，进行投资、信贷决策提供必要的信息。

（3）有助于报表信息使用者分析企业的收益质量，从现金流量的角度判断企业的发展前景。

利润表反映了企业的经营成果，其净利润指标是体现企业盈利能力的一个很重要的指标。但利润表以权责发生制为基础计算的盈利，有盈利，是否同时伴随相应的现金流入，是否有相应的盈利质量，利润表难以反映此类信息。通过现金流量表的编制，可以具体了解经营活动、投资活动、筹资活动产生的现金流量信息；将经营活动产生的现金流量与净利润指标比较，可以从现金流量的角度了解企业净利润的质量和可靠性，从而为分析、判断、评价企业的财务前景提供更加可靠的依据。

（4）现金流量表提供不涉及现金收支的重大投资、筹资活动信息（如债务转为资本、一年内到期的可转换公司债、融资租入固定资产等），一定程度上反映企业融资能力的强弱；某一会计期间的指标将企业对未来现金流量产生的影响；通过这部分信息，可以了解资产负债表有关项目变动的原因，帮助决策者判断未来的财务发展趋势。

由此可看出，现金流量表在资产负债表与利润表之间架起了一座的桥梁，具体揭示了企业财务状况及经营成果变动的原因，成了报表信息使用者普受重视与关注的第三大会计报表。

三、现金流量表的编制基础

《企业会计准则第31号——现金流量表》对现金流量表的定义是，现金流量表反映企业在一定会计期间现金及现金等价物流入、流出情况的会计报表。所以，现金流量表是以现金为基础编制的，反映企业财务状况变动情况的报表。

（一）现金与现金流量

现金流量表中所指的现金，不同于日常财务会计工作中的现金（cash）概念，而是广义的现金概念，包括库存现金、随时可以用于支付的存款以及现金等价物。其具体内容如下：

（1）库存现金。它是指企业持有的可随时用于支付的纸币和硬币，即出纳员手中保管的限额现金。

(2) 银行存款。它是指企业存放在银行或其他金融机构随时可以用于支付的存款。但如果存在银行或金融机构的款项不能随时用于支付（如不能随时支取的定期存款），不能作为现金流量表中的现金；而提前通知银行或金融机构便可支取的定期存款，则包括在现金流量表的现金概念中。

(3) 其他货币资金。它是指企业存在银行有特定用途的资金，如外埠存款、银行本票存款、银行汇票存款、信用证存款、信用卡存款等。

(4) 现金等价物。它是指企业持有的期限短、流动性强、易于转换为已知金额的现金、价值变动风险很小的投资。通常指自购买日起3个月内到期的投资。但权益性投资变现的金额通常不确定，因而不属于现金等价物。现金等价物虽然不是严格意义上的现金，但其支付能力与现金的差别不大，可视为现金。企业应当根据具体情况，确定现金等价物的范围，一经确定不得随意变更。

（二）现金流量

现金流量是指一定时期内企业现金与现金等价物流入、流出量的数量。企业现金流入量与流出量的差额为现金净流量。现金净流量反映了企业各类业务活动形成的现金流量的最终结果，现金净流量也是现金流量表所要反映的一个重要指标。

（三）影响现金流量变动的经济业务

在企业的日常经营活动中会发生各种各样的经济业务，并非所有的经济业务都会引起现金流量的变动。从经济业务对现金流量的影响来看，企业的经济业务可以分为以下三类：

(1) 引起现金及现金等价物内部各项目之间发生增减变动的经济业务。

例如从银行提取现金、将现金存入银行、用银行存款购入短于3个月到期的债券投资等，均属于现金内部各项目之间的增减变动，属于现金内部资金转换，这些业务不会引起现金净流量的变化。因而，在现金流量表中，将这类业务排除在外。

(2) 引起非现金各项目之间发生增减变动的经济业务。

例如以存货、固定资产、无形资产偿债；以存货、固定资产、无形资产对外投资；以存货交换固定资产等业务均属于非现金项目之间的增减变动。这些业务的发生也不会引起现金净流量的变化。因而，在现金流量表中，同样将这类业务排除在外。

值得说明的是，对于融资租赁固定资产、债务转为资本等引起非现金项目之间的转换的业务，理论上也不应列入现金流量表的内容。但这类业务属于企业重大的投资和筹资活动，可能会影响企业的财务状况及未来的现金流量，因此，我国现金流量表准则规定，以现金流量表附注形式披露这些不涉及本期现金收支的重要的投资及筹资事项。

(3) 引起现金项目和非现金项目之间发生增减变动的经济业务。

企业销售商品、提供劳务、出售固定资产、向银行借款等取得现金，企业购买材料和商品、接受劳务、购建固定资产、对外投资、偿还债务等支付现金，这些现金项目与非现金项目之间的增减变动，才是影响现金流量净额的内容，也是现金流量表需要反映的重要内容。

四、现金流量的分类

现金流量是现金流量表所要反映的一个重要指标，它反映了企业各类业务活动形成的现金流量的最终结果，它产生于不同的来源，也有不同的用途。如企业通过销售商品、提供劳务收回现金，通过向银行借款收到现金，对外投资分回红利收到现金；购买商品、购置固定资产、对外投资、支付职工薪酬、归还银行借款等需要支付现金。编制现金流量表首先应对现金流量进行合理的分类。我国《企业会计准则第 31 号——现金流量表》将现金流量分为三类：经营活动产生的现金流量、投资活动产生的现金流量以及筹资活动产生的现金流量。

（一）经营活动产生的现金流量

经营活动是指企业投资活动和筹资活动以外的所有交易和事项。也就是说，除归属于投资活动和筹资活动以外的所有交易和事项，都可归属于经营活动。对于工商企业而言，经营活动主要包括：销售商品或提供劳务、经营性租赁、购买商品或接受劳务、制造产品、广告宣传、推销商品、支付税费等。

经营活动产生的现金流量是一项重要指标，它可以说明企业在不动用外部资金的情况下，通过经营活动产生的现金流量是否足以偿还债务、支付股利和对外投资。经营活动产生的现金流量可以采用直接法和间接法两种方法列报（后述）。

1. 经营活动的现金流入量

经营活动的现金流入量，由以下 3 个项目组成。

（1）"销售商品、提供劳务收到现金"项目。该项目反映企业本期销售商品和提供劳务收到的现金、前期销售商品和提供劳务本期收到现金、销售商品实际收到的增值税销项税额，以及本期预收的账款。本期退回本期销售的商品和前期销售本期退回的商品支付的现金应从本项目中扣除。

（2）"收到的税费返还"项目。该项目反映企业收到返还的各种税费，如收到的增值税、消费税、所得税、教育费附加返还等。

（3）"收到其他与经营活动有关的现金"项目。该项目反映企业除了上述各项目以外，收到其他与经营活动有关的现金流入。如罚款现金收入、没收包装物押金收入、流动资产损失中获得赔偿的现金收入等。

2. 经营活动的现金流出量

经营活动的现金流量，由以下 4 个项目组成。

（1）"购买商品、接受劳务支付现金"项目。该项目反映企业本期购进商品、接受劳务支付的现金、本期支付前期购进商品、接受劳务的未付款项和本期预付款项，以及企业购进商品、接受劳务等实际支付的能够抵扣销项税额的进项税额。因购货退回商品等收到的现金应从本项目中扣除。

（2）"支付给职工及为职工支付的现金"项目。该项目反映企业实际支付给职工的薪酬以及为职工支付的各种其他费用。包括实际支付给职工的工资、奖金、津贴、补

贴等,以及实际支付的医疗保险等社会保险费、住房公积金、职工福利费、工会经费、职工教育经费等。但不包括支付的离退休人员的各种费用和支付给在建工程人员的职工薪酬等。

(3)"支付的各种税费"项目。该项目反映企业按规定支付的各种税费,包括本期发生并支付的税费,以及本期支付以前各期发生的税费和预交以后的税费。如支付的增值税、消费税、所得税、城市维护建设税、教育费附加、矿产资源补偿费、印花税、房产税、土地使用税、车船使用税等。但不包括计入固定资产价值实际支付的耕地占用税等。

(4)"支付其他与经营活动有关的现金"项目。该项目反映企业除上述各项目外,支付其他与经营活动有关的现金。如罚款支出、支付的差旅费、业务招待费、保险费以及企业支付的离退休人员的各种费用。

(二)投资活动产生的现金流量

投资活动是指企业长期资产的购建及不包括在现金等价物范围内的投资及其处置活动,包括实物资产的投资,也包括金融资产的投资。这里的长期资产是指固定资产、无形资产、在建工程、其他资产等持有期限在一年或一个营业周期以上的资产。

1. 投资活动的现金流入量

投资活动的现金流入量,由以下 5 个项目组成。

(1)"收回投资收到现金"项目。该项目反映企业出售、转让或到期收回除现金等价物以外的交易性金融资产、其他债权投资、长期股权投资中除处置子公司、营业单位以外而收到的现金,以及收回债权投资本金而收到的现金。

(2)"取得投资收益收到的现金"项目。该项目反映企业因持有交易性金融资产、债权投资、其他债权投资和长期股权投资而取得的现金股利和股息,以及从子公司、联营单位和合营企业分回的利润收到的现金。但不包括股票股利。

(3)"处置固定资产、无形资产和其他长期资产收回现金"项目。该项目反映处置固定资产、无形资产和其他长期资产收回现金,减去为处置这些资产而支付的有关费用后的净额。

(4)"处置子公司及其他营业单位收到的现金净额"项目。该项目反映企业处置子公司及其他营业单位收到的现金,减去为处置这些资产而支付的有关费用后的净额。

(5)"收到其他与投资活动有关的现金"项目。该项目反映企业除了上述各项目以外,收到其他与投资活动有关的现金流入。

2. 投资活动的现金流出量

投资活动的现金流出量,由以下 4 个项目组成。

(1)"购建固定资产、无形资产和其他长期资产支付的现金"项目。该项目反映企业购买建造固定资产、无形资产和其他长期资产支付的现金。但不包括为购建固定资产而发生的借款费用资本化的部分,以及融资租入固定资产支付的租赁费。

(2)"投资支付的现金"项目。该项目反映企业取得的除现金等价物以外的交易性金融资产、债权投资、其他债权投资,以及长期股权投资中除购买子公司及其他营业单位外支付的现金以及支付的相关交易费用。

(3)"取得子公司及其他营业单位支付的现金净额"项目。该项目反映企业购买子公司及其他营业单位成本中以现金支付的部分。

(4)"支付其他与投资活动有关的现金"项目。该项目反映企业除上述各项目外，支付其他与投资活动有关的现金。

(三)筹资活动产生的现金流量

筹资活动是指导致企业资本及债务规模和构成发生变化的活动。包括吸收权益性投资、发行债券、借款、归还债务、支付股利等。应付账款、应付票据等应付款项属于经营活动的内容，不属于筹资活动范畴。

1. 筹资活动的现金流入量

筹资活动的现金流入量，由以下3个项目组成。

(1)"吸收投资收到的现金"项目。该项目反映企业收到的投资者投入的现金，包括以发行股票、债券等方式筹集的资金实际收到款项净额（发行收入减去支付的佣金等发行费用后的净额）。

(2)"取得借款收到的现金"项目。该项目反映企业举借各种短期、长期借款收到的现金。

(3)"收到其他与筹资活动有关的现金"项目。该项目反映企业除了上述各项目以外，收到其他与筹资活动有关的现金流入。

2. 筹资活动的现金流出量

筹资活动的现金流出量，由以下3个项目组成。

(1)"偿还债务支付的现金"项目。该项目反映企业以现金偿还债务的本金，包括偿还金融企业的借款本金、偿还债券本金等。

(2)"分配股利、利润或偿付利息支付的现金"项目。该项目反映企业实际支付的现金股利，支付给其他投资单位的利润以及支付的借款利息、债券利息等。

(3)"支付其他与筹资活动有关的现金"项目。该项目反映企业除上述各项目外，支付其他与筹资活动有关的现金。

需要注意的是，在企业日常活动之外企业可能还会偶然发生一些特殊的业务，引起现金的流入或流出。如自然灾害损失、保险赔款、捐赠等。现金流量表准则规定应当归并到相关类别中。例如，对自然灾害损失和保险赔款，如果能够确指属于流动资产损失，应当列入经营活动现金流量；属于固定资产损失的，应当列入投资活动现金流量。如果不能确知，则可以列入经营活动现金流量。对于捐赠现金流出和接受捐赠的现金流入，有两种不同的观点：作为经营活动或作为筹资活动产生的现金流量，本教材趋向于作为筹资活动现金流量。

五、现金流量表的报告方法及基本格式

(一)现金流量表的报告方法

现金流量表最复杂的是第一部分，即经营活动产生的现金流量。对这部分的列报

方法有两种即直接法与间接法,他们通常也被称之为现金流量表的报告方法或编制方法。

1. 直接法

直接法指按现金流入和现金流出的主要类别直接反映企业经营活动产生的现金流量。在直接法下,一般以利润表中第一行"营业收入"为起算点,调整与经营活动有关的现金流量(顺算)。采用直接法提供的现金流量信息,便于分析与企业经营活动有关现金流量的来源与用途,有助于预测与评价企业未来现金流量。

2. 间接法

以利润表中"净利润"为起点,调整不涉及现金的收入、费用、营业外收支、应收应付等项目,据此列示经营活动产生的现金流量(逆算)。利润表中的净利润是按权责发生制确认的,有些收入、费用没有实际现金流入和流出;有些属于投资、筹资活动产生的现金流量,通过调整即可将净利润调节为经营活动产生的现金流量。采用间接法编报,有利于将净利润与经营活动产生的现金流量进行比较,了解净利润与经营活动产生现金流量的差异的原因,从现金流量的角度分析净利润的质量。

国际会计准则鼓励企业采用直接法编制现金流量表。在我国,现金流量表也以直接法编制,但还要求在补充资料或报表附注中单独按照间接法反映经营活动产生现金流量的情况。

(二)现金流量表的基本格式

我国现金流量表采用多步式格式、垂直报告式结构,分为表头和正表两部分。表头包括报表名称、编制单位、编报期间和金额计量单位四要素。正表包括六部分内容:经营活动产生的现金流量、投资活动产生的现金流量、筹资活动产生的现金流量、汇率变动对现金及现金等价物的影响、现金及现金等价物净增加额、期末现金及现金等价物余额。我国一般企业现金流量表的具体格式如表14-10所示。

六、现金流量表的编制手段和程序

编制现金流量表的手段可以借助于公式分析填列、在工作底稿中调整或T型账户调整、设置现金日记账等。归纳为直接分析填列法、工作底稿法、T型账户法、现金日记账法等。其中直接分析填列法需要对整个报表体系及所需要收集的资料有一个清晰、透彻的了解和把握;现金日记账法是通过设置以现金流量表项目开设账户的日记账来逐日登记相关项目的金额,期末汇总填列现金流量表的方法;工作底稿法、T型账户法、现金日记账法比较复杂,但思路清晰,不易出现差错。在具体编制时,企业可根据业务量大小及复杂程度选择采用。这里仅介绍直接填列法、工作底稿法和T型账户法,并举例说明工作底稿法。

(一)直接分析填列(公式)法

采用直接填列现金流量表数据时,各个现金流入与流出项目的数据可以从会计记录(账簿)中直接获得,也可以在利润表及资产负债表的基础上结合账簿记录调整获得。

1. 经营活动产生的现金流量

（1）"销售商品、提供劳务收到现金"项目。本项目可以根据"库存现金""银行存款""应收账款""应收票据""预收账款""主营业务收入""其他业务收入"等科目的记录分析填列。

根据利润表、资产负债表有关项目以及部分账户记录填列该项目的金额，通常可以采用以下公式：

销售商品、提供劳务收到现金 = 营业收入 + 销项税额 +
　　　　　　　　　　　　　　应收账款（期初余额 − 期末余额）+
　　　　　　　　　　　　　　应收票据（期初余额 − 期末余额）+
　　　　　　　　　　　　　　预收账款（期末余额 − 期初余额）+
　　　　　　　　　　　　　　收回前期已注销的坏账 − 本期计提的坏账准备 −
　　　　　　　　　　　　　　非现金结算应收账项 − 已贴现的应收票据贴现息

（注：公式中应收账款、应收票据等根据其账户的余额计算，而不是资产负债表的金额。）

或者

销售商品、提供劳务收到现金 = 营业收入 + 销项税额 +
　　　　　　　　　　　　　　应收账款净额（期初余额 − 期末余额）+
　　　　　　　　　　　　　　应收票据（期初余额 − 期末余额）+
　　　　　　　　　　　　　　预收账款（期末余额 − 期初余额）−
　　　　　　　　　　　　　　非现金结算应收账项 − 已贴现的应收票据贴现息

（注：公式中应收账款、应收票据等根据资产负债表项目的金额计算填列。）

（2）"收到的税费返还"项目。本项目可根据"库存现金""银行存款""营业外收入""其他应收款"等科目的记录分析填列。

（3）"收到其他与经营活动有关的现金"项目。本项目可根据"库存现金""银行存款""营业外收入"等科目的记录分析填列。

（4）"购买商品、接受劳务支付现金"项目。本项目可根据"库存现金""银行存款""应付票据""应付账款""预付账款""主营业务成本""其他业务成本"等科目的记录分析填列。

根据利润表、资产负债表有关项目以及部分账户记录填列该项目的金额，通常可以采用以下公式：

购买商品、接受劳务支付的现金 = 营业成本 + 进项税额 +
　　　　　　　　　　　　　　　存货项目（期末余额 − 期初余额）+
　　　　　　　　　　　　　　　应付票据（期初余额 − 期末余额）+
　　　　　　　　　　　　　　　应付账款（期初余额 − 期末余额）+
　　　　　　　　　　　　　　　预付账款（期末余额 − 期初余额）−
　　　　　　　　　　　　　　　非付现收到的存货 −
　　　　　　　　　　　　　　　计入成本的职工薪酬 − 计入成本的非付现折旧费用 −
　　　　　　　　　　　　　　　计入成本的非付现待摊费用减少数（+ 增加数）

(5)"支付给职工及为职工支付的现金"项目。本项目可根据"应付职工薪酬""库存现金""银行存款"等科目的记录分析填列。

(6)"支付的各种税费"项目。本项目可根据"应交税费""库存现金""银行存款"等科目的记录分析填列。

(7)"支付其他与经营活动有关的现金"项目。本项目可根据"管理费用""营业外支出""库存现金""银行存款"等科目的记录分析填列。

2. 投资活动产生的现金流量

(1)"收回投资收到现金"项目。本项目可根据"债权投资""其他债权投资""长期股权投资""库存现金""银行存款"等科目的记录分析填列。

(2)"取得投资收益收到的现金"项目。本项目可根据"投资收益""库存现金""银行存款"等科目的记录分析填列。

(3)"处置固定资产、无形资产和其他长期资产收回现金"项目。本项目可根据"固定资产清理""库存现金""银行存款"等科目的记录分析填列。

(4)"处置子公司及其他营业单位收到的现金净额"项目。本项目可根据"长期股权投资""库存现金""银行存款"等科目的记录分析填列。

(5)"收到其他与投资活动有关的现金"项目。本项目可根据"应收股利""应收利息""库存现金""银行存款"等科目的记录分析填列。

(6)"购建固定资产、无形资产和其他长期资产支付的现金"项目。本项目可根据"固定资产""在建工程""无形资产""库存现金""银行存款"等科目的记录分析填列。

(7)"投资支付的现金"项目。本项目可根据"债权投资""其他债权投资""长期股权投资""库存现金""银行存款"等科目的记录分析填列。

(8)"取得子公司及其他营业单位支付的现金净额"项目。本项目可根据"长期股权投资""库存现金""银行存款"等科目的记录分析填列。

(9)"支付其他与投资活动有关的现金"项目。本项目可根据"应收股利""应收利息""库存现金""银行存款"等科目的记录分析填列。

3. 筹资活动产生的现金流量

(1)"吸收投资收到的现金"项目。本项目可根据"实收资本(或股本)""应付债券""库存现金""银行存款"等科目的记录分析填列。

(2)"取得借款收到的现金"项目。本项目可根据"短期借款""长期借款""库存现金""银行存款"等科目的记录分析填列。

(3)"收到其他与筹资活动有关的现金"项目。项目可根据"营业外收入""库存现金""银行存款"等科目的记录分析填列。

(4)"偿还债务支付的现金"项目。项目可根据"短期借款""长期借款""应付债券""库存现金""银行存款"等科目的记录分析填列。

(5)"分配股利、利润或偿付利息支付的现金"项目。项目可根据"应付股利""应付利息""财务费用""库存现金""银行存款"等科目的记录分析填列。

(6)"支付其他与筹资活动有关的现金"项目。项目可根据"营业外支出""长期应付款""库存现金""银行存款"等科目的记录分析填列。

4. 汇率变动对现金及现金等价物的影响

本项目反映下列两者的差额：①企业外币现金流量以及境外子公司的现金流量折算为人民币时，所采用的现金流量发生日的即期汇率或按照系统合理的方法确定的、与现金流量发生日即期汇率近似汇率折算的人民币金额；②"现金及现金等价物净增加额"中的外币现金净增加额按期末汇率折算的人民币金额。

在编制现金流量表时，可逐笔计算外币业务发生的汇率变动对现金的影响，也可采用简化的计算方法，即通过现金流量表补充资料中"现金及现金等价物净增加额"数额与现金流量表中"经营活动产生的现金流量净额""投资活动产生的现金流量净额""筹资活动产生的现金流量净额"三项之和比较，其差额即为"汇率变动对现金及现金等价物的影响"项目的金额。

（二）工作底稿法

工作底稿法是以工作底稿为手段，以利润表和资产负债表数据为基础，对每一项目进行分析，并在工作底稿上编制调整分录，据以确定现金流量表各项目的金额，从而编制现金流量表。运用工作底稿法可按以下步骤进行：

第一步：将资产负债表各项目的期初数、期末数过入工作底稿的期初数、期末数栏；将利润表各项目的本期数过入工作底稿的本期数栏。

第二步：对当期业务进行分析并编制调整分录。

调整分录大体有这样几类：第一类涉及利润表项目中的收入、费用项目和资产负债表中的资产、负债和所有者权益项目，通过调整，将权责发生制下的收入、费用转换为收付实现制下的经营活动的现金流入与流出；第二类涉及资产负债表和现金流量表中的投资、筹资项目，反映投资、筹资活动的现金流量；第三类是涉及利润表和现金流量表中的投资、筹资项目，目的是将利润表中有关投资和筹资方面的收入和费用列入现金流量表投资、筹资现金流量中去。此外，还有一些调整分录并不涉及现金收支，只是为了核对资产负债表项目的期末、年初的变动额。

在调整分录中，有关现金和现金等价物的事项，并不直接借记或贷记现金，而是分别记入"经营活动产生的现金流量""投资活动产生的现金流量""筹资活动产生的现金流量"有关项目，借记表明现金流入增加，贷记表明现金流出增加。

第三步，将调整分录过入工作底稿中的相应部分。

第四步，核对调整分录，借贷合计应当相等，资产负债表项目年初余额加减调整分录中的借贷金额以后，应当等于期末余额。

第五步，根据工作底稿中的现金流量表项目部分编制正式的现金流量表。

（三）T 形账户法

T 形账户法是以利润表和资产负债表为基础，结合有关科目的记录，对现金流量表的每一项目进行分析并编制调整分录，通过"T"形账户编制出现金流量表的一种方法。

采用 T 形账户法编制现金流量表的具体步骤是：

第一步，为所有的非现金项目（包括资产负债表项目和利润表项目）分别开设 T 形账户，并将各自的期末年初变动数过入各该账户。

第二步，开设一个大的"现金及现金等价物"T 形账户，每边分为经营活动、投资活动和筹资活动三个部分，左边记现金流入，右边记现金流出。与其他账户一样，过入期末年初变动数。

第三步，以利润表项目为基础，结合资产负债表分析每一个非现金项目的增减变动，并据此编制调整分录。

第四步，将调整分录过入各 T 形账户，并进行核对，该账户借贷相抵后的余额与原先过入的期末年初变动数应当一致。

第五步，根据大的"现金及现金等价物"T 形账户编制正式的现金流量表。

七、关于现金流量表补充资料

除现金流量表反映的信息外，企业还应在报表附注中披露将净利润调节为经营活动现金流量、不涉及现金收支的重大投资和筹资活动、现金及现金等价物净变动情况等信息。

1. 将净利润调节为经营活动现金流量

现金流量表采用直接法反映经营活动产生的现金流量，同时，企业还应采用间接法反映经营活动产生的现金流量。间接法，是指以本期净利润为起点，通过调整不涉及现金的收入、费用、营业外收支以及经营性应收应付等项目的增减变动，调整不属于经营活动的现金收支项目，据此计算并列报经营活动产生的现金流量的方法。在我国，现金流量表补充资料应采用间接法反映经营活动产生的现金流量情况，以对现金流量表中采用直接法反映的经营活动现金流量进行核对和补充说明。

采用间接法列报经营活动产生的现金流量时，需要对四大类项目进行调整：①实际没有支付现金的费用；②实际没有收到现金的收益；③不属于经营活动的损益；④经营性应收应付项目的增减变动。

"将净利润调节为经营活动现金流量"各项目填列方法如下：

（1）资产减值准备。

该项目反映企业本期实际计提的各项资产减值准备，包括坏账准备、存货跌价准备、长期股权投资减值准备、债权投资减值准备、投资性房地产减值准备、固定资产减值准备、在建工程减值准备、无形资产减值准备、商誉减值准备、生产性生物资产减值准备、油气资产减值准备等。本项目可以根据"资产减值损失"科目的记录分析填列。

（2）固定资产折旧、油气资产折耗、生产性生物资产折旧。

该项目反映企业本期累计计提的固定资产折旧、油气资产折耗、生产性生物资产折旧。本项目可根据"累计折旧""累计折耗"等科目的贷方发生额分析填列。

（3）无形资产摊销。

该项目反映企业本期累计摊入成本费用的无形资产价值。本项目可以根据"累计摊销"科目的贷方发生额分析填列。

（4）长期待摊费用摊销。

该项目反映企业本期累计摊入成本费用的长期待摊费用。本项目可以根据"长期待摊费用"科目的贷方发生额分析填列。

（5）处置固定资产、无形资产和其他长期资产的损失。

该项目反映企业本期处置固定资产、无形资产和其他长期资产发生的净损失（或净收益）。如为净收益以"-"号填列。本项目可以根据"营业外支出""营业外收入"等所属有关明细科目的记录分析填列。

（6）固定资产报废损失。

该项目反映企业本期发生的固定资产报废、盘亏净损失。该项目可以根据"营业外支出"和"营业外收入"科目所属有关明细科目的记录分析填列。

（7）公允价值变动损失。

该项目反映企业持有的交易性金融资产、交易性金融负债、采用公允价值模式计量的投资性房地产等公允价值变动形成的净损失。如为净收益以"-"号填列。本项目可以根据"公允价值变动损益"科目所属有关明细科目的记录分析填列。

（8）财务费用。

该项目反映企业本期实际发生的属于投资活动、筹资活动及汇率变动的财务费用。在计算净利润时已扣除上述三部分内容，但这三部分引起的现金流出不属于经营活动现金流量的范畴，故，将净利润调节为经营活动现金流量时，应予以加回。本项目可以根据"财务费用"科目的本期借方发生额分析填列；如为收益，以"-"号填列。

（9）投资损失。

该项目反映企业对外投资实际发生的投资损失减去收益后的净损失。本项目可以根据利润表"投资收益"项目的数字填列；如为投资收益，以"-"号填列。

（10）递延所得税资产减少。

该项目反映企业资产负债表"递延所得税资产"项目的期初余额与期末余额的差额。本项目可以根据"递延所得税资产"科目发生额分析填列。

（11）递延所得税负债增加。

该项目反映企业资产负债表"递延所得税负债"项目的期初余额与期末余额的差额。本项目可以根据"递延所得税负债"科目发生额分析填列。

（12）存货的减少。

该项目反映企业资产负债表"存货"项目的期初与期末余额的差额。期末数大于期初数的差额，以"-"号填列。

（13）经营性应收项目的减少。

该项目反映企业本期经营性应收项目（包括应收票据、应收账款、预付账款、长期应收款和其他应收款等经营性应收项目中与经营活动有关的部分及应收的增值税销项税额等）的期初与期末余额的差额。期末数大于期初数的差额，以"-"号填列。

（14）经营性应付项目的增加。

该项目反映企业本期经营性应付项目（包括应付票据、应付账款、预收账款、应付职工薪酬、应交税费和其他应付款等经营性应付项目中与经营活动有关的部分及应付的增值税进项税额等）的期初余额与期末余额的差额。期末数小于期初数的差额，以"-"号填列。

2. 不涉及现金收支的重大投资和筹资活动

该项目反映企业一定会计期间内影响资产和负债但不形成该期现金收支的所有重大投资和筹资活动的信息。这些投资和筹资活动是企业的重大理财活动，对以后各期的现金流量会产生重大影响，因此，应单列项目在补充资料中反映。目前，我国企业现金流量表补充资料中列示的不涉及现金收支的重大投资和筹资活动项目主要有以下几项：

（1）"债务转为资本"项目，反映企业本期转为资本的债务金额。

（2）"一年内到期的可转换公司债券"项目，反映企业一年内到期的可转换公司债券的本息。

（3）"融资租入固定资产"项目，反映企业本期融资租入固定资产的最低租赁付款额扣除应分期计入利息费用的未确认融资费用后的净额。

3. 现金及现金等价物净变动情况

（略）

第五节 所有者权益变动表

一、所有者权益变动表的性质和作用

所有者权益变动表，是指全面反映企业某一会计期间所有者权益各组成部分当期增减变动情况的报表。我国2006年《企业会计准则》规定，此表由资产负债表的附表——股东权益变动表演变而来，成为继资产负债表、利润表、现金流量表之后的第四大报表。由于净利润及其分配情况已作为所有者权益变动情况表的组成部分，因此，企业无需再单独编制利润分配表。

根据2014年《企业会计准则第30号——财务报表列报》的规定，在所有者权益变动表中，企业应当分别列示综合收益和与所有者（或股东，下同）的资本交易导致的所有者权益的变动。与所有者的资本交易，是指企业与所有者以其所有者身份进行的、导致企业所有者权益变动的交易。同时规定，企业至少应当在该表中单独列示反映下列信息的项目：

（1）综合收益总额，在合并所有者权益变动表中还应单独列示归属于母公司所有者的综合收益总额和归属于少数股东的综合收益总额；

（2）会计政策变更和前期差错更正的累积影响金额；

（3）所有者投入资本和向所有者分配利润等；

（4）按照规定提取的盈余公积；

（5）所有者权益各组成部分的期初和期末余额及其调节情况。

上述说明看出，所有者权益变动表反映的是企业最终的综合收益，一定程度上体现了会计的综合收益观。该表既反映了所有者权益总量的增减变动；也反映了所有者权益的构成，以及在本期的增减变动情况和原因。从这个意义来说，所有者权益变动表与资产负债表、利润表的同时列报以及相关项目的勾稽关系，能够向会计信息使用者提供较全面的企业财务状况及其变动情况的信息。另外，由于企业对净利润的分配直接影响所有者权益总额和各项目的变动，因而也列入该报表。可以说，该报表既是对资产负债表的补充，也是对利润表进行适当的说明。总之，所有者权益变动表全面反映一定时期所有者权益变动的情况，不仅包括所有者权益总量的增减变动，还包括所有者权益增减变动的重要结构性信息，有助于报表使用者理解所有者权益增减变动的根源。

二、所有者权益变动表的列报格式

为了清楚地反映所有者权益各组成部分当期的增减变动情况，该报表的格式采用矩阵形式编制。一方面，列示导致所有者权益变动的交易或事项，按所有者权益变动的来源对一定时期所有者权益变动情况进行全面反映；另一方面，按照所有者权益各组成部分（包括实收资本、资本公积、其他综合收益、盈余公积、未分配利润、库存股等）及其总额列示相关交易或事项对所有者权益的影响。

根据会计准则规定，企业需要提供比较所有者权益变动表，所有者权益变动表还就各项目再分为"本年金额"和"上年金额"两栏分别填列。一般企业所有者权益变动表的格式如表14-7所示。

三、所有者权益变动表的填列方法

（一）上年金额栏的填列方法

本表"上年金额"栏内各项数字，应根据上年度所有者权益变动表"本年金额"栏内所列数字填列。如果上年度所有者权益变动表规定的各个项目的名称和内容同本年度不相一致，应对上年度本表各项目的名称和数字按本年度的规定进行调整，填入所有者权益变动表的"上年金额"栏内。

（二）本年金额栏的填列方法

企业应当根据所有者权益类科目和损益类有关科目的发生额分析填列所有者权益变动表"本年金额"栏，具体包括如下情况：

1."上年年末余额"项目

"上年年末余额"项目，应根据上年资产负债表中"实收资本（或股本）""资本公积""其他综合收益""盈余公积""未分配利润"等项目的年末余额填列。

表 14-7 所有者权益变动表

编制单位：A 股份有限公司 2018 年 12 月 31 日 合企 04 表 单位：元

项目	本年金额							上年金额（略）					
	实收资本（或股本）	资本公积	减：库存股	其他综合收益	盈余公积	未分配利润	所有者权益合计	实收资本（或股本）	资本公积	减：库存股	其他综合收益	盈余公积	未分配利润	所有者权益合计
一、上年年末余额	5 000 000	0	0	31 500	100 000	200 000	5 331 500							
加：会计政策变更														
前期差错更正														
二、本年年初余额														
三、本年增减变动金额（减少以"-"号填列）				33 000		369 600	402 600							
（一）综合收益总额														
（二）所有者投入和减少资本														
1. 所有者投入资本														
2. 股份支付计入所有者权益的金额														
3. 其他														
（三）利润分配					36 960	-36960	0							
1. 提取盈余公积														
2. 对所有者（或股东）的分配						-20 026.25	-20026.25							
3. 其他														
（四）所有者权益内部结转														
1. 资本公积转增资本（或股本）														
2. 盈余公积转增资本（或股本）														
3. 盈余公积弥补亏损														
4. 其他														
四、本年年末余额	5 000 000	0	0	64 500	136 960	512 613.75	5 714 073.75							

2. "会计政策变更"和"前期差错更正"项目

"会计政策变更"和"前期差错更正"项目，应根据"盈余公积""利润分配""以前年度损益调整"等科目的发生额分析填列，并在"上年年末余额"的基础上调整得出"本年年初金额"项目。

3. "本年增减变动额"项目

"本年增减变动额"项目分别反映如下内容：

（1）"综合收益总额"项目，反映企业当年的综合收益总额，应根据当年利润表中"其他综合收益的税后净额"和"净利润"项目填列，并对应列在"其他综合收益"和"未分配利润"栏。

（2）"所有者投入和减少资本"项目，反映企业当年所有者投入的资本和减少的资本，其中："所有者投入资本"项目，反映企业接受投资者投入形成的实收资本（或股本）和资本公积，应根据"实收资本""资本公积"等科目的发生额分析填列，并对应列在"实收资本"和"资本公积"栏。

"股份支付计入所有者权益的金额"项目，反映企业处于等待期中的权益结算的股份支付当年计入资本公积的金额，应根据"资本公积"科目所属的"其他资本公积"二级科目的发生额分析填列，并对应列在"资本公积"栏。

（3）"利润分配"下各项目，反映当年对所有者（或股东）分配的利润（或股利）金额和按照规定提取的盈余公积金额，并对应列在"未分配利润"和"盈余公积"栏。

（4）"所有者权益内部结转"下各项目，反映不影响当年所有者权益总额的所有者权益各组成部分之间当年的增减变动，包括资本公积转增资本（或股本）、盈余公积转增资本（或股本）、盈余公积弥补亏损等。

以下举例说明所有者权益变动表的编制

【例14-3】沿用【例14-1】、【例14-2】的资料，A股份有限公司2018年度其他相关资料为：提取盈余公积36 000元，宣告向投资者分配现金股利20 026.25元。

根据上述资料，A股份有限公司编制2018年度的所有者权益变动表，如表14-7所示。

第六节 财务报表附注

一、财务报表附注的性质和编制的依据

（一）财务报表附注的性质

财务报表附注是指对资产负债表、利润表、现金流量表和所有者权益变动表等报表中列示项目的文字描述或明细资料，以及对未能在这些报表中列示项目的说明。或者说，为了便于信息使用者理解报表的内容，附注是对报表的编制基础、依据、原则

及主要项目等所作的解释。它是财务会计报告不可或缺的组成部分。

（二）财务报表附注编制的依据

（1）《中华人民共和国会计法》。2000年修订的《中华人民共和国会计法》指出："财务会计报告由会计报表、会计报表附注和财务情况说明书组成"。由此可见，财务报表附注已成为公司法定对外报送财务会计报告的不可或缺的重要组成部分。

（2）《企业会计准则》。2006年财政部颁布的《企业会计准则——基本准则》明确指出："财务会计报告是指企业对外提供的反映企业某一特定日期的财务状况和某一会计期间经营成果、现金流量等会计信息的文件。财务会计报告包括会计报表及其附注和其他应当在财务会计报告中披露的相关信息和资料。"

（3）《公开发行证券的公司信息披露编报规则第15号——财务报告的一般规定》。中国证监会发布并于2014年再次修订的一般规定，要求上市公司应按照有关会计准则和相关规定的要求，编制和披露财务报表附注。

二、财务报表附注的作用

财务报表受格式、篇幅、反映形式的限制，提供信息的有限性。附注具有解释性、充分性。附注与正式报表具有同等的重要性，是年度报告的重要组成部分，是充分披露会计信息的手段。

（一）提高财务报表信息的可理解性

财务报表是企业向信息使用者提供的有效经济信息。这些数字化的信息是按照企业特定的会计政策和会计估计编制产生的。由于不同的企业对同一交易或事项可能采用了不同的会计政策或具有不同的会计估计，所产生的会计信息可能具有不同的信息含义。因而在附注中披露有关的会计政策和会计估计等信息有助于使用者了解生成会计信息的基础、依据、原则和方法，从而增强会计信息在企业内部的纵向可比性和在企业之间的横向可比性。

财务报表受表式及内容的限制，不可能将会计信息披露得很详细。报表附注可以弥补财务报表数字化、格式化的局限。会计数据的文字说明及综合项目的详细列示，可以使报表使用者更好地理解财务报表信息。

（二）更充分、更全面地提供与决策有关的信息

财务报表是依据企业会计账簿的发生额及余额编制而成的，财务报表只能披露数量有限的定量信息。随着社会经济的日趋复杂化，会计信息使用者的需求也日益丰富，单纯依靠财务报表披露的数字信息已无法满足信息使用者决策的需要。例如，企业的基本概况，企业在报告年度发生的重大事件，企业采用的重要的会计政策、会计估计及其变更情况，关联方关系及其交易情况等等，都是经济决策中很重要的信息。会计信息使用者通过财务报表附注能够获得更多、更全面的会计信息，从而避免决策失误。不仅如此，财务报表附注的发展趋势表明，附注不仅是财务报表本身的补充说明，其中也包含了一些非会计信息的披露。如企业的基本概况，企业发展的承诺事项、关联方关系等的披露，致使与决策有关的信息更充分、更全面。

三、财务报表附注的编制要求和方法

为了便于会计信息使用者阅读、理解和运用附注所披露的信息，编制财务报表附注应按照以下几点要求和方法进行：

（1）附注应当按照一定的结构进行系统合理的排列和分类，有顺序地披露信息。

（2）对于报表重要事项的说明，应当尽可能用列表形式披露其构成或当期增减变动情况。

（3）对报表重要项目的明细说明应当按照资产负债表、利润表、现金流量表、所有者权益变动表的顺序及其项目列示的顺序，采用文字和数字描述相结合的方式披露，报表重要项目的明细金额合计，应当与报表项目金额相衔接。

四、财务报表附注的基本内容

按照企业会计准则的规定，附注一般应当按下列顺序至少披露下列内容，但非重要项目除外。

1. 企业的基本情况

（1）企业注册地、组织形式和总部地址。

（2）企业的业务性质和主要经营活动。

（3）母公司以及集团最终母公司的名称。

（4）财务报告的批准报出者和财务报告批准报出日，或者以签字人及其签字日期为准。

（5）营业期限有限的企业，还应当披露有关其营业期限的信息。

2. 财务报表的编制基础

（1）会计年度。

（2）记账本位币。

（3）会计计量所运用的计量基础。

（4）现金和现金等价物的构成。

3. 遵循企业会计准则声明

企业应当申明编制的财务报表符合企业会计准则的要求，真实、完整地反映了企业财务状况、经营成果及现金流量等有关信息。

4. 重要会计政策和会计估计

企业应当披露采用的重要会计政策和会计估计，不重要的会计政策和会计估计可以不披露。在披露重要会计政策和会计估计时，应当披露重要会计政策的确定依据和报表项目的计量基础，以及会计估计中所采用的关键假设和不确定性因素。

企业通常需要在附注中披露的会计政策包括：

（1）各类金融资产和金融负债的后续计量方法。

（2）确定发出存货所采用的方法；确定不同类别存货可变现净值的依据及存货跌价准备的计提方法；周转材料的摊销方法等。

（3）投资性房地产的后续计量方法。其中采用公允价值计量模式进行计量的投资性房地产，应当披露选择该项会计政策的依据。

（4）固定资产的确认条件及计量基础；固定资产的折旧方法。

（5）无形资产使用寿命的估计情况；使用寿命不确定的无形资产使用寿命不确定的依据；无形资产的摊销方法；企业判断无形资产项目支出满足资本化条件的依据。

（6）资产或资产组可回收金额的确定方法；确定资产减值损失的各种关键假设及其依据。

（7）有关股份支付中，权益工具公允价值的确定方法。

（8）收入确认所采用的会计政策，包括确定提供劳务交易完工程度的方法。

（9）所得税的核算方法，包括确认递延所得税资产的依据。

（10）外币业务的核算方法。

（11）编制合并报表时，合并范围的确定方法；合并报表的编制方法等。

一般说来，企业需要披露的重要会计估计包括：

（1）固定资产的折旧年限和净残值。

（2）资产减值损失。

（3）或有负债。

（4）收入确认中的会计估计。

（5）无形资产的摊销期限。

（6）长期待摊费用的摊销年限等。

5. 会计政策和会计估计变更以及差错更正的说明

（1）会计政策变更的性质、内容和原因。

（2）当期和各个列报前期财务报表中受影响的项目名称和调整金额。

（3）会计政策变更无法进行追溯调整的事实和原因以及开始应用变更后的会计政策的时点、具体应用情况。

（4）会计估计变更的内容和原因。

（5）会计估计变更对当期和未来期间的影响金额。

（6）会计估计变更的影响数不能确定的事实和原因。

（7）前期差错的性质。

（8）各个列报前期财务报表中受影响的项目名称和更正金额；前期差错对当期财务报表也有影响的，还用披露当期财务报表中受影响的项目名称和金额。

（9）前期差错无法进行追溯重述的事实和原因以及对前期差错开始进行更正的时点、具体更正情况。

6. 重要报表项目的说明

（1）如前所述，企业应当按照资产负债表、利润表、现金流量表、所有者权益变动表及其项目列示的顺序，采用文字和数字描述相结合的方式披露报表重要项目的说明。报表重要项目的明细金额合计,应当与报表项目金额相衔接。

(2)对于利润表,企业应披露费用按照性质分类的补充资料。可将费用分为耗用的原材料、职工薪酬费用、折旧费用、摊销费用等。具体的披露格式如表14-8所示。

表14-8 费用按照性质分类的补充资料

项目	本期金额	上期金额
耗用的原材料		
产成品及在产品存货变动		
职工薪酬费用		
折旧费和摊销费用		
非流动资产减值损失		
支付的租金		
财务费用		
其他费用		
……		
合计		

(3)企业应当披露其他综合收益各项目的信息。包括:①其他综合收益各项目及其所得税影响;②其他综合收益各项目原计入其他综合收益、当期转出计入当期损益的金额;③其他综合收益各项目的期初和期末余额及其调节情况。

7. 或有和承诺事项、资产负债表日后非调整事项、关联方关系及其交易等需要说明的事项企业应当按照相关会计准则的规定进行披露

8. 有助于财务报表使用者评价企业管理资本的目标、政策及程序的信息

9. 企业应当在附注中披露终止经营的收入、费用、利润总额、所得税费用和净利润,以及归属于母公司所有者的终止经营利润

10. 企业应当在附注中披露在资产负债表日后、财务报告批准报出日前提议或宣布发放的股利总额和每股股利金额(或向投资者分配的利润总额)

思考与练习

一、思考题

1. 什么是财务报告?我国现行会计标准针对企业财务报告体系有何规定?
2. 财务报表的构成如何?编制要求有哪些?
3. 什么是资产负债表?我国资产负债表项目的分类方法是什么?
4. 我国资产负债表的格式、结构如何?编制过程中应注意哪些问题?
5. 什么是利润表?其格式、结构如何?编制过程中应注意哪些问题?
6. 什么是综合收益?我国现行会计标准要求在利润表中反映的其他综合收益的主

要内容有哪些？

7. 什么是现金流量表？我国现金流量表的编制基础是什么？
8. 我国现行会计标准将现金流量分为哪几类？具体包括哪些内容？
9. 现金流量表中，经营活动的现金流量有哪两种报告方法？其基本原理是什么？
10. 什么是所有者权益变动表？其格式与结构如何？
11. 所有者权益变动表与资产负债表、利润表有何内在联系？
12. 什么是财务报表附注？财务报表附注有何作用？它应该包括哪些基本内容？

二、练习题

1. A公司2018年12月31日的有关资料如下：

（1）A公司2018年12月31日的有关科目余额如下表（2018年年初资料略）：

科目余额表

单位：元

科目名称	借方余额	科目名称	贷方余额
库存现金	18 000	材料成本差异	8 110
银行存款	205 000	坏账准备	30 560
其他货币资金	80 000	存货跌价准备	55 000
交易性金融资产	150 000	长期股权投资减值准备	35 000
应收票据	80 000	固定资产减值准备	108 000
应收账款	255 600	在建工程减值准备	106 000
预付账款	35 000	累计折旧	254 680
应收利息	18 500	累计摊销	36 900
其他应收款	19 000	短期借款	135 000
材料采购	87 600	应付票据	260 000
原材料	335 500	应付账款	190 000
委托加工材料	27 000	预收账款	25 000
周转材料	43 000	应付职工薪酬	96 000
库存商品	458 000	应交税费	560 000
发出商品	21 000	应付股利	155 000
生产成本	125 000	其他应付款	32 400
待摊费用	15 000	长期借款	450 000
债权投资	215 000	应付债券	566 000
其他债权投资	330 000	预计负债	20 000
长期股权投资	350 000	递延所得税负债	15 000
固定资产	1 200 800	股本	850 000

续上表

科目名称	借方余额	科目名称	贷方余额
工程物资	85 600	资本公积	480 000
在建工程	506 000	其他综合收益	0
无形资产	123 000	盈余公积	325 600
研发支出	98 000	利润分配	115 750
长期待摊费用	23 000		
递延所得税资产	5 400		
借方余额合计	4 910 000	贷方余额合计	4 910 000

（2）有关明细分类科目余额如下：

① "应收账款"有关明细科目借方余额为305 600元。
② "应收账款"有关明细科目贷方余额为50 000元。
③ "预收账款"有关明细科目贷方余额为25 000元。
④ "应付账款"有关明细科目贷方余额为200 000元。
⑤ "应付账款"有关明细科目借方余额为10 000元。
⑥ "预付账款"有关明细科目借方余额为35 000元。
⑦ "坏账准备——应收账款"贷方余额为30 560元。
⑧ "债权投资"科目，其中：一年内到期的债权投资为45 000元。
⑨ "长期待摊费用"科目，其中：一年内到期的长期待摊费用为18 000元。
⑩ "应付债券"科目，其中：一年内到期的应付债券为118 000元。

要求：根据上述资料，编制A公司2018年末资产负债表。

2. 潇湘公司为增值税一般纳税人，增值税税率17%，所得税税率为25%，所得税会计核算采用资产负债表债务法。下列业务涉及的商品销售价款中不含向购买方收取的增值税。该公司2018年初"利润分配——未分配利润"科目贷方余额为85万元。2018年度陆续发生下列相关业务。

（1）外购原材料，增值税专用发票注明买价为3 500 000元，增值税595 000元，对方代垫运杂费共计125 000元。材料已验收入库，计划成本为3 380 000元。假设全部款项用银行存款支付。

（2）全年销售A产品，销售价格为8 600 000元。用银行存款代垫运杂费55 000元。本公司全年销售价款、税款及代垫运杂费合计金额的60%在年内陆续收到，存入银行。本年度销售成本为3 830 000元。

（3）固定资产自建项目领用本公司自制B产品一批，产品成本230 000元，市场不含税售价为580 000元。

（4）本年度计入制造费用和管理费用的折旧费分别为750 000元和180 000元。（超过税法规定计提折旧30 000元。）

（5）全年发生除上述折旧费外的管理费用665 000元、宣传广告费50 000元、利

息支出 285 000 元、税收罚款 15 000 元。(假设均以银行存款支付)

(6) 生产车间盘盈设备一台，市场同类设备的市价为 60 000 元，估计折旧为 20 000 元。按净利润的 10% 计提法定盈余公积。盘盈的设备经审批，年末予以核销转账。

(7) 本年度债权投资应收利息 565 000 元，对方按年付息。

(8) 本公司 11 月末购入的某上市公司债券 20 000 张，将其划分为其他债权投资，其初始投资成本为 445 000 元。12 月 31 日，该债券的市价为每张 33 元。

(9) 按规定应交城市维护建设税 67 592 元，应交教育附加费 28 968 元。

(10) 结转本年度损益类科目发生额。

(11) 计算并结转本年度所得税费用。

(12) 计算并结转本年度净利润。

(13) 按本年度实现的税后净利润的 10% 提取法定盈余公积；按提取盈余公积后的部分的 65% 分配投资者利润。

要求：根据上述资料进行日常会计处理，并编制潇湘公司 2018 年度的利润表。

3. 甲公司 2018 年度有关业务资料如下：

A. 甲公司 2018 年末简易资产负债表和 2018 年度利润表资料如下：

2018 年 12 月 31 日资产负债表

单位：元

资产	年初数	年末数	负债和股东权益	年初数	年末数
流动资产			流动负债		
货币资金	73 500	255 500	应付票据	120 000	
以公允价值计量且其变动计入当期损益的金融资产	20 000	18 000	应付账款	49 500	93 000
应收账款	54 000	39 000	流动负债合计	169 500	93 000
存货	80 000	265 000	长期负债		
待摊费用	7 000	9 000	应付债券	80 000	225 000
流动资产合计	234 500	586 500	长期负债合计	80 000	225 000
固定资产			负债合计	249 500	318 000
固定资产原价	250 000	757 000	股东权益		
减：累计折旧	15 000	131 500	股本	190 000	690 000
固定资产净值	235 000	625 500	未分配利润	30 000	204 000
固定资产合计	235 000	625 500	股东权益合计	220 000	894 000
资产总计	469 500	1212 000	负债及股东权益合计	469 500	1212 000

2018 年度利润表

单位：元

项目	本年累计数
营业收入	738 000
减：营业成本	360 000
管理费用	61 000
财务费用	10 000
加：投资收益	3 000
营业利润	310 000
加：营业外收入	3 000
减：营业外支出	10 000
利润总额	303 000
减：所得税费用	102 000
净利润	201 000

B. 其他相关资料：

（1）支付应付股利 27 000 元。

（2）营业成本中，包括折旧费用 100 000 元，职工薪酬费用 165 000 元；管理费用中包括折旧费用 21 500 元，待摊费用摊销 3 000 元，支付其他费用 36 500 元。

（3）出售固定资产一台，原价 60 000 元，已提折旧 5 000 元，处置价格为 58 000元，现金已收到。

（4）购入固定资产一批，价款 567 000 元，以银行存款支付。

（5）购入交易性金融资产，支付价款 13 000 元。

（6）出售交易性金融资产，收到现金 18 000 元，成本 15 000 元。

（7）偿付应付公司债券 70 000 元，新发行债券 215 000 元，已收到现金。

（8）发生火灾造成存货损失 10 000 元，计入营业外支出。

（9）预付保险费 5 000 元。

（10）发行新股 500 000 元，已收到现金。

（11）财务费用 10 000 元系支付的债权投资利息。

（12）期末存货均为外购原材料。

（注：为了简化起见，假定企业没有现金等价物，不考虑流转税。）

要求：编制甲公司 2018 年现金流量表（直接填列现金流量表正表数据及补充资料 1 数据）。

4. B 公司系增值税一般纳税人，采用账龄分析法计提坏账准备，采用成本法核算长期股权投资；按税后净利润的 15% 计提盈余公积；采用资产负债表债务法核算所得税费用。该公司 2018 年末资产负债表及 2018 年度利润表资料如下：

资产负债表

会企01表

编制单位：B公司　　　　　　　2018年12月31日　　　　　　　　单位：元

资产	年末余额	年初余额	负债和股东权益	年末余额	年初余额
流动资产：			流动负债：		
货币资金	865 580	1 500 000	短期借款	350 000	580 000
以公允价值计量且其变动计入当期损益的金融资产	0	20 000	以公允价值计量且其变动计入当期损益的金融负债		
应收票据	401 000	245 000	应付票据	350 000	506 000
应收账款	285 000	287 340	应付账款	885 000	1 100 000
预付款项	17 000	17 000	预收款项		
应收利息			应付职工薪酬	236 000	230 000
应收股利			应交税费	97 500	140 000
其他应收款			应付利息		
存货	2 349 000	2 600 000	应付股利		
一年内到期的非流动资产			其他应付款	50 000	50 000
其他流动资产			一年内到期的非流动负债		
流动资产合计	3 897 600	4 669 340	其他流动负债		
非流动资产：			流动负债合计	1 968 500	2 606 000
债权投资	300 000		非流动负债：		
其他债权投资			长期借款	530 000	600 000
长期应收款			应付债券		
长期股权投资	250 000	250 00	长期应付款		
投资性房地产			专项应付款		
固定资产	1 911 840	1 854 000	预计负债		
在建工程			递延所得税负债		
工程物资			其他非流动负债		
生产性生物资产			非流动负债合计	530 000	600 000
油气资产			负债合计	2 498 500	3 206 000
无形资产	630 000	700 000	股东权益：		
开发支出			股本	3 500 000	3 500 000
商誉			资本公积	270 000	270 000
长期待摊费用			减：库存股		

续上表

资产	年末余额	年初余额	负债和股东权益	年末余额	年初余额
递延所得税资产	20 000		盈余公积	218 037	178 500
其他非流动资产			未分配利润	542 883	318 840
非流动资产合计	3 111 840	2 804 000	股东权益合计	4 530 920	4 267 340
资产总计	7 029 420	7 473 340	负债及股东权益总计	7 029 420	7 473 340

<h3 style="text-align:center">利润表</h3>

会企02表

编制单位：B公司　　　　　　　　2018年度　　　　　　　　单位：元

项目	本月数	本年累计数
一、营业收入		1 400 000
减：营业成本		700 000
税金及附加		8 500
销售费用		126 500
管理费用		147 000
财务费用		51 000
资产减值损失		2 340
加：公允价值变动收益（损失以"－"号填列）		0
投资收益（损失以"－"号填列）		42 000
其中：对联营单位和合营企业的投资收益		
二、营业利润（亏损以"－"号填列）		406 660
加：营业外收入		0
减：营业外支出		19 500
其中：非流动资产处置损失		
三、利润总额（亏损总额以"－"号填列）		387 160
减：所得税费用		123 580
四、净利润（净亏损以"－"号填列）		263 580
五、其他综合收益的税后净额（略）	（略）	
六、综合收益总额（略）	（略）	
七、每股收益	（略）	

B公司资产负债表及利润表有关明细补充资料如下：

（1）本年初固定资产累计折旧为600 000元，年末累计折旧为440 000元；年初应收账款余额为300 000元，坏账准备余额为12 660，年末应收账款余额为300 000元，坏账准备余额为15 000元。

（2）管理费用：工资57 000元，折旧费用20 000元，无形资产摊销70 000元，共计147 000元。

（3）财务费用：支付短期借款利息21 000元，提取长期借款利息30 000元，共计51 000元。

（4）资产减值损失：计提资产减值准备（全部为坏账准备）2 340元。

（5）投资收益：处置交易性金融资产收益2 000元，收取股利40 000元，共计42 000元。

（6）营业外支出：报废固定资产原值300 000元，已提折旧280 000元；支付清理费用500元，收取残值收入1 000元，净支出19 500元。

（7）制造费用：生产工人工资364 800元，车间管理人员工资34 200元，提取折旧费100 000元。

（8）应交税费：本年度应交所得税143 580元。增值税销项税额238 000元、进项税额153 000元。

要求：根据上述资料，用直接填列法编制B公司2018年度的现金流量表。

第十五章 会计调整

> **学习内容与目的**
>
> 本章主要学习会计政策变更、会计估计变更、会计差错更正、资产负债表日后事项的概念、成因以及会计核算。通过学习,旨在了解会计政策变更、会计估计变更、会计差错更正、资产负债表日后事项的概念、内容、成因;理解和掌握会计政策变更、会计估计变更、会计差错更正、资产负债表日后事项等会计调整的会计处理。

第一节 会计政策变更

一、会计政策的概念和类型

(一) 会计政策的概念

会计政策,是指企业在会计确认、计量和报告中所采用的原则、基础和会计处理方法。会计原则是指按照企业会计准则规定的、适合于企业会计核算所采用的具体会计原则,例如,在确认商品销售收入时,是以发出商品、开具发票账单作为标准,还是以商品的控制权转移给了买方作为标准,就属于收入确认的具体会计原则;会计基础是指为了将会计原则应用于交易或者事项而采用的基础,主要是计量基础,包括历史成本、重置成本、可变现净值、现值和公允价值等,例如,在采用权责发生制的前提下,资产计价是采用历史成本还是采用现时成本,就属于计价的会计基础;会计处理方法是指企业在会计核算中按照法律、行政法规或者企业会计准则等规定,采用或者选用适合于本企业的具体会计处理方法,例如,根据谨慎性原则,要求企业采用备

抵法核算坏账损失，就属于具体会计处理方法。

（二）会计政策的类型

企业在会计核算中所采纳的会计政策，主要包括以下几种类型：

（1）存货的计价方法。例如，企业存货的发出是采用先进先出法，还是采用企业会计准则所允许的其他计价方法。

（2）长期股权投资的核算。例如，企业对被投资单位的长期股权投资是采用成本法核算，还是采用权益法核算。

（3）收入的确认原则。例如，建造合同是按完成合同法确认收入，还是按完工百分比法或其他方法确认收入。

（4）非货币性资产交换的计量。例如，企业是以换出资产的公允价值作为确定换入资产成本的基础，还是以换出资产账面价值作为确定换入资产成本的基础。

（5）外币折算以及汇兑损益的会计处理。例如，外币报表折算是采用现行汇率法，还是采用时态法或其他方法。

（6）合并会计报表政策。例如，母公司与子公司的会计年度不一致的处理原则，合并范围的确定原则，母公司和子公司所采用会计政策是否一致等。

（7）财务报表的编制基础、计量基础和会计政策的确定依据。

（8）其他重要会计政策。

二、会计政策变更及其条件

（一）会计政策变更的概念

会计政策变更，是指企业对相同的交易或事项由原来采用的会计政策改用另一会计政策的行为。即在不同的会计期间或同一会计期间的不同时点执行不同的会计政策。

会计政策变更，并不意味着以前会计期间所采用的会计政策是错误的，而是由于情况发生变化，或者掌握了新的信息、积累了更多的经验，若仍采用以前的会计政策，会使会计信息的可靠性和可比性受到影响，而变更会计政策，则能更好地反映企业的财务状况、经营成果和现金流量。如果以前会计期间的会计政策运用是错误的，则属于前期会计差错，应按前期会计差错更正的会计处理办法进行处理。

（二）会计政策变更的条件

为保证会计信息的可比性，使财务报告使用者在比较企业一个以上期间的会计报表时，能够正确判断企业的财务状况、经营成果和现金流量的趋势，一般情况下，企业应在每期采用相同的会计政策，不应也不能随意变更会计政策。否则，一方面容易造成企业利用会计政策随意操纵利润，使会计信息缺乏可靠性；另一方面，会削弱会计信息的可比性，使会计报表使用者在比较企业的经营业绩时发生困难。因此，我国会计准则规定，会计政策前后各期应保持一致，不得随意变更。确需变更的，应当在会计报告附注中说明。

企业在以下情况下可以变更会计政策：

（1）依法变更，即按照法律、行政法规或会计准则等规定，要求企业采用新的会计政策时，企业必须按照法规、行政法规和会计准则的规定，改变原会计政策，执行新的会计政策。例如，《企业会计准则》要求企业基于谨慎性原则，对各项资产计提减值准备，当资产的可收回金额低于账面价值时，计提资产减值准备，而当资产价值回升时，应冲回以前计提的减值准备。而自2007年年初起开始在上市公司中执行的《企业会计准则第8号——资产减值》规定，对固定资产、无形资产等计提的资产减值准备不得转回。又如，《企业会计准则》基于实质重于形式原则，要求企业对有回购约定的商品销售不确认销售收入等。这些都属于法律或者会计准则等行政法规、规章要求企业变更会计政策。

（2）自行变更，即会计政策的变更能够为企业提供的有关企业财务状况、经营成果和现金流量等更可靠、更相关的会计信息时，应变更原有的会计政策。具体地说，由于经济环境、客观情况的改变，使企业采用原来的会计政策所提供的会计信息，已不能恰当地反映企业的财务状况、经营成果和现金流量等情况。在这种情况下，企业应改变原有会计政策，采用新的会计政策进行核算，以对外提供更可靠、更相关的会计信息。例如，在物价比较稳定的情况下，企业对存货发出的计价一直采用加权平均法，而随着价格持续上涨，如果再用加权平均法计价，就不能正确反映企业存货资产价值以及损益情况，应将存货的计价方法作相应的改变，只有改变原来采用的会计政策，才能提供更可靠、更相关的会计信息。

需要说明的是，除法律或会计制度、会计准则等行政法规、规章要求变更会计政策外，企业自行变更会计政策，即以变更会计政策后能够提供更可靠、更相关的会计信息为理由变更会计政策时，必须有充分、合理的证据表明其变更的合理性，并说明变更会计政策后，能够提供关于财务状况、经营成果和现金流量等更可靠、更相关的会计信息的理由。对会计政策的变更，仍应经过股东大会或董事会，或类似机构的批准。如无充分、合理的证据，或未经批准而擅自变更会计政策，或连续、反复地自行变更会计政策，视为滥用会计政策，应按照重大会计差错更正的方法进行处理。

对会计政策变更的认定，直接影响着会计处理方法的选择，因此，企业应正确界定会计政策变更的界限。企业下列两种情况，不属于会计政策变更：

（1）本期发生的交易或事项与以前相比具有本质差别而采用新的会计政策。例如，企业以前对临时租用的设备按经营租赁会计处理方法进行核算，而本期对融资租入的设备按与经营租赁会计处理相区别的融资租赁的会计处理方法就不属于会计政策变更。

（2）对初次发生的或不重要的交易或事项采用新的会计政策。例如，企业对少量的低值易耗品采用一次摊销法，当企业转产后，低值易耗品迅速增加，再按原方法处理已经不适当，这时改用分次摊销法，由于企业会计处理方法改变后，对企业收益的影响不大，属于不重要事项，因而改变会计政策不属于会计政策变更。

三、会计政策变更的会计处理

会计政策变更的会计处理方法通常有两种：追溯调整法和未来适用法。

(一) 追溯调整法

追溯调整法，是指对某项交易或事项变更会计政策视同该交易或事项初次发生时即采用变更后的会计政策，并以此对财务报表相关项目进行调整的方法。即企业发生会计政策变更时，应当计算会计政策变更的累积影响数，并相应调整变更年度的期初留存收益以及会计报表其他相关项目。

当会计政策变更能够提供更可靠、更相关的会计信息时，应当采用追溯调整法处理。采用追溯调整法时，企业应将会计政策变更累积影响数调整列报前期最早期初留存收益，其他有关项目的期初余额和列报前期披露的其他比较数据也应当一并调整，但确定该项会计政策变更累积影响数不切实可行的除外。如果提供比较会计报表，对于比较会计报表期间的会计政策变更，应调整比较期间各期的净损益各项目和会计报表其他相关项目，视同新政策在比较会计报表期间一直采用。对于比较会计期间以前的会计政策变更的累积影响数，应当调整比较会计报表最早期间的期初留存收益，会计报表的其他相关项目的数字也应作相应调整。

运用追溯调整法一般包括以下步骤：

（1）计算会计政策变更的累积影响数。

会计政策变更的累积影响数，是指按照变更后的会计政策对以前各期追溯计算的列报前期最早期的留存收益应有金额与现有金额之间的差额。也就是假设与会计政策变更相关的交易或事项在初次发生时即采用新的会计政策，而得出的变更年度期初留存收益应有的金额与现有的金额之间的差额。在计算会计政策变更的累积影响数时，是按变更后的会计政策对以前各期追溯计算的变更年度期初留存收益应有的金额与现有的金额之间的差额。

会计政策变更产生的累积影响数，通常可以通过以下各步计算得出：①根据新的会计政策重新计算受影响的前期交易或事项；②计算两种会计政策下的差异；③计算差异的所得税影响金额；④计算确定以前各期的税后差异；⑤计算会计政策变更的累积影响数。

（2）进行相关的账务处理。

（3）调整会计报表相关项目。

（4）附注说明。

【例15-1】粤龙公司于2003年1月1日对A公司投资3 600 000元，占A公司有表决权股份30%，按当时的会计准则规定，该公司采用成本法核算，但2007年1月1日起改按权益法核算。粤龙公司所得税税率25%，A公司所得税税率15%。粤龙公司按净利润的10%提取法定盈余公积，按净利润的5%提取任意盈余公积。

A公司2003年、2004年、2005年、2006年的净利润分别为1 200 000元、700 000元、500 000元、800 000元，粤龙公司各年从A公司分得的现金股利分别为200 000元、150 000元、80 000元、100 000元。

粤龙公司2007年应依法变更长期股权投资的会计政策，做如下会计处理：

①计算会计政策变更（由成本法改为权益法）的累积影响数。具体计算见表15-1

表 15-1 会计政策变更累积影响数计算表　　　　　　　单位：元

年份	原会计政策确认的投资收益	新会计政策确认的投资收益	税前差异	所得税影响	累计影响数
2003 年	200 000	360 000	160 000	16 000	144 000
2004 年	150 000	210 000	60 000	6 000	54 000
2005 年	80 000	150 000	70 000	7 000	63 000
2006 年	100 000	240 000	140 000	14 000	126 000
合　计	530 000	860 000	430 000	43 000	387 000

②进行相关的会计处理。
调整会计政策变更的累积影响数：
　　借：长期股权投资——A 公司（损益调整）　　　430 000
　　　　贷：利润分配——未分配利润　　　　　　　　　387 000
　　　　　　递延所得税负债　　　　　　　　　　　　　 43 000
调整利润分配：
　　借：利润分配——未分配利润　　　　　　　　　58 056（387000×15%）
　　　　贷：盈余公积　　　　　　　　　　　　　　　　58 056

③调整财务报表相关项目。

企业在会计政策变更当年，应当调整资产负债表年初留存收益数，以及利润及利润分配表上年数栏有关项目。

粤龙公司在编制 2007 年度财务报表时，应当调增资产负债表年初留存收益数、长期股权投资数，即调增长期股权投资 430 000 元；调增盈余公积 58 056 元；调增未分配利润 328 944 元；同时调增利润表中的上期金额栏的投资收益 3 870 000 元；同时调增所有者权益变动表中的上年年末余额中的一部分内容：会计政策变更的年初未分配利润 328 944 元。

（二）未来适用法

未来适用法，是指对某项交易或事项变更会计政策时，将变更后的会计政策应用于变更日及以后发生的交易或事项，或者在会计估计变更当期和未来期间确认会计估计变更影响数的方法。

在当期期初确定会计政策变更对以前各期累积影响数不切实可行时，应当采用未来适用法进行处理。不切实可行，是指企业在采取所有合理的方法后，仍然不能获得采用某项规定所必需的相关信息，而导致无法采用该项规定，则该项规定在此时是不切实可行的。

在未来适用法下，不需要计算会计政策变更产生的累积影响数，也无须调整以前年度的会计报表。企业会计账簿记录及会计报表上反映的金额，变更之日仍保留原有的金额，不因会计政策变更而改变以前年度的既定结果。仅在现有金额的基础上，从变更当年采用新的会计政策进行核算，并根据披露要求，计算确定会计政策变更对当年净利润的影响数。

【例15-2】 A公司由于采用新会计准则，从2007年1月1日起，将发出存货的计价方法由后进先出法改为先进先出法。2007年1月1日的存货价值为762 500元，2007年12月31日的存货价值为1 125 000元，当年销售额为6 250 000元，公司购入存货实际成本合计为4 500 000元。假设在2007年会计政策没有改变，即一直采用后进先出法，2007年12月31日的存货价值则为550 000元，假设该年度的其他费用为300 000元，所得税税率为25%。

由于采用先进先出法对2007年期初存货不能合理进行调整，因此，A公司对上述会计政策变更采用未来适用法进行会计处理，即对存货采用先进先出法从2007年及以后才适用，不需要计算2007年1月1日以前按先进先出法计算存货应有的余额，以及对留存收益的影响金额。计算确定会计政策变更对当期净利润的影响数见表15-2。

表15-2 会计政策变更对当期净利润影响数计算表   单位：元

	后进先出法	先进先出法
销售收入	6 250 000	6 250 000
减：销售成本	4 712 500①	4 137 500②
其他费用	300 000	300 000
利润总额	1 237 500	1 812 500
减：所得税	309 375	453 125
净利润	928 125	1 359 375
差额	431 250	

表中：①后进先出法计算的销售成本 = 762 500 + 4 500 000 - 550 000 = 4 712 500（元）

②先进先出法计算的销售成本 = 762 500 + 4 500 000 - 1 125 000 = 4 137 500（元）

会计政策变更使A公司2007年净利润增加了431 250元。

四、会计政策变更的披露

企业对会计政策变更追溯调整产生的影响，应调整会计报表相关项目的金额。除此之外，还应在会计报表附注中披露如下相关事项：

（1）会计政策变更的性质、内容和理由。包括对会计政策变更的简要阐述、变更的日期、变更前采用的会计政策和变更后所采用的新会计政策及会计政策变更的原因。

（2）当期和各个列报前期财务报表中受影响的项目名称和调整金额。包括以下几个方面：

①采用追溯调整法时，计算出的会计政策变更的累积影响数；

②会计政策变更对本期以及比较会计报表所列其他各期净损益的影响金额；

③比较会计报表最早期间期初留存收益的调整金额。

（3）无法进行追溯调整的，需说明该事实和原因以及开始应用变更后的会计政策的时点、具体应用情况。

第二节 会计估计变更

一、会计估计的概念和事项

（一）会计估计的概念

会计估计，是指企业对其结果不确定的交易或事项以其最近可利用的信息为基础所做的判断。例如，坏账损失的估计、存货发生损失的估计等。

在会计核算中，由于有些交易或事项本身具有不确定性，导致许多财务报表项目不能精确计量，需要根据经验予以估计。会计估计是企业经济活动计量中不可避免的，因其赖以进行估计的基础是最近可利用的信息，且有客观依据，并不会削弱财务报表的可靠性。

合理的会计估计是保证会计信息可靠和相关的前提，企业在进行会计估计时应当考虑以下因素：①资产质量，即资产能否给企业带来未来经济利益；②谨慎性，即不得高估资产或收益、低估负债或费用；③经济和法律环境；④历史资料和经验，即需要根据历史资料和经验加以估计。

（二）会计估计的事项

通常需要进行会计估计的事项主要有：①坏账；②存货遭受毁损、全部或部分陈旧过时所产生的损失；③固定资产的预计使用寿命与净残值；④无形资产的预计使用年限；⑤长期待摊费用的分摊期间；⑥资产减值损失；⑦产品质量担保负债金额；⑧收入金额的确认；⑨合同完工进度的确定；⑩金融资产公允价值的确定等。

二、会计估计变更

会计估计变更，是指由于资产和负债的当前状况及预期经济利益和义务发生了变化，从而对资产或负债的账面价值或者资产的定期消耗金额进行调整。

由于企业经营活动中存在不确定因素的影响，某些交易或事项不能精确地计量，而只能加以估计。如果赖以进行估计的基础发生了变化，或者由于取得新的信息、积累了更多的经验以及后来的发展变化，可能需要对会计估计进行修订。会计估计变更要求会计人员在对某些交易或事项进行判断和估计时，应根据当时特定的情况作出，因为随着时间的推移、环境的变化或其他新技术、新信息的取得，原来的估计已同当期的现实不符，所以需要修订原来估计的数据，以便比较恰当地反映企业经济活动的现状。

三、会计估计变更的会计处理

企业发生会计估计变更，应采用未来适用法进行会计处理。即在会计估计变更当期及以后期间，采用新的会计估计，不改变以前期间的会计估计，也不调整以前期间的会计报告结果。如果会计估计变更仅影响变更当期，其影响数应当在变更当期予以确认；如果会计估计变更既影响变更当期又影响未来期间，则其影响数应当在变更当期和未来期间予以确认。

为了保证不同期间的会计报表具有可比性，会计估计变更的影响如果以前包括在企业日常经营活动的损益类项目中，则以后也应包括在相应的损益类项目中；如果会计估计变更的影响数以前包括在特殊项目中，则以后也相应作为特殊项目反映。

【例15-3】 粤龙公司管理部门于2006年12月10日购入一台设备，价值42 000元，估计耐用年限为8年，净残值为2 000元，按直线法计提折旧。至2010年初，由于新技术的发展等原因，需要对原估计的使用年限和净残值作出修正，修改后该设备的耐用年限为5年（即尚可使用2年），净残值为1 000元。粤龙公司的相关会计处理如下：

会计估计变更前该项设备已提折旧20 000〔（42 000-2 000）÷8×4〕元，固定资产净值为22 000元。自2010年1月1日起，改按新的估计使用年限提取折旧，每年折旧额为：（22 000-1 000）÷（5-3）=10 500（元）

2010年，粤龙公司计提折旧的会计分录如下

  借：管理费用——固定资产折旧费用   10 500
    贷：累计折旧   10 500

企业应当正确划分会计政策变更和会计估计变更，并按不同的方法进行相关会计处理，但有时很难区分会计估计变更和会计政策变更。例如，某企业以前按年末应收账款余额的5%计提坏账准备，本期准备改按赊销收入的3%计提坏账准备，对于这一会计变更，坏账准备由应收账款余额百分比改为赊销收入百分比，属于会计政策变更，而计提坏账准备的比例的变化，属于会计估计的变更。在不易区分会计政策变更和会计估计变更的情况下，按照《企业会计准则第28号——会计政策、会计估计变更和差错更正》的规定，按会计估计变更的方法进行处理。

四、会计估计变更的披露

企业应在会计报表附注中披露与会计估计变更相关的下列信息：

（1）会计估计变更的内容和理由，包括变更的内容、变更日期以及为什么要对会计估计进行变更。

（2）会计估计变更对当期和未来期间的影响数，包括会计估计变更对当期损益的影响金额，以及对其他各项目的影响金额。

(3) 会计估计变更的影响数不能确定的原因。如果会计估计变更的影响数不易确定时，应说明理由。

【例 15-4】 承【例 15-3】资料，粤龙公司应在其 2010 年财务会计报告的附注中披露相关的会计估计变更信息如下：

本公司管理部门使用的一台设备，原始价值 42 000 元，原估计使用年限为 8 年，预计净残值 2 000 元，按直线法计提折旧。由于新技术的发展，该设备已不能按原估计使用年限计提折旧，本公司于 2010 年 1 月 1 日起，变更该设备的耐用年限为 5 年，预计净残值为 1 000 元，以真实反映该设备的耐用年限和净残值。此估计变更影响本年度净利润减少数为 4 125[(10 500 - 5 000) × (1 - 25%)]元。

第三节 会计差错更正

一、会计差错的概念

会计差错是指在会计核算时，由于会计人员业务技术或没有正确运用会计政策等原因而导致会计确认、计量、记录等方面出现的错误。

会计差错按其形成原因一般包括以下几种错误：

(1) 运用会计政策错误，是指企业在会计核算中，由于各种原因采用了会计准则等行政法规、规章所不允许的会计政策（会计原则和会计方法）而产生的会计错误。

(2) 运用会计估计错误，是指企业在会计核算中，对一些不确定的交易或事项运用会计估计有误而发生的会计错误。

(3) 其他错误，是指企业在会计核算中，由于会计人员业务素质和专业水平等原因，导致对一些交易或事项的会计确认、计量、记录有误而产生的会计错误。例如，错记借贷方向、错记账户、错记金额等。

二、会计差错更正的会计处理

对于发生的会计差错，企业应当区别差错发生的不同时间，分别采用不同的方法进行处理。

（一）当期差错

当期差错，是指会计报告期间发现的由于会计错误造成的当期财务报表的遗漏或误报的差错。

对于会计报告期间发现的当期会计差错，应当调整当期财务报表的相关项目。对于年度资产负债表日至财务会计报告批准报出日之间发现的报告年度的会计差错，应当按照资产负债表日后事项中的调整事项进行会计处理。

【例15-5】粤龙公司2018年6月30日发现，当年3月份管理部门购入的一项低值易耗品，价值为6 000元，误记为固定资产，并已提折旧1 000元。该低值易耗品已领用且价值一次摊销。

公司应于发现时进行更正，会计分录为：

借：低值易耗品	6 000
贷：固定资产	6 000
借：累计折旧	1 000
贷：管理费用	1 000
借：管理费用	6 000
贷：低值易耗品	6 000

（二）前期差错

前期差错，是指会计报告期间发现的由于会计错误造成的前期财务报表的遗漏或误报的差错。

对于会计报告期间发现的以前年度的会计报表的非重要会计差错，应当按照资产负债表日后事项中的调整事项进行处理。对于年度资产负债表日至财务会计报告批准报出日之间发现的以前年度的会计报表的重要会计差错，应当调整以前年度的相关项目。即对于发现的前期差错，应当区别差错重要性，分别采用不同的方法进行处理。

1. 追溯重述法

追溯重述法，是指在发现前期差错时，视同该项前期差错从未发生过，从而对财务报表相关项目进行更正的方法。在一般情况下，企业应当采用追溯重述法更正重要的前期差错，但确定前期差错累积影响数不切实可行的除外。

重要的前期差错，是指企业发现的使公布的会计报表不再具有可靠性的前期差错。而前期差错的重要性程度，应根据差错的性质和金额加以具体判断。重要的前期差错一般金额比较大，如果某项交易或事项的金额占该类交易或事项的金额10%及以上，则认为金额比较大。

发现重要的前期差错，如果影响损益，应当将其对损益的影响数调整发现当期的期初留存收益，会计报表其他相关项目的期初数也应一并调整；如果不影响损益，应当调整会计报表相关项目的期初数。

在编制比较会计报表时，对于比较会计报表期间的重要的前期差错，应调整各该期间的净损益和其他相关项目，视同该差错在产生的当期已经更正；对于比较会计报表期间以前的重要前期差错，应调整比较会计报表最早期间的期初留存收益，会计报表其他相关项目的数字也应一并调整。

【例15-6】粤龙公司在2019年发现，2018年公司漏记一台设备的折旧费用200 000元。该公司所得税的会计处理采用债务法，所得税税率为25%，无其他纳税调整事项。该公司按净利润的10%和5%分别提取法定盈余公积、任意盈余。

(1) 会计差错分析。

2018年少计折旧费用	200 000
少计累计折旧	200 000

多计净利润　　　　　　　　　　　　　　200 000
　　多计所得税费用（200 000×25%）　　　 50 000
　　多计递延所得税负债（200 000×25%） 　50 000
　　多提法定盈余公积　　　　　　　　　　 20 000
　　多提任意盈余公积　　　　　　　　　　 10 000

（2）会计处理

①补提折旧时：

　　借：以前年度损益调整　　　　　200 000
　　　　贷：累计折旧　　　　　　　　　　　200 000

②调整递延所得税时：

　　借：递延所得税负债　　　　　　 50 000
　　　　贷：以前年度损益调整　　　　　　　 50 000

③将"以前年度损益调整"科目的余额转入"利润分配"科目时：

　　借：利润分配——未分配利润　　150 000
　　　　贷：以前年度损益调整　　　　　　　150 000

④调整多提盈余公积时：

　　借：盈余公积（150 000×15%）　 22 500
　　　　贷：利润分配——未分配利润　　　　 22 500

（3）调整财务报表项目

公司 2019 年年末资产负债表中的"年初余额"栏、利润表中的"上期金额"栏和所有者权益变动表中的"上年年末余额"相关数据，应按调整后的年初数为基础编制，调整后的项目金额如下：

资产负债表项目调整：累计折旧项目调增 200 000 元；递延所得税负债项目调减 50 000 元；盈余公积调减 22 500 元；未分配利润调减 127 500 元。

利润表项目调整：管理费用项目调增 200 000 元；所得税项目调减 50 000 元；提取法定盈余公积项目调减 15 000 元；提取任意盈余公积项目调减 7 500 元。

所有者权益变动表项目调整：未分配利润项目调减 127 500 元。

（4）附注说明

本年度发现 2018 年漏记固定资产折旧 200 000 元，在编制 2018 年与 2019 年可比的财务报表时，已对该项差错进行了更正。由于此项错误的影响，2018 年虚增净利润及留存收益 200 000 元，少计累计折旧 200 000 元。

2. 未采适用法

发现不重要的前期差错，企业可以采用未来适用法予以更正。不重要的前期差错是指不足以影响会计报表使用者对企业财务状况、经营成果和现金流量作出正确判断的前期差错。

如果确定前期差错影响数不切实可行，则企业可以从可追溯重述的最早期间开始调整留存收益的期初余额，财务报表其他相关项目的期初余额也应当一并调整，也可以采用未来适用法。

企业对发现的前期差错除采用上述方法予以更正外,还应当在重要的前期差错发现当期的财务报表中,调整前期比较数据。

【例15-7】粤龙公司2018年6月发现2017年1月从甲承租单位预收的两年的房屋租赁费72 000元,该公司账簿记录为借记"银行存款"72 000元,贷记"预收账款"72 000元,2017年年底未作调整确认租金收入的分录。

  借:预收账款——甲单位   36 000
    贷:其他业务收入   36 000

三、会计差错的披露

企业除了对发现的前期差错应及时予以更正处理外,企业应当在附注中披露与前期差错更正有关的下列信息:

(1) 前期差错的性质。
(2) 各个列报前期财务报表中受影响的项目名称和更正金额。
(3) 无法进行追溯重述的,说明该事实和原因以及对前期差错开始进行更正的时点、具体更正情况。

第四节 资产负债表日后事项

一、资产负债表日后事项的含义

资产负债表日后事项,是指资产负债表日至财务报告批准报出日之间发生的有利或不利事项。

资产负债表日是指提供资产负债表的报告期末,包括会计年度期末和会计中期(指短于一个完整的会计年度的报告期间)期末。年度资产负债表日是指每年的12月31日结账日,中期资产负债表日是指年度中间各期期末,如提供半年度财务报告时,资产负债表日是指该年度的6月30日。资产负债表日后事项限定在一个特定的期间内,即资产负债表日至财务报告批准报出日之间发生的事项,它是对资产负债表日存在状况的一种补充或说明。

财务报告批准报出日,是指董事会批准财务报告报出的日期。通常是指对财务报告的内容负有法律责任的单位或个人批准财务报告向企业外部公布的日期。对财务报告的内容负有法律责任的单位或个人,是指所有者、所有者中的多数、董事会或类似的管理单位。对于公司制企业,财务报告批准报出日不是股东大会审议批准的日期,也不是注册会计师出具审计报告的日期,而是董事会批准财务报告报出的日期。对于其他企业,财务报告批准报出日是指经理(厂长)会议或类似机构批准财务报告报出的日期。

资产负债表日后事项包括自年度资产负债表日至财务报告批准报出日之间发生的所有有利事项和不利事项。资产负债表日后事项不是在这个特定期间内发生的全部事项，而是与资产负债表日存在状况有关的事项，或虽然与资产负债表日存在状况无关，但对企业财务状况具有重大影响的事项。对于资产负债表日后事项，不论是有利事项还是不利事项，均应按相关会计准则的规定进行相关的会计处理。

二、资产负债表日后事项的内容

资产负债表日后事项包括两方面内容：一是与资产负债表日存在状况有关的事项，定义为调整事项；二是与资产负债表日存在状况无关，但对企业财务状况具有重大影响的事项，定义为非调整事项。

（一）调整事项

资产负债表日后调整事项，是指对资产负债表日已经存在的情况提供了新的或进一步证据的事项。这类事项与资产负债表日存在状况有关，所提供的新的或进一步的证据，有助于对资产负债表日存在状况有关金额作出重新估计，并据此对资产负债表日所反映的收入、费用、资产、负债以及所有者权益进行调整。

调整事项的特点：①在资产负债表日以前或在资产负债表日已经存在，而资产负债表日后得以证实的事项；②对按资产负债表日存在状况编制的会计报表产生重大影响的事项。

资产负债表日后调整事项，一般包括以下内容：

（1）资产负债表日后诉讼案件结案，法院判决证实了企业在资产负债表日已经存在现时义务，需要调整原先确认的与该诉讼案件相关的预计负债，或确认一项新负债。这一调整事项是指，在资产负债表日以前，或资产负债表日已经存在的诉讼赔偿事项，资产负债表日至财务报告批准报出日之间提供了新的证据，即经过法院的判决，表明企业能够收到赔偿款或需要支付赔偿款，这一新的证据如果对资产负债表日所做的估计需要调整的，应对财务报表进行调整。

（2）资产负债表日后取得确凿证据，表明某项资产在资产负债表日发生了减值或者需要调整该项资产原先确认的减值金额。这类事项，是指在年度资产负债表日以前，或在年度资产负债表日，根据当时资料判断某项资产可能发生了减值，但没有最后确定是否会发生，因而按照当时最好的估计金额反映在财务报表中，但在年度资产负债表日至财务报告批准报出日之间，所取得的新的或进一步的证据能证明该事实成立，即某项资产已经发生了减值，或者原先所确定的资产减值的金额不当，则应对资产负债表日所做的估计予以修正或者调整该项资产原先所确认的减值金额。

（3）资产负债表日后进一步确定了资产负债表日前购入资产的成本或售出资产的收入。这一调整事项，是指在资产负债表日以前或资产负债表日，根据合同规定所销售的商品已经发出，当时认为与该商品控制权已经转移，货款能够收回，因而确认了

收入并结转了成本，或者确认了相关资产的成本，并在财务报表上进行了反映，但在资产负债表日后至财务报告批准报出日之间所取得的证据表明，该批已确认销售的商品确实已经退回，应作为调整事项进行相关的会计处理，并调整资产负债表有关收入、费用、资产、负债和所有者权益等项目的金额。

(4) 资产负债表日后发现了财务报表舞弊或差错。这一调整事项是指资产负债表日后至财务报告批准报出日之间发生的属于资产负债表所属期间或以前期间存在的财务报表舞弊或重要会计差错，该财务报表舞弊或重要会计差错应当作为资产负债表日后调整事项，调整年度会计报告或中期财务报告中相关项目的金额。

(二) 非调整事项

资产负债表日后非调整事项，是指资产负债表日后发生的事项。资产负债表日后才发生或存在的事项，虽然与资产负债表日存在状况无关，但为了对外提供更有用的会计信息，必须以适当的方式予以披露。

非调整事项的特点：①资产负债表日后至财务报告批准报出日之间才发生或存在的事项；②不影响资产负债表日存在状况，但对理解和分析财务报告有重大影响的事项。

资产负债表日后非调整事项，一般包括以下内容：

(1) 资产负债表日后发生重大诉讼、仲裁、承诺。该事项是指在资产负债表日至财务报告批准报出日之间发生的重大诉讼、仲裁或承诺事项。由于这类事项比较重大，为防止误导投资者及其他财务报告使用者，应当在财务报表附注中披露相关信息。

(2) 资产负债表日后资产价格、税收政策、外汇汇率发生重大变化。该事项是指在资产负债表日后发生的资产价格、税收政策和外汇汇率的重大变动，由于企业已经在资产负债表日按照当时的价格、税收和汇率对有关账户进行调整。因此，无论资产负债表日后的价格、税收、汇率如何变化，均不应影响按资产负债表日的资产价格、税收政策和外汇汇率折算的财务报表金额。但是，如果资产负债表日后的资产价格、税收政策以及外汇汇率发生较大变化，应对由此产生的影响在财务报表附注中进行披露。

(3) 资产负债表日后因自然灾害导致资产发生重大损失。该事项是指资产负债表日后发生的，由于自然灾害导致的资产重大损失。自然灾害导致的资产损失，不是企业主观上能够决定的，是不可抗力造成的。但该事项对企业财务状况所产生的影响如果不加以披露，有可能使财务报告使用者产生误解，导致其作出错误的决策。因此，自然灾害导致的资产重大损失应作为一个非调整事项，在财务报表附注中进行披露。

(4) 资产负债表日后发行股票和债券以及其他巨额举债。该事项是指企业在资产负债表日以后发行股票、债券或者取得其他的巨额举债等。企业发行股票、债券或者取得其他的巨额举债是比较重大的事项，虽然该类事项与企业资产负债表日的存在状况无关，但应对该类事项在会计报表附注中进行披露，以使财务报告使用者了解与此有关的情况及可能带来的影响。

(5) 资产负债表日后资本公积转增资本。该事项是指企业在资产负债表日后至财务报告批准报出日之间经有关部门批准将其资本公积金转增资本金。企业以资本公积金转增资本金将会对企业的资本公积金和资本结构产生重大影响,虽然与企业资产负债表日的存在状况无关,但由于会改变资本(或股本)结构,应对该事项在会计报表附注中进行披露。

(6)资产负债表日后发生的巨额亏损。该事项是指企业在资产负债表日后发生的巨额亏损。企业发行股票或债券属于企业的重大事项,虽然与企业资产负债表日存在状况无关,但应对该事项在会计报表附注中进行披露,以使财务报告使用者了解企业发生的巨额亏损可能会给投资者带来的影响。

(7)资产负债表日后发生企业合并或处置子公司。该事项是指在资产负债表日后至财务报告批准报出日之间发生的重大企业合并或处置子公司的事项。由于该事项将会影响企业的股权结构,因此应当在财务报表附注中及时披露相关信息。

需要说明的是,资产负债表日后,企业利润分配方案中拟分配的以及经审议批准宣告发放的股利或利润,不确认为资产负债表日负债,但应当在附注中单独披露。

综上所述,这两类事项的区别在于:调整事项是事项存在于资产负债表日或以前,资产负债表日后提供了证据对以前已存在的事项所做的进一步说明;而非调整事项是在资产负债表日尚未存在,但在财务报告批准报出日之后发生或存在。这两类事项的共同点在于:调整事项和非调整事项都是在资产负债表日后至财务报告批准报出日之间发生或存在的,对报告年度的财务报告所反映的财务状况、经营成果都将产生重大影响。

三、调整事项的会计处理

资产负债表日后发生的调整事项,由于在资产负债表日以前或在资产负债表日已经存在,且需资产负债表日后得以进一步证实,因此,应当视同资产负债表所属会计期间发生的事项,确认资产负债表日所属会计期间的资产、负债和所有者权益,并对资产负债表日已编制的财务报表(包括资产负债表、利润表、所有者权益变动表、会计报告附注等)做相应的调整。

资产负债表日后发生的调整事项,应当分别以下情况进行会计处理:

(1)涉及损益的事项,通过"以前年度损益调整"科目核算。如果调整事项涉及增加以前年度收益或减少以前年度亏损,应借记相关科目,贷记"以前年度损益调整"科目;如果调整事项涉及减少以前年度收益或增加以前年度亏损,应借记"以前年度损益调整"科目,贷记相关科目。"以前年度损益调整"科目的贷方或借方余额,转入"利润分配——未分配利润"科目。

涉及损益的调整事项还需相应进行所得税的调整。由于以前年度损益调整增加所得税费用,借记"以前年度损益调整"科目,贷记"应交税费——应交所得税""递延所得税负债"等科目;由于以前年度损益调整减少所得税费用,借记"应交税费——应交所得税""递延所得税资产"等科目,贷记"以前年度损益调整"科目;调整完成后,将"以前年度损益调整"科目的贷方或借方余额,转入"利润分配——未分配利润"科目。

(2) 涉及利润及利润分配的调整的事项，直接在"利润分配——未分配利润"科目核算。

(3) 不涉及损益及利润分配的事项，调整相关科目。

(4) 调整会计报表相关项目的数字。完成上述调整事项的会计处理后，还应调整会计报表相关项目的数字（或重新编制会计报表）。具体包括：

①资产负债表日编制的会计报表相关项目的期末数或本年发生数；

②当期编制的财务报表相关项目的期初数或上年数；

③如果涉及会计报表附注内容，还应调整会计报表附注相关项目的数字。

【例15-8】粤龙公司2018年8月1日向甲企业销售一批商品，价款为120 000元（含增值税额），甲企业于8月25日收到商品并验收入库。按合同约定甲企业应于9月25日前付款。由于甲企业财务状况不佳，到2018年12月31日仍未付款。粤龙公司于2018年12月31日编制年度会计报表时，已为该项应收账款提取了10%的坏账准备计12 000元，12月31日资产负债表上"应收账款"项目的余额为168 000元，该项应收账款已按108 000元列入资产负债表"应收账款"项目内。粤龙公司于2019年2月5日收到法院通知，甲企业已进行破产清算，无力偿还所欠部分货款，预计粤龙公司可收回该笔应收账款的60%。粤龙公司经税务批准允许按应收账款5‰计提的坏账准备，假定没有其他纳税调整事项。粤龙公司对所得税采用资产负债表债务法核算，2019年2月26日完成了2018年所得税清缴。粤龙公司已按2018年净利润的10%和5%分别提取了法定盈余公积和任意盈余公积。

本例中，属于资产负债表日后事项中的调整事项，其会计处理方法如下。

(1) 补提坏账准备：

应补提的坏账准备 = 120 000 × 40% - 12 000 = 36 000（元）

借：以前年度损益调整——调整资产减值损失 36 000
　　贷：坏账准备　　　　　　　　　　　　　　36 000

(2) 调整递延所得税资产：

需调整的递延所得税资产 = 36 000 × 25% = 9 000（元）

借：递延所得税资产　　　　　　　　　　　　9 000
　　贷：以前年度损益调整——调整所得税　　　9 000

(3) 将"以前年度损益调整"科目的余额转入利润分配：

借：利润分配——未分配利润　　25 000（36000 - 9000）
　　贷：以前年度损益调整　　　　　　　　　25 000

(4) 调整利润分配有关数字：

应冲回的法定盈余公积 = 25 000 × 10% = 2 500（元）

应冲回的任意盈余公积 = 25 000 × 5% = 1 250（元）

借：盈余公积——法定盈余公积　　　　　　　2 500
　　　　　　——任意盈余公积　　　　　　　1 250
　　贷：利润分配——未分配利润　　　　　　　3 750

(5) 调整2018年度会计报表相关项目的金额

① 资产负债表项目调整：调减应收账款项目 36 000 元，调增递延所得税资产 9 000 元，调减盈余公积 3 750 元，调减未分配利润 25 000 元。

② 利润表项目调整：调增资产减值损失 36 000 元，调减所得税费用 9 000 元。

③ 所有者权益变动表项目的调整：调减净利润 25 000 元，调减提取盈余公积 3 750 元。

（6）调整 2019 年 2 月份资产负债表相关项目的年初数。

公司在编制 2019 年 1 月份的资产负债表时，按照调整前 2018 年 12 月 31 日的资产负债表的数字作为资产负债表的年初数；由于发生了资产负债表日后调整事项，卡美尔公司除了调整 2018 年度会计报表相关项目的数字外，还应当调整 2019 年 2 月份及以后月份资产负债表相关项目的年初数。

四、非调整事项的会计处理

资产负债表日后发生的非调整事项，由于在资产负债表日后发生的，与资产负债表日存在状况无关，不能作为资产负债表所属会计期间发生的事项。因此，对于非调整事项，不需要进行账务处理，也不需要对资产负债表日已编制的财务报表进行调整。但是，对重大的非调整事项，如果不将其产生的财务影响在该资产负债表日后期间的财务报表说明，会影响财务报告的使用者对企业财务状况、经营成果作出正确的估价和决策，因此，需要对非调整事项在会计报表附注中予以披露。

五、资产负债表日后事项的披露

企业应当在附注中披露与资产负债表日后事项有关的下列信息：

（1）财务报告的批准报出者和财务报告批准报出日。

（2）资产负债表日后非调整事项的披露。主要披露每项重要的资产负债表日后非调整事项的性质、内容及对财务状况和经营成果的影响等。无法作出估计的，应当说明其原因。

思考与练习

一、思考题

1. 什么是会计政策变更？会计政策变更的原因有哪些？
2. 如何进行会计政策变更的会计处理？
3. 什么是会计估计变更？会计估计变更的原因有哪些？
4. 如何进行会计估计变更的会计处理？
5. 什么是会计差错？会计差错的内容和原因有哪些？
6. 如何更正会计差错？

7. 什么是资产负债表日后事项？资产负债表日后事项有哪些类型？
8. 资产负债表日后事项如何进行会计处理？

二、练习题

1. 甲公司管理部门 2015 年 12 月购入一台设备，价值 400 000 元，估计使用年限为 15 年，净残值为 16 000 元，按直线法计提折旧。至 2020 年初，由于新技术采用的原因，对原估计的使用年限修正为 10 年，净残值为 12 000 元。

要求：根据上述资料作出的相关会计处理。

2. 乙公司在 2019 年发现 2018 年公司漏记一项管理部门使用的固定资产折旧费用 30 000 元，假设乙公司适用所得税税率为 25%，公司所得税的会计处理方法采用资产负债表债务法，无其他纳税调整事项。乙公司已按净利润的 10% 和 5% 分别提取法定盈余公积和任意盈余公积。

要求：根据上述资料作出乙公司 2019 年相关的会计处理。

3. 2018 年底 M 建筑公司，根据当年承建的合同总收入为 2 000 万元、合同总成本为 1600 万元的一项建筑合同，按估计的 20% 的完工程度确认报告当年的收入为 400 万元、毛利为 80 万元。2019 年 1 月依据修订后的工程进度报告书，该工程至 2018 年 12 月 31 日已完成 30%。要求：根据上述资料作出 M 公司 2018 年和 2019 年相关的会计处理。

4. 丙公司为增值税一般纳税人，2018 年 10 月销售给 B 公司一批产品，销售价格为 50 000 元（不含增值税额），销售成本为 40 000 元，货款于当年 12 月 31 日尚未收到。2018 年 12 月 28 日接到 B 公司通知，在验收物资时，发现该批产品存在质量问题需要退货。丙公司与 B 公司协商解决办法。丙公司在 2018 年 12 月 31 日编制资产负债表时，将该笔应收账款列示于资产负债表的"应收账欵"项目内，并按应收账款年末余额的 10% 计提坏账准备。2019 年 1 月 20 日双方协商未成，B 公司将该批产品全部退回，2019 年 1 月 25 日收到退回的产品和相关的凭据，假如该物资增值税税率为 16%，不考虑其他税费因素。

要求：根据上述资料作出相关的会计处理。

参 考 文 献

[1] 中华人民共和国财政部. 企业会计准则2018年版. 上海：立信会计出版社，2018.
[2] 中华人民共和国财政部. 企业会计准则——应用指南（2018年版）[M]. 上海：立信会计出版社，2018.
[3] 企业会计准则编审委员会. 企业会计准则案例讲解（2018年版）[M]. 上海：立信会计出版社，2018.
[4] 中国注册会计师协会. 2017注册会计师全国统一考试辅导教材：会计[M]. 北京：中国财政经济出版社，2017.
[5] 中国注册会计师协会. 2018注册会计师全国统一考试辅导教材：会计[M]. 北京：中国财政经济出版社，2018.
[6] 财政部会计资格评价中心. 中级会计实务[M]. 北京：经济科学出版社，2017.
[7] 财政部会计资格评价中心. 中级会计实务[M]. 北京：经济科学出版社，2018.
[8] 戴德明，林钢，赵西卜. 财务会计学[M]. 第八版. 北京：中国人民大学出版社，2015.
[9] 王君彩. 中级财务会计学[M]. 北京：经济科学出版社，2013.
[10] 刘永泽，陈立军. 中级财务会计[M]. 第五版. 大连：东北财经大学出版社，2016.
[11] 刘海燕，王则斌. 中级财务会计教程[M]. 第二版. 上海：复旦大学出版社，2015.
[12] 丁元霖. 财务会计[M]. 第九版. 上海：立信会计出版社，2014.
[13] 李桂荣. 财务会计（修订版）[M]. 北京：清华大学出版社，2014.
[14] 卢永华，徐玉霞. 企业财务会计[M]. 第五版. 北京：中国金融出版社，2014.
[15] 史德刚，傅荣. 财务报告编制与分析[M]. 第四版. 大连：东北财经大学出版社出版，2014. 11
[16] 刘永泽，傅荣. 高级财务会计[M]. 第五版. 大连：东北财经大学出版社，2016.
[17] 梁莱歆. 高级财务会计[M]. 第三版. 北京：清华大学出版社，2011.
[18] 陈汉文. 中级财务会计[M]. 北京：北京大学出版社，2008.